Kornkreise

Michael Hesemann

Michael Hesemann

KORNKREISE

Die Geschichte eines Phänomens

Mit einem Vorwort von Johannes von Buttlar

//////////////////////////////// SILBERSCHNUR ////////////////////////////////

Natalia Zahradnikova
in Erinnerung an ihre erste Reise
ins Land der Kreise und in Dankbarkeit
für ihre liebevolle Begleitung gewidmet.
M. H.

© Verlag „Die Silberschnur"

ISBN 3-931 652-04-1

2. Auflage 1996

Umschlagfoto: Das Kornkreispiktogramm von Longwood Warren, Hants, Juni 1995
Foto: Busty Taylor
Covergestaltung und Layout: DTP Huber Graphikdesign, Neuwied
Druck: J. P. Himmer Druckerei, Augsburg

Verlag „Die SIlberschnur", Heddesdorfer Straße 7, 56564 Neuwied

Inhaltsverzeichnis

Vorwort 6

Einleitung 8

1. Kapitel Eine heilige Landschaft 13

2. Kapitel Die Herren der Ringe 23

3. Kapitel Anatomie eines Schwindels 35

4. Kapitel Apfelmännchen, Delphine und
die Kreise der Greise 41

5. Kapitel Deutschland: Der Sommer der Kreise 55

6. Kapitel Ein globales Phänomen 69

7. Kapitel Die UFO - Connection 91

8. Kapitel Des Rätsels Lösung 99

9. Kapitel Mathematische Simulationen
echter Kornkreise 177

10. Kapitel Die Boden-Komponente 181

11. Kapitel Die Wächter 187

12. Kapitel Rückkehr der Götter 211

13. Kapitel Botschaft aus dem Kosmos 221

14. Kapitel Ein kosmisches Menetekel 241

15. Kapitel 1992: Der erste Kontakt? 247

16. Kapitel 1993: Eine neue Phase 255

17. Kapitel 1994: Die Rückkehr der Kreise 263

18. Kapitel 1995: Die Kornkreis-Apokalypse 269

Anhang: Eine kleine Anleitung zur
Kornkreis-Forschung 275

Literaturnachweis 279

Vorwort

Seit Jahren sorgt in England ein mysteriöses Phänomen für Aufregung. Es wird von rätselhaften „Kreisen" und „Piktogrammen" berichtet, die in Wiesen und Kornfeldern - vorwiegend in der Nähe prähistorischer Stätten, wie z.B. Stonehenge und Avebury -beobachtet werden. Aus unerklärlichen Gründen ist dort das Gras oder Getreide in einer Links- oder Rechtsdrehung kreisförmig flachgelegt, ohne vom Halm gebrochen oder abgeknickt zu sein. Diese manchmal in symmetrischen Vierer- oder Fünfergruppen angeordneten, scharf abgegrenzten Kreise und oft beachtlich großen geometrischen Muster werden mit UFO-Sichtungen in Verbindung gebracht.

Seit ich das erste Mal über das Phänomen 1988 in der Zeitschrift „BUNTE" berichtete, hat es eine beachtliche Entwicklung durchgemacht, hin zu immer komplizierteren, skurileren Mustern, die teils aus den Bereichen der klassischen Geometrie, teils aus der Welt der Fraktale und Apfelmännchen der Chaos-Theorie zu stammen scheinen. Was bedeuten sie, wer steckt hinter dem Phänomen?

Diese Frage ging kaum einer mit solcher Beharrlichkeit und Akribie nach wie mein Freund und Forscherkollege Michael Hesemann. Seit er mich im Frühjahr 1991 auf einer Expedition ins Zirkelland begleitete, ließ ihn das Phänomen buchstäblich nicht mehr los. Er reiste gleich mehrmals zwischen Juni und September 1991 sowie im Juli und August 1992 nach England, um die Kreise vor Ort in Augenschein zu nehmen und all jene zu interviewen, die wichtige Aspekte des Rätsels untersucht haben. Und zwischen diesen England- Besuchen reiste er quer durch Deutschland, um die einheimischen Zirkel unter die Lupe zu nehmen. Das erste Ergebnis seiner Recherchen war Hesemanns ausgezeichneter Dokumentarfilm „Das Mysterium der Kornkreise". Doch das Phänomen mit allen Konsequenzen war Hesemann zu weitreichend, um in einem 2-Stunden-Film angemessen dargestellt zu werden. Und so entstand dieses Buch...

Hesemanns „Botschaft aus dem Kosmos-Die Rückkehr der Außerirdischen!" (Neuauflage: Kornkreise - Die Geschichte eines Phänomens) ist die vielleicht vollständigste Darstellung des Phänomens und der Geschichte seiner Entdeckung. Zudem ist es so lebendig, ja packend geschrieben, daß man es nur schwerlich wieder aus der Hand legt, hat man einmal zu lesen begonnen. Dabei ist Hesemanns Schlußfolgerung, daß die Zeichen im Korn die Wiederkehr der „Anunnaki", der außerirdischen Ahnherren der Menschheit, ankündigen, durchaus legitim.Über die Anunnaki und ihr faszinierendes Erbe in der sumerischen Kultur berichtete ich bereits in „Adams Planet". Es ist mehr als wichtig, daß wir uns jetzt, wo wir erneut in den Weltraum vorstoßen, der Tatsache bewußt werden, daß das Universum unsere eigentliche Heimat ist.

Hesemanns Buch trotzt mit beachtenswertem Mut der unglücklicherweise so populären Mär von den beiden rüstigen Rentnern Doug und Dave, die laut einer Presse-Ente des Revolverblattes „Today" für das gesamte Phänomen verantwortlich sein sollten. Tatsächlich war der Unterschied zwischen den gefälschten und echten Kornkreisen mehr als offensichtlich. So auch in Deutschland, wo neben dem eindeutig getürkten Kreis von Felm auch einige sehr viel interessantere Piktogramme auftauchten. Im Juli 1991 flog ich für RTL nach Grasdorf bei Hildesheim, um das dort entdeckte Piktogramm zu untersuchen. Als ich es im Hubschrauber überflog, beeindruckte mich insbesondere seine Präzision. Zudem lag es, ähnlich wie die englischen Formationen, in der Nähe prähistorischer Stätten und war exakt in West-Ost-Lage ausgerichtet. Seine Maße passen nicht in unser metrisches System, sondern basieren auf der Megalithelle von 83 Zentimetern. Die drei mysteriösen Metallplatten, die in den Mustern gefunden wurden, vergrößerten das Rätsel.

Meiner Meinung nach handelt es sich bei den echten, nichtgetürkten Kornkreisen um ein morphisches Resonanzphänomen. Bei diesem Prozeß, den der Cambridge-Biologe Prof. Rupert Sheldrake eingehend untersuchte, materialisieren sich vergangene, innerhalb eines morphogenetischen Feldes gespeicherte Strukturen durch morphische Resonanz - also durch Mitschwingen und Energie-Austauch - in der Gegenwart. Als Teil der Natur sind wir gehalten, mit ihr in Einklang, in Resonanz zu leben. Auch dieses Bewußtsein wird uns, so bin ich überzeugt, durch die Kornkreise vermittelt. Vielleicht lehren sie uns, was schon immer die Aufgabe der Weisen war: Die Erde zu heilen, den Himmel zu schützen. Schon darum ist es für uns so wichtig, die Zeichen im Korn verstehen zu lernen.

Bartenstein, 8. August 1992
Johannes Frhr. von Buttlar

Einleitung

Nein, es waren nicht die beiden Rentner Doug Bower (67) und Dave Chorley (62), die sie mit Stricken und einer Brettkonstruktion produziert haben wollen. So sehr auch die Presse bemüht war, diesen neuen Mythos um die Entstehung der britischen „Kornkreise" in unseren Köpfen zu verankern und uns angesichts dieser unglaublich ästhetischen Gebilde in den britischen Feldern in Mißtrauen zu versetzen, die Sache war eine „Ente" - und das beweisen wir in diesem Buch.

Tatsächlich hat kaum ein Thema die Medien und die Weltöffentlichkeit in den letzten zehn Jahren so sehr in Erstaunen versetzt wie das Mysterium der Kornkreise. Das Phänomen ist seit Mitte der siebziger Jahre bekannt, als britische Sportflieger die Zirkel von ungewöhnlicher Schönheit und Symmetrie in den satten Weiden Südenglands entdeckten. Von da an nahmen die Kreise explosionsartig zu. Erst waren es einzelne Exemplare, dann ein paar Dutzend, irgendwann Hunderte. 1990 schließlich kam es zu einem Quantensprung: Plötzlich waren es nicht nur simple Kreise, sondern komplizierte Muster, „Piktogramme" oder „Agroglyphen" genannt, und das nicht nur im klassischen „Zirkelland", den Grafschaften Wiltshire und Hampshire, sondern in allen Teilen Englands und vielen anderen Ländern der Erde. Diese Entwicklung setzte sich 1991 fort, als zudem die ersten „Piktogramme" in Deutschland erschienen.

Bis dahin war des Rätsels Lösung noch nicht in Sicht, und der detektivische Trieb der Briten brachte immer neue Blüten hervor. Für die einen war es die gute alte Mutter Erde, die auf diesem Weg gegen die fortschreitende Umweltzerstörung protestierte, für andere mußten UFOs in den Kornfeldern gelandet sein. Naturgeister wurden ebenso für sie verantwortlich gemacht wie „stationäre Wirbelwinde", „morphogenetische Felder", die telekinetischen Kräfte der Kreisforscher, clevere Fälscherbanden und geomagnetische Kräfte. Die freilich witzigste Erklärung: Kopulierende Igel hätten sie verursacht, samt Nebenbuhlern, die quasi als Publikum die Außenringe abliefen.

Betrachten wir das Rätsel aus der Nähe: Kornkreise tauchen in verschiedenen Getreidearten auf, in Weizen, Wintergerste, Roggen, Raps, Hafer und langem Gras. Sie erscheinen in den Monaten Mai bis September, wenn das Korn eine bestimmte Höhe und Reife erreicht hat. Ihr Durchmesser liegt zwischen 50 Zentimetern und 45 Metern, große Formationen werden bis zu 180 Metern lang und können Flächen von bis zu 10.000 Quadratmetern bedecken. Ihr auffallendstes Merkmal ist die große Präzision, mit der die Halme meist in Spiralmustern flachgelegt wurden. Ihre Ränder sind sauber, wie mit dem Zirkel gezogen, das Getreide unbeschädigt. Die liegenden Halme sind weder geknickt noch gebrochen, liegen entweder flach am Boden oder sind beständig gebogen und wachsen in horizontaler Position weiter. Manchmal weist ein Kreis mehrere Lagen oder Schichten auf, in denen das Getreide jeweils in eine andere Richtung zeigt.

In anderen Fällen ist es kunstvoll verflochten. Dabei sind die meisten „Kreise" leicht oval geformt und ihr Zentrum entspricht nicht dem geometrischen Zentrum.

Kornkreise sind definitiv ein modernes Phänomen und ihre Zunahme in den letzten Jahren darf nicht auf ein größeres Medienecho zurückgeführt werden. Gerüchte erwähnen den einen oder anderen Kreis in den dreißiger oder vierziger Jahren, doch fehlt uns dafür jeder fotografische Beweis. Seit 1966 tauchen sie in Australien auf, seit 1972 in England. Das nach Meinung vieler Forscher früheste Zeugnis für das Kornkreisphänomen stammt aus dem Jahre 1678 und ist durch ein Flugblatt mit dem Titel „The Mowing Devil" („Der mähende Teufel") dokumentiert. Es handelt davon, daß ein Großbauer sich geweigert hatte, auf die Lohnforderung eines Landarbeiters einzugehen, der sein Feld mähen sollte.

„Soll es der Teufel mähen", fluchte der Bauer, „und so geschah es, daß in eben dieser Nacht das Haferfeld leuchtete, als stünde es in Flammen; aber am nächsten Morgen erschien es so sauber gemäht vom Teufel oder einem niederen Geist, wie es kein Sterblicher je hätte tun können. Doch wie der Hafer nun auf dem Feld lag, hatte der Eigner nicht die Kraft, ihn abzuholen." Die dazugehörige Abbildung zeigt schließlich den Teufel, wie er in einem Kreis das Getreide schneidet.

Doch so schön man die „Flammen" mit modernen UFO-Sichtungen vergleichen könnte, ich halte den „mähenden Teufel" keineswegs für den Produzenten des ersten Kornkreises. Als Volkskundler kenne ich derartige „Vergeltungssagen" aus der Volksdichtung Mitteleuropas, die eine beliebte Literaturgattung waren, und als erste Bestrebungen in Richtung sozialer Reform sichtbar wurden. Das Flugblatt weist zwar das Datum seiner Druckerlaubnis („Licensed, August 22th, 1678") auf, nennt aber weder Ort noch Zeitpunkt des beschriebenen Ereignisses. Im übrigen heißt es, der Teufel hätte das gesamte Feld abgemäht; von einem Kreis flachgelegten Kornes - eben einem Kornkreis - ist nicht die Rede.

Auch die These des exzentrischen Oxford-Meteorologen Dr. George Terence Meaden, die Zirkel hätten den prähistorischen Steinkreisen von Avebury und Stonehenge als Vorbild gedient, entbehrt jeder Grundlage. Tatsächlich haben Kornkreisforscher Hunderte Luftaufnahmen - meist aus dem Bereich der Luftbildarchäologie - aus den vierziger, fünfziger und sechziger Jahren studiert, ohne auch nur einen Zirkel aus der Zeit vor 1972 entdeckt zu haben. Wir müssen uns also damit abfinden, daß sie ein Phänomen unserer Tage sind.

In den vergangenen Jahren ist eine regelrechte „Zirkel-Subkultur" entstanden, und es vergeht kein Jahr mehr ohne mindestens ein halbes Dutzend mehr und weniger brauchbarer Neuerscheinungen zum Thema in Deutschland und England. Die meisten von ihnen sind Anthologien, Sammlungen der Berichte und Erkenntnisse diverser Autoren, die den neuesten Stand der Kornkreis-Forschung repräsentieren. Ich erwähne ausdrücklich, daß einige der in diesem Buch zitierten Informationen der einschlägigen Fachliteratur entnommen sind; auf ihre Urheber weise ich selbstverständlich im Text hin.

Was dieses Buch von allen diesen Bänden unterscheidet, ist sein Bemühen, „the great picture", ein abgerundetes Bild des Phänomens und eine wissenschaftlich vertretbare Theorie ihrer Entstehung und Bedeutung zu entwerfen; sein Versuch, die wichtigsten Ergebnisse der Kornkreisforschung der letzten Jahre wie Puzzlestücke zu einem Gesamtbild zusammenzufügen, das möglicherweise des Rätsels Lösung ist. Oder, wie es Michel Eyquem de Montaigne (1533-1592) ausdrückte: „Meine Herren, ich habe nur einen Strauß Blumen gepflückt und nichts hinzugefügt als den Faden, der sie verbindet."

Und dieser Faden ist die Frage nach ihrer Bedeutung, ihrem Ursprung. Vielleicht ermöglichte es mir mein Beruf als Chefredakteur von „MAGAZIN 2000", dem Berichte aus allen möglichen Bereichen täglich auf dem Schreibtisch flattern und der jedes Jahr ein gutes Dutzend Auslandsreisen zum Zweck weiterer Recherchen unternimmt, Zusammenhänge zu erkennen, die bisher den mehr auf das Phänomen selbst fixierten Forschern verborgen blieben. Mir jedenfalls fiel es wie Schuppen von den Augen: Die Lösung des Kornkreis-Mysteriums liegt im UFO-Phänomen. Sie sind nichts anderes als ein weiteres Medium, um uns auf die Rückkehr der Außerirdischen vorzubereiten - auf eine sanfte, subtile, ästhetische Weise, die unser Bewußtsein langsam erweitert, statt uns einen Kulturschock zu verpassen.

„Wie würde eine außerirdische Zivilisation uns am effektivsten Botschaften zukommen lassen, ohne daß sie auf nationaler Ebene augenblicklich von Wissenschaftlern und Militärs abgeklemmt würden?", fragt Erich von Däniken in seinem Buch über den „Götterschock" und zitiert Prof. James W. Deardorff von der Oregon State University: Durch eine langsame Indoktrination, eine Politik der kleinen Schritte. Diese müßte „derart dosiert und weltweit vor sich gehen, daß weder Regierungen noch Hochschulen eine Chance zur Repression haben. Die Botschaft von außen muß einerseits der Öffentlichkeit zugänglich gemacht werden, andererseits für das Militär und die Wissenschaft „ nicht akzeptabel oder glaubhaft erscheinen. Ist etwas nicht glaubhaft, so wird es nach alter Menschensitte der Lächerlichkeit preisgegeben, und um alles,

was lächerlich ist, kümmern sich weder Regierungsstellen noch Hochschulen. So bleibt das „Embargo" intakt, und dennoch wird der Menschheit „in kleinen Schritten" geholfen, weil die Erkenntnis darüber, was sich in Wirklichkeit um uns herum abspielt, sehr langsam erfolgt. Jedenfalls nicht schneller, als die Menschheit generell innerlich darauf vorbereitet wäre, die außerirdische Botschaft zu akzeptieren." Treffender ließe sich die von mir vermutete Intention der „Circlemaker" kaum beschreiben.

Auch der italienische Kulturwissenschaftler Dr. Roberto Pinotti aus Florenz befürchtet, ein offener Kontakt mit Außerirdischen könnte einen Kulturschock auslösen. Bei der heute ohnehin vorherrschenden „allgemeinen Richtungslosigkeit" könnte die Nachricht von der Existenz der E.-T-Intelligenz „sich als verheerend erweisen". Die unmittelbare Folge: Eine „Autoritätskrise auf der ganzen Welt, die nicht nur die Wissenschaften, Religion und Philosophie, sondern auch die soziopolitischen Strukturen beträfe." Angst, Panik, Massenhysterie, eine Autoritätskrise und weitverbreitete Anomie wären das Resultat. Daher müßte „die öffentliche Meinung der Welt auf den Kontakt vorbereitet werden, bevor die Nachricht verbreitet wird." Eine „Erziehungsstrategie" müßte Schritt für Schritt die „natürlichen Bedingungen" schaffen, unter denen die Konfrontation mit E.T.I. die Menschheit nicht in traumatischer Weise trifft."

Ich habe gute Gründe, anzunehmen, daß die Zirkel Teil einer solchen „Erziehungsstrategie" sind.

In den Jahren 1990 bis 1992 war ich ein gutes Dutzend Mal in England, um dem Phänomen auf die Spur zu kommen, durchstreifte gute hundert Kornfelder und die daraufliegenden Zeichen, und verbrachte insgesamt rund 20 Stunden in Nick Baileys zweisitzigem Mini- Helikopter, um Zirkel und Piktogramme aus der Luft zu fotografieren. Ich erwähne diesen Umstand, weil viele Zeitgenossen allzu voreilig die Autoren populärer Sachbücher für „Lehnstuhl-Forscher" halten.

Die wichtigste Grundlage dieses Buches sind persönliche Interviews mit den führenden Forschern, die Sie in unserem Begleitvideo „Das Mysterium der Kornkreise" miterleben können. Zudem enthält der Film beeindruckende Luftaufnahmen der Piktogramme des Jahres 1991, ein zweiter behandelt die Kreise in Deutschland, und die sensationellen Aufnahmen eines kleinen Flugobjektes über einem Weizenfeld.

Ich danke ausdrücklich all jenen, die oft über Jahre hinweg ihre Zeit und Energie dafür eingesetzt haben, das Mysterium der Kornkreise zu enträtseln. Mein besonderer Dank jedoch gilt meinen Freunden und Forscherkollegen, die durch ihre Hilfsbereitschaft und Kooperation zum Entstehen dieses Buches beitrugen: Colin Andrews, Walt Andrus, Nick Bailey, Dr. Fred und Frauke Bell, Johannes Frhr. von Buttlar, Steve Canada, Pat Delgado, Sgt. Anthony Dodd, Ing. Thomas Roy Dutton, Timothy Good, Gordon Kijek, Isabelle Kingston, Jürgen Krönig, John Michell, Christian Page, Adolf-Friedrich Schütte, Zecharia Sitchin, Busty Taylor, George Wingfield, der Belegschaft des „Merlin"-Hotels in Marlborough für ihre Gastfreundschaft.

Düsseldorf, im August 1992
Michael Hesemann

NACHSATZ
zur erweiterten Neuauflage:

Dreieinhalb Jahre sind vergangen, seit ich diese Zeilen schrieb. Seitdem war ich jedes Jahr mindestens zweimal einige Wochen in England, um die weitere Entwicklung des Phänomens in den Jahren nach dem großen „Doug & Dave-Skandal" zu beobachten. Während die Fälscher unbestreitbar zu einem festen Bestandteil des Kreisgeschehens geworden sind -von ehemals vielleicht 10 % ist die Anzahl der Imitate mittlerweile auf über 50 % angestiegen- gibt es nach wie vor unbestreitbare Indizien für die Existenz anderer, nicht-menschlicher Kreismacher, der eigentlichen Urheber des Phänomens. Somit hat der Kern meines Buches „Botschaft aus dem Kosmos" nach wie vor Gültigkeit als Chronik dieses Mysteriums Kornkreise, wenngleich die Entwicklungen der letzten Jahre eine simple Neuauflage als hoffnungslos veraltet erscheinen lassen würden. Deshalb entschied ich mich für diese Form einer erweiterten und überarbeiteten Neuauflage auf dem Stand von 1996. Ich danke insbesondere meinen zahlreichen internationalen Informanten, die mir nach Erscheinen dieses Buches in England und den USA, Holland und Italien, der Tschechei und der Slovakei aktuelle Informationen über die Kornkreise in ihren Ländern zukommen ließen. Mein ganz besonderer Dank aber gilt meiner Lebensgefährtin Natalie für ihre liebevolle Begleitung auf einigen meiner Forschungsreisen.

Düsseldorf, im Dezember 1995
Michael Hesemann

1. Kapitel

Eine heilige Landschaft

Die Geburtsstunde eines Phänomens

Der Feldweg führte die beiden Männer vorbei an den goldgelben Ähren des spätsommerlichen Korns, das den sanften Rücken des Sternenhügels bedeckte. Die Sonne war bereits untergegangen, als sie aus ihrem Wagen am Ende des Weges ausstiegen. Schließlich erreichten sie die höchste Stelle des Hügels. Zu ihren Füßen lag Warminster, eine verschlafene Kleinstadt, deren Lichter im Laufe der Zeit immer weniger wurden. Gegenüber, auf der anderen Seite des flachen Tales, erkannten sie die terrassenförmigen Umrisse des Cley Hill, der vor Jahrtausenden von den Vorfahren der Briten zu einer riesigen, länglichen Stufenpyramide bearbeitet wurde, auf dessen Rücken sie einen ihrer schönsten Kulthügel errichteten.

Es war still in dieser Nacht, zu still. Das einzige, was man von Zeit zu Zeit ausmachen konnte, war das Zirpen einer Grille. „Gut, daß Sie heute abend hier sind, Bryce", unterbrach der ältere der beiden Männer mit leiser Stimme die Stille, „Sehen Sie das Licht da hinten? Es scheint näherzukommen. Das ist ein gutes Zeichen" Jetzt konnte es auch sein Begleiter erkennen: Ein dreieckiger Flugkörper, umgeben von farbigen Mustern, durchquerte in merkwürdigen Manövern den Nachthimmel. Doch genauso plötzlich, wie er erschienen war, verschwand er auch wieder. „Ein UFO", waren sich die Männer sicher. Sollte es sein seltsames Vorspiel noch einmal wiederholen?

Es dauerte nur ein paar Minuten, da tauchte ein zweites Objekt am Himmel auf, strahlend weiß, tanzte in der Luft. Der ältere Engländer lief zum Wagen, holte seine Taschenlampe, schaltete sie mehrfach an und wieder aus, als wollte er durch Leuchtsignale die Aufmerksamkeit des geheimnisvollen Flugkörpers auf sich lenken. Was dann geschah, schilderte sein amerikanischer Begleiter später wie folgt:

„Plötzlich hörte ich ein Geräusch. Es war, als drücke etwas den Weizen nieder. Kein Lüftchen wehte in dieser Nacht. Ich schaute mich um. Der Mond war gerade hervorgekommen, schien hell, und hier, vor meinen Augen formte sich ein großer Abdruck. Der Weizen wurde im Uhrzeigersinn niedergedrückt.

„Es" hatte irgendwie die Form eines Dreiecks mit einem Durchmesser von etwa 7 Metern. Ich stand dort einige Minuten und erlebte ein Kribbeln am ganzen Körper, nahm einen süßlichen Geruch wahr, war umgeben von warmer Luft."

Der Amerikaner war Rundfunkjournalist und hieß Bryce Bond . Sein britischer Begleiter war Arthur Shuttlewood eine Kapazität auf dem Gebiet der „fliegenden Untertassen", wohnhaft in Warminster und die zentrale Figur in einer der größten UFO- Sichtungswellen in der 45jährigen neueren Geschichte des Phänomens. Es war am 15. August 1972, als sich obige Episode auf dem Starr Hill bei Warminster abspielte. Was die beiden Männer nicht ahnen konnten: Es war die Geburtsstunde eines Phänomens, das bis auf den heutigen Tag die Welt in Atem halten sollte, eines der großen Rätsel unseres Planeten: des Mysteriums der Kornkreise.

Von diesem Tag an erschienen sie regelmäßig, Jahr für Jahr, auf den Kornfeldern Südenglands: erst einzelne Kreise, seit 1985 ganze Gruppen, seit 1987 zu Dutzenden, seit 1989 zu Hunderten in den Grafschaften Wiltshire und Hampshire. Dann, 1990, durchlief das Phänomen einen Quantensprung. Nicht nur, daß erstmals im ganzen Land über 1200 Zirkel erschienen, diesmal kamen komplizierte Muster hinzu, die sich 1991 in Anzahl und Komplexität vervielfachten. Und all das begann in jener lauen Sommernacht im August 1972, als eine unbekannte Energie nach einer UFO-Sichtung einen Abdruck im Weizen formte. Shuttlewood selbst beschrieb seine Entstehung später wie folgt: „Das Korn legte sich nieder wie eine Dame ihren Fächer öffnet. Ein perfekter Kreis entstand so in weniger als einer Minute, während ein sehr hoher Ton zu hören war." Und Bryce Bond wurde noch konkreter: „Als wir noch darüber diskutierten, entdeckte Arthur weitere Abdrücke: Einen Kreis von zehn Metern Durchmesser und einen weiteren, zigarrenförmigen Abdruck. Bei allen diesen Mustern war der Weizen gegen den Uhrzeigersinn spiralförmig umgelegt worden."

Tatsächlich gehört der Süden Englands zu den geheimnisvollsten und schönsten Regionen dieses Planeten. Wer einmal auf einer der schmalen Landstraßen durch die sanften, grünen Hügel und satten, fruchtbaren Weiden der Grafschaften Hampshire, Wiltshire, Somerset oder Dorset fährt, wird unweigerlich von ihrem eigenartigen Zauber erfaßt. Es ist eine magische Landschaft, ein Reich der Mythen und Legenden, der sagenumwobenen Hügel, Quellen und Bäume. Hier residierte König Arthur, hier traf sich seine Tafelrunde, hier suchte sie nach dem Heiligen Gral. Und schließlich lebte hier der weise Merlin, der Archetyp aller Magier, der letzte Schamane, der der Sage nach „mit den Bäumen sprach und mit den Steinen fühlte."

So viele Orte hier, die an den großen Zauberer erinnern. Er wirkte in Cadbury, dem Camelot der Sage.

Sein Grabhügel liegt inmitten der Stadt Marlborough, der er ihren Namen gab (Merlin-barrow, d.h. Hügelgrab Merlins). Und er war es, so will es jedenfalls die Legende, der Stonehenge erbaut hat als sein „Observatorium der siebzig Türen und Fenster". Die Steine dazu soll er mittels magischer Kräfte aus Irland geholt haben, vom „Tanzplatz der Riesen".

Heute wissen wir, daß Stonehenge sehr viel älter ist als der Magier. Sein ältester Teil datiert aus der Zeit der Pyramiden, um 2800 v. Chr. errichtet. Seine Steine stammen aus einem Steinbruch an der Westküste von Wales, 220 km Luftlinie oder 380 km auf dem Landweg von seinem Standort entfernt. Und niemand weiß, wie Steinzeitmenschen diesen Ferntransport bewältigten. Kundige Geomanten halten die Anlage für den geomantischen Nabelpunkt Englands, und tatsächlich liegt sie an der Kreuzung der drei uralten englischen „Königsstraßen" - des Harroway, des South Downs Ridgeway und des Icknield Way -, die das Land von West nach Ost und von Nord nach Süd durchzogen, lange bevor die Römer kamen. Archäologen vermuten hier ein kultisches Zentrum des Landes, ähnlich dem griechischen Delphi oder Eleusis, an dem die Weihefeste der Mysterien gefeiert wurden, und dem eine Dynastie von Hohepriestern oder Erzdruiden vorstand, deren letzter Merlin gewesen sein mag. So bezeichnet ihn auch der britische Historiker Geoffrey von Monmouth, der im 12. Jahrhundert lebte, als „Prophet der Demeter", der griechischen Korngöttin, der auch die Mysterien von Eleusis geweiht waren.

Derselben Linie entstammte wahrscheinlich auch der sagenhafte Abaris, Hohepriester des Apollon, der einst auf seinem „goldenen Pfeil" nach Süditalien reiste, um Pythagoras zu treffen. Dem griechischen Geschichtsschreiber Diodor von Sizilien zufolge stand Abaris einem „kreisrunden Tempel der Sonne" vor, der auf der grünen Insel Hyperborea im Nordmeer lag, und den Apollon regelmäßig mit seinem „feurigen Wagen" besuchte. Noch ausführlicher ist Hekatäus von Abdera, ca. 300 v.Chr.: „Dem Keltenlande (Frankreichs) gegenüber liegt im angrenzenden Ozean nördlich vorgelagert eine Insel, die nicht kleiner als Sizilien ist. Auf der Insel gibt es einen prachtvollen Hain, der dem Sonnengott geweiht ist, und einen seltsamen Tempel von kreisrunder Form. Alle zwölf Jahre, zur Zeit, wenn Sonne und Mond wieder die gleiche Stellung zueinander einnehmen, kommt Apollon auf die Insel."

Es fällt nicht schwer, diesen „kreisrunden Sonnentempel" mit Stonehenge zu identifizieren. Als der Astronomieprofessor Gerald Hawkins die Anlage auf ihre astronomische Ausrichtung hin untersuchte, kam er zu einem erstaunlichen Ergebnis, veröffentlicht in seinem 1966 erschienenen Buch „Stonehenge Decoded": Der gesamte Stonehenge-Komplex ist ein riesiger, prähistorischer Astronomie-Computer, der unseren Vorfahren selbst komplizierte astronomische Berechnungen ermöglichte - die Position jener Fixsterne, deren Stand am Zenit wichtige Daten im Jahreslauf anzeigte, den Stand der Sonne und des Mondes; sogar Sonnen- und Mondfinsternisse ließen sich mit Hilfe eines ausgeklügelten Systems von Linien, Stein- und Grabhügelpositionen errechnen.

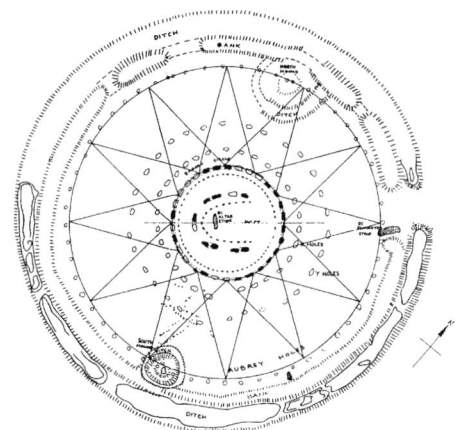

Die heilige Geometrie von Stonehenge nach John Michell

Der Geomant und Philosoph John Michell geht noch weiter: In seinem Buch „Die Geomantie von Atlantis" weist er nach, daß Stonehenge nach dem System einer „heiligen Geometrie" angelegt wurde, wie sehr viel später die Kathedrale von Glastonbury. Für ihn ist es ein „Modell des Universums" und ein Tempel der Sonne und des Mondes. Tatsächlich geht bei der Sommer-Sonnenwende die Sonne - vom Mittelpunkt des Steinkreises aus gesehen - über dem „Heelstone" (von keltisch „heol"= Sonne) auf, einem Megalithen außerhalb der Anlage, um an der Achse des Tempels entlang in das innerste Heiligtum einzudringen, jene weibliche Öffnung, die vielleicht einmal überdacht war. Damit vollzog sie die „heilige Hochzeit" von Himmel und Erde. Aus ihr wurden Energien geboren, die über die „leylines", die Wege der Erdenergien, in alle Teile des Landes geleitet wurden und seine Fruchtbarkeit erneuerten.

Noch heute kommen regelmäßig Hunderte zur Sommer-Sonnenwende nach Stonehenge, wo bis 1990 noch weißgewandete Neo-Druiden ihre Rituale zelebrierten, meist unter Polizeischutz und Ausschluß „randalierender Hippies" oder jener, die man dazu erklärte. Vor zwei Jahren jedoch wurde auch den Druiden der Zutritt zum Heiligtum verwehrt, um eine Zuspitzung der Unruhen zu vermeiden. So erscheint das einstige Zentralheiligtum Englands am 21. Juni wie eine Festung, von Straßensperren und Stacheldraht umgeben, bewacht von ganzen Polizeidivisionen mit Schlagstöcken und Hunden.

Sternwarte, Druidentempel oder Mysterienstätte - was Stonehenge auch immer war, „in einer Beziehung sind sich alle einig", befand der Archäologe Prof. Atkinson „Stonehenge ist vorwiegend ein 'Tempel', eine Struktur, in der es den Menschen möglich war, Kontakt und Kommunikation mit außerweltlichen Kräften oder Wesen aufzunehmen." Wie immer auch der Professor dies verstanden haben wollte, es ist auffallend, wie häufig über dem Steinkreis geheimnisvolle Lichter und leuchtende Scheiben beobachtet werden.

Nördlich von Stonehenge liegt Avebury , ein noch älteres Heiligtum der Vorzeit. Der Steinkreis wurde, so sind sich nach jüngsten Entdeckungen die Archäologen einig, mindestens 2000 Jahre früher errichtet als das Steinzeitobservatorium.

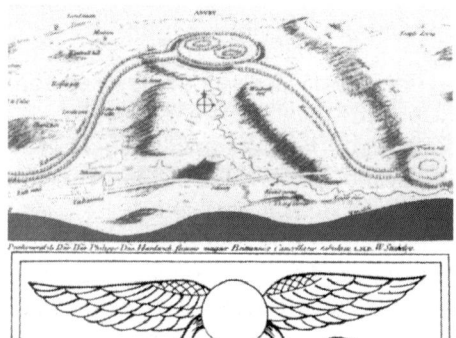

Stukeleys Darstellung der „heiligen Landschaft" von Avebury. Die Anlage bildete eine Schlange, die die Sonnenscheibe durchkreuzt, ein Symbol, das wir auch im alten Ägypten finden.

Er war Mittelpunkt einer einst riesigen Anlage von Steinalleen und Kreisen, die zusammen die Form einer Schlange bildeten, die die Sonnenscheibe durchzog. Viele der gewaltigen Monolithe von Avebury sind größer als die in und um den Steinkreis erbauten Wohnhäuser des Dörfchens Avebury und bis zu 60 Tonnen schwer. Zu dem Zirkel führten gewaltige Alleen aus riesenhaften Steinen, die Gesichter zu haben scheinen und vielleicht tatsächlich die Funktion von Wächtern ausüben sollten.

Im Zentrum der Anlage stand Silbury Hill, mit 45 Metern der größte, von Menschenhand geschaffene Kulthügel Europas. Silbury Hill wurde gegen 2600 v.Chr. errichtet und hatte einst die Form einer sechsstufigen Rundpyramide. Seine Bedeutung ist unbekannt, wie die der gesamten Megalithanlage. Fest steht nur, daß er kein Grabhügel gewesen sein kann - weder durch archäologische Grabungen noch ein Durchleuchten des Silbury Hills mit modernster Elektronik konnte auch nur die Spur von einem

Rekonstruktion der Anlage von Avebury – erstaunlicherweise gleicht ein am 11.07.1992 bei Ogbourne nahe Avebury gefundenes Kornpiktogramm ihrem Grundmuster.

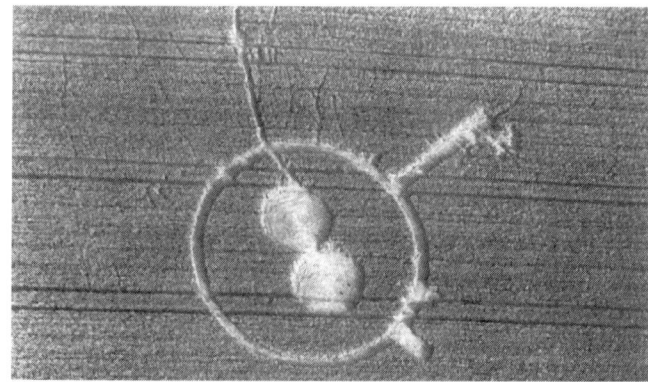

Der Taufstein der Kirche von Avebury, der wahrscheinlich aus dem 9. Jahundert stammt, zeigt einen Bischof, der zwei Drachen abwehrt, Repräsentanten des Heidentums, das den Drachen als Symbol der Energien der Erde und des Kosmos verehrte.

Lokale Legenden berichten aber auch von einfachen Bürgern, die den Wurm töteten, und in vielen Dorfkirchen dieser Region werden die Relikte solcher Tötungen - meist schwere Lanzen oder Schwerter - seit Jahrhunderten aufbewahrt. Noch heute heißen die uralten Energielinien, die das Land durchziehen, im Volksmund „Drachenwege", wird der Graben von Avebury auch „Drachengraben" genannt.

Skelett oder von Grabbeigaben gefunden bzw. beobachtet werden. Dagegen wies Moses Cotsworth bereits zu Anfang dieses Jahrhunderts in seinem Werk „The Rational Almanac" nach, daß der Silbury Hill optimal als Sonnenobservatorium genutzt werden konnte - und zwar durch die im Norden auf die weite Ebene fallenden Schatten des Hügels. Tatsächlich durchkreuzt der Meridian des Monumentes die auf der anderen Seite der Ebene errichtete Kirche von Avebury, die auf eine sächsische Kapelle aus dem 9. Jahrhundert zurückgeht. So alt mag noch ihr Taufstein sein, den ein ungewöhnliches Motiv ziert.

Ein Bischof steht da mit seinem Stab und wehrt zwei geflügelte Drachen ab. Der Drachen verkörperte im Mittelalter das Heidentum, das ihn als Symbol für die Kräfte der Erde verehrte. Immer wieder stoßen wir in Wiltshire auf Drachensagen, finden wir sie als Teil der örtlichen Folklore, während die Christen ihre auf den alten Kultorten errichteten Kirchen und Kapellen St. Michael widmeten, dem mythischen Drachentöter.

Drachenland: Der „grüne Drache" als Pubzeichen in Marlborough.

Der „Drache auf dem Rad" ist ein häufiges Wappensymbol, ein Zeichen, das an die ursprüngliche Gestalt der Anlage von Avebury erinnert, die ganz offensichtlich ein

„Drachentempel" oder „Schlangentempel" war, ein Ort, an dem man sich mit den Erdenenergien verband, um Kontakt zum Kosmos aufzunehmen.

Einer der frühen Erforscher Aveburys war der Freimaurer und Altertumsforscher William Stukeley, eine bemerkenswerte Persönlichkeit des 18. Jahrhunderts, der überzeugt war, daß die Ur-Druiden Avebury als eine „heilige Landschaft" angelegt hatten:
„Die Alten schufen tatsächlich riesige Tempel mit mächtigen, in Kolonnaden angeordneten Pfeilern, einem kleinen Wald ähnlich; oder weite Wölbungen von Kuppeln, um den Himmel zu repräsentieren; sie schufen gigantische Kolosse, die ihre Götter darstellen sollten; aber unseren britischen Druiden blieb die Ehre einer noch umfassenderen Idee und ihrer Ausführung vorbehalten. Sie haben Ebenen und Hügel, Täler, Quellen und Flüsse herangezogen, um einen Tempel von drei Meilen Länge zu bilden. Sie haben ein ganzes Land mit dem Stempel dieses heiligen Zeichens geprägt, und das auf eine überaus dauerhafte Art. Der goldene Tempel Salomons ist verschwunden, die stolze Gestalt des babylonischen Belus, der Tempel der Diana in Ephesus, derjenigen von Vulcanus in Ägypten, der des kapitolinischen Jupiter sind untergegangen und vertilgt, während Avebury, obwohl älter als sie alle, wie ich glaube, bis vor wenigen Jahren noch unversehrt war; und selbst heute sind genügend Spuren übrig, um einen vollständigen Eindruck von dem Ganzen zu erhalten."
Stukeleys Vision eines Landschafts-Tempels fand großen Widerhall bei den Intellektuellen seiner Zeit. Der Mystiker und Dichter William Blake sah den großen Geist Albion in den Hügeln und Tälern seines heimischen Reiches angekettet. Sein Königreich hatte eine Schar erbärmlicher Tyrannen an sich gerissen und sein mächtiger Leib war vom Nebel der grauen Verzauberung vor den Augen der Sterblichen verborgen. Aber wie Stukeley glaubte auch Blake an das Ende der unseligen Verzauberung und eine glorreiche Auferstehung des heiligen Geistes in Britannien durch die Versöhnung der Menschen mit sich und der Erde. Er untermauerte seinen Glauben durch die biblische Prophetie vom „Neuen Jerusalem", dem neuen Zeitalter, das, wie er glaubte, im „Engelland" anbrechen würde, ausgehend von den „druidischen Tempeln" von Stonehenge und Avebury.

Unmittelbar mit Blakes Vision vom „Neuen Jerusalem" verbunden ist Glastonbury, das der Dichter-Prophet als Großbritanniens „heiligste Erde" bezeichnete. Glastonbury liegt ebenso wie Avebury auf einer uralten Energielinie, der „St. Michaels-Linie", die wichtige Plätze aus Englands Vorzeit von Lands End/Cornwall im Westen bis Hopton/ Essex im Osten miteinander verbindet, wie die britischen Geomanten Hamish Miller und Paul Broadhurst in ihrem genialen Buch „The Sun and the Serpent" (Die Sonne und die Schlange) nachweisen.

Glastonbury, das ist das mythische Avalon der Artussage, das in den Romanen von Marion Zimmer-Bradley in unserer Zeit seine auflagenträchtige Auferstehung feierte. Im Mittelalter war Glastonbury der wichtigste Wallfahrtsort der britischen Inseln. In seinem Zentrum lag die berühmte Abtei, die der Sage nach auf eine Kirche zurückgeht, die der Hl. Joseph von Arimathäa 37 n.Chr. hier errichtete, nachdem er in Begleitung Marias, der Mutter Jesu, vor der Verfolgung in Palästina nach England floh. Ein Dornbusch wird heute noch als Abkömmling jenes „Thorns" verehrt, der aus Josephs Stock sprießte, als dieser ihn zum Beten in die Erde stieß.

Tatsache jedenfalls ist, daß der „Glastonbury Thorn" nach Ansicht der Botaniker einer Spezies angehört, die in Europa unbekannt, aber in Palästina heimisch ist. Hat die Legende also doch einen wahren Kern? Sie besagt, daß Joseph von Arimathäa, den die Bibel als wohlhabenden Kaufmann und offenbar Verwandten Jesu darstellt - er ließ Jesus in seiner Familiengruft beerdigen - im Zinnhandel tätig war. Tatsächlich betrieben Phönizier und Juden schon im zweiten Jahrtausend vor Christus regen

Zinnhandel mit Cornwall, dem Westzipfel der britischen Inseln. Ein geeignetes Asyl also?

Die Legende weiß noch mehr. Sie besagt auch, daß Joseph von Arimathäa einmal seinen jungen Neffen Jesus mit nach England nahm und ihn die Druidenschule von Avalon besuchen ließ, das damals schon ein religiöses Zentrum der Briten war. Im 7. Jahrhundert schließlich besuchte der Hl. Patrick die Mönche von Glastonbury, die Nachkommen jener Einheimischen, die der Hl. Joseph und Maria persönlich in der Lehre Christi unterwiesen. Er fand ihr Grab, das noch heute verehrt wird, errichtete eine größere Kirche. Diese Kirche - sie bestand aus Holz und war kunstvoll verziert - stand bis ins 12. Jahrhundert, als sie einer Brandkatastrophe zum Opfer fiel.

Die lokalen Mönche beschlossen, sie in Stein und sehr viel prächtiger wiederaufzubauen, und mit ihr die Abtei. Bei den Bauarbeiten entdeckten sie ein Grabkreuz, das die lateinische Inschrift „HIC IACET SEPULTUS INCLITUS REX ARTURIUS IN INSULA AVALONIA" trug: „Hier liegt begraben der berühmte König Arthur auf der Insel Avalon". Während das Bleikreuz im Laufe der Jahrhunderte verschwand, ist das Grab noch heute zu besichtigen. Es überlebte selbst die Zerstörung der Abtei durch Englands blaubärtigen König Heinrich VIII. 1539, dem der katholische Wallfahrtsort nicht in seine anglikanische Kirchenreform paßte. Und damit wären wir beim zweiten großen Sagenkreis um Glastonbury.

„Avalon" heißt wörtlich „die Apfelinsel". Da mag etwas vom „Garten der Hesperiden" oder vom biblischen Paradies nachklingen. Jedenfalls schrieb der britische Historiker Geoffrey von Monmouth 1138 in seiner „Geschichte der Könige Britanniens", daß König Arthur einst auf Avalon gesundgepflegt wurde von der Zauberin (oder Fee) Morgaine (oder Morgana), die als Hohepriesterin und oberste von 12 Schwestern das matriarchale Heiligtum behütete; und daß er, nach seinem Tod in der Schlacht, nach Glastonbury gebracht und dort von Morgaine begraben wurde.

Dabei scheint Glastonbury in alter Zeit die Funktion eines „Dimensionstores" innegehabt zu haben, einer nebelumwobenen Insel, auf der die Zeit stehengeblieben zu sein und auf der der Übergang ins Jenseits, die andere Welt, möglich schien. Damals war Avalon tatsächlich eine Insel, von Sümpfen und Seen umgeben, die später trockengelegt wurden. Die Durchquerung der Nebelschwaden, die über diesen Morasten lagen, dann der schattenhafte Umriß des „Tors", des Berges von Avalon, der die Wolken zu überragen schien, dessen Gipfel in Sonnenlicht getaucht war - wir können nur ahnen, welche Wirkung dies auf unsere Vorfahren gehabt hat.

Tatsächlich ist der 170 m hohe „Tor" ein „Zauberberg", eine weitere Pyramide aus vorkeltischer Zeit, länglich geformt und exakt in Richtung der „St. Michaels-Linie" nach Avebury zeigend. Da noch keine Ausgrabungen am Tor durchgeführt wurden, wissen wir nicht, ob der gesamte Berg aufgeschüttet - und damit höher als die Cheopspyramide - oder nur künstlich terrassiert ist. Jedenfalls hat er die Gestalt einer Stufenpyramide, mit sich spiralig nach oben windenden Wegen in Gestalt eines Labyrinthes, einer „Trojaburg" der Megalithiker.

Sie ist ausgerichtet nach dem Sonnenaufgang am 1. Mai, als - so vermuten Archäologen und Mystiker - wie eine Schlange, ein Drache aus Feuer, eine Fackelprozession sich alljährlich diesen Weg hinauf zur Spitze des Berges wand, um die aufgehende Sonne zu begrüßen. Der Prozessionsweg begann am „Chalice Well", dem „Kelchbrunnen", der heiligen Quelle von Avalon, heute von einem märchenhaft- verwunschenen Garten umgeben. Es ist ein Ort des Friedens, der Meditation. Ich spürte die Präsenz der Naturgeister in den Forsythienbüschen und Tulpenbeeten an jenem Frühlingsnachmittag, an dem ich das erste Mal nach Glastonbury kam. Das Wasser des „Kelchbrunnens" ist eisenhaltig und leicht radioaktiv. Seine zeitweise rote Farbe führte zu der Sage, daß hier der Hl. Joseph von Arimathäa den Gral versteckte, das Trinkgefäß Christi beim letzten Abendmahl.

Wundersame Heilungen selbst schwerer Krankheiten werden der Quelle seit dem Mittelalter zugeschrieben.

Von hier aus führt der Prozessionsweg auf den Tor-Gipfel über den „Chalice Hill", den kleineren „Bruder" des Tor. An seinem Anfang stehen die „lebendigen Steine", zwei gewaltige Monolithen, die angeblich bei Sonnenauf- und Untergang zu vibrieren beginnen. Wie geheimnisvolle Wächter behüten sie den Eingang zur Mysterienreise, den Eintritt in das Mandala des Tor-Hügels. Der Sage nach ist der Gipfel des Tor-Hill, auf dem im Mittelalter passenderweise eine St. Michaels-Kapelle errichtet wurde, von der heute noch der Turm steht, gleichzeitig das Tor zum Himmel bzw. in eine andere Dimension, wie zu der „unterirdischen Welt". In unterirdischen Tunneln unter dem Tor soll der Gral verborgen sein.

Rund um Glastonbury lokalisierte in den zwanziger Jahren Katherine Maltwood in alten Feldgrenzen, Wegen und Flurwällen die Umrisse eines uralten Zodiaks, eines Tierkreises, der nach ihrer Ansicht vor rund 10.000 Jahren angelegt wurde. Glastonbury selbst nahm dabei die Position des Wassermannes ein, hier dargestellt als Vogel Phoenix, mit dem Tor als Kopf des Vogels. Tatsächlich bezeichnen die „Glastonbury-Prophezeiungen" den Ort als Zentrum des „himmlichen Jerusalems", eine Weissagung, die von William Blake in seiner Hymne „Jerusalem" aufgegriffen wurde:

JERUSALEM
Und sind nicht diese Füße einst
auf Englands grünen Hügeln gegangen
Und wurde nicht Gottes Heiliges Lamm
auf Englands satten Weiden gesehen?
Und leuchtete denn nicht Gottes Gnade so hell über diese wolkigen Hügel:
Und wurde nicht Jerusalem erbaut hier inmitten dunkler Satans-Mühlen?
Bringt mir meinen Bogen aus brennendem Gold
Bringt mir die Pfeile meines Begehrens!
Bringt mir meinen Speer! O Wolken, öffnet Euch! Bringt

mir meinen Wagen aus Feuer!
Und will nicht ablassen von meinem Streben
noch soll mein Schwert in meinen Händen ruhn,
bis wir Jerusalem erbau'n
in Englands grünen, fruchbaren Auen!

Dabei ist „Jerusalem" nicht irgendeine Dichtung des 19. Jahrhunderts, es ist Großbritanniens heimliche Nationalhymne. Sie gibt der Überzeugung des Mystikers Ausdruck, daß sich hier, in dieser „heiligen Landschaft", im Dreieck zwischen den alten druidischen Tempeln von Stonehenge und Avebury und dem großen Wallfahrtsort von Glastonbury, einst das himmliche Jerusalem der Apokalypse manifestieren würde - das goldene Zeitalter, die Restauration der göttlichen Ordnung, die Wiedererweckung der alten Tempel und eine neue Heiligung der Erde: Und daß dadurch der Schleier der materialistischen Weltanschauung gelüftet und eine neue Wahrnehmung des Paradieses ermöglicht würde. Nur zu offensichtlich schienen die Hippie-Bewegung der 60er Jahre, das wiedererweckte Interesse an Spiritualität und einem ganzheitlichen Lebensstil, und schließlich die „New-Age"-Strömungen der 80er Blakes Prophezeiung zu erfüllen. Wieder pilgerten Sinnsucher zu den heiligen Plätzen, studierten das Wissen der Alten und zelebrierten uralte Rituale und Zeremonien in den Tempeln der Vorzeit, in Stonehenge, in Avebury, auf dem Silbury Hill oder dem Tor Hill von Glastonbury. Dabei wurde das Städtchen in Somerset bald zu Englands New-Age-Hauptstadt. Kristall-Shops, einschlägige Buchhandlungen, New-Age-Zentren, Indien- und New-Age-Kunsthandwerksläden reihen sich aneinander in Glastonburys Einkaufsstraße, hübsche kleine Geschäfte in den mittelalterlichen Häuschen mit so bezeichnend phantasievollen Namen wie „Die Kristallhöhle", „Pendragon", „Avalon", „Merlins Zuflucht", „Die Glastonbury-Erfahrung", „Excalibur" und „Isis".

Ganz offenbar blieb dieser kollektive Aufbruch zu neuen, alten Werten nicht ohne Resonanz. Alles deutet darauf hin, daß die Meditationen und Rituale, die verstärkt an den zentralen Plätzen dieser heiligen Landschaft zelebriert wurden, diese auf eine uns noch verborgene Weise reaktivierten, in eine Schwingung versetzten. Die Folge waren, buchstäblich, Zeichen und Wunder. Menschen berichteten von mystischen Erfahrungen und spirituellen Visionen, Medien empfingen plötzlich Botschaften aus den Tiefen des Alls oder aus längst vergessenen Zeiten. Wer aufmerksam zum Himmel blickte, konnte seltsame, farbige Lichter in geradezu unglaublichen Manövern beobachten, die uns vielleicht signalisierten, daß wir nicht allein im All sind. Und rund um die Steinkreise und Stufenpyramiden der vordruidischen Briten erschienen mysteriöse Zeichen und Symbole auf den sattgrünen oder goldgelben Getreidefeldern. Wahrhaft, Zeichen am Himmel und auf der Erde schienen große Veränderungen anzukünden!

Und diese Zeichen nahmen ihren Anfang Mitte der sechziger Jahre in Warminster, jener verschlafenen Kleinstadt zu Füßen des stufen-pyramidenförmigen Cley Hill, der so auffallend an eine sumerische Ziggurat (Tempelpyramide) erinnert. Tatsächlich liegt Warminster exakt in der Mitte des Dreiecks Glastonbury-Avebury-Stonehenge. Es ist umgeben von sechs Hügeln, die so bezeichnende Namen tragen wie „Heavens Gate" (Himmelspforte), „Lords Hill" (Gotteshügel), „Jacob's Ladder" (Jakobsleiter), „Star Hill" (Sternenhügel) oder „Cradle Hill" (Wiegenberg). „Es gibt klare Hinweise darauf, daß Warminster ein Fenster zu einer anderen Daseinsebene ist", erklärte Shuttlewood in seinem Klassiker „The Warminster Mystery" (Das Mysterium von Warminster), „oder daß einige der lokalen Begebenheiten höhere Intelligenzen wie Leuchtfeuer anziehen."

Die UFO-Welle von Warminster, die nichts anderes war als die Ouvertüre zum Auftauchen der Kornkreise, nahm ihren Anfang Weihnachten 1964, als Postmeister Roger Rump in der Nacht zum ersten Feiertag unsanft aus dem Schlaf gerissen wurde.

„Ich schreckte im Bett hoch, weil ich glaubte, die Ziegel würden mit roher Gewalt vom Dach meines Hauses in der Hillwood Lane gezerrt", berichtete er später dem Redakteur des „Warminster Journal", Arthur Shuttlewood. Eine ähnliche Schockwelle erschreckte eine Hausfrau beim Kirchgang. Und zwei Wochen später wurden Rumps Nachbarn wach, weil sie glaubten, daß „Kohlen die Hauswand hinunterprasseln". In der gleichen Nacht wurde Rachel Attwell, die Frau eines Luftwaffenpiloten, durch ein „lautes Dröhnen" geweckt und lief zum Schlafzimmerfenster. Da draußen am Nachthimmel hing ein leuchtendes, zigarrenförmiges Flugobjekt, „heller als jeder Stern", wie Mrs. Attwell Shuttlewood erzählte. Kathleen Penten, die es zur selben Zeit beobachtete, beschrieb es als „ähnlich einem fliegenden Eisenbahnwaggon, in dem alle Fenster erleuchtet waren". Am 29.8.1965 schoß Gordon Faulkner, ein junger Fabrikarbeiter, ein sensationell klares Foto eines scheibenförmigen, metallischen Flugkörpers, das er dem „Warminster Journal" überließ und das später vom „Daily Mirror" veröffentlicht wurde.

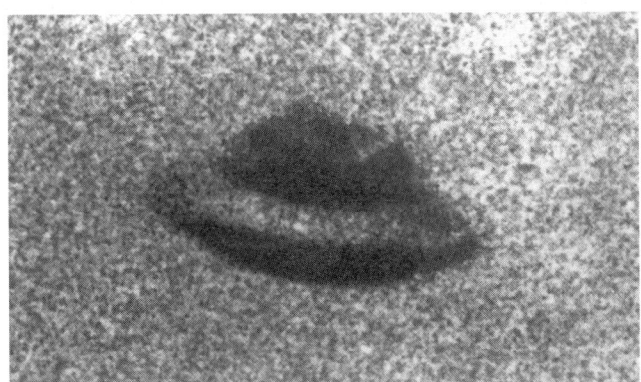

Das erste Foto des „Dings" von Warminster schoß Gordon Faulkner, ein junger Fabrikarbeiter, am 29.08.1965

30 Tage später sah Shuttlewood selbst von der Redaktion aus ein „großes, zigarrenförmiges Objekt, weiß und bernsteinfarben leuchtend, das majestätisch den Himmel von rechts nach links überquerte". Geistesgegenwärtig griff er nach seiner Filmkamera, als er einen stechenden

Schmerz in seinem linken Arm spürte. Trotz einer zeitweisen Lähmung gelang es ihm, das unheimliche UFO zumindest sekundenlang auf Zelluloid zu bannen, bevor es in einen Gürtel von weißen Wolken eintrat.

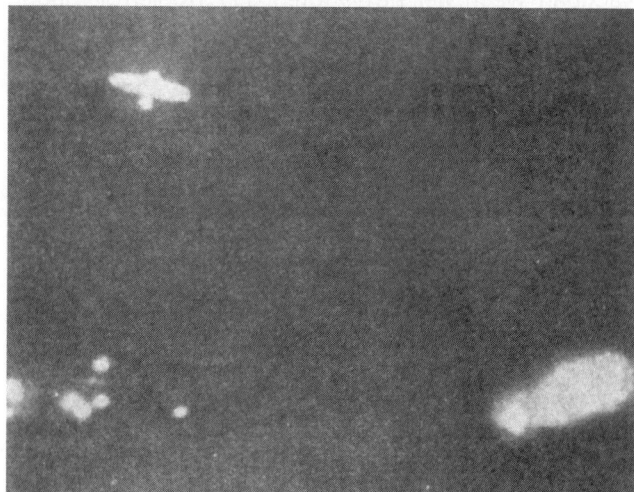

Diese Aufnahme entstand 1972 während einer der zahlreichen „Himmelswachen" auf dem Cley, Cradle und Starr Hill bei Warminster.

Damit hatte den Journalisten das UFO-Fieber gepackt. Er sammelte jeden Bericht einer UFO-Meldung, druckte ihn in der Lokalzeitung ab. Allein bis September 1965, so fand er heraus, hatten über 200 Einheimische das „Ding von Warminster", wie er es nannte, gesehen. Und je häufiger UFO-Sichtungen in Warminster in der Presse für Schlagzeilen sorgten, um so mehr Hobby-Ufologen strömten zu ihrem neuen Mekka in Wiltshire. Sie kamen zu Tausenden, und bald wurden regelmäßige „Himmelswachen" auf den Hügeln rund um Warminster organisiert, bei denen sich fast jedesmal erneut die mysteriösen Flieger zeigten, die wie aus dem Nichts auftauchen und verschwinden konnten und dabei in unglaublichen Mustern manövrierten.

Zu den Schaulustigen zählten die beiden Londoner Steve Evans und Roy Fischer, die seit 1971 regelmäßig nach Warminster kamen. Neben zahlreichen UFO-Sichtungen war es eine Nahbegegnung ganz besonderer Art, die sie nie vergessen sollten. Sie fand statt, als sie vom Gipfel des Cradle Hill aus in den Himmel starrten. „Ein Kraftfeld schien wie eine Schlange durch das Gras zu ziehen, es knisterte laut, wie Statik", beschrieb Evans sein Erlebnis, „es raste schnurstracks auf Roys Füße zu, bog dann aber plötzlich rechts ab. Die Schafe auf der Weide drehten durch. Im Morgengrauen fanden wir flachgedrücktes Gras, als sei irgend etwas gelandet." Aber das war nur das Vorspiel. Es dauerte noch ein Jahr, bis Arthur Shuttlewood und Bryce Bond Zeugen der Entstehung des ersten britischen Kornkreises der Neuzeit wurden...

2. Kapitel

Die Herren der Ringe

Östlich des „magischen Dreiecks" Glastonbury-Avebury-Stonehenge liegt Winchester, die alte sächsische Hauptstadt Englands, in deren Rathaus noch heute eine kreisrunde Holzplatte aufbewahrt wird, die angeblich König Arthurs Tafelrunde war. Winchester wird überragt vom Telegraph Hill, einer 167 m hohen Erhebung, die sich über die A 272 Richtung Petersfield mühelos erreichen läßt. Hinter dem Hügel erstreckt sich ein riesiges, natürliches Amphitheater, das Tal von Cheesfoot Head, im Volksmund auch „Devils Punchbowl", „des Teufels Punchglas" genannt.

Schon einmal stand die Gegend im Mittelpunkt der Weltgeschichte, als General Eisenhower hier vor der Landung in der Normandie zu Tausenden Alliierten Soldaten sprach.

Es war an einem sonnigen Spätsommertag des Jahres 1983, als Colin Andrews, leitender Elektroingenieur der britischen Kraftwerksgesellschaft „Test Valley Borough Council", mit seinem Wagen die A 272 entlangfuhr. Als er „Devils Punchbowl" passierte, fiel ihm auf, daß mehrere Menschen ihre Wagen am Straßenrand geparkt hatten und hinunter ins Tal schauten. Neugierig geworden, was sich da unten wohl abspielen möge, hielt auch er an, blickte hinunter und entdeckte eine riesige Formation von fünf Kreisen, einen großen in der Mitte, vier kleinere rundherum. Andrews war überwältigt von dem, was er hier sah: Die schiere Symmetrie des Musters, die Lage der Weizenpflanzen, die große Spiralen zu bilden schienen, all das war so

Colin Andrews

unglaublich und so faszinierend, daß es ihn geradezu magisch anzog.

Er stieg den Hang hinab, um sich die Formation aus der Nähe anzusehen. Er erwog verschiedene Möglichkeiten, wie jemand dieses Symbol angelegt haben könnte, und verwarf sie im gleichen Augenblick. All das, was er hier sah, erschien dem knochentrockenen Ingenieur, der von sich glaubte, mit beiden Beinen auf dem Boden zu stehen, immer mehr als die Herausforderung seines Lebens. In seinem Innersten spürte er, daß das, was sich hier ereignet hatte, von allergrößter Wichtigkeit war. Doch was war es? War hier ein UFO, eine fliegende Untertasse, gelandet? Hatte das Muster natürliche Ursachen? Nur eines war Andrews klar: Ein Mensch konnte das Kreis-Kreuz nicht geformt haben; dafür war es zu symmetrisch, zu sauber angelegt. Und außerdem führten keinerlei Spuren zu den Zirkeln.

Er war der erste, der sich einen Weg durch die trockenen, leuchtend braunen Ähren bahnte, um provisorische Vermessungen durchzuführen. Der große Kreis war 16 Meter breit, der Durchmesser der vier Satellitenzirkel betrug je 4 Meter. Als Colin Andrews an diesem Abend nach Hause kam, kreisten seine Gedanken nur noch um diese geheimnisvolle Fünferformation. Er ahnte noch nicht, daß er vielleicht den Sinn seines Lebens gefunden hatte: ein Rätsel, das ihn nie mehr loslassen sollte, bis auf den heutigen Tag. Fortan tat er alles, um mehr darüber zu erfahren und dieses Mysterium zu ergründen. Dabei stieß er auf Pat Delgado, einen Elektromaschinenbauingenieur im Ruhestand, der als Raketeningenieur für die britische Luftwaffe und die amerikanische Raumfahrtbehörde NASA gearbeitet hatte. Delgado war bereits zwei Jahre zuvor auf die Kreise im Korn gestoßen, 1981, als sie schon einmal in der Punch Bowl erschienen waren, damals nur als Dreiergruppe. Auch Delgado war so tief beeindruckt, daß er beschloß, die Presse zu informieren. Damit machten die „Crop Circles" neun Jahre nach dem Vorfall von Warminster erstmals Schlagzeilen in aller Welt. Und ihre populärste Erklärung war, daß es sich bei ihnen um „Landestellen" von UFOs gehandelt haben könnte - eine Theorie, die im Laufe der Jahre durch die immer größer werdene Vielfalt der Formen widerlegt wurde.

Gemeinsam begannen Andrews und Delgado mit einer systematischen Erforschung des Phänomens.

Dazu gehörte, Fälle von Kornkreisen aus den vergangenen Jahren zu dokumentieren. Gerüchte sprachen davon, daß bereits 1946 zwei Kreise auf dem Pepperbox Hill bei Salisbury erschienen.

Dann gibt es eine beträchtliche Lücke bis zur Bildung der Formationen von Warminster 1972. Ein einzelner

Pat Delgado

Kreis wurde 1975 auf einer Farm bei Winchester entdeckt, dem ein zweiter im nächsten Jahr folgte. Die erste Gruppe, die erste Fünferformation, tauchte 1978 in Headbourne auf, einige Kilometer nördlich von Winchester. 1980 bevorzugten die Kreise Westbury bei Warminster, wo drei Zirkel erschienen. 1981 waren es bereits zwei Einzelkreise und eine Dreierformation, vier weitere Kreise 1982, ein halbes Dutzend Einzelkreise und vier „Fünfer" 1983, etwa dieselbe Anzahl 1984.

 1985 bekam das Forscherduo Andrews/Delgado Zuwachs. Am 3. August 1985 hatte der Sportflieger Busty Taylor über Clatford eine Fünferformation entdeckt, einen Zentralkreis und vier Satelliten, absolut ebenmäßig, geometrisch und schlichtweg perfekt. Der Wirbel der Kreise bildete Spiralen, die Taylor an Katharinenräder erinnerte. Busty war derart fasziniert, daß er in der folgenden Nacht keinen Schlaf fand. Am nächsten Tag startete er wieder mit seiner Sportmaschine, machte die Kreise erneut ausfindig, fotografierte sie. Einen Abzug des Bildes schickte er an Andrews/ Delgado. Für sie war es die erste Luftaufnahme, die sie von den Kreisen gesehen hatten, und

Busty Taylor

sie waren beeindruckt von der Präzision dieser Formation. Da auch Busty dem „Zirkel-Effekt" zum Opfer fiel, ihn das Phänomen nicht mehr losließ, schloß er sich als Dritter im Bunde dem Forscherteam an. Das war für Andrews/Delgado ein großer Gewinn. Nicht nur, daß Busty ein ausgezeichneter Luftfotograf war - mit seiner Maschine konnte er das Land nach Kreisen absuchen, das Forscherduo war nicht mehr auf Presseberichte und zufällige Anrufe von Bauern und Kreisentdeckern angewiesen.

Was ihn am meisten an den Kreisen beeindruckte, fragte ich Busty bei einem Interview im August 1991. „Am meisten ihre Schönheit", war seine Antwort, und er geriet ins Schwärmen: „Speziell die der goldenen Kreise, wenn das Korn schon sehr reif ist. Ihre Muster - jedes scheint seinen eigenen Fingerabdruck zu haben, diese Vielfalt! Man kann auf die Fotos schauen und auf den ersten Blick sagen, das ist der und der und das ist der und der - obwohl es allmählich schwerer wird bei über 1000 fotografierten Kreisen."

Als Busty Taylor die Fünferformation von Clatford später vor Ort untersuchte, entdeckte er Spuren einer glän-zendweißen gallertartigen Masse, die er von der Universität von Surrey und den Albury Laboratories Ltd. untersuchen ließ. In ihrem Laborbericht kam die Universität zu dem Schluß, daß dieser „Gelee", obwohl er einige Charakteristiken kommerzieller Zucker- und Honigprodukte aufwies, kein solches gewesen sein kann: Ein Test mit Fehlingscher Lösung fiel negativ aus, während das Ergebnis bei üblichen Süßigkeiten positiv ist. Tatsächlich ist eine ähnliche Gallertmasse bereits mehrfach nach UFO-Sichtungen gefunden worden, und UFO-Forscher bezeichnen sie als „Engelshaar".

Wie Andrews/Delgado später in Erfahrung brachten, gab es in der Tat eine UFO-Beobachtung in Verbindung mit der Fünferformation von Clatford. Die beiden Rentner Pat und Jack Collins hatten bei der Polizeistation von Hampshire ein „riesiges kreisrundes Objekt" gemeldet, das sie am Abend des 6. Juli 1985 von der A 272 aus gesehen hatten: Es schien aufrecht auf der Kante zu stehen wie ein Riesenrad und war von vielen gelblich weißen Lichtern umgeben.

Ein gutes Dutzend Kreise entdeckten Taylor, Andrews und Delgado 1986, den schönsten davon in einem Rapsfeld. Raps hat einen sehr festen, spröden Stiel, der schnell bricht, statt sich zu biegen. Doch die Rapspflanzen in diesem Zirkel waren nicht gebrochen, sondern fest auf den Boden gedrückt. Ihre Blüte waren unversehrt, nur einige wiesen in 2 mm-Abständen sägeförmige Einkerbungen auf.

1987 waren es bereits runde 40 Zirkel in Wiltshire und Hampshire: Kreise, Ringe, konzentrische Kreise, Dreier- und Fünferformationen. Seit Erscheinen der ersten Fünferformation 1978 war dies der zweite „Quantensprung" des Phänomens hin zu einer größeren Häufigkeit, Vielfalt und Kompliziertheit der Muster. Sie wurden immer geheimnisvoller: Hunde, die man mit in die Kreise genommen hatte, wurden krank und erbrachen sich, orangeleuchtende Objekte wurden gesichtet, rätselhafte Geräusche vernommen, große dunkle Blitze gesehen. Colins Andrews beschrieb ein „knisterndes Geräusch von statischer Elektrizität", als er sich in einem der Wirbel aufhielt. Erstmals seit 1982 wurden auch im Gebiet um Warminster wieder Kreise gefunden, meist zu Füßen des „Weißen Pferdes" von Westbury, im 9. Jahrhundert zur Erinnerung des Sieges von König Alfred über die Dänen 878 in den Kreidekalkfelsen geschnitten - sehr wahrscheinlich an der Stelle eines sehr viel älteren, prähistorischen Gemarkzeichens. Sie lagen gegenüber jenem Feld, auf dem die Kreise von 1982 erschienen waren, und zwar in der Nacht nach der Sichtung eines radförmigen UFOs mit einem Kranz aus vielen orange-

farbenen Lichtern. Auch in der Nacht zum 6. August 1987, als eine Viererformation bei Upton Scudamore nahe Warminster auftauchte, wollen Menschen UFOs gesehen haben. Zwei Tage später wurde ein Kreis von 30 Metern Durchmesser mit einem doppelten Ring in Bratton bei Warminster entdeckt. Es war der erste dieser Art, ein neuer Schritt in Richtung einer größeren Komplexität der Zirkel. Aber mehr noch, er wurde zum Schauplatz eines mysteriösen Vorfalls.

Bei einem Wanderausflug in diese malerische Gegend bemerkte die Familie Wingfield vom Bratton-Hang aus den Kreis. Die Wingfields hatten bereits in der Zeitung von den Zirkeln gelesen und waren begierig, dieses seltsame Phänomen aus unmittelbarer Nähe betrachten zu können. So stiegen sie den Abhang hinunter, zu dessen Fuß der Kornkreis lag: Die Söhne und George Wingfield voraus, Mrs. Wingfield hinterher. Doch dann geschah etwas, das Frau Wingfield so sehr erschreckte, daß sie sich zunächst weigerte weiterzugehen: Ein grellblauer Lichtstrahl, pulsierend und rotierend, richtete sich vom Boden her auf sie. Dann sah sie vor sich blaue Blitze zwischen den Kornähren zucken, die eine Reflektion von etwas zu sein schienen, das unsichtbar war. Das Erlebnis seiner Frau und die Präzision der Kreise berührten George Wingfield tief in seinem Innersten. Er spürte, daß er alles daran setzen mußte, dem Rätsel auf den Grund zu gehen. Dafür besaß er exzellente Voraussetzungen.

George Wingfield

Als Absolvent des renommierten Eton-College und des Trinity-College in Dublin schloß er sein Studium der Naturwissenschaften 1966 mit dem Magistergrad ab. Sein Praktikum machte er am königlichen Observatorium in Greenwich, befaßte sich mit Stellarspektren und dem Erdmagnetismus. Seitdem war er als Systemanalytiker bei dem Computergiganten IBM tätig. Im nächsten Zirkel-Jahr, 1988, nutzte Wingfield jede freie Minute, um dem Phänomen auf den Grund zu gehen. Seine vorläufige Schlußfolgerung: Die Kreise sind „das Produkt einer nichtmenschlichen Intelligenz, deren Natur wir noch zu untersuchen haben, soweit wir das können." Ihre Charakteristiken beschreibt er wie folgt:

- „Geometrische Gestalt, aber unvollkommene Präzision der meisten Kreise;
- Kreisrund, ringförmig, elliptisch, rechteckig, dreieckig etc. in der Form;
- Scharfer Schnitt zwischen dem flachgelegten und dem noch stehenden Korn;
- Nur in den wenigsten Fällen überschreiten die Kreise Feldgrenzen;
- Sie tauchen meistens in Weizen oder Gerste auf, manchmal aber auch in Raps, Roggen, Hafer und langgewachsenem Gras;

– Sie erscheinen meist zwischen Ende Mai und September, wenn das Korn eine entsprechende Höhe erreicht hat;

– Die Kornhalme sind meist gebogen, nicht aber geknickt oder beschädigt, wenn sie gefunden werden, und gewöhnlich wachsen sie bis zur Reife in dieser neuen, horizontalen Position weiter. Nur in wenigen Fällen hat die große Kraft, die bei ihrer Entstehung wirkte, einzelne Halme aus dem Boden gerissen und aus dem Kreis herausgeschleudert. Sehr oft hat ein Kreis oder ein Muster verschiedene Lagen, zeigen die unteren Pflanzen in eine andere Richtung als die oberen;

– Zudem weist das Korn verschiedene „Liegerichtungen" auf: Im Uhrzeigersinn, entgegen dem Uhrzeigersinn, vom Zentrum weg, gerade, swastikaförmig, komplex etc.; aber immer mit nahezu geometrischer Präzision;

– „Äderung" oder Verflechtung der Halme;

– Oft sind die Kreise und Formationen parallel zu Bodenstrukturen und/oder Traktorenspuren angelegt

– Sie erscheinen über Nacht und gewöhnlich ohne Augenzeugen;

– Felder mit Zirkeln werden oft „wieder besucht", neue Kreise entstehen neben alten, bisherige Kreise werden „ergänzt";

– Außergewöhnliche Vielfalt an Mustern und Formationen;

– Eine Größe der Kreise zwischen 1,5 und 60 Metern, die Länge der Formation zwischen 14 und 200 Metern;

– Verstärkte Komplexität zwischen 1978 und 1992;

– Tendenz, in unmittelbarer Nähe prähistorischer Stätten und Grabhügel aufzutauchen;

– In einigen Fällen UFO-Sichtungen vor der Kreisbildung;

– Ungewöhnliche Geräusche in den Kreisen: 5 Kilohertz-Sirrgeräusche auf Tonbändern;

– Bleibende Energiemuster, die mit der Wünschelrute geortet werden können;

– Reaktion auf Diskussionen und Theorien der Zirkel-Forscher, offenbar der Versuch zu kommunizieren und uns in eine ganz bestimmte Richtung zu führen."

Ein Beispiel für letzteres ist das offensichtliche „Spiel", das die „Circlemaker" mit dem Meteorologen Dr. Terence Meaden treiben.

Meaden war im August 1980 auf die Kreise gestoßen, als die „Wiltshire Times" von der Entdeckung „unerklärter kreisrunder Markierungen" zu Füßen des Weißen Pferdes von Westbury bei Warminster berichtete. Meaden äußerte damals in der Fachzeitschrift „Journal of Meteorology" die Vermutung, eine „seltene Art Wirbelwind" sei für das Phänomen verantwortlich, eine Theorie, die er 1988 modifizierte, als er Fallwinde für das Entstehen von zirkelproduzierenden „Plasma-Wirbeln" verantwortlich machte. Dummerweise vergaß der kluge Doktor zu fragen, warum es diese „Fallwinde" nicht auch vor 1972 gegeben hat. Als wollten sie Meaden selbst ad absurdum führen, zogen sich die Zirkel dann auch ein Jahr später schmollend zurück, mieden Warminster und verlagerten ihr Schwerpunktgebiet auf Beckhampton bei Avebury. Erst 1990 ließen sie sich im UFO-Mekka wieder blicken.

Nun mag die Vorstellung von „schmollenden Kornkreisen" gewiß befremdlich klingen. Doch Tatsache ist, daß die „Circlemaker" intelligent zu reagieren und sogar auf ihre Kritiker zu antworten scheinen. Als Meadens reichlich an den Haaren herbeigezogene Theorie - bisher hat noch niemand einen „Plasma-Vortex" beobachtet, geschweige denn wissenschaftlich nachgewiesen - größere Publicity erzielte - nicht zuletzt durch das fatale Buch von Jenny Randles, das bedauernswerterweise auch in einer deutschen Ausgabe erschien - tauchten plötzlich immer häufiger ganze „Korn-Formationen" auf, für deren Entstehung selbst Meaden keine Erklärung hat - und das noch an Orten, die bis dahin völlig „zirkelfrei" waren.

Tatsächlich fand eine „Wanderung" der Kreise bereits 1987 statt, als im August zehn Kreise in einem Weizenfeld bei Beckhampton auftauchten. Beckhampton, ein Gebiet, aus dem nie zuvor Kornkreise gemeldet wurden, liegt auf dem Gebiet der alten Tempelanlage von Avebury, westlich des mysteriösen Silbury Hill. Die Felder schließlich, auf denen sie erschienen, sind umgeben von prähistorischen Grabhügeln und anderen archäologischen Strukturen. Was Bauer Stephen Horton von der „Firs Farm" damals noch nicht ahnte: Von diesem Tag an sollten seine Äcker zum bevorzugten Ziel der Kreisaktivitäten werden.

1988 zeichnete sich durch eine weitere Evolution der Kreise aus. Eine Fünferformation in Kreuzform tauchte, wie die 5 eines Würfels, in der Nacht vom 14. auf den 15. Juli 1988 zu Füße des Silbury Hills auf, 24 Stunden nach einer UFO-Sichtung durch die Hausfrau Mary Freeman aus Marlborough. Ein zweiter „Fünfer" folgte einige Tage später, und fünf weitere Einzelkreise kamen in den nächsten zwei Tagen hinzu, und zwar in so perfekter Anordnung, daß einer von ihnen beide „Fünflinge" auf eine Weise verlängerte, die dem Schaft eines Kreuzes entsprach, und damit eine Deutung als „keltische Kreuze" nahelegte. Bis zum 4. August würfelte es noch  zwei weitere Fünfer. Bei ihnen allen war das Korn im Mittelkreis und bei dreien der Satelliten im Uhrzeigersinn gedreht, bei einem der Satelliten dagegen linksdrehend. Bis Ende August waren es sechs Fünflinge, meist im Gebiet um den Silbury Hill. Dann entwickelte sich das Phänomen - wieder einmal - weiter. Am 10. September fand Colin Andrews bei Charity Downs, direkt neben einem „Doppelringer", die bis dahin für ihn faszinierendste Formation: Einen „Fünfer", dessen Satellitenkreise durch einen Ring miteinander verbunden waren, was der Struktur noch deutlicher die Gestalt eines „keltischen Kreuzes" gab. Mehr noch, die Halme im Ring waren kompliziert mit- und ineinander verflochten. „Ich würde mein

 Leben darauf verwetten, daß eine unbekannte Intelligenz dahinter steckt", erklärte Colin Andrews , „es ist ausgeschlossen, daß diese Formation von Menschenhand oder durch ein meteorologisches Phänomen entstanden ist." Aber 1988 war auch das erste Jahr, in dem Kreise nördlich des traditionellen Zirkellandes Wessex auftauchten. Am 26. Juni wurde ein Kreis mit einem Ring und drei Satelliten bei Oadby nahe Leicester gefunden. In der Nacht zuvor konnten ein Laienprediger und seine Frau beobachten, wie ein leuchtend weißes Licht über dem fraglichen Feld schwebte, um nach wenigen Minuten in die Höhe zu schießen. Zur selben Zeit sahen Anwohner des Feldes einen „hellen, weißen Blitz". Als ein Einheimischer den Kreis vermaß und die Maße auf Tonband diktierte, hatte er sich wiederholende, hohe Töne auf der Kassette. Ähnliches erlebte ein BBC-Fernsehteam, als es Colin Andrews in einem Zirkel interviewte. Ein Phänomen, das auf magnetische Anomalien hindeutet, denn das Aufnahmemedium ist magnetisch. In diesem Fall war ein hohlklingendes Klopfgeräusch mit etwa 100 Schlägen pro Minute zu hören, das an einen Herzschlag erinnerte.Insgesamt waren es rund 120 Kreise, die 1988 auftauchten, was weit über den Zahlen vom Vorjahr lag. Colin Andrews und Pat Delgado hatten jetzt genug Material gesammelt, um der Öffentlichkeit das Phänomen auf eine sehr viel umfassendere Weise vorzustellen, als es durch die bisherigen Presseartikel möglich war. Im Frühjahr 1989 erschien ihr Buch „Kreisrunde Zeichen", das in kürzester Zeit auf Platz 10 der nationalen Bestsellerliste landete. Ähnlich erfolgreich war es in Deutschland, wo es im Januar 1990 im Zweitausendeins-Verlag herauskam. In einem Jahr erreichte es hier 13 Auflagen, verkaufte über 85.000 Exemplare. „Kreisrunde Zeichen" avancierte zum Kultbuch. Die Ästhetik der Kreise wirkte durch großformatige Farbfotos und die anekdotische Schilderung der Begleitumstände ihrer Entdeckung und Erforschung durch die Autoren. Dabei war für Andrews und Delgado sicher, daß diese „Gebilde von großer Schönheit, enormer Präzision und voller rätselhafter Einzelheiten" von „einer unbekannten Intelligenz mit einem unbekannten Kraftfeld" geschaffen wurden. Als dann Queen Elizabeth II. „Kreisrunde Zeichen" auf ihre „Sommer-Leseliste" setzte, war dem Buch die Publicity auch in den Massenblättern garantiert. „Ein Phänomen von unglaublicher Faszination", schwärmte die 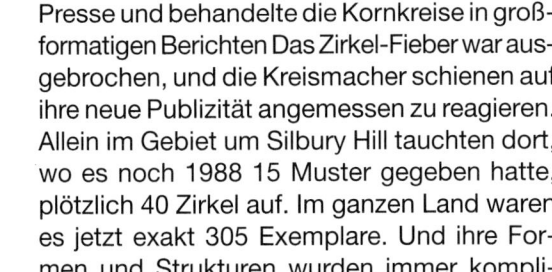 Presse und behandelte die Kornkreise in großformatigen Berichten Das Zirkel-Fieber war ausgebrochen, und die Kreismacher schienen auf ihre neue Publizität angemessen zu reagieren. Allein im Gebiet um Silbury Hill tauchten dort, wo es noch 1988 15 Muster gegeben hatte, plötzlich 40 Zirkel auf. Im ganzen Land waren es jetzt exakt 305 Exemplare. Und ihre Formen und Strukturen wurden immer komplizierter. Die „Fünflinge" vom Vorjahr erhielten jetzt „Zuwachs" durch einen sechsten Kreis, der sie in langschaftige Kreuze verwandelte und ihnen das Image nahm, Landestellen vierfüßiger UFOs zu sein. Ein Kreis mit einem gekrümmten „Schwanz" erschien bei Cheesefoot Head, nachdem Dr. Meaden verkündet hatte, er hätte das Phänomen „am Schwanz gepackt", die „Doppelringer" wurden häufiger und ein Kreis bei Beckhampton hatte den beachtlichen Durchmesser von 35 Metern. Hinzu kam, daß sie jetzt plötzlich im ganzen Land erschienen: In Devon und Gloucestershire, Cheshire und Buckinghamshire, Hertfordshire, Essex, Suffolk, Nottinghamshire, Leicestershire, Avon, Kent und sogar in Schottland.Das verstärkte Interesse der Medien machte ein koordiniertes Forschungsprojekt, das dem Ursprung der Kreise auf den Grund gehen sollte, zum Gebot der Stunde. So rief die neugegründete Organisation von Colin Andrews und Pat Delgado, die „Circles Phenomenon Research" (CPR), die „Operation White Crow" ins Leben. Ihren Namen gab ihr die Redensart, daß solange alle Krähen als schwarz gelten müßten, bis man eine weiße Krähe entdeckt hätte. Als „Nest" für die „Weiße Krähe" war ein Bergrücken in Cheesefoot Head gewählt worden, von

dem aus die gesamte Punch Bowl überblickt werden konnte, in der bereits am 27. Mai zwei Kreise aufgetaucht waren. Acht Tage lang, beginnend mit dem 10. Juni, wollte man das Feld rund um die Uhr mit Infrarotkameras, Nachtsichtgeräten und Radar überwachen. Und alles, was in der Zirkelszene Rang und Namen hatte, war beteiligt: Busty Taylor, George Wingfield, sogar Dr. Terence Meaden. Außerdem nahmen zwei renommierte Wissenschaftler, Prof. Archie Roy von der Universität Glasgow und Dr. Adrian Lyons, an dem Überwachungsprojekt teil, und Dr. Meaden setzte eigens eine kleine Wetterstation neben das „Krähen"-Camp. Die Spannung wuchs beim Team der Operation White Crow, als in den frühen Morgenstunden des 15. Juli ein leuchtendes Objekt über der Punchbowl gefilmt werden konnte. Ein Kreis war allerdings nach dieser „unheimlichen Begegnung" nicht zu sehen. Und das blieb so bis zum Ende des Projektes. Am letzten Projekttag, dem 17. Juni, entschieden sich sechs Mitwirkende, unter ihnen Wingfield, Andrews, Delgado, Taylor und das Medium Rita Goold, zu einem ungewöhnlichen Experiment. In einem der beiden bereits existierenden Kreise versuchten sie, in Kontakt mit jener Energie zu kommen, die hinter dem Phänomen steht. Sie setzten sich hin, entspannten sich, lautschen in sich hinein.

Es war eine kühle, klare Sommernacht, ein beinahe voller Mond ließ die Landschaft in einem geheimnisvollen Licht erscheinen. Dann hörte George Wingfield ein trillern des Geräusch. Im ersten Augenblick wußte er nicht, was geschehen war. Er blickte sich um zu seinen Freunden, die offenbar das gleiche vernahmen und ihn ebenso verdutzt anschauten, wie er selber war. Der Ton schien irgendwo aus dem Kreis zu kommen, und war völlig anders als alles, was Wingfield zuvor gehört hatte: Es war ein rhythmisches Trillern und Schwirren in einer sehr hohen Tonfrequenz, nicht laut, aber von einer fast hypnotischen Wirkung, die dem Kreisforscher „durch und durch" ging, sehr viel intensiver als das Zirpen einer Grille oder das Rasseln einer Klapperschlange. Dann unterbrach es, schien auf einmal von einer Gruppe von Büschen am Feldrand zu kommen, vielleicht 40 Meter von dem Kreis entfernt. Wingfield und die anderen fühlten sich wie gelähmt. Die erste, die versuchte, mit dem Sirren eine Kommunikation herzustellen, war Rita, das Medium. Sie stellte verschiedene Fragen, und als sie an einem Punkt sagte: „Wenn ihr uns versteht, hört auf", unterbrach der Ton für ein oder zwei Sekunden. Dann kam er der Gruppe in dem Kreis wieder näher. Wer oder was ihn auch immer verursachte, ganz offensichtlich war er oder es sich der Präsenz der Kreisforscher bewußt. Colin und Rita hatten den Eindruck, daß „etwas", eine Art Lichtfleck, auf sie zukam. Rita hielt es für den Kopf eines kleinen Humanoiden. Doch was immer es war, soviel fühlten sie alle: Es war etwas Lebendiges und Intelligentes, auch wenn es unsichtbar oder nicht erkennbar war. George Wingfield wandte sich jetzt an das Energiewesen: „Bitte, könnt ihr uns einen Kreis machen?"In diesem Augenblick betrat ein weiterer White Crow-Mitarbeiter vom Camp das Feld, der aus der Ferne das seltsame Geräusch gehört hatte. Als er sich der Gruppe näherte, glaubte er, über ihr ein leuchtendes Objekt in Form zweier Hörner zu erkennen. Niemand aus der Gruppe hatte es bemerkt, was daran gelegen haben kann, daß sie nur allzu abgelenkt waren. Als zwei weitere Projektmitarbeiter folgten, schien sich das Geräusch wieder in Richtung Büsche zurückzuziehen. Damit war die Kommunikation gestört. Pat und Rita entschieden, es dabei erst einmal zu belassen, und so kehrten alle in das Camp zurück.

Einige Stunden später entschieden sich Colin und George, noch einmal nachzusehen, ob sich an der „Kontaktstelle" irgend etwas getan hatte. Es war nichts zu sehen, aber wieder ertönte das geheimnisvolle Sirren. Diesmal hatte Colin Andrews sein Tonbandgerät dabei und machte eine Aufnahme. Spätere Analysen durch die Sussex- University sollten ergeben, daß es eine Frequenz von 5,2 Kilohertz hatte. Andrews deutet es als ein elektrostatisches Geräusch und führt es auf magnetische, möglicherweise geomagnetische Felder zurück.

Am nächsten Morgen wurde, nur 500 Meter von dieser Stelle entfernt, ein Kreis gefunden, umgeben von einem Ring, der in der Nacht dieser merkwürdigen Begegnung entstanden sein mußte. George Wingfields Wunsch hatte sich also erfüllt - wenngleich der Zirkel außer Sichtweite des „White Crow"-Camps lag.

Tatsächlich war das nicht der einzige Fall, bei dem ein Sirrgeräusch in einem Kornkreis gehört wurde. Colin Andrews hatte es bereits 1987 in zwei verschiedenen Kreisen bei Andover bemerkt, eine französische UFO-Gruppe nahm es im Juni 1989 im selben Kreis bei Cheesfoot Head auf. Doch zu einer spektakulären Manifestation kam es bei hellem Tageslicht in einem riesigen 35-Meter-Kreis bei Beckhampton im Avebury-Gebiet, als Pat Delgado im Juli vom BBC-Fernsehen interviewt wurde. Das Interview sollte im Inneren des Kreises stattfinden, und Pat stand, mit dem Mikrophon in der Hand, bereit, die Fragen der Reporter zu beantworten. „Plötzlich befand ich mich inmitten eines kompakten, in sich geschlossenen Energiefeldes", schilderte Delgado mir das, was dann geschah. „Für mich fühlte sich diese Energie, als ich sie mit den Fingern abtastete, an wie eine dünne Plastikfolie. Sie hatte einen spürbaren Rand und in seinem Inneren eine Ansammlung von Energie, aus der der Ton kam." Der Toningenieur des Filmteams, der das seltsame Sirrgeräusch durch seine Kopfhörer deutlich vernahm, war sichtlich irritiert. Es war ein Knistern und Sirren, das auf dem BBC-Band zu hören war, bevor die Aufnahmeelektronik der 200.000 DM teuren, brandneuen BBC-Betacam SP-Kamera versagte. Das Geräusch wurde ebenfalls gründlich analysiert und als 5,0 bis 5,2 khz- Frequenz identifiziert. Alle Gutachter, darunter Dr. Robert Weiss aus den USA, der bereits die Watergate-Bänder analysierte, und das „Jet Propulsion Laboratory" der NASA kamen zu dem Schluß, daß es ein „künstliches" Geräusch und nicht etwa eine Vogelstimme war. Eine Kopie der Originalaufnahme beider Geräusche -

Cheesfoot Head und Beckhampton - stellte uns Colin Andrews dankenswerter Weise für unsere Filmdokumentation „Das Mysterium der Kornkreise" - das Video zu diesem Buch - zur Verfügung.

Einen weiteren Zeugenbericht, der eine Verbindung zwischen den Kreisen und dem Sirrgeräusch indiziert, teilte mir George Wingfield mit:

Sandy Reid aus Dundee in Schottland pflegte häufig am frühen Morgen durch die Natur zu streifen, um Füchse und Dachse in ihrer natürlichen Umgebung zu beobachten. Eines Morgens Ende Juli ging er gegen 5.30 Uhr früh, von einer Exkursion heimkehrend, an einem Hügelrücken entlang. Der junge Tag dämmerte heran, und der Chor der Vögel war vollzählig angetreten, ihn mit lautem Zwitschern zu begrüßen. Doch plötzlich verstummte der Vogelgesang, und in der Stille vernahm Reid ein ganz anderes Geräusch, das vom Fuße des Hügels kam: ein Knistern, als würde Korn aneinander gerieben werden. Es war völlig windstill, als sich unten auf dem Feld in weniger als zehn Sekunden ein perfekter Kreis von zehn Metern Durchmesser formte. Als Reid zu dem Zirkel hinunterstieg, spürte er „eine Präsenz", wußte aber nicht, was es war. Einige Tage später, als er wieder in die Gegend zurückkehrte, fand der Naturfreund

einen zweiten Wirbel, und bei einem dritten Besuch wurde er Zeuge eines „trillernden", sirrenden Geräusches im Bereich der Zirkel; dasselbe Geräusch, das auch die Gruppe bei Cheesefoot Head gehört hatte.

Während die geheimnisvollen Sirrtöne die Zirkel-Sensation des Jahres waren, endete die Saison mit der Überraschung, die den Forschern einen Vorgeschmack auf das geben sollte, was sie 1990 erwartete. Am 12. August 1989 erschien auf dem Land des Farmers Mike Bucknell bei Winterbourne Stoke nahe Amesbury in Wiltshire der perfekteste Korn- Zirkel, den die Welt bis dahin gesehen hatte. Sein Durchmesser betrug 18,5 Meter, und sein Muster versetzte der „Plasma-Wirbel- Theo-

rie" von Dr. Meaden und jeder anderen möglichen „natürlichen" Erklärung den Todesstoß. Denn der Kreis von Winterbourne Stoke war eine vollkommene Swastika, und zudem die Quadratur des Kreises. Sein rechtsdrehendes Zentrum war von einer linksdrehenden Lage um-

geben, auf die wiederum ein rechtsdrehender Ring folgte. Von ihm aus war das Korn kreuzförmig in alle vier Himmelsrichtungen gekämmt, bis ein rechtsdrehender Rand-Ring von einem Meter Breite das Gebilde sauber abschloß.

Das Zirkel-Jahr 1990 begann früh. Bereits Ende April tauchten eine Gruppe kleiner Kreise und einige große, umringte Zirkel von bis zu 55 Metern Durchmesser nördlich von Devizes in Wiltshire auf. Anfang Mai erschienen gleich zwei große „Dreiringer", eine Formation, die 1989 ihre Premiere hatte, umgeben von vier Satelliten im mittleren Ring. Die präzisen Ringe sind gewöhnlich nur 15-22 Zentimeter breit und ein Phänomen an sich. Kein Wetterphänomen und keine menschlichen Füße sind in der Lage, so feine und präzise Formen zu produzieren. So führte auch Pat Delgado ihr Entstehen auf „Bleistiftlinien von Energie" zurück. Im Mai 1990 konnte George Wingfield bei einem zweiten Flug über einen der großen „Dreiringer" feststellen, daß sich ein vierter, konzentrischer Ring um ihn herum gebildet hatte. Tatsächlich kam es bei verschiedenen Kornmustern zu späteren „Nachbesserungen".Anfang Juni organisierten John Haddington und George Wingfield eine zehntägige „Zirkelwache" im Gebiet zwischen Wandsdyke und dem Silbury Hill. Es sollten zehn Tage voller Rätsel werden, die Wingfield an das Warminster der späten 60er Jahre erinnerten. Zuerst hörten verschiedene Mitglieder der Überwachungsgruppe seltsame Geräusche, einschließlich eines Zischtons. John und ein Begleiter beobachteten wenig später ein gelbleuchtendes Objekt, das über einem der Felder schwebte, und aus dem verschiedene kleinere rote Lichter kamen. Dann sah George mysteriöse Lichter, die langsam und ziemlich niedrig über den Halmen eines Weizenfeldes operierten. Das wiederholte sich ein paar Tage später, als John und George und ein weiterer Beobachter zusammen eine Kreisformation beim Milk Hill begutachteten. „Die Lichter bewegten sich, verblaßten, kamen zusammen, wurden heller und verschwanden gemeinsam. Es war nicht möglich, sich ihnen zu nähern, denn dann schossen sie sofort davon", erklärte Wingfield, „doch in jedem Feld, in dem sie auftauchten, entdeckten wir später 'grapeshot Circles'." „Grapeshot", „Granatsplitter", nennt Wingfield jene kleinen, vielleicht 50 cm breiten Wirbel, die so häufig im Umfeld großer Kreise oder Formationen auftauchen.

Doch 1990 hielt noch eine ganze Reihe von Überraschungen bereit. Nicht nur, daß sich das Phänomen ständig weiterentwickelte, es sollte einen regelrechten Quantensprung erleben. Aus den „Kornkreisen" wurden „Piktogramme", komplizierte Agroglyphen, die sich plötzlich in einer ungeahnten Vielfalt präsentierten.

Das erste „Piktogramm" tauchte am 23. Mai auf der Chilcomb-Farm bei Cheesefoot Head auf. Es bestand aus einem kleineren Kreis und einem großen, von dem eine rechteckige Bahn ausging, die sich in Richtung des kleineren Kreises stufenweise verschmälerte. Parallel zu der Bahn befanden sich auf beiden Seiten je zwei rechteckige „Kästen" - im Fachjargon „Boxes" genannt. Fortan kamen die Kornkreisforscher, die sich mittlerweile nach der römischen Korngöttin Ceres „Cereologen" nannten, aus dem Staunen nicht heraus. „So etwas haben wir noch nie zuvor gesehen...", wurde zu ihrem Standardkommentar. Und tatsächlich variierten die Piktogramme mit jedem Muster. Das zweite Piktogramm hatte etwas Indianisches an sich, wirkte wie ein Schild mit vier Biberschwänzen, auf einer Ku-

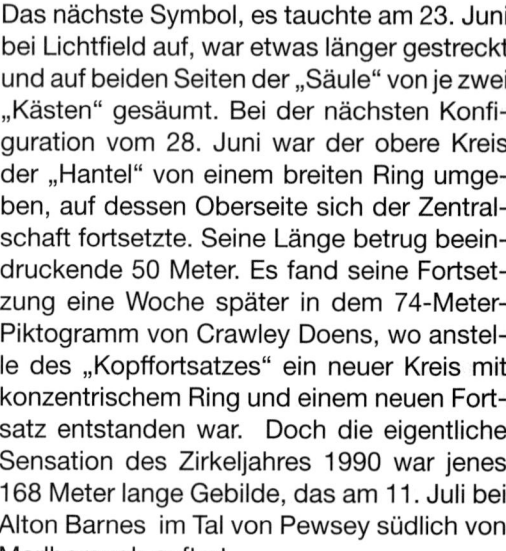

gel stehend. Und während das erste Zeichen mitten auf einer „Tramline", einer Traktorenspur lag, erstreckte sich diese Struktur, die am 2. Juni bei Cheesefoot Head erschien, quer über das Feld. Nummer 3, am 16. Juni auf dem Telegraph Hill bei Cheesefoot Head gefunden, glich einer Hantel, deren eine Seite von einem dreifachen Halbkreis umgeben war.

Das nächste Symbol, es tauchte am 23. Juni bei Lichtfield auf, war etwas länger gestreckt und auf beiden Seiten der „Säule" von je zwei „Kästen" gesäumt. Bei der nächsten Konfiguration vom 28. Juni war der obere Kreis der „Hantel" von einem breiten Ring umgeben, auf dessen Oberseite sich der Zentralschaft fortsetzte. Seine Länge betrug beeindruckende 50 Meter. Es fand seine Fortsetzung eine Woche später in dem 74-Meter-Piktogramm von Crawley Doens, wo anstelle des „Kopffortsatzes" ein neuer Kreis mit konzentrischem Ring und einem neuen Fortsatz entstanden war. Doch die eigentliche Sensation des Zirkeljahres 1990 war jenes 168 Meter lange Gebilde, das am 11. Juli bei Alton Barnes im Tal von Pewsey südlich von Marlborough auftrat.

Es bestand aus einer Reihe von neun Kreisen, fünf Einzelkreises und zwei aufeinanderfolgenden Hanteln, von denen jeweils eine dreifingrige „Hand" ausging. In allen seinen Zirkeln lag das Korn im Uhrzeigersinn. Erstaunlicherweise war zur selben Zeit nur wenige Kilometer von Alton Barnes, bei Stanton St. Bernard zu Fuße des „Weißen Pferdes" von Allington, ein beinahe identisches Piktogramm erschienen. Ein Bewohner von Alton Barnes will in dieser denkwürdigen Nacht ein seltsames Summgeräusch gehört haben, auf das hin sämtliche Hunde des Dorfes anschlugen. Berichten zufolge sprangen die Wagen der Farmer am nächsten Morgen nicht an. Die Fotos der Alton Barnes-Formation gingen um die Welt und zogen buchstäblich Tausende von Besuchern an. Als er befürchten mußte, daß diese sein Feld zertrampeln, stellte der Bauer Tim Carson ein Wärterhäuschen am Feldeingang auf und kassierte von jedem Besucher ein Pfund - am Ende der Saison konnte er stolze 5000 Pfund zählen. „Ich habe noch nie so viele Menschen gesehen, die absolut high waren, ohne Drogen genommen zu haben", schilderte mir George Wingfield die Reaktion der Besucher.

Als zwei Zirkeltouristen aus Andover, das Ehepaar Alexander, das Alton Barnes-Piktogramm vom nahegelegenen Milk Hill aus mit ihrer Amateur-Videokamera filmten, bemerkten sie ein kleines, weißes Objekt, das langsam über das Nachbarfeld glitt, das gerade von einem Farmarbeiter mit dem Traktor gedüngt wurde. Als Colin Andrews diesen Farmarbeiter ausfindig machte, bestätigte er, am fraglichen Nachmittag ein blitzendes, scheibenförmiges Objekt, „groß wie ein Strandball", gesehen zu haben, das in Ährenhöhe das Feld überquerte.

Und wieder tauchten die Kreise und Piktogramme im ganzen Land auf. Ihre genaue Zahl kann nur geschätzt werden, aber es werden um die 1000 gewesen sein. Kaum ein Tag, an dem nicht irgendwo im Lande eine Zeitung über das Phänomen berichtete. England war im Zirkel-Fieber, und das blieb auch auf Behördenseite nicht unbemerkt.

Schon in den Vorjahren hatten Colin Andrews und Pat Delgado Armeehelikopter über den neugebildeten Kreisen beobachten und sogar fotografieren können. Die Hubschrauber schienen Aufnahmen der Kreise zu machen, und einmal wurde dem Forscherteam sogar eine solche „offizielle" Zirkelfotografie aus Armeekreisen zugespielt. Jetzt aber verging kaum ein Tag, an dem die olivgrünen Chopper nicht das Gebiet um Silbury Hill und Alton Barnes nach neuen Piktogrammen absuchten. Als dann Colin Andrews das zweite große Zirkel-Überwachungsprojekt, „Operation Blackbird" („Amsel") ankündigte, sagte auch die Army offiziell ihre Teilnahme zu. Gesponsert vom BBC-Fernsehen und dem japanischen Nippon TV, war das Amsel-Projekt von Anfang an ein Medienzirkus - wenngleich ein ziemlich effektiver. Endlich hatten die Cereologen alles, war ihr Herz begehrte: Verschiedene 24-Stunden-Videokameras, Infrarotkameras, Nachtsichtgeräte, Radar. Ihre Station errichteten sie in einer eisenzeitlichen Hügelfestung, dem Bratton Castle, oberhalb des „Weißen Pferdes" von Westbury, von wo aus sich die Felder und Weiden zu seinen Füßen überblicken ließen- ein Gebiet, das in den Vorjahren immer wieder ein Zentrum des Kreisgeschehens gewesen ist. Das Projekt sollte drei Wochen lang dauern, beginnend mit dem 23. Juli. Doch schon am zweiten Tag schien es, als wäre man fündig geworden.

3. Kapitel

Anatomie eines Schwindels

Es war die Sensation des Morgens, als ein ziemlich euphorischer Colin Andrews am 25. Juli 1990 im BBC-Frühstücksfernsehen verkündete, daß in der Vornacht bei Bratton ein „Ereignis von größter Bedeutung" stattgefunden habe:

„Ja, wir haben hier ein Ereignis von größter Bedeutung... Wir sind sehr aufgeregt, wie Sie sich vorstellen können. Wir fanden zwei große Markierungen am Boden... Sie erschienen geradewegs vor uns, vor all den Überwachungsinstrumenten, als seien sie nur für uns entstanden. Wir hatten eine Situation gegen 3.30 heute morgen. Auf dem Monitor hatten wir eine Reihe oranger Lichter, die die Form eines Dreiecks bilden... Es ist eine komplexe Situation, die wir derzeit analysieren, aber zweifellos haben wir hier etwas für die Wissenschaft."

Reporter: „Ich bin sicher, Sie haben damit die Nation in Erstaunen versetzt. Sind Sie sicher, daß Sie nicht Opfer eines ausgeklügelten Schwindels geworden sind?"

„Nein, gewiß nicht... Wir haben hier die modernste Ausrüstung, und wir haben mit diesen hochwertigen optischen Geräten ein hochbedeutendes Ereignis aufgezeichnet... Wir haben hier etwas von großer, großer Wichtigkeit... Ja, wir haben alles auf Film, und wir haben, wie ich sagte, ein geformtes Objekt über dem Feld... Wir werden nichts mehr tun, bis wir es mit dem Hubschrauber überflogen haben, um alle Details zu filmen, bevor jemand das Feld betritt."

Tatsächlich war es ein ziemlich seltsames Muster, das nur einen Kilometer vom Horst der Kreisforscher entfernt erschienen war: Zwei große Kreise mit je zwei kleinen Satelliten, dazwischen drei Linien. Eigentlich war es asymmetrisch, verglichen mit den anderen Formationen nahezu primitiv, schien sinnlos, ohne die Majestät und Aussagekraft der bisherigen Piktogramme. Und auf Colins fast kindliche Aufregung folgte der Katzenjammer. Das „Ereignis von größter Bedeutung" zerplatzte wie eine Seifenblase, als er und Pat Delgado das Feld betraten. In den Kreisen fehlte der charakteristische Wirbel der echten Formationen, das Korn wirkte gebrochen und niedergetrampelt, und sauber im Mittelpunkt der Zirkel waren ein „Horoskop"-Spiel und ein Holzkreuz plaziert. Die Formation von Bratton Castle war ein Schwindel, und es war nur zu offensichtlich alles darauf ausgerichtet, daß daran kein Zweifel mehr bestehen konnte. Sogar ein roter Draht wurde gefunden, dessen Länge dem Radius von einigen der sechs Kreise entsprach. Wer immer die Formation gemacht hatte, mußte die Absicht gehabt haben, die Kornkreisforscher abgrundtief zu blamieren. Und er hatte sein Ziel erreicht: Als ein kleinlauter Colin Andrews noch am selben Tag zugeben mußte, daß er einem plumpen Schwindel zum Opfer gefallen war, wurde er zum Gespött der Nation, und ein Reporter nach dem anderen verließ amüsiert die „Blackbird"-Station von Bratton Castle.

Fortan forschten die Cereologen nahezu unter Ausschluß der Öffentlichkeit. Doch wer steckte hinter dem Schwindel? Der Ursprung der „Lichter" war bald geklärt: Es war ein Heißluftballon, geflogen von Richard Brenson, der jede Absicht, die Kornkreisforscher irritieren zu wollen, entschieden dementierte. Wer immer hinter dem - bei genauerem Hinsehen ziemlich unsauberen - Piktogramm steckte, er mußte über einige Insiderinformationen verfügt haben, denn in der fraglichen Nacht waren weder Andrews noch Delgado auf dem Camp, und auch das Army-Team, das sonst in Kampfanzügen, mit geschwärzten Gesichtern und exzellenten Nachtsichtgeräten auf Pirsch war, hatte sich am 24. Juli freigenommen. Dabei war es Corporal Darren Cummings von der Army, der der Presse erklärt hatte: „Wir sind hier, um zu beweisen, daß sie (die Kreise) von Menschen gemacht wurden; die Wissenschaftler hier wollen das Gegenteil beweisen."

Kein Wunder, daß dabei der Verdacht zuerst auf die Army fiel, eine Vermutung, die auch George Wingfield teilt: „Eine Woche nach dem Bratton-Schwindel rang ich noch mit den Unstimmigkeiten dieses verwirrenden Rätsels und speziell der Unlogik der Bretter und Kreuze.

Zu dieser Zeit war es, als ich einen Anruf von einem Freund erhielt, der ein völlig neues Licht auf die ganze Angelegenheit warf. Er hatte einen verläßlichen Kontaktmann in ranghoher Stellung beim Militär, dessen Namen ich aus verständlichen Gründen nicht nennen kann. Der Mann hat bereits in der Vergangenheit sensible Informationen geliefert, die sich bisher immer als äußerst wertvoll erwiesen. Jetzt enthüllte er, daß der Bratton-Schwindel von einer speziell dafür abgestellten Einheit der Armee durchgeführt wurde und daß der Befehl dazu direkt aus dem Verteidigungsministerium kam. Die Operation war sorgfältig geplant, vorher geübt und dann in völliger Dunkelheit schnell und präzise durchgeführt worden. Mein Informant konnte sogar mit einem Offizier sprechen, der in die Planung der Operation involviert war, die unter höchster Geheimhaltungsstufe stand."

Wingfield hält es für möglich, daß das Ministerium die Aktion anordnete, um das angeheizte Zirkel-Fieber unter Kontrolle zu bringen - und „Operation Blackbird" zu entschärfen, bevor sie wirklich etwas Brisantes beobachten sollte. Damit war zudem der Druck der Öffentlichkeit und Presse vom MoD (Ministry of Defense) genommen, die immer lauter eine offizielle Stellungnahme gefordert hatten. Und damit Pat und Colin gar nicht erst in Versuchung geführt wurden, die Bratton-Kreise für echt zu erklären und damit das öffentliche Interesse an dem Phänomen noch zu vergrößern, wurden mit geradezu militärischer Präzision die sechs Kreise und Horoskopbretter ins Zentrum eines jeden der sechs Kreuze gelegt. Sie waren zugleich die falsche Spur, die man brauchte, um von der Täterschaft abzulenken. BBC hielt die corpi delicti gleich für einen Hinweis darauf, daß in den Kreisen ein „Ritual" stattgefunden hatte, und natürlich standen Hippies und Okkultisten als erste unter Verdacht. Als dann noch Colin Andrews ein „Bekennerschreiben" mit dem Logo der Rockgruppe KLF erhielt, schien es so, als hätte man die „Täter" identifiziert. Tatsächlich fertigte KLF am 2. August ein „Piktogramm" mit ihrem Logo an - der Pyramide und dem Ghettoblaster -, das für das Video zu ihrem Welterfolg „What Time is Love?" gefilmt wurde. Nach Angaben des Farmers, auf dessen Land KLF drehte, brauchten vier junge Männer nahezu 6 Stunden bei hellem Tageslicht, um das Muster anzulegen - nachdem sie ihn um Genehmigung gebeten hatten und zusicherten, für den Schaden zu bezahlen. Abgesehen davon, daß KLF offensichtlich also gar nicht in der Lage gewesen wäre, das sehr viel größere Bratton-Piktogramm in so viel kürzerer Zeit herzustellen, erklärte KLF glaubwürdig, daß der Brief an Colin Andrews nicht von ihnen stamme - also eine Fälschung war.

Wenngleich die Army offenbar ihr Ziel erreicht hatte - das laut Corporal Cummings darin bestand, „zu beweisen, daß sie von Menschen gemacht wurden", war sie auch weiterhin in Bratton und rund um den Silbury Hill präsent und zeigte großes Interesse an jeder neuen Zirkelformation. Und ein kleinlauter Colin Andrews setzte, mit verkleinerter BBC und NTV-Crew, seine Zirkelwache

 fort. Es dauerte zehn Tage, bis er dann doch noch zu seinem verdienten Erfolg kam. Am 5. Juli entstand nur 400 Meter westlich des gefälschten Piktogrammes ein echter Zirkel vor der Linse zweier Nachtsichtkameras. Doch diesmal scheuten die „gebrannten Kinder" vom Amsel-Team die öffentliche Bekanntgabe ihres Glücksgriffes. Der Film, den die Kameras aufgenommen hatten, wurde schließlich durch NASA-Computer in Basinstroke, Hampshire, komplett ausgewertet. Er zeigte eine Wirbelbewegung, weniger als 15 Sekunden lang, an exakt der Stelle, an der sich am nächsten Morgen das Piktogramm befand: Eine gewundene Schlange, die ironischerweise - ein Fragezeichen bildete. Während dieses Stückchen Film, das bald in ein BBC-Archiv wanderte - eine Kopie ist Teil des Filmes „The Crop Circle Communique" - ohne jeden Zweifel bewies, daß es eben auch echte Kreise gibt, hatte die britische Boulevardpresse seit dem Bratton-Hoax ihr Sommerthema. Fortan präsentierte jedes Groschenblatt eine obskurere Persönlichkeit als „den Mann, der die Welt mit den Kreisen genarrt hat". Die „Mail on Sunday" veröffentlichte sogar eine genaue Anleitung „How to make those Corn Circles", wie man seinen eigenen Kreis anfertigen könne, und die „Sun" offerierte eine Prämie von 10.000 Pfund für denjenigen, der das Rätsel lösen würde. Darauf antwortete „The People" mit der Präsentation von Fred Day (59), der angeblich schon seit 47 Jahren Kreisen produzierte.

Untermauert wurde diese Behauptung mit der Luftaufnahme eines unregelmäßigen Kreuzkreises von 8 Meter Durchmesser, den Fred dem Blatt zufolge mit einer Art Nudelholz in nicht mehr als 32 Minuten angefertigt haben will. Während der gelernte Werkzeugmacher in „The People" schon ankündigte, was er mit den von der „Sun" ausgesetzten 10.000 Pfund machen wollte, blieb er die Antwort schuldig, warum er sich nicht gleich dort die Belohnung abholte, statt billig für die Konkurrenz zu arbeiten. Tatsächlich hat sich ein „Fred

Day" bei der „Sun" nie gemeldet, und der Betrag blieb unausgezahlt.

Laut „Sunday Sports" dagegen war George Vernon aus Bristol, auch bekannt als „Merlin der Magier", für die Kreise verantwortlich und will die meisten von ihnen mit seiner „puren Gedankenkraft" erzeugt haben. Da ihm dies beim Bratton-Schwindel nicht gelang, fälschte er dieses Muster, indem er sich im Korn herumrollte. Seine erstaunliche psychische Fähigkeit entdeckte „Merlin", als er vor ein paar Jahren in einem Kornfeld bei Stonehenge schlief und in einem Zirkel aufwachte. Wer noch versucht ist, diese Geschichte zu glauben, muß spätestens über ihren furchtlosen Autor schmuzeln. Der nämlich nannte sich „Bertie Ollock" oder „B. Ollocks". „Bollocks" ist ein Slangwort, das gleichermaßen für „Hoden" wie für „Nonsens" steht. Wie eine solche „Entlarvungsstory" produziert wird, erfuhr ich bei meinen Recherchen vom Wirt des Pubs „Who'd A Thought It" - was sinnigerweise soviel wie „Wer hätte das gedacht?" bedeutet - in East Kennett.

Der erzählte mir, daß eines Abends im Sommer 1989 ein Filmteam der ARD die Wirtsstube betrat. Der verantwortliche Redakteur bot jedem Mann, der vor der Kameras einen Kornkreis produzieren würde, „15 Pfund und so viel Bier, wie er an einem Abend trinken könne". Vier Männer meldeten sich, darunter der örtliche Totengräber. Der Kreis, den sie mit Rundhölzern und Wäscheleinen anfertigten, war so asymmetrisch, daß am nächsten Morgen jeder wußte, daß er gefälscht war. Doch das ARD-Team war stolz, das Rätsel gelöst zu haben, und kehrte nach London zurück. Der Film wurde in den „Tagesthemen" vom 22. Oktober 1989 dem zumindest kurzfristig desillusionierten deutschen Fernsehpublikum präsentiert.

Während die Weltöffentlichkeit durch eine solche Art Journalismus den Eindruck bekommen mußte, die Kornkreise seien ein ähnlich ernsthaftes Sommerthema wie das Ungeheuer von Loch Ness, schenkte man ihnen an offizieller Stelle ganz andere Beachtung.

Im September 1990 fand die erste von drei internen Konferenzen zum Kornkreisphänomen im Umweltministerium statt, auf der Abgeordnete, Regierungs-wissenschaftler und Ministerialbeamte des Verteidigungs-, Umwelt- und Landwirtschaftsministeriums zugegen waren. Zweifellos berichtete bei dieser Gelegenheit ein Army-Vertreter von den Ergebnissen der Überwachungsprojekte und wird auch jenen Film einer leuchtenden Kugel vorgeführt haben, den eine Armeekamera im Juli im Gebiet des Silbury Hill aufnahm (der Film ist Teil der britischen Dokumentation „The Cropcircle Communique"). Dem politischen Korrespondenten der „Zeit" in Großbritannien, Jürgen Krönig , zufolge waren sich die Teilnehmer des Ausschusses einig, daß die Zeichen im Korn kein meteorologisches Phänomen seien. „Die Lieblingsthese der Skeptiker, es handle sich bei den Kreisen um einen großangelegten Scherz, wurde gar nicht erst in Betracht gezogen. Die Army wurde angewiesen, auch weiterhin das Phänomen unter intensiver Beobachtung zu halten und, wenn nötig, 'angemessene Schritte' einzuleiten. Zum dritten schließlich wurde erörtert, wie das Thema unter dem Gesichtspunkt Öffentlichkeit zu behandeln sei; bei dieser Gelegenheit fiel auch das Stichwort 'Desinformation'." Die Ablehnung der Wettertheorie war immerhin ein Fortschritt und wahrscheinlich auf den „Quantensprung" des Phänomens im Jahre 1990 zurückzuführen.

Noch am 11. Juli 1989 hatte das MoD auf eine parlamentarische Anfrage des Abgeordneten Teddy Taylor zu der Ursache der Kreise geantwortet, daß definitiv keine Armeehelikopter für die Wirbel verantwortlich seien. Wenig später spezifizierte das Verteidigungsministerium seine Ansicht, sie seien „höchstwahrscheinlich das Ergebnis einer Kombination von Wind und lokalen Boden-Fruchtbarkeitsbedingungen." „Die britische Regierung hat damals anerkannt, daß wir es hier mit einem realen Phänomen zu tun haben", kommentierte Colin Andrews diese Stellungnahme, „sie hat nur die falsche Erklärung gewählt. Sie hätte genausogut sagen können, daß alles

ein Schwindel sei. Aber sie hat das nicht gesagt, sie hat akzeptiert, daß sie echt sind."

Sein Kollege, Pat Delgado, teilte mir mit, daß er von Mitgliedern des britischen Parlaments und des Oberhauses kontaktiert und um Zusammenarbeit gebeten worden sei. „Sie sind mehr als interessiert", erklärte er mir. „Sie wollen und sie müssen wissen, was dort auf britischen Feldern vorgeht, ebenso wie jede andere Regierung daran interessiert wäre. Sie können es nicht kontrollieren, können kein Schild aufstellen: 'Keine Kornkreise auf diesem Feld'. Es ist jenseits ihrer Macht."

Ein Problem, das dabei diskutiert wurde, war die Frage, ob Korn aus Kreisen kontaminiert sein könnte und ob es ein Risiko sei, wenn es in die Nahrungskette käme. Tatsächlich bemerkten amerikanische Wissenschaftler eine erhöhte Radioaktivität in den Kreisen und vermuten, daß sie kurzfristig mit einer Art Mikrowelle bestrahlt wurden. „Viele Farmer sind über diese Frage beunruhigt", erklärte der konservative Abgeordnete Teddy Taylor. Die Folge war, daß eine bestimmte Abteilung des Landwirtschaftsministeriums in Loughborough fortan aus den Kornkreisen Pflanzen- und Bodenproben entnahm.

Zudem erlebten Kornkreisforscher immer häufiger Merkwürdiges im Zirkelland. Chinhook-Helikopter überquerten immer öfter bei Nacht mit Suchscheinwerfern die Felder Hampshires und Wiltshires, und neue Kreise wurden nicht selten bei Tagesanbruch zuerst von der Army fotografiert. Immer öfter tauchten seltsame Fremde auf den Posten der Circlewatcher auf und löcherten sie mit Fragen. Einmal wurde eine Gruppe auf dem Silbury Hill von einem nächtlichen Besucher Mann für Mann mit einer Infrarotkamera abgelichtet, angeblich weil er seine neue Kamera testen wollte.

Jürgen Krönig, politischer Korrespondent der „Zeit" in England und selber begeisterter Kornkreisforscher, schreibt in seinem - übrigens ausgezeichneten - Buch „Spuren im Korn": „Mehrfach bin ich des Nachts auf Militärpatrouillen gestoßen, die strategisch günstige Positionen bezogen hatten. Sie lagen auf prähistorischen Hügelgräbern in der Nähe von Kreisfeldern, waren mit Infrarotkameras und anderen Meßgeräten getarnt, im Privatwagen auf Feldwegen an ihre Beobachtungsposten herangefahren. Sie operierten dabei weit außerhalb der großen militärischen Sperrgebiete der Salisbury Plains, der Hochebene von Salisbury. Man kann nicht sagen, daß sie über die nächtliche Begegnung erfreut waren..." Ihre offiziellen Ausreden reichen von „meteorologischen Übungen" bis zu „freiwilligen Einsätzen im privaten Interesse".

Da Privatunternehmungen mit dienstlichem Gerät bei Army und Airforce strikt untersagt sind, klingt das freilich nicht sehr überzeugend. Vielmehr deutet alles darauf hin, daß ihr Befehl „von ganz oben" kam. Das angesehene „Wall Street Journal" vom 28.8.1989 berichtete ebenfalls über das Interesse auf höchster Ebene. „Mitarbeiter des britischen Landwirtschafts- und Verteidigungsministeriums wollen mehr wissen. Ebenso Königin Elisabeth, die dem Vernehmen nach kürzlich Premierministerin Margaret Thatcher über die Zirkel ausfragte. Während solche Gespräche unter Geheimhaltung stehen, erklärte ein Sprecher des Buckingham-Palastes, daß die Queen ein kürzlich publiziertes Buch über die Kreise in diesem Monat mit in ihren Sommerpalast nimmt; als Englands größte Landeigentümerin hat sie jeden Grund, darüber nicht amüsiert zu sein." Tatsächlich stand „Kreisrunde Zeichen" auf der offiziellen „Sommer-Leseliste" der Queen, die alljährlich vom Buckingham-Palast veröffentlicht wird. „Wir erhielten kurz darauf Briefe von Repäsentanten des Hofes", erklärte mir Colin Andrews im Herbst 1991, „unser Newsletter wurde von zwei Mitgliedern der königlichen Familie angefordert, und erst vor ein paar Wochen wurden wir erneut mit der Bitte um direkten Kontakt angeschrieben." Der Absender des Schreibens war Prince Philip , dessen Interesse am UFO-Phänomen in Fachkreisen nicht verborgen blieb. Tatsächlich beauftragte der Prinzgemahl Lord Zuckerman, den wissenschaftlichen Berater der britischen Regierung im Zweiten Weltkrieg, das Phänomen zu beobachten und ihn auf dem Laufenden zu halten.

Während man also in höchsten Kreisen das Kreisgeschehen äußerst interessiert beobachtete, versuchten Regierungsstellen, Geheimdienste und das Militär ganz offensichtlich, die Bevölkerung „unten" ruhigzustellen. Das erinnert an die offizielle Politik westlicher Regierungen in Sachen UFOs, die nach wie vor einem 1953 auf dem „Robertson-Panel" im Pentagon verabschiedeten „Erziehungsprogramm" folgt. Dem 1977 unter dem „Freedom of Information Act" offiziell freigegebenen Protokoll zufolge sollte dieses „unter Beteiligung aller betroffenen Regierungsstellen zwei Hauptziele verfolgen: Schulen und Banalisieren. Das Ziel der Banalisierung wäre eine Reduzierung des öffentlichen Interesses an den 'fliegenden Untertassen' ...und könnte durch die Massenmedien wie durch Fernsehen, Kinofilme und populäre Artikel erreicht werden. Die Basis dafür wären tatsächliche Fälle, die Verwirrung stifteten, dann aber erklärt wurden."

Wer nach den Gründen für eine so massive Politik der öffentlichen Desinformation fragt, muß sich die Situation zu Anfang der 50er Jahre vor Augen halten. Zu deutlich war noch die Massenpanik in Erinnerung, die der Ausstrahlung von H.G. Wells Radiohörspiel „Krieg der Welten" über die Landung von Marsmenschen 1938 in den USA folgte. Da man sich über Intention und Herkunft der Außerirdischen im unklaren war, galt es erst einmal, die Bevölkerung ruhigzuhalten. Es war die Zeit des Korea-Konflikts, der Beginn des Kalten Kriegs. Die USA hatten sich gerade von der schweren Rezession in den dreißiger Jahren erholt, siegreich den 2. Weltkrieg beendet, waren dabei, ihre neugewonnene Rolle als Weltmacht zu definieren, und ihr größtes Anliegen war innenpolitische Stabilität. Die CIA-Strategen wußten, daß schon das schiere Wissen um die Anwesenheit Außerirdischer im irdischen Luftraum für viele Menschen ein derartiger Kulturschock wäre, daß mit einem Male unser gesamtes Weltbild, alles, was bisher als gesichert galt, ins Wanken geraten könnte. Wer, so befürchteten sie, hat noch Vertrauen in unsere politischen, religiösen und wirtschaftlichen Autoritäten, wenn es da eine Macht gibt, die uns um Lichtjahre voraus ist und der unsere offiziellen Lenker und Beschützer absolut hilflos gegenüberstehen?

Die Folge war eine Politik der Desinformation, deren Ziel es war, das UFO-Phänomen zu einer Ansammlung von Schwindelfällen und Verwechslungen mit natürlichen Phänomenen erscheinen zu lassen und die UFO-Forscher auf jede nur denkbare Weise zu diskreditieren.

Busty Taylor , der Sportflieger, der sich seit 1985 um die Entdeckung und fotografischen Dokumentation zahlreicher neuer Zirkel verdient gemacht hat, ist überzeugt, daß die britische Regierung eine ähnliche Politik bei den Kornkreisen anwendet. „Die Regierung wünschte, daß dies nie geschehen wäre", erklärte mir Taylor auf seine sachliche, ruhige Art. „Am besten sollte alles verschwinden. Meiner Meinung nach steckt die Regierung hinter dem Schwindel von Bratton Castle. Die ganze Welt schaute damals auf diesen Punkt, auf die 'Operation Blackbird'. Welch wunderbare Gelegenheit, einen Knoten in den Schwanz der Kornkreise zu machen. Fertige einen Schwindel an und beweise der Welt, daß alles nur ein Riesenscherz ist. Ich halte die Sache ganz klar für inszeniert, es ist nur schwer zu beweisen. Sie müssen das Phänomen diskreditieren. Denn wenn sie der Öffentlichkeit die Wahrheit sagen, würde das die meisten Regierungen wahrscheinlich völlig destabilisieren."

Tatsache ist, daß auch der CIA Informationen über die Kornkreise sammelte und, wie ein mir vorliegendes internes Dokument der US- Politkommission „Majestic 12" von 1990 belegt, ihrer Wirkung auf die Öffentlichkeit große Bedeutung zumißt. Der Ex-Polizeisergeant und UFO-Forscher Anthony Dodd aus North Yorkshire, der speziell einige Kornkreise im Norden Englands untersuchte, berichtete mir davon, daß einige lokale Bauern von den Behörden die Anweisung erhielten, sofort die fraglichen Felder abzuernten, ob das Korn nun reif war oder nicht. „Mit anderen Worten: sie wollten die Formationen von den Feldern verschwinden lassen, bevor die Öffentlichkeit sie zur Kenntnis nehmen konnte", glaubt Dodd.

Doch erst im September 1991 gelang es der „Abteilung Desinformation", den Kornkreisen einen entscheidenden Schlag zu versetzen.

4. Kapitel

Apfelmännchen, Delphine und die Kreise der Greise

Das schlechte Wetter des Frühsommers 1991 war schuld daran, daß in diesem Jahr die Zirkel-Saison später begann als bisher. Noch den gesamten Juni hindurch erschienen die Zeichen fast schüchtern, zögernd im noch unreifen Weizen der britischen Kornfelder. Doch trotzdem ließen die Zirkel-Macher die Forscher schon ziemlich früh wissen, daß auch dieser Kreissommer wieder voller Überraschungen stecken sollte.

Ausgerechnet bei Glastonbury erschien der erste Kornkreis, und das schon Mitte April: Zwei Kilometer vom Tor Hill entfernt, in einem Feld mit Wintergerste in Butleigh Wootton, am 14. April bei Tageslicht und unter wahrhaft seltsamen Begleitumständen.

An diesem Sonntagnachmittag beobachtete Dave Harris , ein junger Mann, der auf dem Fahrrad eine kleine Landstraße entlangfuhr, ein geheimnisvolles, glockenförmiges, silberfarbenes Flugobjekt, das in nur acht Metern Höhe über einem Feld schwebte. Der Junge fiel vor Schreck vom Fahrrad, als er sah, wie ein spiralförmiger Strahl „auraartigen Lichtes" aus dem UFO kam, der auf das Feld gerichtet war. Dann verschwand der mysteriöse Flugkörper mit schnellen, abrupten Manövern und einem summenden Geräusch.

Der Junge fuhr heim, erzählte seinen Freunden davon, was er erlebt hatte, ging mit ihnen zum fraglichen Feld. Tatsächlich fanden die Jugendlichen eine Stelle, an der das Getreide spiralförmig auf den Boden niedergelegt war. Die Circle-Maker ließen sich Zeit und die Kornkreisforscher über diesen Vorfall rätseln. Von einigen

kleineren Mustern (so eine Hantel in einem Rapsfeld) einmal abgesehen, meldeten sie sich erst Anfang Juni wieder, mit einer Formation bei Cheesefoot Head.

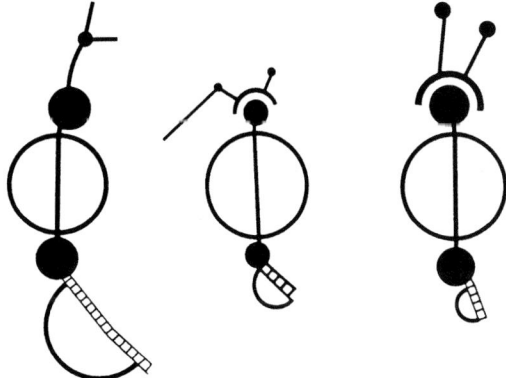

Sie war zugleich das erste „Insektogramm", wie es die Kreisforscher bald nannten (wenngleich es mehr einer Schnecke als einem Insekt ähnelte), das erste von fünfen, die in den folgenden vier Wochen (7. 6 - 7. 7) erschienen und deren schönstes am Fuße des Megalithtempels von Stonehenge die Serie abschloß.

Die „Insektogramme" gaben dem Phänomen eine neue Dimension. Waren es bisher eher „klassische" Symbole, die auf den Kornfeldern erschienen, wirkten sie jetzt fast komisch, zumindest bizarr, ohne eine auf den ersten Blick erkennbare Bedeutung. Doch sie wiesen trotzdem die gleichen Charakteristiken auf wie andere

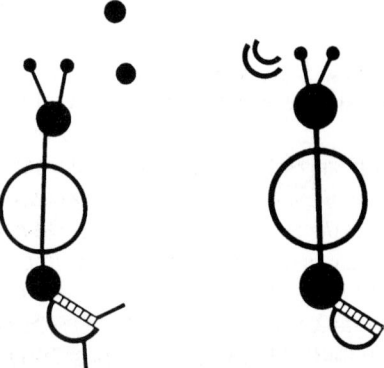

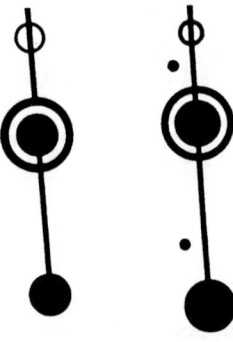

„Es wurde am frühen Morgen von einem Besorgungsfahrer entdeckt. In der fraglichen Nacht lag ein Nebel über dem Tal, und in diesem Nebel entstand die Formation. In dieser Nacht wurde ein Farmer, Malcom Innery, der in dem Dorf lebt, gegen 1.30 Uhr von einem Donnergrollen geweckt. Er dachte zuerst, es käme von einem großen C-130 Hercules Bomber, der dicht über den

authentische Kornzeichen, und so müssen wir uns damit abfinden, wie es George Wingfield formulierte, „daß es nur eine Regel für die Kornkreise zu geben scheint: alle von uns festgelegten Regeln zu durchbrechen und uns fast täglich neu zu überraschen."

Dächern hätte fliegen müssen, doch als er aus dem Fenster schaute, sah er nichts. Auch andere in diesem Dorf hörten das Geräusch, und einige sagten sich sofort: Mein Gott, die Kreise sind wieder da!"

Auf die Insektogramme folgten die „Dreifachhanteln". Sie machten eine ähnlich faszinierende Wandlung durch. Das erste Exemplar wurde am 9. Juni in einem Rapsfeld der Firs Farm in Beckhampton gefunden, gefolgt von einer Reihe von Hanteln, die sehr an die Symbole des Vorjahres erinnerten.

Fortan tauchte eine ganze Reihe von Piktogrammen paarweise auf, mit ähnlich geringen Größenunterschieden. Und sie wurden immer größer: Der „magische Schlüssel" von Alton Priors, am 11. Juli auf dem Land von John Carson entdeckt, war bereits 110 Meter lang, ebenso sein Zwilling vom 27. Juli bei West Kennett (Differenz: 0,9 %).

Dann, am 21. Juni, erschien eine 91-Meter- Hantel in Lockeridge, Wiltshire. Das Rätsel verdichtete sich, als eine fast identische Kopie dieser Formation am 2. Juli auf dem Feld von Alton Barnes auftauchte, nur 200 Meter von der Stelle entfernt, an der ein Jahr zuvor das riesige Piktogramm gelegen hatte, das weltweit für Furore sorgte. Dabei ist der Begriff von der „identischen Kopie" wörtlich zu nehmen. Eine Vermessung beider Formationen durch John Langrish ergab, daß der Größenunterschied nicht mehr als 0,6 % betrug. George Wingfield schilderte mir die mysteriösen Begleitumstände, unter denen das Alton Barnes-Piktogramm erschien:

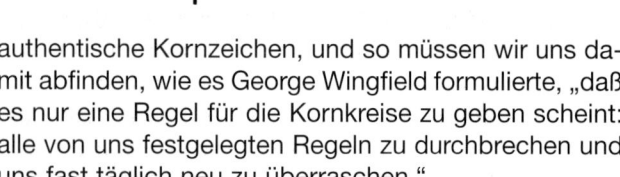

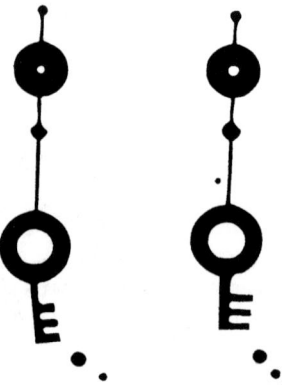

Nach den „Schlüsseln" schließlich kamen die „Delphinogramme", erschienen zwischen dem 30.7. und dem 22.8., sieben an der Zahl.

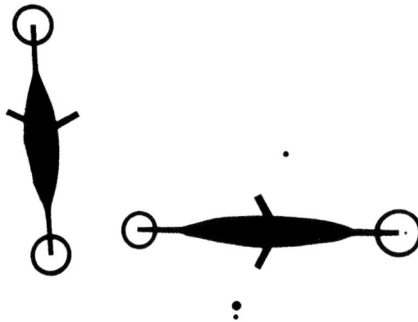

Allerdings wirkten auf uns die „Delphine" mit ihren spitzen Endungen und den sie umgebenden Kreisen eher wie Querschnitte durch ein UFO mitsamt seinem Energiefeld. Nachdem noch zwei sechszackige Sterne und eine geheimnisvolle Inschrift, einige Schnörkelungen mit „Insekto"-Charakter, gigantische „Dreierhanteln", eine Formation von 180 Metern Länge und eine ganze Reihe anderer seltsamer Zeichen aufgetaucht waren, endete die Zirkel-Saison 1991 am 18. August mit einem ganz neuen Symbol, das an ein menschliches Gehirn erinnert.

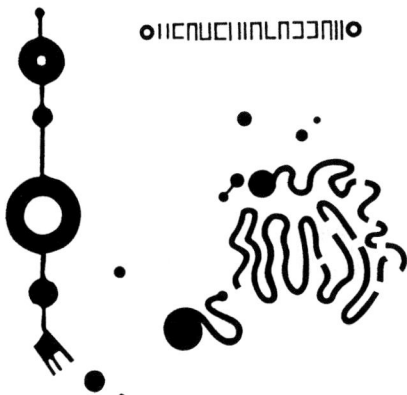

Vielleicht rät es uns, selbiges zu benutzen und - nachzudenken.

Wie bereits 1990, so gab es auch in diesem Jahr wieder eine ganze Reihe koordinierter Versuche, den „Zirkelmachern" auf die Spur zu kommen. Das erste Überwachungsprojekt, „Chameleon", wurde im Juni von John Macnish und David Morgenstern in Zusammenarbeit mit dem BBC auf dem Morgan's Hill bei Devizes stationiert, wo ein Jahr zuvor die riesigen, vierringigen „keltischen Kreuze" aufgetaucht waren. Neben Videoausrüstungen verfügte das Chameleon Projekt über ein hochempfindliches Richtmikrophon, das alle Töne im Spektrum zwischen 2 und 40.000 Hertz digital aufzeichnete. Eine fernbediente „Skystalk"- Fernsehkamera war auf einem 50 Meter langen hydraulischen Greifarm installiert, um die Bewegungen von allem aufzuzeichnen, das sich nachts auf die Felder wagte. Zudem wurde noch ein raffiniertes Alarmsystem auf dem beobachteten Feld eingerichtet, das bei jedem Eindringling sofort anschlagen würde.

Die Nacht vom 27. auf den 28. Juni war wolkig und feucht und wirkte nicht gerade vielversprechend. Um 3.00 Uhr früh kam zudem ein Nebel auf, der sich langsam verdichtete. Trotzdem entschieden sich die Kornkreisforscher, die Kameras und Richtmikrofone eingeschaltet zu lassen. Erst bei Morgendämmerung löste sich der Nebel langsam auf. Als er endlich dem Cereologen-Team den Blick auf das Feld freigab, lag vor ihnen eine hantelförmige Formation: ein großer und ein kleiner Kreis, 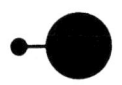 der große 19 Meter, der kleine 8 Meter im Durchmesser, den Wirbel beim großen im Uhrzeigersinn, beim kleinen entgegen, und beide durch einen 6 Meter langen Kanal miteinander verbunden. Das Muster lag nur 600 Meter vom Chameleon-Camp entfernt.

Eine gründliche Untersuchung des vom Nebel feuchten Ackers auf Fußabdrücke führte zu einem negativen Ergebnis: Es gab keine Spuren von menschlichen Eindringlingen. Weder die Kamera noch das Richtmikrofon

hatten irgend etwas Besonderes aufgezeichnet. Das Piktogramm mußte aus dem Nichts entstanden sein.
Ebenfalls auf Morgans Hill campierte die „Operation Blue Hill" unter Leitung von Dr. Terence Meaden und Prof. Ohtsuki von der Tokyoer Waseda-Universität, der mit 18 weiteren japanischen Wissenschaftlern angereist war. In einer Nacht, Ende Juni ortete das Forscherteam ein Objekt auf Radar, das mal langsam, mal mit großer Geschwindigkeit die Felder überflog. Es war mit Sicherheit kein Flugzeug, und Dr. Meaden hoffte bereits, endlich einen seiner „Plasmawirbel" aufgespürt zu haben. Doch obwohl in dieser Nacht die Sicht gut war, konnte keiner der Beteiligten das Objekt am Himmel ausmachen. Es schien so, als sei es schlichtweg unsichtbar.

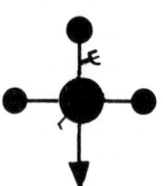

Unter noch strengeren Sicherheitsverkehrungen als beim „Projekt Chameleon" oder der „Operation Blue Hill" entstand ein paar Wochen später ein ziemlich komplexes Kreuz-Piktogramm in der Nähe des Landsitzes des Premierministers bei Chequers in einer Hochsicherheitszone, die aus so offensichtlichen Gründen wie der Terrorismusgefahr 24 Stunden am Tag streng bewacht wird. Interessanterweise bestand das „keltische Kreuz" aus drei Satellitenkreisen, mit Balken aus einem Zentralkreis verbunden, und - anstelle des vierten Kreises - einem Dreieck, das, ähnlich einer Windrose, exakt auf den Sommersitz zeigte. Als Vertreter der lokalen Presse beim Sekretariat von John Major anfragten, ob die Verursacher der Formation durch das Sicherheitssystem aufgespürt worden seien, lautete die offizielle Antwort, es hätte keinerlei Sicherheitsrisiken gegeben, denn die Kornkreise seien durch ein meteorologisches Phänomen verursacht worden. Während wir also nach wir vor rätseln dürfen, welche Wetterbedingungen so symmetrische Gebilde wie unsere Piktogramme entstehen lassen, können wir zumindest aufatmen: Ein Schwindel kommt als Erklärung dann wohl nicht mehr in Frage.

Eine zweite Beobachtungsstation entstand im August auf dem „Adams Grave", einer prähistorischen Stätte oberhalb von Alton Barnes, dort, wo im Vorjahr das riesige Piktogramm entstanden war und 1991 gleich drei große Formationen innerhalb von drei Wochen aufgetaucht waren. Das Projekt stand diesmal voll unter der Leitung der Japaner von Nippon TV, die, mit modernstem Equipment ausgerüstet, alles daran setzten, die Entstehung eines Kreises zu filmen. Unterstützt wurden sie dabei von Colin Andrews und einigen britischen Zirkel- Enthusiasten, die zunehmend unter dem Kasernenhofton des japanischen Regisseurs Mitchihito Ogawa litten, der sich schnell den Spitznamen „Kornkreis-Napoleon" einhandelte. Zumindest führte er ein strenges Regiment über ein Heer von japanischen Technikern und Kameramännern, fünf Monitore und ebenso viele Kameras, darunter eine neukonstruierte Ultra-Restlicht-Kamera mit Bildauflösungsverstärker, die optimale Bildqualität garantierte, sollte sich ein Kreis blicken lassen, Ultraschallgeräte, Radar, hochempfindliche Richtmikrofone und sensible Geräte zur Messung selbst kleinster Temperaturschwankungen, die noch die Körperwärme eventueller Fälscher registrieren könnten. Aber offensichtlich mieden die Kreismacher Ogawa und seinen Feldherrnhügel. Nur einmal nahm die Sony-Kamera eine Reihe mysteriöser roter Lichter auf, die über dem „Adams Grave" manövrierten.
Als ob der „gelben Invasion" nicht genug wäre, es entwickelte sich in Merlins Heimat ein regelrechter Zirkeltourismus . Die lokalen Kornkreisforscher befürchteten das Schlimmste, als wir für Juni eine Gruppe von 85 Deutschen ankündigten, die unter Leitung von Johannes von Buttlar und mir die neuentstandenen Kreise begutachten wollte. In ihren Alpträumen stellten sie sich vor, wie eine Schar Schaulustiger ein neuentstandenes Piktogramm niedertrampelte, ohne daß sie es ausreichend untersuchen und dokumentieren konnten. Doch diese Befürchtung erwies sich als unbegründet. Im Gegenteil, wir achteten natürlich darauf, nur bereits seit Ta-

gen erforschte Kreise nach Rücksprache mit den Forschern selbst zu besuchen, holten ordnungsgemäß die Genehmigung der jeweiligen Bauern ein und wiesen die Teilnehmer an, die Felder nur über die „Tramlines", die Traktorenlinien, zu betreten.

Ende Juli folge eine Gruppe von Amerikanern, die - bei mittlerweile angenehmerem Klima - Meditationen in den Formationen durchführten und zum beliebten Motiv helikopterfliegender Zirkel-Fotografen wurden. Wahrscheinlich richtet der vielgeschmähte „Zirkeltourismus" unter sachkundiger Leitung also sehr viel weniger Schaden an als die Scharen von Wochenendausflüglern, die mit Hund und Kind ein Picknick in den Piktogrammen veranstalteten und oft genug ihre Abfälle zurückließen - oder die Schaulustigen, die meist als erste ein neuentstandenes Piktogramm betraten und dabei für die Forschung oft einen unwiederbringlichen Schaden anrichteten. Jedenfalls war der Sommer 1991 im Zirkelland gewiß kein ruhiger Sommer, auch wenn die nationale und internationale Presse das Phänomen diesmal fast totschwieg. Über 250 neue Formationen und „Piktogramme", über 600 neue Kreise in allen Teilen Englands, das war die Bilanz des Kreissommers 1991. Sie zeigte die neue Tendenz des Phänomens auf, die es seit dem „Quantensprung" 1990 anzunehmen schien: weniger einzelne Kreise, dafür riesige, komplizierte Agroglyphen.

Während es 1990 nur 25 Kornzeichen in Wiltshire und Hampshire gab, verachtfachte sich ihre Zahl 1991 - und tauchten die Piktogramme erstmals auch in anderen Teilen des Landes auf. Doch das Zentrum des Geschehens war wieder der mysteriöse Silbury Hill bei Avebury, in dessen Umkreis rund 40 dieser geheimnisvollen Symbole erschienen. 12 davon und ein paar Dutzend kleiner Kreise jener von George Wingfield sogenannter „Granatsplitter" allein auf dem Gebiet der „Firs Farm" von Landwirt Stephen Horton , der nicht gerade begeistert von der Zirkelinflation war. „In den ersten Jahren war das für uns noch ein interessantes Phänomen", vertraute er mir vor der Kamera an, „aber jetzt haben wir so viel mit der Farm zu tun, daß sie uns nur stören, weil jetzt all diese Leute auf meinem Land herumrennen, meine Wege ohne Erlaubnis rauf und runterfahren, Wagen parken, wo sie im Wege stehen, und im Sommer ein Feuer riskieren, wenn sie ihre Zigarettenkippen ins trockene Korn werfen."

Weil es noch keine Versicherung gegen Zirkelschäden gibt, nimmt auch er ein Pfund Eintritt pro Besucher, eine Einnahme, die größtenteils seiner Kirchengemeinde zufließt. Aber wenn er zu den Zirkelmachern sprechen könnte, meinte er, hätte er nur einen Wunsch: „Bitte sucht euch nächstes Jahr eine andere Farm."

Zum Beispiel die „Levetts-Farm" von Martin Pitt bei Marlborough, die auf biologischen Landbau spezialisiert ist. Martin Pitt hatte immer geglaubt, die Kreise seien nichts weiter als ein Riesenschwindel, hatte sogar eingewilligt, daß die „Wessex-Sceptics" für das Fernsehen auf seinem Land einen Kreis fälschten, um zu beweisen, daß so etwas möglich ist. Doch als dann wirklich ein 70-Meter-Piktogramm am 13. August 1991 auf einem seiner Felder erschien, war er nicht mehr zu halten.

Wir hörten am 14. August von Pitts Piktrogramm, und fuhren gleich hin, um das verhältnismäßig neue Muster zu filmen. Der redselige Bio-Bauer hatte gerade ein Fernsehteam von „Channel 4" mit seinem Gabelstapler in annähernde Vogelperspektive gebracht, als er uns das zweite Interview gab:

„Als ich gestern morgen auf das Feld kam - ich erfuhr gegen 6.30 von dem Zeichen -, achtete ich genau darauf, ob es irgendwelche Spuren gab, daß Menschen auf dem Feld gewesen waren, aber ich konnte nichts finden, keine Fußabdrücke, keine Reifenspuren", schwärmte er mir vor. „Alles war absolut glatt, als wäre jedes einzelne Korn gebürstet worden. Die Halme am Rand standen absolut unbeschädigt aufrecht da, davor das glatte, niedergelegte Getreide. Nicht ein Halm war gebrochen. Im Mittelpunkt war eine Spirale aus geflochtenem Korn, von der ausgehend die Pflanzen in Spiralform lagen. Ich kann nicht oft genug betonen, wie absolut glatt und ebenmäßig das alles war, mit jeder Ähre an eben der Stelle, an die sie gehörte. Der Weg, die Verbindung an jeder Seite, die eine gerade Linie bildet, ist so präzise angelegt, als sei er ausgemessen worden, und auch die Abstände zwischen den Satellitenkreisen sind exakt gleich. Ich habe keine Ahnung, wie das Gebilde entstanden sein könnte.":

Das wahre Wunder der Zirkel-Saison 1991 aber war zugleich die größte, komplizierteste und schönste aller Formationen, von der Presse euphorisch „Mother of all Pictographs", „Mutter aller Piktogramme", getauft.

In der Nacht des 16.7 ist das über 100 Meter breite Dreieck - auf einer Gesamtfläche von 10.000 Quadratmetern also! - zu Fuße der eisenzeitlichen Ringwallanlage von Barbury Castle entstanden, während Anwohner geheimnisvolle Lichter gesehen und ein Donnergrollen gehört haben wollen. In der Ortschaft Wroughton soll es in der fraglichen Nacht sogar zu einem Stromausfall gekommen sein.

Glücklicherweise war der Zirkelfotograf Peter Wintle an diesem Morgen mit dem auf Kornkreise spezialisierten Helikopterpiloten Nick Bailey auf Zirkelpirsch und entdeckte als erster gegen 9.00 Uhr früh das Zeichen, das er fotografieren konnte, bevor Schaulustige es betraten. Wintles Fotos zeigen keinerlei Fußspuren auf dem noch grünen Weizenfeld und keine sonstigen Hinweise auf einen Schwindel. Sie sind besonders wertvoll, weil das Piktogramm eine Woche später bei einem schweren Unwetter stark beschädigt wurde, bevor Tausende von Besuchern und die von ihnen hinterlassenen Trampelspuren ihm den Rest gaben. Denn das Dreieck von Barbury Castle machte schon bald nach seiner Entdeckung Furore. „Jetzt erklärt uns dieses hier!",

fragte frech die britische Presse die „Kornkreis-Pandits", insbesondere Dr. Terence Meaden, der angesichts dieser komplizierten Muster, die so gar nicht nach seinen „Plasmawirbeln" und „Mini-Tornados" aussahen, mit seinem Latein am Ende war.

Und auch das Militär scheint sich für das Zeichen interessiert zu haben, waren doch am frühen Morgen die Straßen rund um Barbury Castle gesperrt, angeblich wegen einer „Übung".

Doch während niemand glaubte, daß die Schönheit und Harmonie des Barbury-Castle-Piktogrammes noch übertroffen werden konnte - John Michell fand in ihm sogar Schlüsselzahlen der „heiligen Geometrie" und hält es für eine „göttliche Offenbarung" -, sorgte ein Symbol, das zu Ende der Kreissaison erschien, für noch größeres Aufsehen.

Dieses Zeichen wurde am 13. August von dem Piloten Steven Cherry-Downes auf einem Weizenfeld in Ickleton bei Cambridge entdeckt. Zwei Tage später erschien ein Foto des unglaublich harmonischen und ästhetischen Gebildes in der Lokalzeitung „Cambridge Evening News". Es erregte die Aufmerksamkeit von Mathematikern und Naturwissenschaftlern der Universität Cambridge, die seine Bedeutung sofort erkannten: Es war ein riesiges „Mandelbrot-Diagramm". Das „Mandelbrot-Set", in der Umgangssprache der Mathematiker auch „Apfelmännchen" genannt, ist ein wichtiges Element der Chaostheorie, das nach seinem Entdecker, dem französischen Mathematiker Benoit Mandelbrot benannt wurde, der seit einigen Jahren in Cambridge lehrt.

Während die Presse daraufhin einen Studentenulk vermutete, wiesen Mandelbrots Kollegen diese Möglichkeit entschieden zurück, denn ein Mandelbrot-Bäumchen könne nicht einfach wie ein normales geometrisches Muster aufgezeichnet und berechnet werden, man muß es Punkt für Punkt aufbauen. Und auch dann ist es fast ausgeschlossen, daß es so sauber und genau wird, wie dieses 56-Meter große Piktogramm auf dem Kornfeld. So mußte selbst das britische Wissenschaftsmagazin „New Scientist" zugeben, daß es eigentlich unmöglich ist, ein solches Diagramm ohne einen Computer auch nur zu zeichnen, geschweige denn in einem Weizenfeld anzulegen.

„Das ist zweifellos ein nächster Schritt hin zu einer höheren Komplexität der Kornmuster", schrieb der Mathematiker John Sayer an Pat Delgado. „Während das Barbury-Castle-Zeichen noch eine klare geometrische Grundlage hatte, repräsentiert das Mandelbrot-Set von Ickleton einen logischen Schlußpunkt der bisherigen Entwicklung der Kornformationen. Frühere Formationen waren von künstlerischer oder repräsentativer Natur. Sie sehen nicht nur aus wie etwas - sie sind etwas.

Das Mandelbrot-Symbol geht einen Schritt weiter, ist ein Quantensprung weg von der reinen Schulbuchgeometrie. Es führt uns in die Bereiche der Chaostheorie, der Fraktale, Computertechnologie und Unendlichkeit. Die Ickleton-Formation sieht nicht nur vage aus wie - sie ist ein Mandelbrot-Bäumchen, und wenn sie etwas bedeutet, dann alles, wofür Mandelbrot steht."

Das ist in erster Linie die Auffassung, daß hinter dem Chaos eine verborgene Ordnung steckt, denn das „Apfelmännchen" ist in der Welt der Fraktale die einzige Insel der Stabilität in einem Ozean des Chaos. Was immer durch modernste Computer millionenfach vergrößert wird, man stößt stets auf das gleiche, schwarze, herzförmige Muster. Es ist das Markzeichen für den Übergang von Chaos in Ordnung, und damit für die Schöpfung selbst, als der „Geist Gottes" aus dem Ur-Chaos das Universum formte - und das Weltende, wenn die Schöpfung im Chaos versinkt.

Zudem waren die Begleitumstände, unter denen das Apfelmännchen von Ickleton erschien, außergewöhnlich genug. Exakt ein Jahr, bevor es erschien, am 11. August 1990, veröffentlichte das britische Wissenschafts-

magazin „New Scientist" einen Leserbrief von Martyn Hughes aus Highworth, Wiltshire: „Mit jedem Sommer werden die Kornkreis-Formationen komplexer. Wie lange wird es dauern, bis wir ein komplettes Mandelbrot-Diagramm sehen werden?" Am Abend des 11. August 1991 fuhr Frau Urwin zusammen mit ihrem Sohn auf der B 1102 nahe Ickleton. Gegen 1.15 Uhr früh bemerkte sie, wie ihr Wagen von einer silberblauen Lichtkugel verfolgt wurde. Das UFO kam auf weniger als zehn Meter an den Wagen heran, dann verschwand es. Am 12.8. bemerkte Farmer Hugh Raybone das Kornmuster, tags darauf entdeckte es der Pilot Steven Cherry-Downes.

Kein Wunder also, daß die Cereologen nur allzu enthusiastisch waren, als sie sich am zweiten Septemberwochenende in Glastonbury zur ersten jährlichen „Kornferenz" („Cornference") ihrer Hauszeitschrift „The Cerealogist" (Hrsg. John Michell) trafen. Die angemieteten Säle erwiesen sich als viel zu klein, so groß war das Interesse, als alles, was in der Szene Rang und Namen hatte, die Ergebnisse seiner Forschungen in den letzten vier Monaten präsentierte. Die Saison war zu Ende, die Felder praktisch abgemäht. Colin Andrews und Pat Delgado waren gerade von einer Konferenz in Berlin zurückgekehrt, auf der sie von den fast tausend Teilnehmern nahezu gefeiert wurden. Alle Forscher waren sich einig, daß weder ein Schwindel noch das Wetter hinter den Kreisen streckte, sondern eine unbekannte, äußerst kreative Intelligenz, deren spirituelle Natur sie gerade zu begreifen begannen. Zeigten sie den Beginn eines neuen Zeitalters an oder warnten sie uns vor drohenden Katastrophen? Man war sich einig, daß es jetzt wichtiger sei, seine Aufmerksamkeit auf die Frage zu lenken, was sie uns sagen wollen, statt endlos Theorien über ihre Entstehung zu diskutieren.

Doch dann kam alles ganz anders. Nur einen Tag, nachdem man in Glastonbury so zuversichtlich auseinandergegangen war, brach über den Kornkreisforschern eine Welt zusammen.

„Männer, die die Welt reinlegten", lautete die zentimeterbreite Schlagzeile des britischen Revolverblattes "Today" vom Montag, 9. September 1991, „Wie wir die Kreise machten und die Welt zum Narren hielten." Und, einen Tag später: „Komm schon, Pat, gib' zu, wir haben dich!". „Die mysteriösen Kornkreise, die Wissenschaftler rund um die Welt verblüfften, sind ein gigantischer Schwindel, kann TODAY beweisen", tönte das Boulevardblatt aus dem Murdoch-Konzern und erzählte die Geschichte von zwei offenbar unglaublich rüstigen Rentnern, die sich für das Kreisgeschehen der letzten 13 Jahre verantwortlich erklärten. Doug Bower (67) und David Chorley (62) aus Southampton wollen es gewesen sein, ausgerüstet mit Stricken, Brettern und einer Baseballkappe mit einer abenteuerlichen Drahtkonstruktion, die ihnen helfen sollte, gerade Linien zu ziehen.

Eigentlich sei alles eine Schnapsidee gewesen, auf die sie eines Nachts im Pub kamen, eines Nachts im Jahre 1978. Seitdem wollen sich die beiden Nacht für Nacht aufgemacht haben, um neue Kreise anzufertigen, insgesamt über 200 Stück, meist im Gebiet um den Cheesefoot Head, aber auch in Warminster, Westbury und Stonehenge. Sechs Jahre soll es gedauert haben, bis Dougs Frau mißtrauisch wurde, (offenbar muß er ihr zuvor immer unentdeckt „entkommen" sein), dann weihte er sie in sein Geheimnis ein, und Dave bestätigte. „Es war wie ein Rausch, wir konnten nicht aufhören", gestanden die Rentner „Today". Ihren größten Spaß wollen sie gehabt haben, als Zirkel-Papst Pat Delgado in einem Interview „überlegene Intelligenzen" hinter den Kreisen vermutete: „Wir kriegten uns nicht mehr ein vor Lachen. Das war gut. Wir hörten davon während einer Autofahrt zum ersten Mal, wir mußten anhalten, da uns die Tränen herunterliefen und wir uns vor brüllendem Lachen auf die Schenkel schlugen."

Je aktiver die Zirkelforscher wurden, um so begeisterter nahmen Doug & Dave die Herausforderung an, behauptete „Today". Der Erfolg von Delgados/ Andrews Buch „Kreisrunde Zeichen" machte Bower und Chorley

neidisch, das Alter tat das seinige, um das Duo zum Aufgeben zu bewegen. „Sie können sich gar nicht vorstellen, wieviel Energie es kostet, in den Sommernächten bei Mondlicht diese Kreise zu machen", erklärte Doug, „und als wir dann noch hörten, daß die Regierung Mittel zur weiteren Erforschung des Phänomens freigeben wollte, hatten wir beide das Gefühl, das Geld könnte besser für künstliche Nieren und Herztransplantationen verwendet werden."

Eine nette Geschichte, fürwahr. Es fehlte nur noch, daß Doug & Dave sich auch für den Bau von Stonehenge verantwortlich zeichneten. Aber konnten sie ihre abenteuerlichen Anekdoten auch beweisen? Sie konnten nicht. Es gab keine Fotos, keine Aufzeichnungen, gar nichts. Nur einen offensichtlich genasführten Pat Delgado. Am Freitag vor der „Kornferenz" hatte „Today" Delgado zur Begutachtung eines „Insektogramme" nach Ightham bei Sevenoaks in Kent geladen. Begeistert davon, daß es so genau den „Insektogrammen" glich, die im Juni und Juli bei Stonehenge gefunden wurden, ließ Delgado sich zu einem allzu enthusiastischen Kommentar hinreißen, den „Today" auf Band aufzeichnete. „Dies ist keineswegs ein Schwindel", erklärte Delgado, „dies ist ohne Zweifel ein wunderbarer Moment in meiner Forschungsarbeit."

Erst am Sonntagabend, er war gerade von Glastonbury zurück, konfrontierte „Today"-Reporter Graham Brough ihn mit den beiden Rentnern: Doug & Dave sollten das Piktogramm in Anwesenheit von Brough angelegt haben, um ihn, Delgado, zu testen. Sie seien es, die alle Zirkel gemacht hätten, die ihn, 13 Jahre lang, zum Narren hielten. Delgado wurde kreidebleich, begann zu stottern, wirkte irritiert. Er war am Boden zerstört. Von einem Moment auf den anderen schien alles, wofür er 10 Jahre lang gearbeitet hatte, worin er sein Herzblut, sein ganzes Engagement, seine Begeisterung und endlose Stunden bei Tag und bei Nacht investiert hatte, schier sinnlos geworden zu sein. Jetzt fühlte er sich wie ein Narr, wie Don Quijote, der gegen Windmühlen gekämpft hatte. Und morgen würde er das Gespött der ganzen Welt sein. Nach außen hin versuchte Pat Delgado, Haltung zu bewahren. „Sie haben viel Gutes in dieser Welt bewirkt", stammelte er. „Sie brachten mit dem hier Millionen Menschen zusammen. Tausende haben mir gesagt, daß durch die Kornkreise ihr Leben verändert wurde. Andererseits, was wird nun daraus? Und wissen Sie, für wieviel Aufregung Sie bei der Polizei und Armee sorgten?" Dann setzte er sich hin, rief Colin Andrews an. „Colin, sitzt du? Ich habe schlechte Nachrichten. Wir haben hier 100% schlechte Nachrichten."

Am Montag erschien die „Enthüllung" von Doug & Dave, am Dienstag folgte eine ausführliche Schilderung der Reaktion Pat Delgados.

Am selben Tag war für Dutzende interessierter Fernsehstationen und Reporter aus aller Welt eine Pressevorführung angesetzt, bei der Doug & Dave vor laufender Kamera ihre unglaublichen Fähigkeiten demonstrieren sollten. Das Ergebnis war mehr als peinlich - nicht für die Kreisforscher, sondern für das Rentnerduo. Nach einer guten Stunde hatten sie nichts anderes hervorgebracht als ein mehr oder weniger hantelförmiges Durcheinander, das mit den Originalen so viel gemeinsam hatte wie Stonehenge mit einer Gartenlaube.

Nun gut, es war ein Kreis im Korn. Aber das Korn war gebrochen, die Ränder unsauber, es gab keinen Wirbel, nicht ein Charakteristikum der echten Zirkel war zu erkennen. Ein zweiter Presse-Kornkreis, für den Bower und Chorley noch länger brauchten, fiel ebenso kläglich aus. Kopfschüttelnd zogen sich die Experten zurück - das sollte des Rätsels Lösung gewesen sein? Mitnichten! „Ich glaube, wir haben uns alle von der Presse vereinnahmen lassen", bemerkte treffend Colin Andrews, „Hier gibt es nichts, was uns beeindrucken könnte, außer zwei sehr sportlichen Gentlemen in den Sechzigern."

Vor laufender Kamera fragte Andrews dann „Today"-Reporter Brough, ob die beiden Fälscher wirklich behaupteten, sie hätten ihren ersten Kreis 1978 angelegt. Brough bestätigte dies. Tatsächlich stammt der erste

abgebildete Zirkel in Andrews/Delgado Bestseller „Kreisrunde Zeichen" aus dem fraglichen Jahr. Mittlerweile liegen Andrews jedoch Fotos von einigen früheren Kornmustern vor. Wer, wenn Doug & Dave sich als die „Erfinder" der Kornkreise ausgeben, hat dann diese gemacht? Und wenn sie in den letzten 13 Jahren nach eigenen Angaben 200 Kreise gefälscht hatten, von wem sollen dann die restlichen ca. 2300 Zirkel stammen? Nach eigenen Angaben waren Doug & Dave nie im Raum Avebury aktiv gewesen, das spätestens seit 1988 Zentrum der Kreisaktivitäten wurde. Wer soll dann diese Formationen angelegt haben, wer das Dreieck von Barbury Castle oder das Mandelbrotbäumchen von Cambridge, wer jene in anderen Teilen des Landes? Warum ist nicht einmal eine unvollendete Formation aufgefunden worden, wo das Land doch nur so von Kornkreisforschern wimmelte und jederzeit die Gefahr bestand, daß sie entdeckt wurden? Jeder, der sich gründlicher mit Bower/Chorleys Story auseinandersetzte, mußte erleben, wie sie zusehend unglaubwürdiger wurde.

„Okay, wir fordern Sie zu einer Gegenüberstellung im Fernsehen heraus", erklärte der „Today"-Reporter Andrews. „Werfen Sie ihnen Fragen an den Kopf, zu denen Sie Lust haben, ich kann Ihnen garantieren, daß die beiden alles beantworten können." Doch dazu sollte es nie kommen. Bei der nächsten Begegnung fragte Andrews Doug & Dave, ob das berühmte „keltische Kreuz" von Longstock, das den Umschlag seines Buches „Kreisrunde Zeichen" schmückte, auch auf ihr Konto ginge. Die Rentner bejahten ausdrücklich. Wie sie es denn gemacht hätten, daß das Korn in seinem Ring ineinander verwoben war. Keine Antwort, betroffenes Schweigen. Dann, kleinlaut, Dave: „Den haben wir nicht gemacht". So ging es, eine Frage nach der anderen. Am Ende fragte man sich, welche Kreise Bower und Chorley denn nun wirklich getürkt haben wollen. Viele blieben jedenfalls nicht mehr übrig, und auch die beiden Senioren wollten sich schließlich lieber nicht mehr festlegen. Als sie dann mit Andrews in einer Talkshow erscheinen sollten, standen sie plötzlich nicht mehr zur Verfügung. Und der Kornkreisforscher konnte vermerken: „Ich habe aber wirklich nicht das kleinste Indiz dafür zu hören bekommen, daß die beiden in den letzten Jahren auch nur eine einzige Formation gefälscht haben."

Ähnlich reagierte die seriöse britische Presse. „Es fällt mir leichter, an kleine grüne Männchen zu glauben, als an die Geschichte von Bower und Chorley", kommentierte der Kolumnist der angesehenen Tageszeitung „The Independent". Auch das BBC reagierte distanziert. Und die seriöse Schweizer „Neue Züricher Zeitung" spicht von einem „wenig überzeugenden Geständnis von Betrügern" und postuliert: „Die englischen Kornkreise bleiben ein Rätsel."

Ganz anders die Pressereaktion in Deutschland. Der „Kölner Stadtanzeiger" machte aus dem Duo „Künstler" und erklärt kategorisch: „Die mysteriösen Kreise in den englischen Kornfeldern sind ein Riesenschwindel". Die „Welt" sprach gar von einer „Schnapsidee" und dem „besten Streich in den letzten zehn Jahren", den sie mit den gefälschten Hitler-Tagebüchern in eine Reihe stellte, mit dem Unterschied, daß die Kornkreise besser seien, „weil sich die Welt damit über zehn Jahre lang an der Nase herumführen ließ." Aber da hatte man es sich wohl ein wenig zu einfach gemacht.

Dabei ist es so gut wie ausgeschlossen, daß ein Fälscherteam unbemerkt Nacht für Nacht die Kreise anfertigte. Zu oft sind Kreisforscher in der Gegend, zu viele Felder werden überwacht. Bei meinen eigenen Recherchen stieß ich auf drei Kreisenthusiasten, die die Nacht auf einem Grabhügel auf der Firs-Farm in Beckhampton verbracht hatten, als, nur 100 Meter von ihnen entfernt, ein 40 Meter langes „Delphinogramm" auftauchte. „Wir haben nichts gehört, obwohl wir nicht sehr tief schliefen", versicherte mir eine Frau aus der Gruppe, „das muß alles sehr schnell gegangen sein. Als wir uns irgendwann nach Mitternach hinlegten, war definitiv noch nichts zu sehen. Und als wir bei Sonnenaufgang aufwachten, lag es vor uns."

Eine Gruppe schwarzgekleideter Kornkreisfälscher, die „Wessex-Skeptiker", bekannte sich schuldig, drei Formationen angelegt zu haben, die allerdings auch von den Experten als Schwindel erkannt wurden. Bei einer Aktion, der Konstruktion eines Ringes, flogen sie auf. Kreisforscher hatten sie aufgespürt. Aber es war noch mehr faul mit Doug & Dave. Zirkelenthusiasten erinnerten sich, daß die beiden in den Wochen vor ihrer „Enthüllung" auffällig oft in Kornkreisen gesehen wurden, Anwesende in Gespräche verwickelten und sie ausfragten. Doug gab sich dabei als Sammler von Vogelstimmen aus und verblüffte seine Gesprächspartner mit seltsamen Geschichten. So will er einmal in einem Kreis eine Vogelstimme aufgenommen haben. Auf dem Band war statt dessen ein Gespräch, das, dem Inhalt nach, vor 30 Jahren geführt wurde. Dann fragte er, wo noch weitere Kreise seien und was die Anwesenden in diesem hier erlebt hätten.

„Diese Männer sind Lügner", erklärte eine Kreissucherin George Wingfield nur wenige Tage nach dem „Today"-Bericht, „und ich kann das beweisen. Wir trafen sie am 20. August in Cheesefoot Head und erzählten ihnen Dinge, die sie später in ihre 'Today'-Story einbauten, wo sie behaupteten, sie selbst hätten sie erlebt." Dann ging Julie , die Zirkelenthusiastin, in Details. „Ich erzählte Doug und Dave von einem Mann, den ich in einer der jüngsten Formationen getroffen habe. Er suchte nach einer gallertartigen Substanz, die er hier am Tag, an dem der Kreis aufgetaucht war, gefunden hatte.' Ich weiß, was das war', meinte Doug, 'das war der Inhalt einer Flugzeugtoilette' und grinste breit. Ich sagte ihm, daß es das nicht gewesen sein könnte." Dann, in „Today", berichtete Doug, daß er eines Tages, als er mit Dave an einem Zirkel arbeitete, „von etwas, das vom Himmel fiel, bewußtlos geschlagen wurde. Irgendwie gelang es mir, wieder zum Wagen zu kommen, und ich konnte fühlen, wie Blut meinen Nacken hinunterlief. Als es dann hell wurde, sah ich, daß das Zeug auf meinem Kopf die gefrorene Entladung einer Flugzeugtoilette war."

Die Wahrscheinlichkeit, daß diese Geschichte wahr ist, liegt bei etwa einer Trillion zu eins. Abgesehen davon, daß es unmöglich und zudem illegal ist, Flugzeugtoiletten während des Fluges zu entladen, hätte Doug den Fall eines Eisblockes aus großer Höhe und mit großer Geschwindigkeit wohl kaum überlebt.

Eine andere Episode aus ihrem Repertoire wurde offensichtlich von Nick Riley aus Manchester inspiriert. Nick hatte einige Stücke braunen Eisenerzes in oder um einen Kreis entdeckt und zeigte eines davon, geformt wie eine kleine Figur, Doug und Dave. „Das ist ein Meteorit", erklärte Doug. „Nein, das ist simples Eisenerz", meinte Nick. Doch die beiden wußten immer alles besser und „Today" schrieb: „Um die Experten auch in diesem Sommer bei Laune zu halten, besorgten sich Doug und Dave einige Meteoriten und legten sie in einen Kreis bei Stonehenge." Nun hat Nick Riley die Steinchen noch, und sie sind tatsächlich keine Meteoriten, sondern simples Eisenerz. Aber abgesehen von diesem Sammelsurium von Kuriositäten, dem Mangel an Beweisen und diversen Rückziehern bleibt die Frage: Was steckt hinter den beiden? Sind es zwei lustige Pubbrüder, die als Greise der Kreise einmal wirklich die Welt foppen und für ein paar Wochen im Scheinwerferlicht der Öffentlichkeit stehen wollten?

Während man Bower und Chorley zu Anfang noch zugestehen könnte, vielleicht ein paar Muster wirklich gefälscht zu haben, schließen ihre klägliche Pressepräsentationen und die Absurdität ihrer Geschichten selbst diese Möglichkeit mehr und mehr aus. Und wer die Effektivität ihrer „Tatwerkzeuge" testen will, befestige doch bitte einen gebogenen Draht an einer Baseballkette und versuche damit, bei Nacht im Korn gerade Linien zu ziehen, bei Regen, bei dichtem Nebel, an Hängen und auf gekrümmten Hügelrücken. Nach kurzer Zeit wird jeder resignieren. Denn die Konstruktion ist zwar medienwirksam, aber ziemlich nutzlos. Und wie konnten Doug & Dave ihr Werk so lange durchführen - Doug 6 Jahre, Dave ganze 13 Jahre -, ohne daß ihre Ehefrauen etwas bemerkten?

Wie tief britische „housewives" auch schlafen mögen - spätestens am nächsten Morgen dürften ihnen zerkratzte Hände, dreckige Hosen, schmutzverkrustete Stiefel und verschwitzte Socken aufgefallen sein. Daß dies nicht der Fall war, ist ein weiteres Rätsel in der allzu unwahrscheinlichen Geschichte von Doug & Dave.

Was unter dem Strich übrigblieb, war viel Lärm um nichts. Und wer immer den Zirkelenthusiasmus dämpfen wollte, er hatte sein Ziel mit Bravour erreicht.

Tatsächlich war es ein kleiner Vermerk im „Today"-Artikel, der die Kreisforscher stutzig machte und darauf hindeutete, daß mehr hinter der Geschichte steckte als nur die Publicitysucht zweier Spaßvögel. „TODAY has paid no money" - „Today hat kein Geld bezahlt" - stand da und „Copyright MBF Services". Aber wer war „MBF Services"?

Erste Anfragen bei „Today" stießen auf den Unwillen der Redakteure des Revolverblattes, und daß MBF kein zweites Mal genannt wurde, deutet eher darauf hin, daß der „Service" nur versehentlich im Blatt erschien. Schließlich erklärte „Todays" stellvertretender Chefredakteur, Lloyd Turner, George Wingfield, „MBF Services" sei eine freie Presseagentur, die Doug & Dave an das Blatt vermittelt hätte. „Es ist nur eine Agentur, die die Details für uns abgecheckt hat, das ist alles... eine ganz gewöhnliche Presseagentur, nichts weiter, eine freie Agentur". Sie hätte zwar nie zuvor für „Today" gearbeitet, „aber sie brachte uns mit diesen Leuten in Kontakt, und daher hat sie das Copyright." Das war auch alles, was man erfuhr. Als Wingfield Graham Brough um die Adresse und Telefonnummer von MBF bat, legte dieser einfach auf.

Nachforschungen der Cereologen bei anderen Zeitungen und Presseagenturen ergaben, daß „MBF" dort völlig unbekannt ist. Es schien so, als hätte die mysteriöse „Presseagentur" nie zuvor oder später auch nur einen einzigen Artikel veröffentlicht. Sie hat kein Telefon und kein Fax. Und im offiziellen britischen Gewerbeverzeichnis stehen nur zwei Firmen mit dem Kürzel „MBF". Die eine, „MBF Ltd." in Paisley, Schottland

- Macfarlane Business Forms - stellt Briefmarken her und beliefert die britische Regierung. Die andere, „MBF Consultancy", ist ein „Forschungs- und Entwicklungslaboratorium" mit einem Büro in Shepton Mallet in der Grafschaft Somerset. MBF steht hier für „Maiden Beech Farm", ein abgeriegeltes Gebiet bei West Crewkerne, Somerset, wo an einer Reihe hochklassifizierter Verteidigungsprojekte gearbeitet wird, darunter der Entwicklung von SDI, -"Krieg der Sterne"-Technologie.

Das erinnerte George Wingfield an ein Gespräch, das er vor Jahren mit einem Ex-Mitglied des britischen Geheimdienstes MI5 führte. „Wie würde der Geheimdienst vorgehen, um Desinformation zu verbreiten", fragte Wingfield. „Da bist du bei mir an der richtigen Adresse", erwiderte sein Kontaktmann, „denn ich war darin verwickelt, als der MI5 Desinformation im Nordirland-Konflikt in die Welt setzte. Wir gründeten zu diesem Zweck eine scheinbar private Presseagentur, an deren Schreibtisch unsere Leute saßen."

Das klang vertraut. Und wie ging der MI5 damit um, wenn jemand die Telefonnummer einer solchen „Presseagentur" verlangte? „Das sollte auf jeden Fall vermieden werden. War dies trotzdem nicht möglich, wurde eine Sondernummer eingerichtet, an deren anderem Ende einer unserer Männer saß. In einem Fall in Belfast gab es eine Belfaster Nummer, die automatisch mit einem unserer Schreibtische in London verbunden war, wo jemand mit nordirischem Akzent die Anrufe beantwortete."

Auch Colin Andrews ist überzeugt, daß der Wirbel um Doug & Dave inszeniert war. Er erinnert sich noch zu gut, was ihm ein amerikanischer CBS-Reporter erzählte, der im Sommer einen Film über die Kreise drehte. Ein Freund, ein Wissenschaftler aus Frankreich, der für die Regierung arbeitet, hatte ihn gewarnt, seinen Ruf bloß nicht für die Kornkreise aufs Spiel zu setzen, denn demnächst würde die britische Regierung zwei Künstler engagieren und sie der Presse als Kornkreisschöp-

fer präsentieren, um „dem leidigen Rummel endlich ein Ende zu setzen".

Und wenn „Today" kein Geld bezahlt hat, wer dann? Hatten nicht Bower und Chorley als ein Motiv für ihre „Enthüllung" angegeben, daß sie jetzt endlich selbst etwas an „ihrem Werk" verdienen wollten? Sollten sie wirklich nichts davon gehabt haben, daß „Today" auf ihre Kosten weltweit Furore machte?

Auch Pat Delgado hatte sich mittlerweile gefaßt und veröffentlichte im Frühjahr 1992 sein jüngstes Buch: „Kornkreise -schlüssige Beweise?", wo er sich, freilich in einem etwas dünn geratenen, zweiseitigen Kapitel, auch mit der für ihn so peinlichen Doug & Dave-Geschichte auseinandersetzt.

Bereits am 4. November 1991 hatte Delgado auf Einladung der renommierten „Vereinigung ausländischer Presse" in London über sein Thema referiert. Neben 20 ausländischen Journalisten war auch Graham Brough anwesend, als ein Reporter nach „MBF Services" fragte. Taktvoll gab Delgado die Frage weiter an Brough, der ins Stottern kam. „MBF war ein Witz, der damals von uns bei 'Today' ausgekocht wurde. Eine solche Agentur hat nie existiert." Die Folge dieses „Geständnisses" war, daß ein Kollege beim Beschwerdeausschuß des britischen Presserates Beschwerde gegen „Today" und Brough im besonderen wegen gezielter Irreführung der Öffentlichkeit eingelegt hat. Denn schließlich bleibt zu fragen, ob nicht die ganze Geschichte nur ein schlechter Witz war. Das mußten auch die zwanzig Farmer bald denken, die gegen Bower und Chorley nach Veröffentlichung des „Today"-Artikels Anzeige wegen Landfriedensbruches und Sachbeschädigung erstatteten. „Aus Mangel an Beweisen für eine tatsächliche Täterschaft" wies das Gericht die Klage ab.

Dabei hatte doch das Beispiel Deutschland im Sommer 1991 so schön gezeigt, wie schnell man dem öffentlichen Interesse an dem Kornkreis-Spuk durch die Präsentation von ein paar Schwindlern ein Ende setzen konnt

Zwischenbemerkung:

Das KORNKREIS-WATERGATE

Mitlerweile deutet vieles darauf hin, daß das Erscheinen von „Doug & Dave" auf der Medien-Bildfläche nur Teil eines großangelegten Planes war, mit dem Ziel, das Kornkreis-Phänomen zu diskreditieren.

Den ganzen Sommer 1992 über versuchte eine kleine Gruppe dubioser Individuen, die Arbeit ernsthafter Kornkreisforscher durch Fälschungen und Manipulationen zu stören. Echte Formationen wurden „frisiert", falsche Piktogramme in unmittelbarer Nähe der Forschungsstationen angelegt, wo sie regelmäßig die Aufmerksamkeit der Forscher von den echten Kreisen ablenkten. Einer der Drahtzieher dieser Aktionen war Robert Irving, in der Szene auch „Spiderman" genannt, ein dubioser Fotograf, der bislang dadurch auffiel, daß er mit Vorliebe Kornkreisforscher bei ihren nächtlichen Wachen aufspürte und fotografierte. Einmal gefragt, wer ihn bezahlt, soll der Neffe eines hohen Beamten des britischen Innenministeriums eine „Stiftung" erwähnt haben. Irving war Mitglied der „Beckhampton-Gruppe" lokaler Kornkreisforscher, deren Auflösung im August 1992 größtenteils auf seine negativen Einflüsse zurückgeht.

Zu Irvings engsten Freunden gehört Jim Schnabel, ein junger Amerikaner, der in diversen Zeitungsartikeln, u.a. für den „Independent", versuchte, das Phänomen als Schwindel und die Kreisforscher als leichtgläubige Phantasten darzustellen. Schnabel stammt aus einem Vorort von Washington D.C. und studierte an der Duke-Universität, bevor er sein Studium - finanziert durch eine amerikanische Stiftung - erst am Lincoln-College in Oxford und dann an der Universität Bath fortsetzte. Im Juli 1992 gewann er den zweiten Preis beim Kornkreis-Fälschungswettbewerb der Zeitschriften „P.M." und „Cereologist". Später gestand er, gemeinsam mit Irving weitere Formationen „getürkt" zu haben. Sind Irving und Schnabel zwei harmlose Spinner - oder werden ihre „Aktionen" durch Hintermänner möglicherweise aus Geheimdienstkreisen gedeckt? Um das herauszufinden, führte der britische UFO-Forscher Armen Victorian am 30. August 1992 ein ausführliches Telefonat mit Schnabel, das er auf Band aufnahm. Dabei gab sich Victorian als Afrikaner namens „Mr. Ntumba" aus, behauptete, Irving hätte ihn bereits in seine Geheimdiensttätigkeit eingeweiht und er sei jetzt daran interessiert, an dieser Kampagne mitzuarbeiten. Im Verlaufe des Gesprächs enthüllte Schnabel Details einer Anti-Korn-kreis-Verschwörung, an der neben den Briten auch die USA, die Bundesregierung und der Vatikan beteiligt seien. Ziel ihrer Aktionen sei es, so Schnabel, das Kornkreisphänomen soweit zu diskreditieren, daß es aus den Medien „verschwindet", da man befürchte, daß die Kreise „Veränderungen des Weltbewußtseins" bewirken könnten.

In England sorgten die Bänder nach ihrer Veröffentlichung auf der Quest International UFO-Conference in Leeds Mitte September für Furore, und bald war von einem „Circlegate", einem Kornkreis-Watergate die Rede, während Schnabel erklärte, die ganze Sache sei ein Scherz gewesen, er hätte Victorian erkannt und „hochnehmen" wollen.

Tatsache ist, daß Schnabel auf dem Band nichts sagt, was Insidern nicht vorher längst bekannt war. Und seine diversen Aktionen - zusammen mit Irving - deuten darauf hin, daß er - ob selbständig oder im Auftrag - ganz offenbar ein Interesse daran hat, der Kornkreis-Euphorie ein Ende zu bereiten und die Kreisforscher in Verruf zu bringen. Das vollständige „Schnabel-Tape" veröffentlichten wir in MAGAZIN 2000 Nr. 93, April 1993; nachfolgend die interessantesten Passagen:

AV: Wissen Sie, da gibt es eine Geschichte...

JS: Ich weiß nicht, wer Sie sind. Darum will ich darüber nicht allzu detailliert sprechen.

AV: Nein. Aber ich habe einige dieser Zeitschriften gelesen, wo Sie über diese Gruppen berichtet haben, daß der Geheimdienst involviert ist. Und jetzt hat mir Mr. Irving das gesagt. Sie sehen, ich bin ein bißchen irritiert. Besteht ein Interesse seitens der Nachrichtendienste?

JS: (...) Ja, nun, ich meine, im Vertrauen, eine Anzahl von Nachrichtendiensten überall in der Welt hat ein Interesse daran.

AV: Nun, das habe ich auch gehört, nicht wahr.

JS: Es ist ein potentiell sehr explosives Phänomen.

AV: Ich meine, können sie es auswerten, wie können sie das Phänomen verwerten?...

JS: (...) Wir glauben, daß da mit Gewißheit etwas sehr Unheimliches vorgeht, äh... Ich weiß nicht, ob Sie Christ sind oder nicht...?

AV: Ja, ich bin Katholik.

JS: Gut, ja, ja, das bin ich auch. Und einige von uns fühlen sich verantwortlich, daß äh...

AV: Einige Arme der Regierung machen etwas, psychologische Kriegsführung oder psychotronische Waffen, wissen Sie.

JS: Wir denken, manchmal bedarf es einer kleinen Intrige in Fällen, die so ernst sind wie diese Sache hier, ähm, und manchmal müssen Maßnahmen ergriffen werden. Aber ich denke, ich meine, insgesamt denke ich, daß dieses Phänomen etwas ist, das, wie wir denken, sehr bald verschwinden wird.

AV: Wie, jetzt, wie? Ich meine, sorry, ich bin neugierig. Das ist verwirrend, was Sie da sagen. Woher wissen Sie das, daß das geschehen wird?

JS: Nun, wir denken, daß es, daß die Leute es nicht mehr länger beachten werden, ich meine, es mag weitergehen aber, äh, es...

AV: Aber warum sagen Sie Phänomen? Sie haben doch bewiesen, daß es von Menschen gemacht wurde. Wenn es von Menschen stammt, wie kann es ein Phänomen sein? Oder habe ich da etwas nicht mitbekommen, tappe ich da im Dunkeln?

JS: Gut, ich bin, ich denke, einige von ihnen sind mit Sicherheit von Menschen gemacht, definitiv.

AV: Aber dann, aber dann, heißt das etwa, daß ein Teil davon echt ist?

JS: Ich denke, ein Teil davon ist vollkommen unheimlich, und ich bin mir nicht sicher, wie echt sie sind oder ob sie auch von Menschen stammen, aber etwas sehr Unheimliches geht da vor...

AV: Meinen Sie Magie, dunkle Kräfte?

JS: Vielleicht, ja, und ich denke, daß es...

AV: Warten Sie mal, das ist verwirrend. Wenn Sie sagen, dunkle Kräfte, sprechen wir da von so etwas wie dem Satan oder so etwas?

JS: Sicher, ja (...) Ich kann hier nicht ins Detail gehen, aber, äh, grundsätzlich ist das etwas, das weltweit die Menschen betrifft, und verschiedene Organisationen haben weltweit ihre Kräfte darangesetzt und sind involviert...

AV: Auch die Britische Regierung? Sind die ebenfalls...

JS: Ja. Die deutsche Regierung, auch die amerikanische Regierung. Der Vatikan ist involviert.

AV: Was ist mir Robert (Irving)? Hat er damit etwas zu tun?

JS: Ich kann darüber nicht sprechen (...)

AV : Natürlich! Was Sie sagen, besorgt mich. Er ist mit Sicherheit auf der guten Seite...

JS: Das ist er... er ist einer unserer besten Leute, ja.

AV: Und er hilft der Regierung, festzustellen, was dort abgeht...

JS: Ja, das ist eine sehr, sehr sensitive Angelegenheit, das können Sie sich sicher denken...

AV: Es ist, äh, lassen Sie mich nachdenken, sprechen wir über die Nachrichtendienste, sprechen wir über die negative Seite. Verstehen Sie, was ich sagen will?

JS: Es ist kein militärisches Ding, aber es sind Elemente des militärischen Nachrichtendienstes involviert, ausgeborgte Quellen sozusagen.

AV: Ahh!! Wir sprechen über Leute, die ihre Karriere durchgemacht haben, die ihre Karriere aufgegeben haben, die Korporationen haben etc. Sie entwickeln jetzt eine Art von Waffe, und die ist ihr Testgebiet...

JS: Nein, nein, nein. Das wollte ich nicht sagen. Es ist sehr viel mehr soviel wie ein spiritueller Krieg, ich meine...

AV: Und das machen die sich zunutze. Was wollen sie damit erreichen? Das ist, was ich nicht verstehe.

JS: Ich denke, sie wollen damit Veränderungen im Weltbewußtsein bewirken und ... zum Schlechten hin, nicht zum Guten, und einige von uns sind darüber besorgt und würden diese neue Entwicklung gerne stoppen.

AV: Gibt es positive Elemente in der Regierung, die Leute wie Sie oder Robert oder irgendjemand anderen in dieser Sache unterstützen?

JS: Wir haben Unterstützung. Ja, wir werden von höchster Ebene unterstützt.

AV: Das ist großartig. Ist es die Britische Regierung oder eine, verzeihen Sie, ich will Ihnen keine Löcher in den Bauch fragen...

JS: Verschiedene Länder sind verwickelt, wie ich sagte...

AV: Meinen Sie die NATO oder was meinen Sie ...

JS: NATO?... Es ist nicht auf NATO-Ebene. Aber Deutschland ist involviert, und dieses Land (England) und die Vereinigten Staaten ... und der Vatikan.

AV: Ich verstehe... meinen Sie...

JS: Es involviert tatsächlich eine supranationale Organisation, die ich aber nicht nennen kann.

AV: Supranational?

JS: Eine supranationale Organisation, die ihre Verbindungen zu diesen Ländern und Organisationen hat (...)

AV: Und die Informationen, die Sie sammeln, werden an Ihre Vorgesetzten weitergeleitet, um ausgefiltert und ausgewertet zu werden. Ist das der Fall?

Js: Ja, ja... aber wir sammeln nicht nur Informationen, wir ergreifen aktive Maßnahmen.

5. Kapitel

Deutschland: Der Sommer der Kreise

Gerüchte um Kornkreise in Deutschland kursierten bereits auf der ersten deutschen Zirkel-Konferenz, die im Juni 1991 in Hamburg stattfand. Von Kreisen „im Gebiet der Externsteine" war die Rede, von einem Piktogramm an der Autobahn Frankfurt - Köln nahe Idstein-Wörsdorf. Aber für die Externstein-Zirkel gab es keinerlei konkrete Anhaltspunkte, und der Idsteiner Doppelkreis vom 27. Mai 1991, 25 Meter breit und in einem Rapsfeld gelegen, erwies sich als Abiturscherz lokaler Jugendlicher. Tatsächlich ließ der kreuz und quer niedergetretene Raps auch keine andere Schlußfolgerung zu, auch wenn Bürger in der fraglichen Nacht seltsame Lichterscheinungen beobachtet haben wollen.

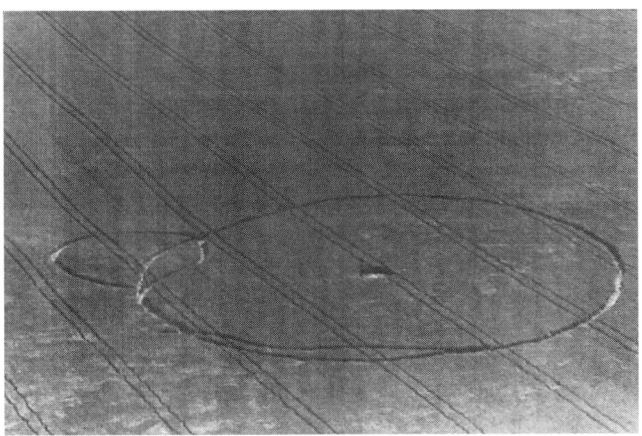

Der Schwindelkreis von Felm.

Doch der Beginn der deutschen Zirkel-Ära ist zweifellos jener 16. Juli 1991, an dem eine Kieler Journalistin ein kreisähnliches Gebilde bei Felm im Kreis Rendsburg-Eckernförde sichtete. Ihr Bericht in der Lokalzeitung löste eine Lawine aus. In Deutschland brach das Kornkreisfieber aus; kaum ein Tag verging mehr ohne eine neue Zirkel-Meldung.

Während der Felmer Kornkreis so schief und krumm war, daß die Fälschung offensichtlich schien - eine Linie wurde sogar nachgezogen - wiesen andere Muster die Harmonie, Präzision und Schönheit der britischen Vorbilder auf. Und während Kornkreis-Experte George Wingfield augenzwinkernd mutmaßte, „etwas Zirkel-Samen nach Hamburg mitgebracht" zu haben, bin ich eher versucht zu fragen: Wurde vielleicht ein menschlicher Kornkreis von den „Circlemakern" als Signal verstanden für den Wunsch der Deutschen, endlich „eigene" Kornkreise zu haben?

Tatsächlich ist auch Bauer Hans-Günther Möller sicher, daß der schiefe Ring von 70 Metern Durchmesser mit einem Satellitenring und einem kleinen, 2,5 Meter breiten Kreis im Zentrum das Werk von Scherzbolden war: Er fand Fußspuren, lange bevor die ersten Besucher kamen. Bei der Polizei jedenfalls erstattete er Strafanzeige gegen Unbekannt. Aber auch das schützte ihn nicht vor der Invasion Tausender Schaulustiger, die buchstäblich über sein Feld herfielen, als der Zirkel in der deutschen Presse Furore machte. „Wir haben die Schnauze voll", schimpfte der Bauer, während die BILD-Zeitung spekulierte, ob

„UFOs, Unfug oder wilde Böcke" hier am Werke waren. Die Antwort der echten Kreismacher folgte in der Nacht vom 17. auf den 18. Juli in Damp an der Ostsee, nur wenige Kilometer von Felm entfernt. In dieser Nacht beobachtete der Berliner Urlauber Lothar Kräke von seiner Ferienwohnung in dem Ostseebad aus ein „rundes, schwarzes, geräuschloses Objekt", das in Richtung eines Feldes flog. Auch eine Hausfrau will das „kreisrunde schwarze Objekt mit vielen Lichtern" gesehen haben.

Tatsächlich entdeckte Landbesitzer Christian Detlev Graf zu Reventlow am nächsten Morgen auf eben diesem Feld drei Zirkel, 13, 4 und 3,50 Meter im Durchmesser: Sauber, symmetrisch, präzise. Der Berliner Physiker Joachim Koch stellte einige Tage später „das Vorhandensein einer überaus großen elektromagnetischen Energie" fest. Der Müller Siegfried Waschull (58) dagegen war überzeugt: „Das waren Rehe. In dieser Zeit jagt der Bock die Ricke im Kreis - daraus entsteht ein Hexenkessel."

Wer auch immer hinter den Kreisen steckte, die „offizielle" Erklärung erschien allzu verdächtig. Vier Jura-Studenten der Universität Kiel sollten es gewesen sein, „offenbarte" der NDR in einer Sendung am 26.7., zwischen 22 und 26 Jahre alt, denen es „in den Semesterferien zu langweilig war". Daß sie anonym bleiben wollten, um nicht von den betroffenen Bauern regreßpflichtig gemacht zu werden, ist noch verständlich. Viel eher merkwürdig jedoch erscheint mir die „Verkleidung" der Jungjuristen: Ulk-Masken, die Stelzen, mit denen sie unbemerkt in die Felder gekommen sein wollen (trotz der Fußspuren), dazu, perfekt passend, lange, schwarzkarierte Stelzen-Hosen. Paßt das alles zu gelangweilten Jura-Studenten? Wie haben sie es geschafft, in der Nacht vom 23. auf den 24. Juli allein in Schleswig-Holstein 5 Zirkel zu fälschen, wie sie bei ihrem Selbst-Outing erklärten? Wo sie andererseits behaupteten, allein für den primitiven Ring von Felm ganze 4 Stunden gebraucht zu haben? Warum fand man in Damp drei Kreise, während

die Jux-Studenten behaupteten, bei der Anfertigung eines Zirkels in Damp von einem Liebespaar gestört worden zu sein, das sich sein eigenes „Bett im Kornfeld" suchte? Von wem stammen denn dann die beiden anderen Piktogramme? Sollen sie etwa das Werk des Liebespaares sein?

Tatsächlich erfuhr ich aus vertraulicher Quelle (von einem NDR-Mitarbeiter), daß es keine Jurastudenten waren, die ihr „Kunststück" vor der Kamera vorführten, sondern Zirkusartisten, bezahlt für ihr kleines Schauspiel. Trotzdem aber ging die Meldung von ihrem „Geständnis" durch die Presse, bis nach England - und erfüllte ihren Zweck. Das „Rätsel der Kornkreise" schien gelöst, die Nation lachte über den „Studentenulk" und die Gutgläubigkeit jener, die ihm „auf den Leim gegangen" waren. Und ganz offenbar kam „jemand" in England, der die Wirksamkeit dieser Methode in Deutschland demonstriert bekam, auf die Idee, der ganzen Zirkelmania durch das „Geständnis" der rüstigen Rentner Doug & Dave den Todesstoß zu versetzen.

Doch ähnlich wie bei Bower und Chorley gibt es auch im Fall der vier Studenten der Zirkuswissenschaften (mit denen Jura, zugegeben, einiges gemein hat) keinerlei Beweise dafür, daß sie überhaupt einen einzigen der offiziell dokumentierten Zirkel getürkt haben. Im Gegenteil: Angesichts der Tatsache, daß die schönsten Formationen in Hessen, Niedersachsen und Nordrhein-Westfalen auftauchten, wird das Geständnis der Viererbande immer unwahrscheinlicher. Wollen sie etwa nächtens durch Deutschland gereist sein und in einer Nacht bis zu 9 Piktogramme angefertigt haben (so am 24.7)? Und wenn sie eingestehen, daß der Felmer Ring so kläglich mißlang, weil sie „erst einmal üben mußten" - warum waren dann eventuelle andere Fälscherbanden auf Anhieb so viel erfolgreicher?

Gestehen wir ein, daß es eine Reihe von Fälschungen gab, hinter denen gewisse Witzbolde standen, die sich selbst nach ein paar Bierchen beweisen wollten, daß auch sie ihre Mitwelt und die Lokalpresse zum Narren halten konnten. Daß es gefälschte Kornkreise gibt, beweist keinesweg, daß alle Kornkreise gefälscht sind, ebensowenig wie Falschgeld beweist, daß alle unsere Geldscheine Blüten sind. Und vielleicht wollten skeptische Zeitgenossen für sich die Frage beantworten, ob es wirklich so einfach ist, einen Kornkreis zu fälschen und die Experten zu foppen, wie es die Presse jetzt behauptete.

Die Antwort freilich liegt auf der Hand: Das gute Drittel der deutschen Zirkel, das wir zweifellos als Schwindel identifizieren können, unterscheidet sich derart drastisch von den Originalen, daß jeder Zweifel ausgeschlossen werden kann. Bleibt also die Frage: Wer oder was verursachte die Originale?

Tragen wir die insgesamt 26 deutschen Kornkreise, die zwischen dem 16.7. und dem 15.8.1991 erschienen, auf eine Karte ein, so zeichnet sich ab, daß Schleswig Holstein Deutschlands „Zirkelland" ist - auch abzüglich der (mindestens) drei Schwindelkreise. Tatsächlich ist das meerumschlungende Land in Deutschlands Norden auch das Gebiet mit der größten Dichte prähistorischer Stätten - über 200 Grabhügel und Steinzirkel aus dem Neolithikum und der Bronzezeit sind registriert. Im Bereich nördlich der Schleswiger Förde, wo gleich drei Kreise geortet wurden, befand sich das Hauptheiligtum der germanischen Stämme des Nordens, das „Thorsberger Moor".

Am Rande dieses Obermoores liegen der Grabhügel und der Steinkreis von Kummerhy mit einem Runenstein und einem 2 Meter hohen „Wächterstein" mit mehr als 45 Schälchen. Die Anordnung der Steine hatte, ähnlich wie in Stonehenge, wahrscheinlich astronomische Bedeutung. 700 Meter östlich des Thor-Moores sprudelt die „heilige Quelle", die, aufgrund einer leichten Radioaktivität, tatsächlich heilend wirkt. Jährlich zu Jacobi (Anfang August) findet in Süderbrarup der größte Markt Schleswig Holsteins statt, der wahrscheinlich auf vorchristliche Pilgerfeste zurückgeht - denn auch bei den Christen ist St. Jacob der Patron der Pilger. Archäologen und Vorgeschichtler sind sich sicher, daß hier auch das politische Zentrum der Angeln war: Daß die Stäm-

me Thing hielten, nachdem sie zu Gott Thor gepilgert waren und ihm geopfert hatten.

Die Parallele zu England ist offensichtlich. Und auch sonst können es die deutschen Zirkel in jeder Hinsicht mit ihren britischen Gegenstücken aufnehmen. Aber betrachten wir sie Stück für Stück:

20.7.: Marburg, Hessen:

In der Nach von Freitag auf Samstag verließen Michael Vogt aus Marburg und seine Frau das Haus ihrer Schwiegereltern am Zuckerberg in Marburg-Cappel, um zu ihrer Wohnung in der Innenstadt zurückzufahren. Plötzlich, auf dem Weg zu ihrem Auto, bemerkte Frau Vogt „etwa fußballgroße, nicht ganz runde Lichtkugeln", die über der Straße in ein bis fünf Metern Höhe manövrierten. Die Leuchtkugeln flogen mit höchster Geschwindigkeit in ein bis fünf Metern Höhe „rasendschnell und lautlos parallel zur Straße". Dann, nach wenigen Minuten, verschwanden sie.

Um so erstaunter war das Ehepaar Vogt, als die Lokalpresse in der darauffolgenden Woche von dem Marburger Piktogramm berichtete: Ein Sportflieger hatte es am Morgen nach der geheimnisvollen Lichterscheinung entdeckt, auf der anderen Seite des Berges, an dessen Fuß Vogts Schwiegereltern wohnen.

Das Piktogramm war hantelförmig, bestand aus einem großen Ring, der mit einem kleineren Kornkreis verbunden war. „Kein Halm war geknickt, die Ackerkrume unter dem liegenden Getreide schien unversehrt", erklärte Vogt, „die Halme waren wirbelartig um das Zentrum gelegt". (Krönig 1992)

21.7.: Heinzenhausen, Rheinland-Pfalz:

Am Sonntagmorgen meldete ein Nachbar dem Landwirt Otto Rodrian einen Kreis von 22 Metern Durchmesser in seinem Gerstenfeld. Der Zirkel bestand aus elf konzentrischen Ringen von je 1,1 Metern Breite.

Interessant ist eine UFO-Meldung aus der fraglichen Nacht vom 20. auf den 21. Juli: Ein Mann aus Lauterecken, ca. 5 km vom Kreis entfernt, will gegen 1.30 Uhr ein hellrotes, kugelförmiges Objekt beobachtet haben, das in Richtung des Feldes von Bauer Rodrian flog. Als Beobachtungsdauer gab er 1 - 2 Minuten an. (Die Rheinpfalz, 24. 7. und pers. Mittelung von F. Ihm.)

22.7.: Grasdorf bei Hildesheim, Niedersachsen:

Das größte und komplizierteste deutsche Piktogramm wurde von frühmorgendlichen Joggern am 23. Juli entdeckt. Das ca. 100 Meter lange und 50 Meter breite Gebilde - es bedeckte also eine Fläche von 5000 Quadratmetern! - bestand aus 7 Symbolen und 13 Kreisen, in der Mitte ein Kreuz im Kreis, das uralte Sonnensymbol. Überhaupt erinnert es uns in seiner Gestalt an eine skandinavische Felsmalerei, das Gebilde in der Mitte den „Sonnenwagen", ein uraltes heiliges Symbol der Skandinavier und Nordgermanen.

Tatsächlich ist der Standplatz des Piktogrammes archäologisch signifikant: Es liegt am Fuß des Thiebergs, einer altgermanischen Thingstätte, möglicherweise über einem vorzeitlichen Prozessionsweg. In unmittelbarer Nähe befindet sich der Wuldenberg, ein uraltes germanisches Wotans-Heiligtum, auf dem unter Karl dem Großen eine christliche Kirche errichtet wurde, und der „Heilige Holz", ein heiliger Hain der Germanen, der bis ins Mittelalter hinein umkämpft war. Als ein Burgvogt 1273 die Abholzung dieses Kultwaldes befahl, wurde er von Grasdorfern ermordet: Ein kleiner Bürgerkrieg war die Folge, und der Wald blieb unangetastet bis ins 19. Jahrhundert. Uraltes sächsisches Kernland also, erst im 9. Jahrhundert durch den Sieg Karls des Großen über die Sachsen christianisiert; „heiliges Land" tatsächlich seit mindestens 4000 Jahren.

Von Grasdorf aus ist in der Ferne der Brocken sichtbar, hinter dem der Wurmberg (oberhalb von Braunlage, Harz) liegt, ein heiliger Berg unserer Vorfahren. Auf seinem Gipfel befindet sich noch heute ein Steinring aus der Jungsteinzeit, zu dem zwei Stufenwege hinaufführen, im Volksmund „Hexen-" oder „Heidentreppe" genannt - vielleicht die älteste Hochtreppe in Europa. Die Fundamente von „mindestens zwei tempelartigen Bauwerken" hat der hannoversche Archäologe Dr. Nowothnig 1956 hier entdeckt, „eine der bedeutendsten prähistorischen Kultstätten Europas".

Der Besitzer des Kornkreis-Ackers, Bauer Werner Harenberg (48), versicherte mir, er habe die Piktogramme so exakt und sauber angelegt gefunden, daß er jeden Schwindel für ausgeschlossen halte.

Auch Tim Schünemann (20) aus Goslar, der als erster am 24.7. die Muster vermaß, bestätigte mir:
– Die Kreise waren fast perfekt;
– die längste Gerade des Piktogrammes zeigte exakt in Ost-West-Richtung;
– die Ränder, auch der Gänge, waren exakt, der Übergang von den liegenden zu den stehenden Halmen abrupt;
– die Kreise wiesen schöne und gleichmäßige Spiralmuster auf, deren Mittelpunkt einmal um einen halben Meter von dem geometrischen Kreiszentrum entfernt lag;
– die Halme waren gegen den Uhrzeigersinn niedergelegt und nicht gebrochen.

Mitglieder der Forschungsgruppe EFODON führten mit einem Geiger-Müller-Zählrohr radioaktive Messungen durch. Das Ergebnis: Der Zeiger schlug mehrmals aus - der Spitzenwert lag bei 0,737 Mikrosievert/h und damit um 76 % über dem vorgeschriebenen Grenzwert für Arbeitsplätze - und fiel wieder zurück. Eigentlich unmöglich, da Radioaktivität normalerweise konstant ist. Zeigte das Gerät statt dessen eine unbekannte Energie an?

Wünschelrutengänger waren überzeugt, daß die Kreise in vier Viertel geteilt waren, die abwechselnd positiv und negativ ausstrahlten.

Also ein echtes Piktogramm? Vieles spricht dafür. Da das Piktogramm unmittelbar an der B 444 lag, wären Fälscher gewiß aufgefallen. Fest steht weiter: Als ein Spaziergänger gegen 23.00 Uhr das Feld passierte, war noch nichts Ungewöhnliches zu sehen. Stattdessen gibt es Hinweise auf ganz andere Urheber. So hat Christian Fiedler aus Grasdorf in der fraglichen Nacht ein orangefarbenes, pulsierendes Blinklicht wahrgenommen, das sich in der fraglichen Gegend mit hoher Geschwindigkeit hin und herbewegte. Ein Anwohner will gegen 2.00 Uhr früh dann auch ein „merkwürdiges Geräusch" gehört haben, dumpfer und lauter als ein Hubschrauber, ein „Whoop"-Ton mit Intervallen.

Tatsächlich sorgte das Grasdorfer Piktogramm für größtes Aufsehen in den Medien. Kaum eine Zeitung in Deutschland (und ganz Europa), die nicht die faszinierende Luftaufnahme der Formation veröffentlichte. Die Experten, darunter Johannes von Buttlar, den RTL einfliegen ließ, äußerten sich enthusiastisch. Tausende kamen, um das Grasdorfer Kornmuster zu besichtigen, und Bauer Harenberg begann, dem Vorbild seiner englischen Kollegen folgend, ein Eintrittsgeld zu verlangen. Er beauftragte seinen türkischen Farmarbeiter Kemal Kücük, das Feld zu bewachen und den Eintritt zu kassieren. In den folgenden Wochen begann Kemal sich immer mehr für das Phänomen zu interessieren und entwickelte eine Art journalistisches Gespür, mit dem er neugierig verfolgte, was sich an Besonderheiten und Absurditäten jeden Tag vor seinen Augen ereignete. Einige Besucher hatten Pendel und Wünschelruten bei sich, aber auch Geigerzähler und Minensuchgeräte. Und einer von ihnen wurde fündig.

Am 2. August tauchte ein Mann mit Schnauzbart im blauen Maleroverall mit einem hochwertigen Metalldetektor auf, ortete Metall in jenen drei Kreisen, die von einem Halbkreis umgeben waren. Er markierte die Stellen mit einem Papiertaschentuch und erklärte Kemal,

er wolle jetzt zum Bauern fahren, um ihm um Genehmigung bitten, hier zu graben. Kurze Zeit darauf kehrte er mit Hacke und Schaufel zurück, behauptete, mit Harenberg gesprochen zu haben, und grub. Aus einem halben Meter Tiefe holte er drei ca. 5kg schwere, ca. 25-30 cm breite Metallplatten hervor, in Lehm und Erde eingebettet. Er zeigte sie Kemal, versprach, sie sofort zu Bauer Harenberg zu bringen, fuhr davon und ward nie mehr gesehen. Statt dessen rief er den Farmer am 7. August an. Harenberg machte ihn darauf aufmerksam, daß er nach deutschem Recht Eigentümer der auf seinem Land gefundenen Artefakte sei und forderte ihn zu deren Rückgabe auf. Der Finder versprach, sich wieder zu melden, wenn er die Scheiben untersucht hätte, was nie geschah. Stattdessen übersandte er Harenberg das Foto einer der Platten, die exakt die gleichen Zeichen trug, die auch auf dem Kornfeld erschienen waren. Was immer diese unerwartete (und auf dem Gebiet der Kornfeldforschung einzigartige) Entdeckung zu bedeuten hat, ein Schwindel ist unwahrscheinlich. Zu tief lagen die Platten in der Erde, zu fest steckten sie im Lehm. Kemal erzählte mir, wie er versucht hätte, die Platten zu säubern. Zwar hätte er bei einer Platte erkennen können, daß „da irgend etwas drauf war", aber das war auch alles: Zu verkrustet schienen sie für eine nähere Untersuchung. Zudem war der „Schatzsucher" genau zum richtigen Zeitpunkt gekommen, just nachdem ein Regen den Boden aufgeweicht hatte. Fast den ganzen Juli über was das Wetter sonnig gewesen, der Boden knochentrocken, als das Piktogramm auftauchte, so daß eigentlich ausgeschlossen werden kann, daß „jemand" die Platten hier vergraben hatte.

Am Sonntag, dem 7.8. waren viele Besucher nach Grasdorf gekommen, um das mysteriöse Piktogramm zu sehen, und Kemal erzählte immer wieder von der seltsamen Entdeckung. „Ich würde 20,-- DM bezahlen, wenn ich diese mysteriösen Platten nur einmal sehen könnte", meinte ein Mann. „Und ich würde 20.000,-- dafür bezahlen, wenn ich sie kaufen könnte", erwiderte ein anderer Mann, ein Industrieller aus einer nahegelegenen Großstadt.

Kurz darauf wurde der Industrielle von einem Mann in einer Lederjacke angesprochen. „Meinten Sie das ernst?", fragte dieser, „ganz bestimmt", lautete die Antwort. „Dann geben Sie mir Ihre Karte. Ich bringe Sie mit dem Finder zusammen." „Wirklich?" „Er wird Sie anrufen."

Noch am selben Abend erhielt der Mann den versprochenen Anruf. Ein Treffen wurde vereinbart auf einer Autobahnraststätte bei Essen im Ruhrgebiet, der Heimat des Schatzsuchers. Der Industrielle hatte einen Freund mitgebracht, einen Juwelier. Nachdem sich die Männer begrüßt hatten, holte der Finder drei Metallplatten aus seiner Tasche, von unterschiedlichem Gewicht, aber alle rund und etwa 20 Zentimeter im Durchmesser. Jede trug dasselbe Symbol, individuell herausgearbeitet - das Grasdorf-Piktogramm. Er sei professioneller Schatzsucher, erklärte der Finder, seit 15 Jahren würde er mit seinem Metalldetektor römische und mittelalterliche Münzen und Artefakte suchen und an Antiquitätenhändler, Sammler und Numismatiker verkaufen. Ende Juli hätte er im Fernsehen den „Heißen Stuhl" gesehen, eine RTL-Fernsehsendung, in der es um die Kornkreise ging, und in der der Astrophysiker und Bestsellerautor Johannes von Buttlar auf die Verbindung zwischen Kornkreisen und alten Kultstätten hinwies. Der Schatzsucher beschloß, dieser Fährte nachzugehen. „Vielleicht finde ich dadurch eine noch unentdeckte archäologische Stätte", dachte er bei sich, „und möglicherweise sogar einen Hort mit alten Münzen, Schmuck oder Grabbeigaben."

Nach dem nächsten Regen -Grundbedingung für die Schatzsuche, weil dadurch der Boden aufgeweicht wird- machte er sich auf den Weg zu Deutschlands bekanntestem (und für ihn nächstgelegenem) Piktogramm, nach Grasdorf - und wurde fündig. Wieder zurück, reinigte er die Platten mit Chemikalien. Ja, und das hier, das seien sie.

Klopfenden Herzens nahm der Industrielle die mysteriösen Metallplatten eine nach der anderen in die Hände. Die erste bestand aus Bronze und wog etwa 4 kg, die zweite aus Silber war etwa 5 kg schwer, die dritte, aus Gold, brachte es auf über 8 Kilo. Er reichte sie vorsichtig weiter an seinen Freund, den Juwelier. Und nach sorgfältiger Prüfung war dieser mehr als erstaunt. „Das ist das reinste Gold und Silber, das ich in meiner 30-jährigen Laufbahn je gesehen habe", mußte er eingestehen.

Der Finder verlangte 250.000,-- DM für alle drei Platten. Das war, natürlich, auch für einen wohlhabenden Industriellen eine Menge Geld. Auf der anderen Seite bestätigte sein Freund, der Juwelier, daß allein die Goldplatte einen reinen Metallwert von rund 160.000,--- DM hat. „Wenn Sie die nicht haben wollen, lasse ich sie einschmelzen und verkaufe sie zum Metallwert", meinte ihr Entdecker. Nach längeren Verhandlungen beschloß der Industrielle, die Bronze- und Silberplatte für zusammen 50.000,-- DM zu kaufen. Der Schatzsucher behielt die Goldplatte, die seitdem nie wieder gesehen wurde. Erst 1993 erhielten einige deutsche Kornkreisforscher Farbfotos einer goldfarbenen halbmondfarbenen Grasdorf-Platte, die in der Mitte durchgeschnitten worden war. Hatte der Schatzsucher sie durchtrennt und nur eine Hälfte eingeschmolzen, die andere aber für sich behalten? Leider verschwand der mysteriöse Absender der Fotos auch bald wieder in der Versenkung, offenbar abgeschreckt durch die sehr unprofessionelle Vorgehensweise einer deutschen Kornkreis-Forschungsgruppe, ohne daß ein Forscher die Platte sehen oder untersuchen konnte.

Die Bronze- und Silberplatte dagegen, heute Eigentum unseres Industriellen, stehen für ernsthafte Untersuchungen zur Verfügung. Ich zeigte sie auf meiner internationalen UFO-Konferenz „Dialog mit dem Universum" im Oktober 1992 in Düsseldorf und konnte sie im April 1994 für eine Produktion für die amerikanische TV-Reihe „Encounters" verwenden. Zudem war es dem Tübinger Juristen Dr. Roemer-Blum möglich, eine metallurgische Untersuchung der Platten bei der „Bundesanstalt für Materialforschung und -prüfung" in Berlin durchführen zu lassen. Das Gutachten, das das Institut nach eingehender Prüfung anfertigte, besagte: „Platte eins (silbern) besteht aus ziemlich reinem Silber. Als weiterer Bestandteil konnte nur Eisen nachgewiesen werden, in Spuren von weniger als 0,1 %. Das Gewicht der Silberplatte beträgt 4,98 kg. Platte zwei (bronzefarben) besteht aus einer Kupfer-Zinn-Legierung mit einem Zinngehalt von 10-15 %. Weitere Legierungsbestandteile sind 1 % Nickel und Spuren von Eisen, weniger als 0,1 %." „Ziemlich reines Silber" war natürlich ein Understatement, bei einer Reinheit von 99,9 % ist es noch hochwertiger als Sterlingsilber! Zudem ergab eine spektographische Analyse beider Platten, daß sie nicht gegossen sind, sondern aus fusionierten Silbernuggets und Naturkupfer- und Zinn besteht, Metalle, die auch im nahegelegenen Harz gefunden werden. Die Platten entstanden entweder durch eine Erhitzung dieser Metalle in einer Form, die nicht ausreichte, um sie zum Schmelzen zu bringen, oder durch eine Fusion. Ein solch kompliziertes Verfahren schließt nahezu aus, daß es sich bei den Grasdorf-Platten um einen Schwindel handeln könnte. Welcher „Scherzbold" macht sich die Mühe und betreibt einen solchen Aufwand? Und warum benutzte er Metalle von allerhöchster Reinheit, reiner als sie von Goldschmieden verwendet werden?

Doch woher stammen die Platten?

Es gibt eine alte Prophezeiung in der Edda, der germanischen Heldendichtung, die vielleicht die Antwort auf diese Frage liefert. Dort nämlich heißt es von der Endzeit, wenn die Götter zurückkehren:

"Auch werden sie wieder die wundersamen
goldenen Täflein im Grase treffen
mit denen zur Urzeit sich unterhalten

Wodan und all sein Asengeschlecht.
Unbesät werden die Äcker bewachsen,
all Böses wird besser, auch Baldur kehrt heim..."
(Die Edda, Ausgabe Leipzig 1890)

22.7.: Sossenheim bei Frankfurt, Hessen:
„Jetzt sind sie gelandet", dachte Bauer Werner Anthes, als er morgens einen 21,40 Meter breiten Kreis auf seinem Weizenfeld entdeckte. Vergeblich suchte er nach Spuren von irgendwelchen Scherzbolden. Dagegen glaubte Reiki-Lehrerin Brigitte Müller - die „zufällig" in der Nachbarschaft des Kreises wohnt - „spirituelle Energien" zu spüren. (BILD Ffm. 24.7. und pers. Berg. B. Müller)

24.7.: Netze bei Waldeck, Hessen:
Es geschah in der Nacht vom 23.7 auf den 24.7. Gegen 23.00 Uhr ging Susanne Bieling ins Bett, schaute noch einmal aus dem Fenster auf das gegenüberliegende Kornfeld. Alles war ruhig, lag im sanften Licht des Vollmondes. Doch als sie gegen 6.00 Uhr früh beim Aufstehen erneut aus dem Fenster blickte, lag dort, quasi zu ihren Füßen, etwas Mysteriöses: Ein riesiges Gebilde, bestehend aus vier Kreisen.

Erst dachte Susanne Bieling an einen Scherz, dann besichtigte sie das Piktogramm. Der Weizen lag präzise, Halm neben Halm, in perfekter Spiralform am Boden. Nichts schien abgebrochen, niedergetrampelt. Und

nichts deutete darauf hin, daß hier Fälscher am Werk gewesen waren.

Frau Bieling: „Meine Tochter Kamilla hat in dieser Nacht sehr unruhig geschlafen. Ich war mehrfach auf, habe aber nichts Ungewöhnliches bemerkt." Ihre Nachbarin, Frau Bernhard, mußte bereits um 5.00 Uhr aufstehen und war wohl die erste, die das geheimnisvolle Muster zu Augen bekam. Auch sie hatte in dieser Nacht nichts gehört und versicherte: „Es war alles ruhig." Der Bauingenieurswesen-Student Gunter Best besuchte gerade seine Schwiegermutter in der Siedlung, entdeckte die Kreise am Vormittag und vermaß sie: 88,4 Meter war das gesamte Gebilde lang und 48,8 Meter breit, 18 Meter der Durchmesser des größten Kreises, 13 Meter der Zirkel am anderen Ende des Diagrammes, 8,20 resp. 8,30 Meter die kleinen Ringe - damit erstreckte es sich über eine Fläche von über 4300 Quadratmetern!

Dann besorgte sich Best das Buch „Kreisrunde Zeichen" von Andrews/Delgado und stellte eine interessante Parallele fest: Die berühmte „Fünferformation" von Silbury Hill aus dem Jahre 1988 war ebenfalls 88 Meter breit, ihr Zentralkreis hatte einen Durchmesser von 17,20 Metern. Zufall?

Der Kater „Speedy", der Bests Schwiegermutter gehört und der sonst in dem Kornfeld Mäuse zu jagen pflegte, mied den Acker plötzlich. Und Bests CD-Anlage spielt seitdem verrückt.

Frau Bieling erzählte mir, daß jemand in der fraglichen Nacht „eine Art Feuerball" beobachtet hatte. Nur Landbesitzer Rolf Gutzeit wollte nicht an die Einwirkung außerirdischer Energien glauben. Er erstattete kurzerhand Anzeige gegen Unbekannt.

24.7.: Magdeburg , Sachsen-Anhalt
Hobbyflieger Lutz Sendner, Schuldirektor aus Straßfurt, entdeckte ihn unweit des Flugplatzes: Einen Ring von 70 Metern Durchmesser mit einem Satelliten von 20 Metern Breite. Allerdings: Das Gebilde ist eine exakte Kopie des Felmer Schwindels und ebenso asymmetrisch. Daher: Fälschung (Magdeburger Volksstimme, 25.7.)

24.7.: Ülzby bei Schleswig, Schleswig-Holstein
Ein Doppelkreis von etwas mehr als 18 Meter Durchmesser mit einem liegenden „F";
– Böklung , Schleswig-Holstein:
Ein Doppelkreis mit Verbindung zu einem Einzelkreis.

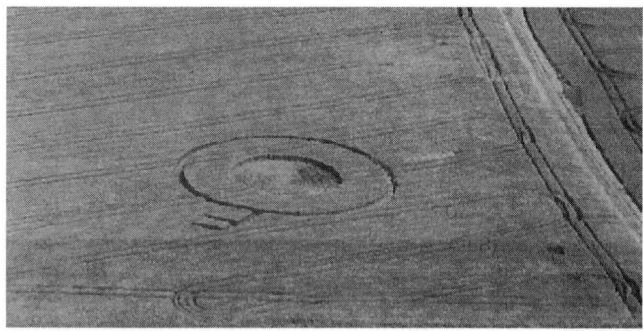

Der Kornkreis von Ülzby

– Rathmannsdorf , Schleswig-Holstein:
Ein elliptisch gezahnter Ring von 12 Meter Durchmesser. Ein weiterer Zirkel erschien bei Ladelund . (Schleswig-Holsteiner-Landeszeitung, 25. 7. und Segeberger Zeitung, 25.7.)

24.7.: Süderbrarup bei Schleswig, Schleswig-Holstein:
Ein Tischler fand den Kreis von 18 Metern Durchmesser, als er morgens mit dem Fahrrad zur Süderbraruper Leistenfabrik fuhr. Gegen 9.00 Uhr war es dann offiziell, und Bürgermeister Johann Thomsen war der erste, der ihn in Anwesenheit von Reportern stolz abschritt. In Richtung Süden des unsauber gezogenen Zirkels zweigte ein gekrümmtes „F" ab, 7 Meter lang, mit zwei Querbalken von 4 und 7 Metern Länge. Ein Loch im Zentrum des Kreises lieferte dann auch die Antwort: Das „Piktogramm" war gefälscht.
(Schleswig-Holsteinische Landeszeitung, 25.7.)

24.7.: Langenau bei Ulm, Baden Württemberg:
„Schade, daß mich die Außerirdischen nicht zu einem Flug eingeladen haben", spottete Bürgermeister Wolfgang Mangold, als er den Ring besuchte, der über Nacht in einem Kornfeld aufgetaucht war. Das Gebilde hatte einen Durchmesser von 10 Metern und war ziemlich unsauber. Wir vermuten: Schwindel.

24.7.: Schameder bei Bad Berleburg, Nordrhein-Westfalen:
In der Nähe ihres Flugplatzes entdeckten Flugschüler drei kreisrunde Spuren, 2, 6 und 10 Meter im Durchmesser. Laut einer Sendung im WDR-Regionalprogramm haben Schüler die ziemlich unsauberen Spuren gefälscht. (Westfälische Rundschau, 26.7.)

25.7.: Weitere Kreise in Schleswig-Holstein: Bei Loopstedt und Felm , ein „Sonnenrad" (Kreis mit Kreuz) in Reesdorf , Kreis Rendsburg-Eckernförde.

25.7.: Helmscheid bei Korbach, Hessen:
Einige Jugendliche fertigten nach durchzechter Nacht eine - ziemlich asymmetrische - Formation an.
Am gleichen Tag stellte in Berlin-Blankenfelde der Bauer Joachim Kühn einen von drei „Querbalken" durchgezogenen Ring für den Sender Freies Berlin her, der ihn zum Mittelpunkt einer Live-Sendung machte.
(Waldecksche Landeszeitung, 27.7.; Berliner Morgenpost, 26.7.)

26.7.: Rosdorf bei Darmstadt, Hessen:
Zwei Bauarbeiter entdeckten einen Kreis von zehn Metern Durchmesser in einem Haferfeld. Der Zirkel besticht durch große Präzision (Wirbel im Uhrzeigersinn). (Darmstädter Echo, 27.7)

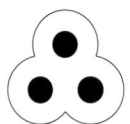

31.7.: Glees am Laacher See, Rheinland-Pfalz:
Ein Fluglehrer entdeckte das etwa 23 Meter breite Piktogramm auf einem Weizenfeld unweit des Klosters von Maria Laach: Drei Kreise, je 5,3 Meter breit und im Dreieck angeordnet, umgeben von drei einen Ring bildenden Halbkreisen. Das Gebilde strahlt große Harmonie aus und erinnert an das „Pax Cultura"-Symbol des russischen Malers Nicholas Roerich, das für die Vereinigung von „Wissenschaft, Kultur und Religion" steht.

Das Reutlinger Medium Hermann Ilg empfing nach eigenen Angaben von „unseren Sternengeschwistern" die Durchgabe, daß es ein „Symbol für die Vollkommenheit und Schönheit der Schöpfung" sei:
„Die drei Kreisflächen symbolisieren die Schöpfungsprinzipien der Dreifaltigkeit, überhöht durch die Kreisbögen als Symbol der himmlichen Sphären."
Walter Kelch von der UFO-Forschungsgruppe GEP, der allerdings erst Ende Oktober das abgeerntete Feld besichtigte, hält es dagegen für einen Schwindel. Er fand an der Feldgrenze einen Straßenmarkierungsbalken, den er als Tatwerkzeug „identifizierte". (Rhein-Zeitung, 3.8. und Journal für UFO-Forschung, März/April 1992)

3.8.: Bornheim-Hemmerich , Nordrhein-Westfalen:
Gabriele und Heinrich Seebauer radelten an diesem Samstag Nachmittag gemeinsam mit ihrem in England lebenden Freund Peter Rosenbaum über die Feldwege rund um Bornheim, da entdeckten sie etwas, was sie stutzig machte: Ein Piktogramm von 40 Metern Breite, drei konzentrische Ringe, umgeben von drei kleinen „Satellitenkreisen" von 2,5 Metern Durchmesser, mit dem äußeren Ring des Gebildes durch kleine „Gänge" verbunden. Ein erneuter Besuch des Findertrios, das sich

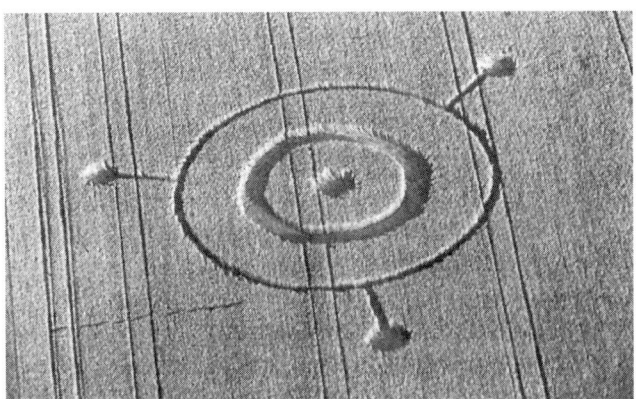

Das Piktogramm von Bornheim. (Foto: C. Grossen)

mittlerweile zu Hause Kamera, Meßband und Kassettenrekorder besorgt hatte, ergab: Das Gebilde war von äußerster Präzision.

Seebauer: „Bemerkenswert sind vor allem die sich dem äußersten Kreis anschließenden Satellitenkreise. In ihnen sind die Halme nicht einfach kreisförmig umgelegt oder gar niedergetrampelt. Die Halme verlaufen in Spiralbahnen. Auffällig ist zudem, daß die Halme in den Hauptkreisen gegenläufig angelegt sind."

Aber noch ein weiteres Mysterium spricht für die Echtheit des Rösberger Fundes : Auf dem Diktaphon, das das Trio während seiner Messungen mitlaufen ließ, war außer ihren Stimmen noch ein mysteriöser Flötton zu hören. Dabei versichern Rosenbaum und Seebauer, daß von ihnen niemand gepfiffen hat.

3.8.: Zwischen Auenstein und Beilstein, Baden Württemberg:
Zwei Kreise, durch eine meterbreite Spur miteinander verbunden, erschienen in einem Weizenfeld. (Heilbronner Stimme, 6.8.)

4.8.: Bonn , Nordrhein-Westfalen:
Ein Bonner Kußmund im Korn - natürlich ein Scherz!

16.8.: Gomaringen /BW:
Ein Muster in Hufeisenform, möglicherweise natürlichen Ursprungs. Interessant ist jedoch, daß die Halme auf merkwürdige Weise ineinander verflochten sind. (Reutlinger General-Anzeiger, 17.8.)
Ergebnis: 8 Fälschungen, 9 Kornkreise, deren Bewertung wir - mangels Daten - offen lassen, 9 echte Zirkel... und eine Reihe von Details, die wir auch aus England kennen: Die Verbindung zu prähistorischen Kultstätten, merkwürdige Pfeiftöne in Verbindung mit neuentdeckten Kreisen, UFO-Sichtungen in der „Nacht davor" und schließlich die mysteriösen Lichtkugeln, die das Ehepaar Vogt in Marburg beobachtete. Dabei hat man in Deutschland von den seltsamen „Leuchtbällen" erst im

Winter 1991/92 durch die beiden Videofilme „Kreise im Korn" von Jürgen Krönig und unserem „Mysterium der Kornkreise" erfahren.

Und auch in den folgenden Jahren gab es in Deutschland wieder Kornkreise. Anfang Juni 1992 soll es bei Ahaus ein Ereignis an der deutsch-holländischen Grenze gegeben haben. In der Nacht vom 1. auf den 2. Juli erschien ein Dreiecks-Piktogramm, drei Kreise, durch Linien miteinander verbunden, in Eschen an der Verbindungsstraße nach Nendeln an der schweizer Grenze. Nach Aussage des Swissair-Piloten Ferdinand Schmid, der das Kornmuster kurz nach seinem Erscheinen besuchte, eine echte Formation: Jedenfalls wiesen die Kreise den charakteristischen Wirbel auf.

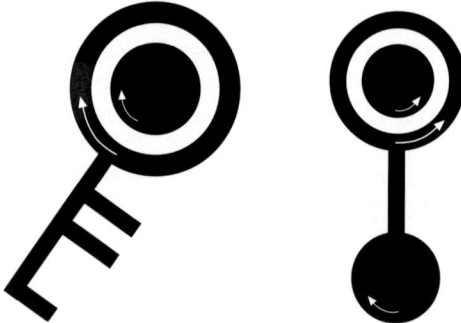

Gleich zwei Piktogramme tauchten in der Nacht vom 26. auf den 27. Juli auf einem Weizenfeld in Ettlingenweier südlich von Karlsruhe auf: Eine „Doppelhantel" von 30 Meter Länge, mit einem rechtsdrehenden Kreis von 10 Metern Durchmesser und einem von einem Ring umgebenen linksdrehenden Kreis von insgesamt 16 Metern Breite sowie ein von einem Ring umgebener Kreis, mit Ring 20 Meter breit, von dem ein dreiarmiger „Schlüssel" ausging. Eine Detailaufnahme eines dieser Kreise, die uns unser Freund Dr. Jens M. Möller übersandte, überzeugte uns von der Echtheit der Muster: Ein wunderschöner Wirbel, ein sauberes

Zentrum, die einen Schwindel so gut wie ausschlossen. Worauf Möller, Autor des ausgezeichneten Buches „Geomantie in Mitteleuropa" (Aurum-Verlag) uns hinwies: Die Piktogramme lagen in unmittelbarer Nähe der einstigen Sonnenorakelstätte Malsch, einem Heiligtum der Vorzeit. Leider wurde die Ettlingenweier-Kornmuster nur wenige Tage nach ihrem Erscheinen vom Bauer abgemäht, so daß wir, als wir am 4.8 wieder in Deutschland waren, keine Luftaufnahmen mehr machen konnten. Sie wurden, ähnlich wie die Kreise in England, von der nationalen Presse totgeschwiegen. Fast schien es so, als wollte jemand sie ganz bewußt totschweigen, die Öffentlichkeit in dem Glauben belassen, mit Doug & Dave sei das Rätsel gelöst.

Dieser Trend setzte sich auch 1993 fort. Abermals war es nur MAGAZIN 2000, das (in Nr. 96) vermeldete: „Wieder deutsche Kornkreise" und über „eine Reihe interessanter Formationen" berichtete.
Den Anfang machte ein 60 Meter langes und 40 Meter breites Piktogramm, das um den 4. Juli im „Drudacker" nahe Küssaburg bei Geisslingen, Landkreis Waldshut erschien und, banal gesagt, aus einem Einringer, einem

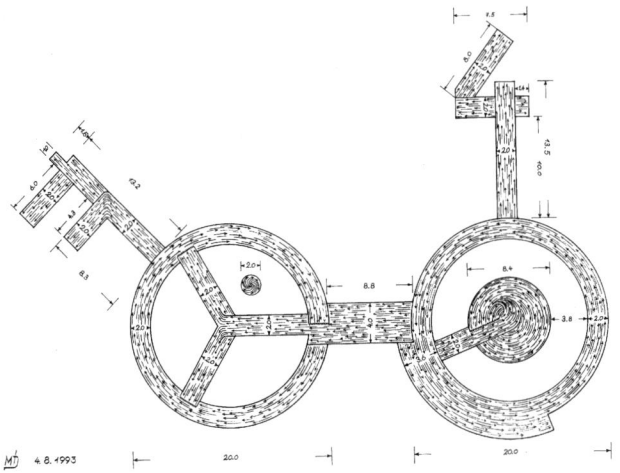

Mercedesstern und zwei Auswüchsen in Form eines umgekehrten „F" und einer „4" bestand. Entdeckt hatte es der Lauchinger Privatpilot Pius Rebmann. Während Landwirt Peter Hartmann das Kornmuster zumindest anfänglich eher für einen „Bubenstreich" als für eine „kosmische Aggression" hält, weist der lokale „Südkurier" darauf hin, daß zum Zeitpunkt seiner Entdeckung keinerlei Trampelspuren zu dem Piktogramm führten.
Tatsache ist: Der Acker, auf dem es erschien, heißt seit alter Zeit „Drudacker" und liegt in Nachbarschaft der Gewanne „Zirsche" und „im Giren", die noch im letzten Jahrhundert als „unheimliche Gegend" galten. Wie der Volksmund berichtet, sei es dort zu „gespenstischen Umtrieben" gekommen, seien nicht selten „merkwürdige Gestalten" aufgetaucht. Die Druiden der Vorzeit hätten hier schließlich einst ihre Rituale gefeiert und das gesamte Gebiet verhext. Wie der Bauer Hartmann unserem Lesen Hugo Ruoss vom 2000-Projekt HERMES erklärte, findet man noch heute zahlreiche Feuersteingeräte aus der Steinzeit, ein Indiz für die frühe Besiedlung (und möglicherweise einen Opferplatz). Tatsächlich deutet ein dunkler Fleck auf Luftaufnahmen des Gebildes auf eine archäologische Struktur -einen Steinkreis oder eingeebneten Grabhügel?- hin - und das unmittelbar neben dem Kornmuster. Was uns zumindest spekulieren läßt: Ist der „Schlüssel" eine ägyptische „neter" ("Wächter"-Götter)Hieroglyphe, deutet die „4" auf den vierten Platten (Mars?) hin? Zumindest unsere Leser Hugo Ruoss und das Ehepaar Diem sind von der Echtheit des Piktogrammes überzeugt: „Alle Anzeichen, Größe, Komplexität, Exaktheit der Ausführung, Symbolik, Energie-Ausstrahlung gemessen mit dem Pendel, deuten auf Echtheit hin", schrieb uns Herr Ruoss. „Der Bauer Hartmann erzählte uns, daß eine Frau das Feld verlassen mußte, weil sie die Energie stark spürte."
"Wir waren fasziniert, wie das Korn gleich einer Bastmatte ebenmäßig gebündelt und fächerartig niedergelegt wurde", ergänzte das Ehepaar Diem, „gleich nach Besichtigung fertigten wir anhand von Notizen eine

Zeichnung an, um die erstaunliche Anordnung der Kornlagen festzuhalten. Wie aus dieser Zeichnung (s. Abb.) deutlich ersichtlich, waren die ersten entstandenen Bahnen offenbar die Ausläufer der Figur, jeweils von den äußersten Gliedern her. Außerdem muß sich der Streifen, der sich im linken Kreiszentrum gabelt, zur selben Zeit niedergelegt haben wie die Kreisbahn, weil beide an ihren Ende jeweils über der anderen liegen. Was uns an Ort und Stelle sehr beeindruckt hat, war der Eingang zum Inneren des rechten Kreises: Dort führt eine gerade Bahn bis in seinen Mittelpunkt, wo sie sich plötzlich linksdrehend in den Kreiswirbel einfügt. All diese Dinge sind recht bemerkenswert und sicher schwer zu fälschen."

Nur wenige Tage später erschien ein deutsches „Mandelbrot"-wenngleich stark vereinfacht, ohne die Außenkreise- bei Halle an der Saale in Sachsen-Anhalt. Das Piktogramm an der B100 zwischen Halle und der Chemiestadt Bitterfeld zog Hunderte Neugierige und Schaulustige an. Während das ursprüngliche Kornmuster absolut sauber und symmetrisch war, wurde der Unterschied zu Fälschungen auch dem Bauern Ludwig Herwig von der Agrargenossenschaft Petersberg bald klar. Denn einige Tage später erschien ein vierter Kreis in unmittelbarer Nähe der Formation, aber so unregelmäßig und mit deutlich erkennbaren Fußabdrücken, daß kein Zweifel besteht, daß der Urheber ein Spaßvogel war. Was das ursprüngliche Piktogramm betrifft, so ist sich zumindest der Agraringenieur Erhard Graß aus Bad Düben sicher, nachdem er als einer der ersten die Kreise untersucht hatte: „So etwas kann nur ein UFO hinterlassen haben: exakte geometrische Formen, kein Halm gebrochen, keine menschlichen Spuren."

Über Nacht war die Formation am 4. Juli 1993 bei Otterfing, Oberbayern erschienen: Ein 13 Meter breiter dünnumringter Kreis und ein zweiter, etwa 7,5 m breiter Zirkel, in einigem Abstand von der nächsten Traktorenspur.

„Nicht ein umgelegter Halm wies auf einen Schwindel hin", bezeugt Johannes Heimrath, der die Formation dem britischen Zentrum für Kornkreisstudien (CCCS) meldete, „und auch die Kornlage im Kreis selbst entspricht der charakteristischen, perfekten Weise: Konzentrisch im Uhrzeigersinn flachgelegt in den Kreisen, entgegen dem Uhrzeigersinn im Ring." Mehr noch, dem Kreis selbst lag „ein Band von engverflochtenem Korn vom Rand des Zirkels zu seinem Mittelpunkt" zugrunde.

Einige Tage später entdeckten Einheimische eine 48 Meter lange „Hantel"-zwei Kreise von je zehn Metern Durchmesser, einer von einem Ring umgeben, verbunden von einem 24 m langen „Kanal"- bei Harsewinkel nahe Bielefeld, direkt an der Ems, wie uns unser Leser Waldemar Czarnetzki aus Köln mitteilt. Interessanterweise liegt der Ort nur 50 km westlich der Externsteine, einem uralten germanischen Heiligtum! „Als sie entdeckt wurde, bestach sie die Betrachter durch ihre Perfektion, ganz exakte Linien, sauber hergestellt", bezeugt Czarnetzki. Das Landesstudio Bielefeld berichtete in der Sendung „Das Fenster" sogar über das Piktogramm. Weiter erfuhr man von Formationen bei Pulheim. Ein schlichter Ring schließlich tauchte am 3.8. 1993 in der Nähe des

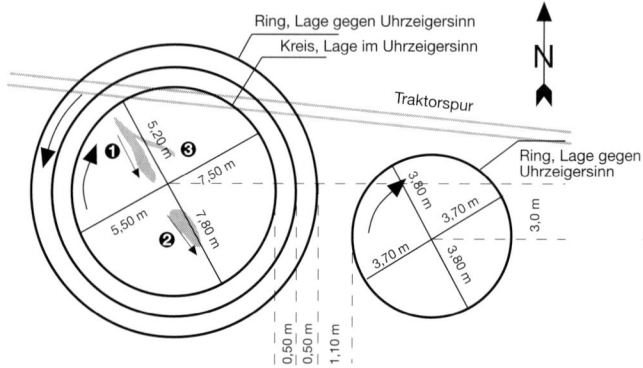

❶ ❸ Unterste Kornlage sehr dicht und umeinandergedreht, drei Finger bis zwei Arm dick

❷ Unten liegende, sehr eng verwickelte Halme in die darüberliegende, gegen den Uhrzeigersinn laufende Spirallage des Kreises eingewoben

Aachener Klinikums auf. Das interessanteste Phänomen aber - nach dem „Mandelbrot" von Halle - wurde wieder aus dem neuen Osten Deutschlands gemeldet: Ein umringter Kreis nahe Torgau in Sachsen-Anhalt erschien Mitte August in einem Sonnenblumenfeld. Das hat es in der immerhin 21-jährigen Geschichte des Phänomens dann auch noch nicht gegeben...

1994 erschienen Piktogramme in Westfalen und Niedersachsen. Wie uns Ferdi Heller aus Köln mitteilte, berichtete RTL West über ein Piktogramm bei Harsewinkel zwischen Bielefeld und Gütersloh, das von einem Flieger der lokalen Gaswerke entdeckt wurde. Anita Reuter übersandte mir einen Bericht der „Neuen Westfälischen Zeitung" vom 19.7.1994 über ein bei Hüllhort-Huchzen im Kreis Bröderhausen aufgetauchtes Korn-

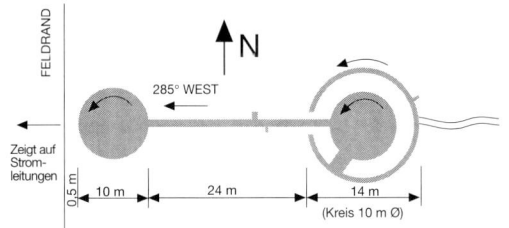

muster in Gestalt eines Kreises mit zwei Satelliten und zwei „F"-förmigen Auswüchsen sowie einem Halbmond - ein Gebilde von 45 Metern Durchmesser und großer mathematischer Präzision, wie die Zeitung betonte. Interessanterweise sichtete eine Freundin von Frau Reuter unweit dieser Stelle im Sommer 1993 ein UFO.

Auch 1995 gab es wieder Kornkreise in Deutschland. Der erste erschien Anfang Juni in Beltershausen östlich von Marburg in einem Weizenfeld, wie mir Andreas Hügelmann schrieb: Ein Kreis, von einem Ring umgeben. Das komplexeste deutsche Piktogramm aber wurde von unserem Leser Thomas Mucha aus Weißwasser in Sachsen gemeldet: Mitte Juli erschien ein 73 Meter langes Piktogramm im Gebiet um Panschwitz-Kuckau bei Bautzen/ Sachsen - das erste deutsche Insektogramm! Und auch das beweist uns, daß das Zeitalter der Kornkreise in Deutschland noch lange nicht vorbei ist.

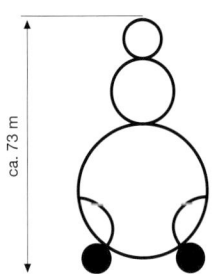

Das Insektogramm von Panschwitz-Kuckau (Skizze: Thomas Mucha)

6. Kapitel

Ein globales Phänomen

Bei unserem Blick um den Globus auf der Suche nach der internationalen Dimension des Phänomens der Kornkreise beginnen wir in unseren europäischen Nachbarländern. Die folgende Aufzählung erhebt dabei keinen Anspruch auf Vollständigkeit, und wer über Informationen über weitere Formationen in aller Welt verfügt, sei herzlichst dazu aufgefordert, sie uns mitzuteilen.

Irland: Trotz der Häufung prähistorischer Stätten auf der „Grünen Insel" gibt es nur wenige dokumentierte Fälle von Kornkreisen in Irland. 1972 erschien ein zehn Meter weiter Kreis am Rande eines Feldes bei Loughhuile, Co Antrim. Zwei Kreise, der eine 20 Meter, der andere 10 Meter im Durchmesser, wurden im August 1982 auf der Big Isle von Lough Swilly, Co Donegal gefunden.

Schweden: Der einzige Zirkel Skandinaviens erschien im April 1972 in Hjortkvam bei Örebro, nachdem ein

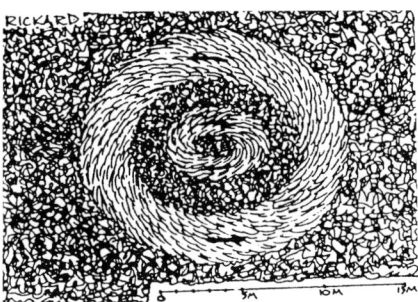

helleuchtendes UFO das Feld überquert hatte. Er bestand aus zwei konzentrischen Ringen, von denen der äußere einen Durchmesser von 15 Metern hatte.

Für den Fall, daß sich dann doch irgendwann mal wieder ein Kornkreis in den hohen Norden verirren sollte, riefen das Schwedische Institut für Landesverteidigung, der schwedische Wetterdienst und die schwedische UFO-Organisation auf einer Konferenz am 5. Mai 1991 das „Projekt Kreisstudie" ins Leben. (Cerealogist 4/91)

Doch der erste echte „Kornkreissommer" Schwedens war 1993. „Berichte von unerklärlichen Kreisen in schwedischen Kornfeldern erscheinen jetzt regelmäßig in den Zeitungen", meldete Per Nilson dem Fachblatt „Cereologist" (10/93), „niemand kann sie länger ignorieren". Die ersten tauchten am 6. Juli 1993 bei Sala im Vastmanland nordwestlich von Stockholm auf, nachdem zwei Brüder beobachtet hatten, wie sich der Himmel gegen 5.00 Uhr früh ungewöhnlich rot verfärbte. Kurz darauf entdeckten sie zwei Kreise in einem Weizenfeld, 6 und 12 Meter breit. Ein 16 Meter-Zirkel wurde am 19. Juli in Harplinge/Halland, Südschweden von einer Frau gefunden, die gerade ihren Hund zum Morgenspaziergang ausführte. Ein Kreis von 18 Metern Durchmesser tauchte am 19. Juli bei Höganäs in Scania (Skane) im äußersten Süden Schwedens auf, während zwei Tage später eine Ellipse von 16,2 x 14,8 Metern in Ljungby im Halland entdeckt wurde.

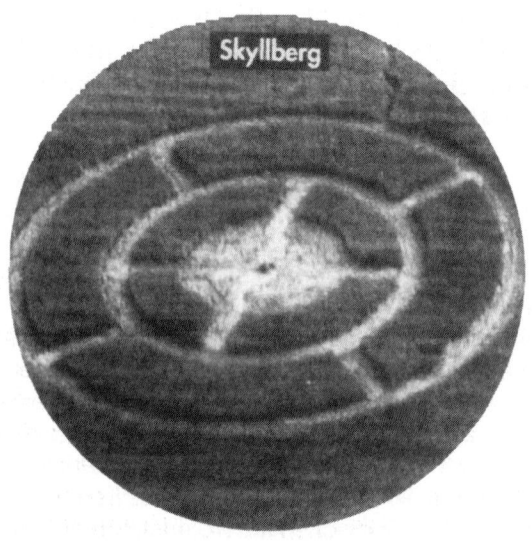

Das Piktogramm von Heerlen, Holland (Foto: H. Hegge,CNI)

Das Piktogramm von Skyllberg, Schweden

Die eindrucksvollste schwedische Formation aber war das Piktogramm von Skyllberg in Närke (zwischen Stockholm und Göteburg), dessen Form am 30. Juli 1993 in fast jeder schwedischen Zeitung erschien: Ein Kreis, umgeben von zwei konzentrischen Ringen von höchster Präzision, der Äußere mit einem „F"-Schlüselsymbol versehen, begleitet von zwei kleineren Kreisen. Nur 800 Meter weiter befand sich ein 26,6 Meter breites Doppelrad mit je vier Speichen. Im Rahmen des „Projektes Kreisstudie" wurden alle diese Kornmuster vom schwedischen Militär vermessen und dokumentiert. Der Kornkreissommer wiederholte sich, wenngleich nicht ganz so spektakulär, 1994 und 1995.

Niederlande: Unter der Schlagzeile „Cirkels in het korenveld biolgeren ufologen" (Zirkel im Kornfeld verblüffen Ufologen) meldete die Tageszeitung Het Parool am 24.8.1990 das Auftauchen von zwei Kreisen Anfang des Monats auf dem Weizenfeld des Bauern Gert-Jan Petrie im Haarlemermeer, südwestlich von Amsterdam.

Der erste Kreis, den Petrie bei der Ernte entdeckte, hatte einen Durchmesser von 10 Metern, der zweite, etwa zwei Kilometer entfernt, war 8 Meter breit. In beiden Zirkeln lagen die Halme in Uhrzeigersinn, der größere war zudem umgeben von 5 Miniaturkreisen von ca. 80 cm Breite. „So etwas habe ich noch nie gesehen", gestand Petrie. „Die Getreideähren waren größtenteils unverletzt. Es sieht so aus, als sei ein Luftkissenboot im Feld gelandet." (Cereologist, 2/1990)

Acht Kornkreise erschienen im Sommer 1993, die meisten in der Provinz Limburg im Süden der Niederlande, wie mir David M. Summers und Herman J. Hegge vom

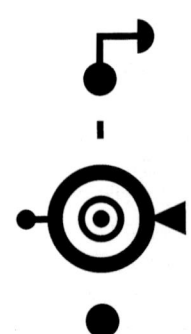

„Contact Network International" mitteilten. Der erste -nahe Valkenburg-wurde am 20. Juli gemeldet, der zweite erschien tags darauf an der Autobahn von Heerlen nach Aachen, den dritten entdeckte das CNI-Team in der gleichen Region. Zwei weitere Piktogramme tauchten kurz darauf in Roermond/Brabant, nicht weit von Maastricht, auf. Eine der Roermond-Formationen bestand aus fünf

Kreisen, die kreuzförmig angeordnet waren. Interessanterweise zeigt ein Foto, das Saskia Bosman eher zufällig in dem Piktogramm von Heerlen aufnahm, ein scheibenförmiges Leuchtobjekt.

Der größte Zirkel des Jahres wurde südlich von Houthern entdeckt und war in der Nacht des 26. Juli direkt neben der Autobahn aufgetaucht. Sein Durchmesser betrug 31 Meter. Während er schon von Hunderten Schaulustigen besucht und niedergetrampelt worden war, als das CNI- Team eintraf, gelang es den Forschern immerhin noch, zwei kleinere, unbeschädigte Kreise, 10 und 15 Meter breit, südlich von Houthern zu besuchen. Die Halme lagen sauber und ungebrochen im Uhrzeigersinn. Die interessanteste Formation des Jahres war schon am 10. Juli bei Ubachsberg nahe Heerlen erschienen: Ein Zentralkreis, von zwei Ringen und vier kreuzförmig angeordneten Satelliten umgeben, zwei Kreisen, einem Dreieck und einem Kreis mit einem „L"- förmigen Auswuchs, der mit einem Halbkreis verbunden war. Für das nächste Jahr organisierte CNI eine „Kornkreis-Hotline", um zukünftige holländische Piktogramme schneller untersuchen zu können. Und das mit Erfolg: Als Holland 1994 mit 32 Piktogrammen seinen eigentlichen „Sommer der Zirkel" erlebte, war das CNI-Team an vorderster Front dabei. Interessanterweise häuften sich die Kornmuster diesmal im äußersten Nordosten des Landes, an der Grenze zu Ostfriesland, an der Rheinmündung und in Brabant. Einen Monat lang dauerte der Kornkreis-Sommer, vom 5.Juli bis 9. August. Das erste Piktogramm, ein 12 Meter breiter Kreis mit einem 26 Meter langen Auswuchs, der in einen kleinen Kreis mündete, erschien bei Zierikzee und sorgte für eine regelrechte Hysterie der Presse. Einige der Halme in dem Piktogramm waren in halber Höhe um 90° geknickt. Auf einem Foto der Formation wurde eine Leuchtkugel entdeckt. Ein zweites Kornmuster tauchte, ebenfalls in Zierikzee, in der Nacht vom 21. auf den 22. Juli auf und bestand aus einem Kreis und einem Pfad. In seinem Innern entdeckten die CNI-Forscher abgebrochene Halme, die an ihrer Bruchstelle verkohlt waren.

Auch 1995 gab es wieder Kornkreise in Holland. Die beiden größten -10 und 20 Meter im Durchmesser- erschienen im Juli bei Beusichem. Sie waren durch einen „Kanal" miteinander verbunden, so daß sie ein hantelförmiges Piktogramm von 50 Metern Länge bildeten. Eine Dreierformation bei Gorkum will ein lokaler Student gefälscht haben. Nach einer Reihe von UFO-Sichtungen erschien am 17. August ein „keltisches Kreuz" in De Wijk bei Dunninghe. In der Nacht zuvor hatte -neben anderen Zeugen- der 18-jährige Renee Leutscher über dem Gebiet, in dem am nächsten Morgen das Piktogramm erschien, ein rotoranges Leuchtobjekt beobachtet. „Plötzlich kam es angeflogen. Es war rund, etwa drei Meter groß und von einer Reihe von Lichtern umgeben. Nach vier Minuten flog das Ding in Richtung Rijksweg davon und verschwand am Horizont", erklärte Leutscher dem Untersucherteam des niederländischen Zentrums für Kornkreisstudien.

Belgien: In der ersten Junihälfte des Jahres 1992 tauchte der erste belgische Kornkreis nahe des Dorfes Saint Sauveur nordöstlich von Tournai auf. Dem Phänomen ging ein schweres Gewitter voraus, und der Bauer, dem das Feld gehört, beschwor, daß fast an der gleichen Stelle ein Jahr zuvor eines seiner Pferde vom Blitz getroffen wurde. Auch in der fraglichen Nacht hätte er in Richtung des Feldes einen Blitz niedergehen gesehen, exakt an der Stelle, an der er am nächsten Morgen den 9,8 Meter breiten Kreis entgegen dem Uhrzeigersinn flachgelegten Korns entdeckte.
Ein zweiter Kreis, eine exakte Kopie seines Vorgängers, tauchte im gleichen Weizenfeld in der ersten Juliwoche auf.
Als der Journalist Simoulin von der Zeitung „La Derniere Heure" den Zirkel am 11. Juli fotografierte, hatte er

mehrere schwarze Flecken auf den Bildern, die nicht auf einen Filmfehler zurückgeführt werden konnten. Außerdem entdeckte er auf den Bildern zwei kleine weiße Lichter, die offenbar über dem Kreis schwebten.

Wenig später fand ein Nachbar des Bauern auf seinem Feld vier weitere Zirkel, im Quadrat angeordnet, die ebenfalls 9,2 m breit waren. Im Gegensatz zu den beiden ersten Kreisen lag das Korn hier im Uhrzeigersinn. Auch in dem Dorf Forest, 5,5 Kilometer südwestlich von Saint Saveur, wurden zu Beginn der Ernte Ende Juli Kornkreise entdeckt, 500 Meter von einer gallo-römischen Ruine entfernt.

Auch 1994 tauchten wieder Kornkreise in Belgien auf. Das beeindruckendste Piktogramm wurde bei Boekhoute in Flandern entdeckt, wie die „Antwerpener Gazette" am 1. August berichtete. Das hantelförmige Muster mit verschiedenen Auswüchsen war 80 Meter lang.

Frankreich: Unbestätigte Berichte sprechen von Kreisen in Aix-en-Provence 1976 und Avallon sowie Figeac in der Dordogne.

So dauerte es bis 1993, daß die Kornkreise auch in Frankreich heimisch wurden.

Eine ganze Reihe von Formationen erschien, wie die Presse berichtete, und wurden von der lokalen Gendarmerie nach Hinweisen auf mögliche Scherzbolde untersucht. Einer von ihnen hatte die Form eines „Riesen mit einer Antenne": zwei große Kreise nebeneinander, mit einem Auswuchs, der in einen kleinen Kreis mündete.

Italien: Der erste dokumentierte Fall ist ein Ring, der im August 1985 in einem Maisfeld bei Castions de Zoppoca gesichtet und fotografiert wurde. Gerüchte sprechen von einem weiteren Kreis 1990 in Grosetto. Johannes von Buttlar erzählte uns von einer Hantel-Formation, die er im September 1990 in einem Bergtal in Sizilien vom Flugzeug aus sichten konnte.

Das zweite Piktogramm erschien am 13. Mai 1993 auf einer Wiese unmittelbar neben dem Tassignano-Flughafen von Lucca. Das unregelmäßige Gebilde bestand aus einen 60 cm breiten Kreis, der deutliche Brandspuren aufwies, einem schiefen Ring von 5,5 Metern Durchmesser und einem Außenring, 17,5 Meter breit. Das Grasmuster wurde von Prof. Pinotti von der Universität Florenz und dem Chemiker Prof. Malanga von der Universität Pisa, zwei Wissenschaftlern des Nationalen Ufologischen Zentrums (C.U.N.) Italiens, untersucht. Das Ergebnis: Die Brandstelle wies Spuren von Kerosin auf, gewöhnlichem Flugzeugbenzin - offenbar hatte sich jemand vom benachbarten Fliegerclub einen Scherz erlaubt.

Authentisch dagegen scheinen die drei Kreise zu sein, die am 22. September, 27. September und 4. Oktober 1995 bei Arba, Malnisio und Maniago in der Provinz Pordenone erschienen. Jeder der Zirkel hatte einen Durchmesser von 10,60 Meter, und zusammen bildeten sie ein gleichschenkliges Dreieck rund um den Lago Redona unweit von Friaul. Eine Untersuchung der Kreise durch das Nationale Ufologische Forschungszentrum (CUN) und die zivile Luftfahrtbehörde Italiens ergab, daß es zu chemo-physischen Veränderungen in den Pflanzen gekommen ist. Zudem konnten elektromagnetische Anomalien gemessen werden. »Entweder hat die NATO-Basis von Aviano hier geheime Experimente durchgeführt, oder wir haben es mit den Spuren nichtirdischer Besucher zu tun«, erklärte der Chemiker Antonio Chiumiento, wissenschaftlicher Berater des CUN.

Spanien: Ein seltenes südeuropäisches Exemplar soll in Aloalo de Guadaira bei Sevilla erschienen sein.

Schweiz: Im Kanton Zürich wurden 1975/76 einige Dutzend Dreier-Gruppen von je ca. 2 Meter breiten Kreisen meist in Waldlichtungen und auf Grasflächen gefunden. Dem Schweizer Eduard "Billy" Meier zufolge handelt es sich dabei um Landespuren außerirdischer Raumschiffe oder UFOs, mit deren Insassen - Bewohner der Plejaden - er in Kontakt stehen will.

Tatsächlich ist die Ähnlichkeit mit den Kornkreisen frappierend: Auch hier sind die Halme sanft umgelegt, ohne geknickt zu sein, wachsen sie in horizontaler Richtung weiter, ohne sich wieder aufzurichten, bis nachwachsendes Frischgras die flachliegenden Halme überwuchert. Laut Meier ist der Anti-Gravitationsantrieb der plejadischen „Strahlschiffe" - wie er sie nennt - für das Phänomen verantwortlich.

Amerikanische und japanische Forscher, die Meiers Behauptungen auf den Grund gingen, konnten noch Monate später magnetische Anomalien und eine um bis zu 400 % über dem Normalwert liegende Radioaktivität - lange vor Tschernobyl - feststellen. Dabei kam es öfter zu „pulsierenden" Ausschlägen des Geigerzählers, wie sie auch in deutschen Kornkreisen festgestellt wurden. Interessanterweise nahm Meier in diesem Zeitraum auch seltsame „Sirrgeräusche" mit seinem Tonbandgerät auf, die dieselbe Frequenz - 5, 2 khz - aufwiesen wie ihre britischen Gegenstücke. Und auch für Meiers UFO-Kontakte gibt es Zeugen: Einige Dutzend Nachbarn und Freunde hatten beobachtet, wie leuchtende Scheiben aus jenen Waldlichtungen auftauchten, in denen am nächsten Tag die Wirbel gefunden wurden. (Moosbrugger 1991)
Erst 1993 erschienen wieder neue Kornkreise in der Schweiz. Am 18. Juni wurde 9 km westlich von Bern, unterhalb einer Eisenbahnlinie, ein Ring von 11,5 Metern Durchmesser gefunden, von dessen Zentrum eine gerade Linie hinausreichte, die in einem Winkel von 100° knickte und in einen kleineren Kreis führte.

Tschechische Republik: Seit 1994 tauchen regelmäßig Dutzende eindrucksvoller Piktogramme in Böhmen auf. Die Welle begann am 30. Juli 1994, als Ivan Suk den ersten tschechischen Kornkreis auf einem Feld bei Kolinec entdeckte, 23,12 Meter im Durchmesser. Eine Untersuchung durch die lokalen Forscher Josef Pekarek und Jaroslav Oliva ergab: Die Radioaktivität

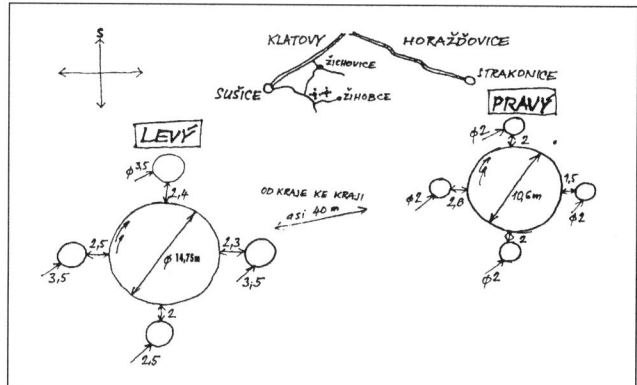

Skizze der beiden „Keltischen Kreuze" von Zihobce

in dem Zirkel lag um 150 % über den Normalwerten, magnetische Anomalien wurden gemessen, die Halme waren verformt, alles sprach für die Echtheit. Dann, am 8. August, folgten zwei „keltische Kreuze" bei Zihobce, nebeneinander auf demselben Weizenfeld gelegen. Der eine Zentralkreis hatte einen Durchmesser von 14,75 Metern, seine Satelliten waren je 3,5 Meter breit. Der zweite Zentralkreis war 10,6 Meter breit, seine Satelliten nur zwei Meter. In beiden Piktogrammen lag das Korn mit äußerster Präzision im Uhrzeigersinn. Der Abstand zwischen beiden Piktogrammen betrug 40 Meter. Simple Kreise folgten in anderen Teilen des Landes, und schließlich, zum Abschluß der Saison, ein weiteres „keltisches Kreuz", diesmal mit einem von einem Ring umgebenen, 7 Meter breitem Zentralkreis und vier 3,2 Meter breiten Satelliten zwischen Rotjni und Jaromiri am 4. September 1994 in grünem Klee. Der interessanteste Fall der Saison jedoch ereignete sich am 9. August in Frimburka zwischen Zelenov und Susicku. Gegen 22.00 Uhr bemerkte Frau Miklasova Störungen in ihrem Fernsehgerät. Sie ging nach draußen, um zu sehen, ob ein entferntes Gewitter dafür verantwortlich war, als sie eine von einem farbigen Strahlenkranz umgebene Scheibe erblickte.

Kornkreise und Piktogramme des Sommers'95 in der Tschechei: 1. Podmohly, 13.7.1995 · 2. Susice 18.7.1995 (Ø 20,7 Meter)

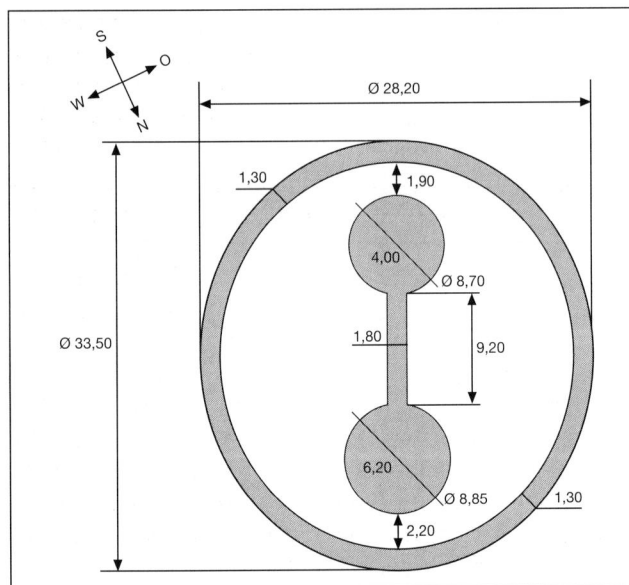

Das Piktogramm von Hradek, 7.9.1995

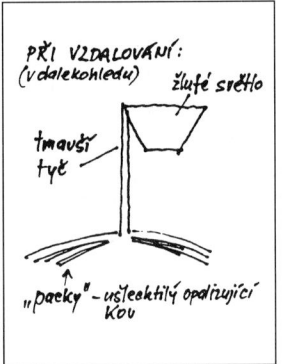

Die UFO-Sichtung von Frau Miklasova

Kurz darauf und in anderer Stellung nahm das Objekt die Form einer Wanne an, aus der ein Strahl kam, der zur Erde zielte. Es schien Frau Miklasova, als würde sie das Objekt fünf Minuten lang beobachten, bis es verschwand - doch als sie auf ihre Uhr schaute, war es schon 23.40 Uhr - Eine Stunde und 40 Minuten waren vergangen. Tatsächlich wurden auch hier in der fraglichen Gegend Kornkreise gefunden.

Die Welle setzte sich 1995 fort. Am 13.7.1995 wurden in einem Weizenfeld bei Podmokel drei Kornkreise entdeckt, 12,5 Meter, 9,1 Meter und 4,7 Meter breit, in denen das Getreide äußerst „sauber" flachgelegt wurde. Tschechische Kornkreisforscher konnten magnetische

3. Zichovice, 19.7.1995

4. Die „Hantel" von Chmelne, 29.7.1995

Anomalien messen. Am 18.7.1995 tauchte ein 20,4 Meter breiter Kreis bei Susice auf. Das Korn lag im Uhrzeigersinn, und an den ersten Tagen konnten magnetische Anomalien gemessen werden, die aber bald verschwanden. Ein kleinerer Kreis von 3,7 Metern Breite wurde 70 Meter von dem Hauptkreis entfernt gefunden. Am 19.7.1995 erschien ein 5,8 Meter breiter Kreis auf einem Feld bei Zichovic. Die Forscher, die ihn untersuchten, entdeckten zahlreiche Metallstücke von einer ungewöhnlichen Aluminiumlegierung unter dem im Uhrzeigersinn flachgelegten Korn. Als sie ihre Beobachtungen auf Tonband protokollierten, war ein schriller Pfeifton auf der Aufnahme zu hören. Der Ton wurde lauter, je weiter sie ins Zentrum des Kreises traten, und nahm ab, als sie den Zirkel verließen. Am 29.7. fanden sie zwei ellipsoide Formationen von 8,15 und 8,55 Metern Durchmesser bei Chmelne in Böhmen. Weitere Kreise folgten, und schließlich, am 7.9., das erste Piktogramm, 1,5 km von Hradek in Böhmen entfernt: Eine Hantel in einem ovalen Ring, 33,50 Meter lang und 28,20 Meter breit, wie die tschechische Ausgabe von „Magazin 2000" berichtete.

Ungarn: Inmitten einer UFO-Sichtungswelle tauchten Im Sommer 1992 in der ungarischen Pußta die ersten Kornkreise auf. Über Nacht erschien am 26. Juni ein riesiger, 70 Meter breiter Zirkel nahe der Stadt Szekesfehervar am Plattensee, gefolgt von zwei weiteren, unregelmäßigen Gebilden drei Nächte später. Während die zwei bedeutend kleineren Zirkel vom 29. 6. mittlerweile auf zwei Schüler zurückgeführt werden konnten, die im September zu einer Geldstrafe von 630.000 Forint (12.100 DM) verurteilt wurden, bleibt die Herkunft des ursprünglichen Kreises ungeklärt. Die ungarische Polizeizeitung „Zsaru" stellte in ihrem „UFO-Dossier" am 16. Juli die Frage, ob nicht Außerirdische hier ihre Zeichen in der Pußta hinterlassen hätten. Jedenfalls wurden die Kreise zum Pilgerziel, und Eltern legten ihre Kinder in die Kreismitte, um sie mit „wundersamer Energie" aufzuladen, während Einwohner von Szekesfehervar schworen, in der Nacht zum 26. Juni Lichterscheinungen und einen kuppelförmigen Flugkörper beobachtet zu haben.
Ein ganzes Piktogramm - eine Hantel - wurde im Juni in Ozora entdeckt. Am 8. Juli schließlich fanden die

Das Piktogramm von Ozora, Ungarn

Bewohner von Tiszaujvaros und Hejobaba im Norden Ungarns zwei Kreise in einem Roggenfeld. Bei beiden lag das Korn entgegen dem Uhrzeigersinn, beide hatten einen Durchmesser von 8 Metern, einer von ihnen war von einem 80 cm breiten Ring umgeben.

Vielleicht war der Pußta-Kornkreis auch nur eine Reaktion auf Ungarns jüngste Touristenattraktion: Die „UFO-Landebahn" am Stadtrand von Budapest, ein Muster aus weißem Schotter auf grünem Gras, das der Handels-Multi Ambrus & Co. im April 1992 anlegen ließ. Es besteht aus einem Kreuz, das zwei Halbkreise miteinander verbindet - ein Symbol, das angeblich auf der Unterseite eines UFOs beobachtet wurde.

Weitere Puszta-Kreise wurden auch in den folgenden Jahren gemeldet.

Rumänien: Am 27. Juni 1994 erschien der erste Kornkreis in einem Weizenfeld in Rumänien, nahe des Dorfes Arad: Es war ein kleiner Kreis, 6 Meter im Durchmesser, umgeben von einem breiten Ring, 42 Meter im Durchmesser. Und mindestens fünf Augenzeugen beobachteten gegen 4.00 Uhr früh, wie die Formation entstand.

„Ich war zu Tode erschreckt", erklärte Ioan S., „plötzlich war das ganze Weizenfeld taghell erleuchtet. Ich hörte ein furchterregendes Sirren, und das ganze Korn

legte sich flach zu Boden." „Es war wie ein Alptraum", bestätigte die Zeugin Catalon P., „ich sah seltsame Lichter, war zu verängstigt, um näher nachzusehen", ergänzte I. Ungar und seine Frau Muela bestätigte: „Mein Mann ging nahe an das Feld heran, und plötzlich hörte er ein furchtbares Sirren, das das gesamte Feld erzittern ließ. Es war völlig windstill. Dann sah er ein aufblitzendes Licht und floh ins Haus." Weitere Details lieferte der 48-jährige Hirte Traian Crisan, dessen Herde nur 150 Meter vom fraglichen Weizenfeld entfernt graste:"Ich weiß nicht, was das Ding war, denn es landete nicht. Es blieb nur in der Luft, drei Meter über dem Weizenfeld... Ich sah dieses Licht herbeigleiten, ein Licht wie der Mond, nur sehr viel größer. Ich floh in meine Hütte, als es über der Hütte zu stehen schien, wobei die Wände und das Dach erzitterten. Ich ging wieder nach draußen, als ein starker Wind meinen Hut und mein Regencape davonblies. Der Wind war so stark, daß ich mich nicht halten konnte, zu Boden fiel. Das Objekt war rund. Ich sah eine kleine Öffnung, in der zwei Individuen standen, sich an einer Art Rohr festzuhalten schienen. Sie hatten Bärte, waren nicht größer als ich (ca. 1,60 m), einer schien um die 40 Jahre alt zu sein. Er hatte einen langen Bart wie ein orthodoxer Priester. Sein Gesicht war dünn, seine Augen geschlitzt wie die eines Chinesen. Die Männer trugen Dinger wie Kopfhörer und hatten Instrumente in ihren Händen. Einer sprach in etwas, ich konnte seine Stimme hören, verstand aber seiner Sprache nicht. Auf seiner Schulter hatte er etwas wie ein weißes Dreieck. Als das Ding über mir flog, sirrte es laut, und der Wind war wie ein Sturm. Das Ding stand zwei Minuten lang etwa 3 Meter über dem Feld. Meine Schafe waren auf ein benachbartes Maisfeld geflohen, der Hund hatte sich versteckt, winselte. Als das Ding davonflog, kam eine blaue Flamme aus der Unterseite und es schoß in die Höhe wie ein Pfeil, und sein Licht ging aus. Das Ding war etwas größer als der Ring in dem Kornfeld. Es hatte eine Kuppel aus Glas oder Plastik, darin ein starkes weißes Licht. Schließlich schoß es gerade in die Höhe. Es machte Lärm wie wenn eine Ka-

Der Kornkreis von Arad und seine Entstehung auf dem Cover des rumänischen Magazins RUFOR.

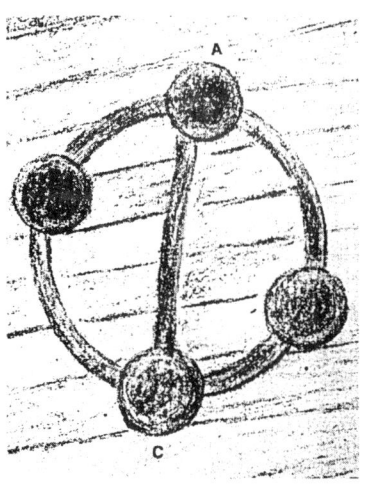

nonenkugel hochgeschossen wird und war schnell wie der Wind. Die Ringe entstanden erst, als es aufstieg, ich war der erste, der sie sah. Seit dieser Nacht betreten meine Schafe diese Weide nicht mehr."

Britische Forscher identifizierten die beiden Männer natürlich sofort als das Rentnerpaar Doug & Dave, die sich, von ihrer jüngsten Fälschertour durch Osteuropa zurück, zur Tarnung falsche Bärte angeklebt hatten und jetzt das jüngste Produkt ihrer Circlemania begutachteten...

Bulgarien: Einem Bericht in der bulgarischen Wochenzeitung „Orbita" zufolge, erschienen im Sommer 1990 hier gleich mehrere Piktogramme. Das schönste davon war ein Muster aus vier Kreisen, die durch einen Ring miteinander verbunden waren. Diese Formation, die - wenngleich ohne Zentralkreis - an die „kelti-

schen Kreuze" Englands erinnerte, formte sich am 22. Juli 1990 und war 23 - 23,5 Meter breit, mit einem Durchmesser von 3,5 - 4 Metern für die einzelnen Kreise.

Eine andere bulgarische Zeitung berichtete von einer ganzen Reihe von spiralförmigen Wirbeln, die zwischen dem 14. und dem 19. Juni in der Nähe der Stadt Drujba bei Sofia erschienen.

GUS (UdSSR): 27 Kreise tauchten im Sommer 1991 auf dem Territorium der Ex-UdSSR auf, berichtete mir die Testpilotin Dr. Marina Popovich, Autorin des Buches „UFO-Glasnost". Nach Angaben von Dr. Aleksei V. Arkhipov vom Institut für Radioastronomie der Akademie der Wissenschaften der Ukraine wurden Dutzende Zirkel, Ovale und Piktogramme mit Durchmessern zwischen 2 und 40 Metern auf den Weizenfeldern der Ukraine entdeckt.

Aber 1991 war keineswegs Rußlands erstes Zirkel-Jahr. Bereits im Juni 1990 erschien ein Kreis in einem Weizenfeld bei Yeisk nahe Krasnador im Kaukasus. Aus Furcht, daß er Teufelswerk sei und man ihn, ähnlich dem berühmten „kaukasischen Kreidekreis", nicht wieder verlassen könnte, mied die Dorfbevölkerung den Zirkel.

Erst eine Woche später traf ein Forscherteam unter Leitung von Yuri Stroganov in Yeisk ein und vermaß das 45 Meter breite Oval, in dessen Innerem die Halme entgegen dem Uhrzeigersinn niedergelegt waren. Einzig in der Mitte stand das Korn noch, in einem Oval von 1, 5 x 2 Metern Breite. Während Strahlungsmessungen zu keinem Ergebnis führten, stellten die Forscher eine Farbveränderung des Korns in bestimmten Bereichen des Kreises fest. Besucher berichteten zudem von Kopfschmerzen nach Betreten des Piktogrammes, ein Phänomen, das wir auch aus England kennen. Mehr noch: Stroganov konnte einen Augenzeugen interviewen, der in der Nacht vom 19. auf den 20. Juni gegen 3. 00 Uhr früh ein blau- und weißleuchtendes Objekt beobachtet hatte, das einem Lichtbogen beim Schweißen glich.

Ebenfalls im Kaukasus , im Gebiet um die georgische Hauptstadt Tblissi, tauchten geheimnisvolle „UFO-Nester" im Gebüsch auf, oft nach Sichtungen mysteriöser Leuchtobjekte. Diese „Buschkreise" konnte ich persönlich in Augenschein nehmen, als ich im Dezember 1990 - als einziger westlicher Referent - an der 1. Internationalen UFO-Konferenz Georgiens teilnahm, die von Prof. Thales Shonya von der Georgischen Akademie der Wissenschaften veranstaltet wurde.

Die beiden Exemplare, die mir Prof. Shonya zeigte, lagen nebeneinander und hatten einen Durchmesser von 9 und 12 Metern. Sämtliches Geäst schien in Spiralform gegen den Uhrzeigersinn niedergedrückt und wirkte wie ein großer Wirbel. Zudem war das Gebüsch in dem Zirkel von einer Art weißem Pulver bedeckt, das sich, wie mir Prof. Shonya erklärte, aus diversen Mineralien zusammensetzte, mit einem hohen Magnesiumanteil. Die Kreise wiesen eine erhöhte Radioaktivität auf, und Teilnehmer unserer Gruppe klagten über Übelkeit, Kreislaufstörungen und Kopfschmerzen. Prof. Shonya war sich sicher, daß eine Verbindung zwischen den Buschwirbeln und der UFO-Sichtungswelle besteht, die seit Juli 1989 in Tblissi für Aufsehen sorgte. Neben Tausenden von Sichtungen hatte Shonya 200 Fälle von direkten Kontakten und „UFO-Entführungen" untersucht - ihre Gesamtzahl schätzte er auf das Zehnfache -, teilweise verbunden mit erstaunlichen Heilungen der Kontaktpersonen. (Siehe: Hesemann 1990)

Auf der Tblissi-Konferenz traf ich Dr. Nikolai Nowgorodow vom Polytechnischen Institut der Universität Tomsk, der mir einen 20-seitigen Bericht über seine gründliche Untersuchung dreier Piktogramme nahe der Stadt Jigulja an der Wolga übergab, einem hübschen ländlichen Städtchen im Vorland des Urals. Dr. Nowgorodow hatte eine ganze Gruppe von Kreisen, Ovalen und Piktogrammen entdeckt, als er den zahlreichen UFO-Meldungen nachging, von denen die Lokalpresse der Kreisstadt Toljetti berichtete: Sichtungen geheimnisvoller Flugkörper, die fast immer in Richtung Jiguli verschwanden.

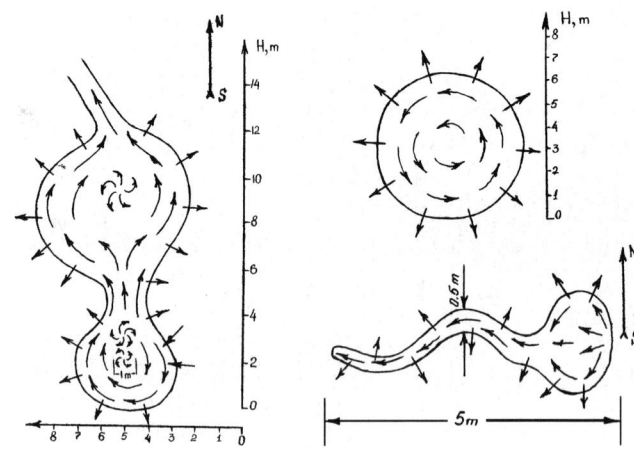

Die Kornmuster von Jigulija an der Wolga

Am 14. Juni 1990 machte er sich, zusammen mit ein paar Freunden, auf den Weg dorthin. Kurz hinter dem Morschkaya-Staudamm lagen die Weizenfelder von Jiguli, und Dr. Nowgorodow traute seinen Augen nicht, als er sah, was sich hier zugetragen hatte:

Kreise, englische Kreise! Auf einem Areal von einem Kilometer Länge lag ein gutes Dutzend merkwürdiger Formationen: Perfekte Kreise und seltsame Ovale, längliche und deformierte Gebilde, alles war vertreten, in Durchmessern zwischen 12 Metern, 15 Metern und 40 Metern. Der Weizen lag entweder im Uhrzeigersinn oder linksdrehend, und in den länglichen Gebilden war er meist in nördliche Richtung gekämmt. Aber auch in ihnen entdeckte Dr. Nowgorodow Spiralen von 12 Metern Durchmesser, ebenso sauber angelegt wie bei den britischen Zirkeln.

In vielen Kreisen hatte sich das junge Korn wieder aufgerichtet, was den Formationen einen ziemlich „struppigen" Eindruck gab. Einzelne Halme waren merkwürdig verdreht oder ineinander verflochten, andere standen kurvig gebogen, schienen nach der Flachlegung wieder nach oben gewachsen zu sein.

Kreiszentrum in Jigulja. (Foto: N. Nowgorodow)

Ein Mitglied der Gruppe bekam Kopfschmerzen in einem der Kreise, eine der Frauen empfand ein Prickeln und Druckgefühl, als sie Halme aus den Wirbeln in die Hand nahm, ein Gefühl, das sie nicht hatte, als sie eine Kontrollprobe von außerhalb des Piktogrammes anfaßte.

Noch erstaunter war ich jedoch über ein anderes Detail aus Dr. Nowgorodows Bericht: Er erwähnt, daß bereits im Oktober 1989 eine Gruppe von zehn „analogen Kreisen" im hohen Gras einer Wiese nahe dem Dorf Woronino im Umland von Tomsk in Zentralsibirien entdeckt wurde. Die Kornkreise waren also tatsächlich auch hier,

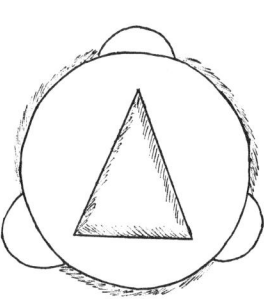

mitten in Sibirien und quasi am Ende der Welt, aufgetaucht. Die Formation wurde von einer Forschergruppe des Polytechnischen Instituts der Universität Tomsk unter Leitung von Dr. Vladimir Luneva untersucht. Einer der Kreise war 3,75 m breit und 4,25 m lang, hatte in seiner Mitte ein gleichseitiges Dreieck, und nach außen drei im Dreieck angeordnete Halbkreise, jeder gleich groß. Die Forscher betonten die Schönheit und Symmetrie des Musters. Das Gras innerhalb der Formation war hellgrün und kürzer als das der umliegenden Wiese, während das Dreieck aus Normalgras wie außerhalb bestand. Alle zehn Kreise waren gleich groß und rund, wie mit dem Zirkel gezogen, schrieb mir Dr. Nowgorodow.

Von einer ganz besonderen Art Zirkel berichtete Dr. Vladimir V. Rubtsov. In Merefa , etwa 30 Kilometer südwestlich der Stadt Kharkov, wurde am 7. Januar 1990 ein Angler namens A. E. Vorontsov Zeuge, wie eine rund 25 Meter breite, kreiselförmige Scheibe über dem zugefrorenen Fluß Mzha schwebte, bevor sie vertikal in die Höhe schoß. Auf dem Eis entdeckte Vorontsov einen Ring von einem Meter Breite, 20,7 Meter im Durchmesser - der erste „Eisring"!

Weitere Kornkreise wurden im Juli 1990 aus Krasnoyarsk im Herzen Sibiriens, 5000 km östlich von Moskau gemeldet. Eine Zeugin beschrieb ein Oval spiralförmig flachgelegten Grases, in dessen Inneren „es um einige Grad kälter erschien als im Umland" und sie starkes Unwohlsein verspürte. Später erfuhr sie von ihrem Physikprofessor, daß Kreise wie dieser ein sehr häufiges Phänomen seien und regelmäßig im Gebiet um Krasnoyarsk erschienen. Er glaubte, sie seien ein natürliches Phänomen, während andere sie für das Ergebnis eines Geheimprojektes der Sowjetregierung hielten und der Orthodoxe Priester des Ortes von einem „Werk des Teufels" sprach. Interessanterweise war das Gebiet um Krasnoyarsk bis 1991 für ausländische Besucher gesperrt.

Die russische Kornkreiswelle setzte sich 1991 fort, als „englische Kreise" im Mai im Gebiet um Stavropol im Kaukasus gemeldet wurden. Am 24. Mai beobachteten vier Beamte der lokalen Busgesellschaft ein riesiges UFO über Pyatigorsk, 150 km südöstlich von Stavropol. Der Hauptzeuge, der Direktor der Buslinien von Stavropol, Mr. Alekseyevitch Vyshnyakov, erklärte, man hätte ein riesiges, zigarrenförmiges Objekt, „so groß wie ein Fußballplatz", und sechs kleine, leuchtende Kugeln beobachtet. Gerüchte um eine Landung der kleinen Kugeln gingen um, bis nahe Pyatigorsk die Piktogramme gefunden wurden: sechs regelmäßige, perfekt runde Kreise, jeder 7 Meter im Durchmesser, und zwei kleine Rechtecke. Auch in den Folgejahren gab es immer wieder Kornkreise in Rußland, meist in Verbindung mit UFO-Sichtungen. So erfuhr der britische Kornkreisforscher George Wingfield 1994 bei einem Besuch in Moskau von einem Kornkreis, der ca. 100 km südlich der Hauptstadt erschien, nachdem ein leuchtendes Objekt minutenlang über dem Feld schwebte. Bedauerlicherweise ist der Informationsfluß aufgrund der politischen und ökonomischen Situation Rußlands eher dürftig, und wir können davon ausgehen, daß Dutzende ähnlicher Vorfälle stattfanden, ohne daß je ein westlicher Forscher davon erfahren wird.

Kornkreise außerhalb Europas

Australien: Am Abend des 19. Januars 1966 gegen 21.00 Uhr, mitten im australischen Sommer, fuhr der Bananenfarmer George Pedley auf seinem Traktor heimwärts. Die Arbeit war getan, er freute sich auf ein paar ruhige Stunden. Erst ein laut zischendes Geräusch, das sogar den Lärm des Traktors übertönte, riß ihn aus der Dämmerstimmung. Er schaute auf, überlegte noch, wo das Sirren hergekommen sein konnte, als eine bläulich-graue Scheibe aus dem nahegelegenen Sumpf aufstieg, und in den Himmel schoß. Pedley beschrieb das unheimliche Objekt als 8 Meter breit, etwa 3 Meter hoch. War es im Sumpf gelandet? Der Bauer mußte nachsehen. Tatsächlich: Inmitten des Sumpfgrases befand sich ein spiralförmiger Kreis von zehn Metern Durchmesser.

„Das Schilf war ohne Ausnahme unter dem Wasserspiegel gebogen, lag hier im Uhrzeigersinn herumgewirbelt, als sei es einer unglaublichen Rotationskraft ausgesetzt gewesen", erklärt er später. „Die Luft roch schweflig und schien irgendwie ,elektrisch aufgeladen`". Pedley holte seinen Nachbarn und einen Freund, die wiederum informierten die Presse. Wenig später wurden zwei ähnliche Wirbel rund 25 Meter vom ersten entfernt gefunden, beide waren etwa 3,50 Meter breit. Weitere Funde folgten in derselben Gegend nahe Tully im australischen Bundesstaat Queensland - insgesamt gab es sechs Stück, zwischen 3 und 5 Meter breit.

Eine Untersuchung durch die australische Luftwaffe ergab, daß eine unbekannte Kraft die Pflanzen aus dem Sumpfboden herausgerissen und zu diesen Spiralmustern herumgewirbelt haben mußte. Ein Schwindel konnte ausgeschlossen werden. Leichte Verbrennungsspuren an einigen Halmen deuteten auf die Einwirkung einer mysteriösen Energie hin. Der offizielle Bericht schloß mit der Schlußfolgerung, hier müsse eine „schwere Wetterturbulenz", ein lokaler Wirbelsturm, gewirkt haben. Eine Erklärung, die von Meteorologen zurückgewiesen wurde: Am fraglichen Tag war das Wetter trocken und sonnig. Es folgten mindestens 40 Kreise seit 1971, die meisten davon 1977. In der Mehrheit der Fälle wurden zuvor Leuchtkugeln, „rote Lichter" oder metallische Scheiben beobachtet.

In den letzten Jahren kamen die Meldungen vermehrt aus Victoria und Südaustralien. Allein 12 Kreise in zwei Gruppen wurden 1989 bei Speed, Victoria, entdeckt und von einer Melbourner Forschungsgruppe untersucht. John Pinkney von der Zeitung „Weekend Truth" zitierte in der Ausgabe vom 16. Dezember einen Farmer: „Offensichtlich ist dort etwas niedergegangen, das unglaubliche Energien ausstrahlte. Außerhalb des Kreises konnte man mit den Fingern in die Erde eindringen. Aber innerhalb war der Boden unglaublich verhärtet, wie Zement. Der Weizen scheint verwoben zu sein, fast wie ein Bastkörbchen. Unglaublicherweise sind die Pflanzen dabei völlig unbeschädigt und stehen in voller Reife." An anderer Stelle wurde sogar eine Fünferformation entdeckt.

Auch im Winter 1994/95 erschienen wieder Zirkel. Der spektakulärste wurde am 10.12.94 aus Northfield bei Adelaide gemeldet, ein Kreis mit zwei Auswüchsen, zehn Meter im Durchmesser „und äußerst präzise gelegt", wie der australische Kornkreisforscher Colin Norris betonte.

Neuseeland: Am 6. Oktober 1972 berichtete die „Wellington Times" daß Henry Thomas und seine Familie in der Nacht zum 1. Oktober ein „seltsames Geräusch" hörten. Am nächsten Tag fanden sie in einer Wiese einen 9 Meter breiten Kreis mit flachgelegten Grashalmen. Aber Neuseelands wirklicher Kornkreissommer war der Sommer 1992-93. Die Bewohner von Ranfurly auf der Südinsel meldeten Dutzende Kreise, bis zu 15 Meter im Durchmesser, die im Januar und Februar (also im Sommer auf der südlichen Hemisphäre) in ihrer Region erschienen. Skeptiker hielten sie für Brunftspuren des ausgestorbenen Moa-Vogels, doch die populärste Theorie war, daß es sich um UFO-Landespuren handelte.

Das Piktogramm von Botswana 1994

Botswana: Piktogramme auch in Afrika! Drei Ringe, zwei Kreuze und vier Kreise erschienen im Sommer 1994 auf dem Maisfeld eines Farmers in Botswana, berichtete Martin Chibanda der UFO- Forscherin Cynthia Hind aus dem Nachbarland Zimbabwe. Anders als andere Piktogramme waren die Ringe und Kreuze in das Maisfeld gebrannt, während die Kreise wie „in den Boden gegraben" erschienen. Die sie umgebenen Pflanzen hätten flach am Boden gelegen. Das Piktogramm, so der Farmer, sei zur Erntezeit entstanden, als der Mais sehr trocken war. Ihn interessierte jedenfalls mehr der Verlust seiner Pflanzen als die Urheberschaft des Kornmusters.

Japan: Der erste bekannte japanische Kornkreis erschien am 30. Juni 1979 auf einem Reisfeld bei Toyosato nördlich der „Wissenschaftsstadt" Tsukuba in der Präfektur Ibaragi. Sein Durchmesser betrug 4 Meter. Dabei schienen die Reispflanzen auf den ersten Blick verschwunden zu sein - erst eine nähere Untersuchung ergab, daß sie tief in den Schlamm gedrückt waren, in dem der Reis wächst. Ganze 13 Kreise konnte Japans Kornkreisexperte Prof. Yoshi-Hiko Ohtsuki von der Tokyo Waseda-Universität in der Zeit zwischen 1979 und 1989 zählen. Doch für Furore in der Weltpresse sorgten erst zwei Zirkel, die der Reisbauer Shunzo Abe am Morgen des 17. September 1991 auf seinem Reisfeld bei Sasaguri nahe Fukuoka entdeckte: Ein großer Kreis von 18 Metern Breite, ein kleinerer daneben, von einem Ring umgeben, und 6 Meter im Durchmesser. Die Halme lagen entgegen dem Uhrzeigersinn. Dabei wurden, was in einem sumpfigen Reisfeld ein leichtes gewesen wären, keinerlei Fußspuren entdeckt, die auf einen „Scherzbold" schließen ließen. Zwei Wochen später tauchten weitere Kreise in der Nähe der antiken Stätte von Yoshinogari auf Kiushi auf: Ein Kreis von 10 Metern Durchmesser, den wenig später ein Ring umgab, bevor sich vier kleinere Satellitenkreise von 3 - 4 Metern Breite hinzugesellten. Insgesamt waren es schließlich exakt 76 Zirkel, die bis Juni 1991 in Japans Reisfeldern auftauchten, wie mir Prof. Ohtsuki mitteilte.

Afghanistan: Wie ich von Colin Andrews erfuhr, entdeckte ein Geologenteam der Universität Cambridge 1990 auf einer Expedition im Hochland von Afghanistan etwa 30 Kreise „von der Vielfalt der Kornkreise" im tiefen Schnee.

Türkei: Weitere „Schneekreise" tauchten 1975 im Hochland von Anatolien auf: Sieben extreme Wirbel, einer neben dem anderen, zu Fuße eines Berghangs.

Ägypten: Einen der faszinierendsten Berichte von Piktogramm-Formationen erhielt ich von Frau Charlotte

 Wüsthoff aus Düsseldorf. Frau Wüsthoff war am 28.11.1992 mit der EGYPT AIR von Kairo ans Rote Meer geflogen. Auf der Höhe von Port Safaga entdeckte sie ein geheimnisvolles Muster im Wüstensand: Einen Kreis, von dem ein „F" ausging, dessen Schaft von einem Ring umgeben war. Interessanterweise ist das „F" die ägyptische Hieroglyphe „neteru", wörtlich „Die Wächter", der ägyptische Begriff für die „Götter" des Nillandes. Sind sie zurückgekehrt?

Brasilien: Am 17. Juni 1969 gegen 2.00 Uhr nachts beobachtete ein Ehepaar ein ovales, helleuchtendes Objekt, „wie eine Quecksilberdampfanlage mit längstgerichteten Strahlen". Es schwebte 45 Minuten über derselben Stelle, während es einen Lichtstrahl in die Bäume projizierte. Dann verschwand es. Bei Tageslicht entdeckten die beiden einen Acht-Meter-Kreis, bei dem die Pflanzen in einer Linksdrehung am Boden lagen.
Neun Tage später, ebenfalls nachts, hörte der lokale Friedensrichter ein „Geräusch wie das Summen eines Bienenschwarms" und erblickte ein Objekt, das am Himmel hin- und herpendelte, schließlich in die Büsche hinuntersank, um kurz darauf wieder aufzusteigen. An der fraglichen „Landestelle" fand er einen zweiten, flachgedrückten Kreis und abgebrochene Äste.

Puerto Rico: Wie mir mein Freund und Kollege Jorge Martin, Chefredakteur der Zeitschrift „Enigma", mitteilte, tauchten Mitte August 1991 mehrere Kreise und konzentrische Ringe auf einem Felsplateau bei Ajuntas im Südwesten der gebirgigen Karibikinsel auf. Martin, der die Spuren vor Ort untersuchte, beschrieb sie mir als „ob etwas sie in den Stein gebrannt oder gezeichnet hätte, etwas, das hier landete und seine Spuren hinterließ." Er ist überzeugt, daß die Zirkel in Verbindung mit einer Welle von UFO-Sichtungen und -Landungen stehen, die zeitgleich aus diesem Gebiet gemeldet wurden. Leider überlebten die Kreise nur wenige Wochen. Dann, eines Nachts, wurde ein Konvoi olivgrüner Wagen in der Gegend gesehen, und am nächsten Morgen waren sie buchstäblich aus dem Stein geschlagen - „von Regierungsagenten", wie Martin vermutet. Puerto Rico ist ein amerikanisches Protektorat und „Spielplatz" für US-Militärs und Geheimdienste.

Mexiko: Am 11. Juli 1991, am Tage der großen Sonnenfinsternis über Zentralamerika, schauten Millionen Bewohner von Mexico City zum Himmel und Tausende richteten ihre Camcorder auf das historische Naturschauspiel. Doch zu ihrer Überraschung hatten sie noch etwas anderes auf ihren Filmen: Eine leuchtende, metallische Scheibe, die fast eine Stunde lang unterhalb der Wolkendecke hing. Selbst die Fernsehkameras von Mexikos größtem Privatsender TELEVISA nahmen das Phänomen auf, das, natürlich, landesweit für Schlagzeilen sorgte. Tatsächlich war es der Anfang der größten UFO-Sichtungswelle der Geschichte, die bis heute andauert. „Seitdem orten wir regelmäßig unbekannte Flugobjekte auf Radar, die seltsame Flugmanöver durchführen, und das im Durchschnitt zweimal, manchmal sogar sechs bis achtmal in der Woche", erklärte mir ein ziviler Fluglotse des Flughafens Mexico City, als ich die Sichtungswelle vor Ort untersuchte.

Am 15. September 1994 ortete der Tower von 19.00 Uhr bis 23.00 Uhr immer wieder seltsame Flugobjekte im Gebiet von Metepec, westlich von Mexico City. Und tatsächlich war es in dieser Nacht, als sich der mysteriöseste Vorfall in der Geschichte des Kornkreisphänomens ereignete.

Kurz nach 19.00 Uhr beobachtete die Hausfrau Sara Cuevas, im Beisein ihrer Schwester Erika, auf der Rückfahrt von Toluca zu ihrem Haus in Metepec ein leuchtendes Objekt. Zuerst hielt sie es für ein Flugzeug, doch als es herunterkam, erkannte sie, daß es sich um eine Scheibe von vielleicht 25 Metern Durchmesser handelt. Sie war rotorangefarben und schwebte direkt über Metepec. Die beiden Schwestern fuhren schnell heim, um das unheimliche UFO vom Dach ihres Hauses aus zu verfolgen. Als sie zuhause ankamen, mußten sie feststellen, daß das Objekt in 200 Metern Höhe direkt über einem Maisfeld stand, das an ihr Grundstück grenzte. Sara alamierte ihre Nachbarn, die ebenfalls das Objekt sahen. Dann holte sie ihre Videokamera und versuchte, es zu filmen, doch ohne Erfolg. Die Kamera funktionierte nicht. Während die große orangeleuchtende Scheibe über dem Feld schwebte, schossen zwei kleine, rote Rauten „wie blitzende Diamanten" aus dem Objekt und wirbelten durch das Maisfeld. Sie bewegten sich so schnell, daß es schien, als würden sie nur blinken. Dann kehrten sie zu dem Schiff zurück, flogen voran bis zum Metepec-Hügel, gefolgt von der großen Scheibe, um sich dort mit ihr zu vereinigen. Dort blieben sie zwei Stunden lang, bis sie unvermittelt verschwanden, um ebenso plötzlich wieder über dem Maisfeld aufzutauchen. Sara ging in das Zimmer ihres achtjährigen Sohnes, der aufgewacht war und das Spektakel so weit aus seinem Schlafzimmerfenster gelehnt verfolgte, daß Sara besorgt sein mußte, daß er noch aus dem Fenster fallen könnte. Gemeinsam beobachteten sie, wie sieben rote, kleine Scheiben, jede vielleicht 50 Zentimeter im Durchmesser, aus dem großen Objekt kamen und mit großer Geschwindigkeit durch das Maisfeld schossen, während sie ein Piktogramm formten. Das Schauspiel dauerte zehn Minuten, und dutzende Nachbarn verfolgten es in atemloser Faszination. Die kleinen Scheiben kamen bis auf zehn Meter an die Häuser heran. Aus den Scheiben schossen vielleicht 500 kleine Kugeln, Augen ähnlich, die sich kurzfristig zu Füßen der Maispflanzen niederließen, und sekundenlang das ganze Feld erhellten, bevor sie wieder verschwanden. Bei den Nachbarn war die Hölle los. Einige brachen in Tränen aus, andere schrien hysterisch, wieder andere beobachteten wie gelähmt

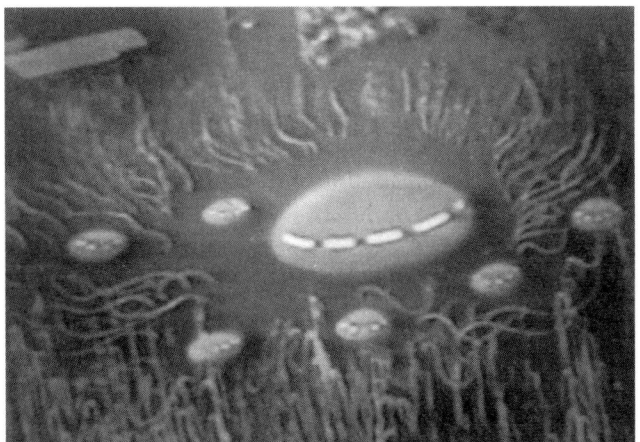

Augenzeugenrekonstruktion der Entstehung des Mais-Piktogrammes von Metepec.

das lautlose Spektakel. Schließlich, die Scheiben waren wieder verschwunden, nur das große Schiff stand noch in 200 Metern Höhe über dem Metepec-Hügel, entschloß man sich, eine Taschenlampe in einem nahegelegenen Geschäft zu besorgen und das Feld zu betreten. Fünf Personen sahen das Kornmuster, Kreise, rechteckige Formen und Pflanzen, die flach am Boden lagen, ohne gebrochen zu sein.

Am nächsten Tag hatte die Presse von den Vorfällen erfahren und belagerte die Siedlung. Die Nachbarn bestätigten, was sie gesehen hatten. So erklärte Filiberto Rosario Nicolas, der Wachmann des Wohnkomplexes: „Ich habe diese 'Fliegenden Untertassen' gesehen, die hier herumflogen. Sie waren in der Nacht hier, und ich habe sie gesehen. Sie waren gewissermaßen von weißer Farbe; eine von ihnen war größer als die anderen. Sie sind zweimal herbeigeflogen." Sara Cuevas aber ließ das, was sie erlebt hatte, nicht mehr los. Sie konnte in dieser Nacht nicht schlafen. Als die Sonne aufging, ging sie auf ihre Dachterasse, um das Piktogramm klar sehen zu können. Es waren zwei Kreise, einer größer, der andere kleiner, ein „F" - die Neter-Hieroglyphe - und eine Zickzack-Formation. Es war also real gewesen, was sie erlebt hatte. Sie war sicher, daß die Schiffe zurückkehren würden, und sie legte sich die nächste Nacht mit ihrer Kamera auf die Lauer.

Kurz nach 21.00 Uhr bemerkten Sara und ihre Schwester Erika, die ihr Gesellschaft leistete, einen leuchtenden Zwerg, der, nur 30 Meter von ihr entfernt, aus dem Nichts auftauchte und offenbar das Maisfeld inspizierte. Sie richtet ihre Kamera auf ihn, zoomte heran, und diesmal funktionierte der Camcorder (Bild, siehe Farbteil Seite 171). „Was ist das?", hört man sie auf dem Video sagen, „das ist ja schrecklich! Gott, mein Gott, vergib mir! Erika, du wirst es auf dem Film sehen. Wie häßlich! Es ist ein Zwerg, Erika! Was für ein schreckliches Wesen! Erika , ich schwöre Dir bei meiner Mutter ... jetzt geht es, Erika". Er befand sich in dem größeren Kreis am anderen Ende des Feldes. Der Außerirdische - oder ein Roboter - trug einen leuchtenden, faltigen Anzug und einen Helm, aus dem eine Antenne ragte. Er war nur im Profil zu sehen, bevor er sich langsam zu Sara drehte, dann in die andere Richtung schaute - und verschwand.

Zeugin Sara Cuevas vor dem Feld, auf dem das Metepec-Piktogramm erschien und sie den Außerirdischen filmte

Saras Film wurde von Experten des mexikanischen Senders Televisa untersucht und als echt befunden. Untersuchungen des Piktogramms ergaben, daß nicht nur viele Maispflanzen verkohlt waren, sondern daß auch die Bodentemperatur im Zentrum des Kreises noch Tage später weit über der des restlichen Feldes lag. Zudem wurde eine um 350 % erhöhte Radioaktivität gemessen. Im Februar 1996 konnte ich Sara Cuevas und ihre Schwester sowie eine weitere Zeugin persönlich interviewen. Zudem bestätigte mir der Fluglotse Enrique G. vom Internationalen Flughafen von Mexico City die UFO-Ortungen in der fraglichen Nacht, nicht nur über Metepec, sondern auch über Jocotitlan bei Toluca, wo etwas später ein weiteres Kornmuster auf einen Maisfeld erschien, 133,5 Meter lang und 70 Meter breit (Bild, siehe Farbteil Seite 171). In Gestalt eines großen Halbkreises und eines „H"-förmigen Musters waren die Pflanzen flachgedrückt, und zwar in einem äußerst komplexen Muster: Zwei Streifen waren in entgegengesetzte Richtung niedergelegt, während der Rand des Halbkreises entgegen dem Uhrzeigersinn liegt. In der Figur, die ein „H" darstellt, ist der Mittelstreifen von Norden nach Süden ausgerichtet, in den beiden Längsbalken von Süden nach Norden. In der Nacht, in der das Muster erschien, wollen Anwohner, die gerade vor dem Fernseher saßen, durch starke Bildstörungen auf das Phänomen aufmerksam geworden sein. Als sie merkten, wie ihre Satellitenantenne sich bewegte und schließlich der Strom komplett ausfiel, gingen sie nach draußen, um zu sehen, was los war. Dann bemerkten sie eine riesige Lichtkugel, die über dem fraglichen Feld schwebte. Nach kurzer Zeit schoß das Ufo davon, was blieb, war das Muster im Korn. Einige der vielen Besucher, die in den folgenden Tagen das Piktogramm besuchten, berichteten von Übelkeit und anderen Symptomen der Strahlenkrankheit, sodaß das Militär die Zone abriegelte und den Zutritt untersagte.

Nach diesen Vorfällen bat TELEVISA-Moderator Jaime Maussan die Fluglotsen des Internationalen Flughafens von Mexico-City, ihn regelmäßig zu informieren, wenn sie wieder ein UFO für längere Zeit auf dem Radarschirm hatten. Am Morgen danach flog Maussan mit seinem Kamerateam im Helikopter an die fragliche Stelle, dorthin, wo das Objekt geortet wurde - und fand in sechs Fällen neue Kornkreispiktogramme.

Tatsächlich sind viele Mexikaner überzeugt, daß die Häufung der UFO-Sichtungen in ihrem Land in den letzten Jahren die „Rückkehr der Götter" signalisiert, wie sie von den Kalendern der Mayas und Azteken für unsere Tage prophezeit wurde. So sagte der Dresdener Codex, ein astronomisch- astrologisches Manuskript der Maya aus dem 13. Jahrhundert, auf den Tag genau die Sonnenfinsternis vom 11. Juli 1991 voraus - und deutete sie als „Ende der Fünften Sonne und Beginn der Sechsten Sonne, der Sonne des Kukulcan, der gefiederten Schlange". Der Prophezeiung zufolge sind mit dem Wechsel der „Sonnen" oder Zeitalter „Erdveränderungen" verbunden. TELEVISA-Moderator Jaime Maussan, der Mexikos führende Experten für die präkolumbianische Kultur des Landes für eine UFO-Sondersendung seines Magazins „Sechzig Minuten" -das sich normalerweise mit politischen und ökologischen Themen befaßt- dazu befragte, faßte diese Prophezeiung so zusammen: "Die neuen Herren kommen, die alten Herren werden sterben oder gehen. Eine neue Ordnung wird geboren. Die Sonnenfinsternis zeigt eine Rückkehr zu den Wurzeln, dem Wissen der Alten, der eingeborenen Völker und die Wiederkehr der Götter an. In der Sechsten Sonne werden wir den Herren der Sterne begegnen."

Kanada: Laut einem Bericht, den mir Christian Page von der „Organisation zur Sammlung und Information über außergewöhnliche Phänomene" (O. C. I.P.E.) übersandte, gab es allein im französischsprachigen Bundesstaat Manitoba 1990 zehn Kornkreise, 25 in ganz Kanada. Die meisten davon sind vom „Nordamerikanischen Institut für Kornkreis-Forschung" mit Sitz in Winnipeg, Manitoba, untersucht worden, das für sie den Fachterminus

UGM - „Unusual Ground Markings" -, ungewöhnliche Bodenmarkierungen, prägte. Dabei geht die Geschichte des Phänomens in Kanada bis in die siebziger Jahre zurück.

Der erste Zirkel erschien im September 1974 auf einem Rapsfeld bei Langenburg, Saskatchewan. Bei der Rapsernte bemerkte der Bauer Edwin Fuhr ein seltsames Metallobjekt inmitten seines Feldes, das, wie er sah, sich zu drehen begann. Als er sich umblickte, erkannte er vier weitere stählerne Halbkugeln zu seiner Linken, die ebenfalls etwa 30 cm über dem Boden schwebten. Wie erstarrt beobachtete er das seltsame Schauspiel eine Viertelstunde lang, bis sich unter den Mini-UFOs Rauch bildete, ein starker Wind aufkam und die Objekte geradewegs in den Himmel schossen. Dort, wo sie geschwebt hatten, entdeckte Fuhr fünf Kreise von 3,5cm Durchmesser. Die Pflanzen waren an der Außenseite flachgedrückt und im Uhrzeigersinn zu einem Ring verdreht. Der Farmer rief die Polizei.

Ein paar Tage später fing der Hund von Fuhrs Nachbarn gegen Mitternacht zu bellen an und spielte bis etwa 3.00 Uhr früh verrückt. Niemand konnte etwas beobachten - bis Fuhr am nächsten Morgen auf sein Feld fuhr und neben den fünf anderen Kreisen einen sechsten Ring entdeckte.

In den folgenden Jahren gab es immer wieder Berichte vom Auftauchen der geheimnisvollen Kreise, mal in Tabakfeldern, mal in Maisfeldern, und wiederum in den Weizenfeldern Ontarios, Neufundlands und Britisch Kolumbiens - etwa 20 an der Zahl. Doch erst im Jahre 1990 explodierte das Phänomen buchstäblich. Die Kreise befanden sich alle in Weizenfeldern, etwa in der Hälfte der Fälle war das Korn im Uhrzeigersinn niedergelegt, ein besonders schönes Beispiel aus Tweedsmuir, Saskatchewan bestand aus konzentrischen Ringen, die abwechselnd eine Links- und Rechtsdrehung aufwiesen. Nur in einem Fall kam es zu einer UFO-Sichtung in der Nacht der Kreisentstehung: Ein Student beobachtete seltsame Lichter.

Offenbar gab es, wie in England, eine Evolution des Phänomens. Die ersten Berichte sprachen nur von simplen Kreisen. Doch bis zum Ende der Saison lagen Fälle von „Doppelringen" und sogar ein perfektes Kreuz vor, mit einem Zirkel in der Mitte, umgeben von zwei konzentrischen Ringen.

Diese Evolution setzte sich 1991 fort. Reine Kreise waren diesmal die Ausnahme - in fast allen Fällen waren es „Agroglyphen", komplizierte Piktogramme. Und das Zentrum des Kreisgeschehens war diesmal der kanadische Bundesstaat Alberta.

Die ersten Exemplare dieser aufsehenerregenden Serie waren nicht gerade scheu - sie erschienen am 21. August nur 50 Meter vor dem Haupteingang des lokalen Fernsehsenders CFCN-TV in Lethbridge, Alberta : Ein großer Kreis, daneben eine Dreier-Handel, drei Wirbel, durch Korridore miteinander verbunten. Der Sender lud Experten des Kanadischen Bauernverbandes, der Astronomischen Gesellschaft, der Polizei und einer lokalen UFO-Organisation zum Lokaltermin ein. Tatsächlich wußten die UFO-Forscher von fünf Meldungen geheimnisvoller Lichter im fraglichen Gebiet in der Woche vor Entdeckung der Formation.

Sechs Tage später meldete ein Bauer in Okotoks, Alberta , südlich von Calgary und 130 Kilometer von Lethbridge entfernt, ein fast identisches Kornmuster. Am 1. September kamen Berichte über neue Kreisfunde aus dem gesamten Umkreis von Lethbridge.

Die wahrscheinlich schönste Formation aber sind wohl die „Warner Brothers", wie der Volksmund (in Anspielung auf die gleichnamige Filmgesellschaft) die Viererformation nannte, die an diesem Tag in Warner,Alberta, entdeckt wurde. Majestätisch lagen die Zirkel, auf dem Rücken eines flachen Hügels inmitten eines Feldes goldgelben Weizens. Der Farmer Roy Teztlaf bemerkte sie bei der Ernte. Zwei der vier Wirbel lagen im Uhrzeigersinn, zwei in der Gegenrichtung und ganz offensichtlich in mehreren Lagen, von denen jeder im Winkel zur vorherigen angeordnet war. Einzelne Halme standen noch aufrecht, andere waren in rechtem Winkel auf halber Höhe in Wirbelrichtung gebogen. Das Piktogramm befand sich inmitten eines mehrere Hektar großen Feldes ohne Treckerspuren. Es gab keinerlei Fußspuren oder Hinweise auf Eindringlinge, und es wäre für Menschen unmöglich gewesen, unbemerkt rund hundert Meter reifen Weizens zu durchdringen. (Zwei Spuren, die auf Luftaufnahmen zu erkennen sind, stammen von Tetzlaf selbst) Dabei war das Korn so trocken und brüchig, daß die kleinste Störung sichtbar gewesen wäre.

Während die kanadischen Kornkreisforscher noch fasziniert die Schönheit der „vier Brüder" von Warner bestaunten, wurden sie bald mit dem nächsten Rätsel konfrontiert: dem Piktogramm von Codhurst, westlich von Lethridge, das am 31. August auf dem Land des Farmers Fred Watmough aufgetaucht war. Am ehesten läßt es sich als eine Kette von Kreisen, zwischen 2 und 7 Metern breit, beschreiben, die spiralförmig angeordnet in einem gigantischen, 25 Meter langen „F" endet. Watmough berichtete, wie seine Hunde in der Nacht zuvor stundenlang anschlugen. Viele Besucher der kanadischen Kornkreise berichteten von Schwindelgefühlen, Übelkeit oder Kopfschmerzen. Kanadische Wildgänse wurden beobachtet, wie sie bei ihrem Flug große Kreise um die Zirkel machten - nicht einmal überflog eine Wildgans eine Wirbelgruppe. Manchmal löste sich ein Gänseschwarm auf, ein paar Vögel flogen links um die Piktogramme, andere rechtsherum, und in einiger Entfernung kamen sie wieder zusammen. Aber alles deutete darauf hin, daß sie bewußt die Muster mieden.

Und auch 1992 gab es wieder Kornkreise in Kanada. Einer Studie des „North American Institute for Crop Circle Resarch" zufolge wurden in diesem Jahr 47 Formationen lokalisiert, die meisten in den Provinzen Manitoba (20), Alberta (18) und Saskatchewan (8). Insgesamt, so Christ Rutkowski, nahm das Phänomen zahlenmäßig zu. Statt simpler Kreise tauchten immer häufiger „Hantel"-Formationen auf, und in 10 % der Fälle kam es zuvor zu UFO-Sichtungen. So in Ipswich, Manitoba, wo in der

Nacht des 14. auf den 15. August ein Ufo über einem Weizenfeld schwebend beobachtet wurde. Am nächsten Morgen fand der Bauer ein Piktogramm in Form des astronomischen Zeichens für den Planeten Mars, 8,5 Meter im Durchmesser. Zwei weitere „Mars"-Symbole wurden am selben Morgen in Strathclair, Manitoba entdeckt.

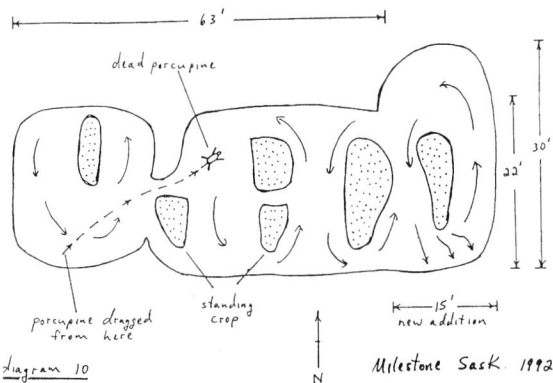

Das Piktogramm -und die Position des Stachelschweins- von Milestone

Aber der mysteriöseste Vorfall ereignete sich am 22. August 1992 nahe der Ortschaft Milestone in Saskatchewan. Dort entdeckte der Farmer Joe Rennick auf seinem Weizenfeld ein unregelmäßiges Muster flachgelegten Kornes von 7 Metern Breite und 21 Metern Länge. Zuerst dachte Rennick an einen Windschaden, dann bemerkte er, daß die Halme konzentrisch und entgegen dem Uhrzeigersinn am Boden lagen - und in der Mitte des Musters befand sich ein flachgedrücktes, totes Stachelschwein.

Als Rennick den Kadaver näher untersuchte, wurde ihm klar, daß das Tier weder krank noch verletzt war - es war offensichtlich zerdrückt worden von etwas Schwerem oder einer starken, unbekannten Kraft. Ein Stachelschwein wiegt normalerweise um die 11 kg und ist bis zu 40 cm breit, aber dieses hier war nur 2,5 cm flach und hatte alle Viere von sich gestreckt, wobei es irgendwie an eine Comicfigur erinnerte. Abgebrochene Stachelschweinstacheln und eine Schleifspur vom Rand der Kornkreisformation deuteten darauf hin, daß das bedauernswerte Tier von irgendeiner Kraft in das Zentrum der Formation gesogen wurde. Sogar die längeren Stacheln seines Körpers lagen in derselben Richtung wie die Weizenhalme unter ihm. Rennick war klar, daß hier eine unglaubliche Kraft am Werke gewesen sein mußte, in die das arme Stachelschwein eher zufällig geraten war.

Bisher hatten sich Forscher immer wieder gefragt, weshalb, wenn die Kornkreise tatsächlich durch eine unbekannte Energie verursacht werden, dieser noch nie ein Tier zum Opfer gefallen ist. Der Grund mag darin liegen, daß möglicherweise der Entstehung eines Kreises eine Gefahrenindikation vorausgeht, vielleicht ein Hochfrequenzton, der den Entstehungsprozeß begleitet und die Tiere vertreibt. Das Stachelschwein jedoch, das aus der Familie der Igel stammt, reagiert auf Gefahr, indem es sich zusammenrollt und seine Stacheln in Richtung der Gefahr aufstellt, statt davonzulaufen.

Der Bauer bemerkte noch eine weitere Besonderheit: Während der Rest des Feldes noch matschig von dem häufigen Regen der letzten Tage war, war der Boden innerhalb der Formation hart und knochentrocken. Die liegenden Halme hatten in ihm Abdrücke hinterlassen - als seien sie flachgelegt worden, bevor (oder während) der Boden austrocknete. Und während das Korn auf dem Feld grün und weich war, waren die Halme innerhalb des Musters trocken und brüchig. Irritiert und verunsichert über den Fund rief Joe Rennick die Polizei an, die den Vorfall zu Protokoll nahm.

Doch der Fall war kein Einzelfall, wie der kanadische Kornkreisforscher Chad Deetken nachweisen konnte. Schon einmal, im August 1989, hatte ein kanadischer Farmer ein totes Stachelschwein in einem Kornkreispiktogramm

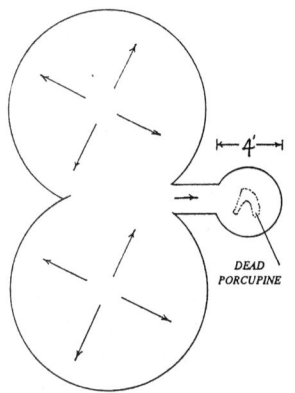

Die Kornformation von
Estevan, Saskatchewan

gefunden. Der Farmer hieß
Don Hagel, er wohnte in
Estevan, Saskatchewan,
160 Kilometer südöstlich
von Milestone, und er hatte auf seinem Weizenfeld
zwei 36 Meter breite Kreise entdeckt, die sich nach
Art einer „8" berührten. Ein
kurzer Korridor verband
die Stelle, an der sie sich
berührten, mit einem kleineren Kreis, 1,20 Meter
breit. Und inmitten dieses
kleinen Kreises befanden
sich die Überreste eines
Stachelschweines. Es muß dort schon zwei Wochen gelegen haben, war größtenteils verwest. Auch Hagel, der
sofort an das Opfer eines satanistischen Rituals dachte, rief die Polizei, die das tote Stachelschwein im Bild
festhielt.

Auch in den nächsten Jahren erschienen in Kanada immer wieder beeindruckende Kornkreisformationen. Rund
20 sind es jedes Jahr, auch 1993 und 1994. Das beeindruckendste Piktogramm, eine „Hantel" mit drei Auswüchsen und von zahlreichen Ringen und Halbringen
umgeben und 50 Meter lang, wurde im Juli 1994 in
Windsor, Ontario entdeckt. Der Trend setzte sich 1995
fort.

USA: Ausgerechnet in Gulf Breeze, Florida , inmitten
einer lokalen UFO-Sichtungswelle, tauchte Amerikas erster Kornkreis auf.
Gulf Breeze ist das UFO-Mekka der Vereinigten Staaten,
seit der lokale Geschäftsmann Ed Walters im November
1987 ein geheimnisvolles Flugobjekt fotografierte und danach von einem „blauen Strahl" getroffen wurde, der ihn
in die Höhe hob. Auch das Ehepaar Somerby sah den
blauen Strahl, und da Mr. Somerby Redakteur der Lokalzeitung war, schrieb er am nächsten Tag über sein Erlebnis. Es meldeten sich weitere Zeugen, und Ed Walters
schickte seine Fotos ein. In den folgenden Monaten hatte Walters eine Reihe von Erlebnissen mit den mysteriösen Leuchtobjekten, einschließlich einer „Entführung" in
das Innere des UFOs, an die er sich erst unter Hypnose
erinnerte, als Wissenschaftler der US-UFO-Organisation
MUFON den Fall untersuchten. Zudem kam es zu Hunderten von UFO-Sichtungen durch die lokale Bevölkerung, die bis zum heutigen Tag andauern. Zu den „seltsamen Vorfällen" im Umkreis von Gulf Breeze zählte das
Erscheinen eines 5 Meter breiten Kreises im Gras des
Shoreline-Parks in Gulf Breeze im November 1989. Ein
zweiter Kreis folgte im Januar 1990. Die beiden Wirbel
signalisierten zugleich den Beginn des ersten Zirkel-Jah-
res der Vereinigten Staaten - 60 weitere folgten in den folgenden zwölf Monaten, davon 20 in Zusammenhang mit

Gulf Breeze

UFO-Sichtungen, wie eine Fallstatistik des „Nordamerikanischen Instituts für Kornkreis-Forschung" belegt. Dabei ist auffallend, daß die Mehrheit der Zirkel im Gras auftauchte, gefolgt von Mais, Weizen, Gerste, Bohnen, Zuckerrohr, Alfalfa, Baumwolle und Sumpfgras. Dabei handelte es sich immer nur um simple Wirbel, nicht um Piktogramme oder Formationen. Die Statistik des NAICCR für 1991 weist dann auch nur noch 14 Fälle bis zum 5. September auf, was allerdings nichts zu bedeuten hat, da oftmals die Kreise erst bei der Ernte entdeckt werden.

Amerikas Zirkelland ist der ländliche Mittelwesten, die Staaten Missouri und Kansas. Mitte September 1990 bemerkte das Farmerehepaar Roger und Lynda Lowe auf seinem Zuckerrohrfeld zwei Kreise, jeder etwa 10 Meter breit. Zuckerrohr wird bis zu zwei Metern hoch und bricht sehr schnell. „Der Kreis war perfekt, als wir ihn fanden", erklärten die Lowes der Lokalpresse, „die Pflanzen waren nicht gebrochen. Sie lagen hübsch nebeneinander am Boden."

Kurz darauf entdeckte Michael Newcomer auf seiner Weide in Oskaloosa zwei 20-Meter-Kreise im hüfthohen Gras. Einen perfekten Kreis von 15 Metern Durchmesser in einem Maisfeld bei Milan, Illinois, untersuchte der UFO-Forscher Jeff Fischer von der Gruppe MUFON im Oktober 1990. Die Pflanzen lagen im Uhrzeigersinn und waren am Boden umgelegt oder in 40 cm Höhe gebogen. Zwei Wochen vor der Entdeckung des Wirbels - und niemand weiß, wann er entstanden ist - haben verschiedene Zeugen im Umland UFOs gesehen, „geometrische Formen, von Lichtern in allen Farben umgeben".

Bodenproben von Kreisen des Jahres 1991 - wo sie bevorzugt in den Staaten Tennessee, Iowa, North Carolina und Oklahoma erschienen - untersuchte der amerikanische Physiker Marshall Dudley auf erhöhte Radioaktivität. Tatsächlich stellte er fest, daß ihre Alpha-Strahlung in einigen Fällen um bis zu 27% unter der von Vergleichsproben lag, in anderen Fällen aber um 198% über der Kontrollprobe.

Einem Bericht des „North American Institute for Crop Circle Research" zufolge stieg die Anzahl der Kornkreise 1992 wieder auf 46 an, wobei die Schwerpunkte diesmal in Pennsylvania (12 Fälle), Tennessee (9) und Illinois (8) lagen. Diesmal suchten sie sich vorwiegend Weizen (21 Fälle) und Gras (15) als Medium aus. Meist sind es simple Zirkel, aber auch Hanteln (so in Minnesota), „T"-förmige Muster (so in Pennsylvania) und Ringe (wie in Illinois). Dem Erscheinen eines Kreises flachgelegten Grases in Raeford, North Carolina ging eine UFO-Sichtung voraus. Aufgeschreckt durch ein lautes Geräusch „wie von einem Frachtzug" lief das Bauernehepaar zur Haustür, ging heraus: Ein Objekt „von der Größe eines Swimming Pools, umgeben von organgefarbenen Lichtern" schwebte über der Weide, 100 Meter vom Bauernhaus entfernt. Das Ehepaar lief ins Haus zurück, rief die Kinder. Als sie wieder rausgingen, war das UFO verschwunden.

Dann, im Februar 1993, erschienen die ersten „Eiskreise" auf der dünnen, von leichtem Schnee bedeckten Eisdecke, die den Charles River in Boston, Massachusetts bedeckte. Am nächsten Morgen wurden Hunderte Angestellte und Studenten des renommierten Massachusetts Institutes of Technology (MIT), das am Ufer des Charles Rivers liegt, Zeugen des Phänomens: Dutzende Kreise und konzentrische Ringe, durch Passagen miteinander verbunden, den „Steinkreisen" von Puerto Rico nicht unähnlich. Ein gutes Omen für das Kornkreisjahr 1993 war dann auch das erste amerikanische Piktogramm des Jahres, das am 29. Mai bei Kennewick im Staate Washington erschien: ein umringter Kreis mit zwei Auswüchsen, einem „F" und einer „Antenne". Seine Halme waren so offensichtlich ineinander verwoben und gebogen, daß Professor Levengood, der es besuchte, einen Schwindel ausschloß. Es war das erst von über 40 Kornkreismustern, die im Sommer 1993 überall in den USA erschienen. Eines der interessantesten wurde am 26. Juli auf einem Haferfeld an der Route 28 bei Columbia, Herkimer County, im Staate New York entdeckt. Es bestand aus vier Kreisen, die miteinander verbunden waren, der größte davon acht Meter im Durchmesser. In der Nacht seines Entstehens will ein Lastwagenfahrer aus North Carolina ein „zylindrisches Objekt" beobachtet haben, das über dem fraglichen Feld schwebte.

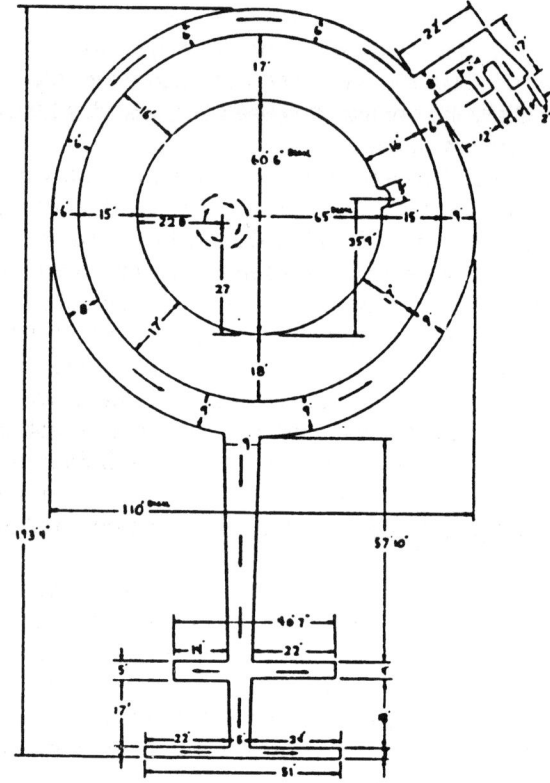

Das Piktogramm von Kennewick, WA 29.05.1993

Der Trend setzte sich 1994 fort, als über 20 Piktogramme im ganzen Land erschienen. Den Anfang machte ein 52-Meter-Piktogramm, ein „keltisches Kreuz" im jungen, grünen Weizen, das am 14. Juni bei Aloha im Staate Oregon erschien. Die Mehrzahl der Zellknoten in den Halmen war regelrecht aufgesprengt, was auf eine Entstehung bei kurzfristiger, großer Hitze hindeutete. Ebenfalls im Juni folgten zwei Muster in South Carolina am anderen Ende des Landes. Chehalis, Washington, folgte am 8. Juli, danach Oregon, wo vier Piktogramme erschienen, das letzte im Sand am Strand von Hug Point. Drei Kreise in einer Linie tauchten in einem Maisfeld bei Milaca, Minnesota, auf. Anfang September wurde ein herzförmiges Piktogramm in einem Senffeld aus Lompoc, California, gemeldet. Die Pflanzen, einige davon bis zu 4 cm im Durchmesser, waren perfekt im Winkel von 90° gebogen. Ein doppeltes „keltisches Kreuz" wurde Anfang Oktober in Adna, Washington, entdeckt.

Auch 1995 tauchten wieder ca. 20 Piktogramme in den USA auf. Am 30. April erschien in einer verregneten Nacht ein Ring in einem Weizenfeld bei Lebanon im Staate Oregon. Der Farmer, dem das Feld gehört, filmte ihn mit seiner Videokamera am nächsten Morgen und betonte ausdrücklich, daß er keinerlei Fußabdrücke gefunden hatte, obwohl der Boden völlig aufgeweicht war. Sein Kompaß spielte im Innern der Formation verrückt. Weizenhalme waren spiralförmig verdreht, Blätter in Spiralform deformiert. Ein großes Muster aus „Rechtecken und Kästen" wurde aus Maryland gemeldet. Ein Piktogramm in Nebraska entstand, nachdem eine Farmersfrau ein dreieckiges Objekt beobachtete, aus dem eine „Bleistiftlinie aus Energie" zur Erde gerichtet wurde.

7. Kapitel

Die UFO-Connection

Am Abend des 13. Juli 1988 war Mary Freeman, eine junge Frau aus Marlborough, bei Freunden in Avebury zu einem Abendessen eingeladen. Das Dinner endete gegen 23.00 Uhr, als sie sich von ihren Bekannten verabschiedete und in ihr kleines Auto, einen Renault, stieg. Sie fuhr die A 361 entlang, die den Steinkreis durchquert und der sogenannten „Avenue" folgt, einer Allee von Menhiren, die einst zur „heiligen Landschaft" von Avebury gehörte.

Die Straße war leer, es war eine dunkle, wolkenverhangene Neumond-Nacht, nur am Horizont erkannte Miss Freeman die Umrisse des Silbury Hill. Doch was war das? Ein intensives gold-weißes Glühen kam durch die Wolken durch, stieg langsam herab, schweigend und majestätisch, heller als der Vollmond. Ein kurzer Blick auf die Straße vor ihr, dann wieder hinüber zu dem geheimnisvollen Leuchtobjekt. In diesem Augenblick schien aus ihm ein dünner Strahl aus weißem Licht zu kommen, der in einem Winkel von 65 Grad auf das Gebiet vor Silbury Hill fiel. „Ich traute meinen Augen nicht, hatte aber keine Angst", berichtete Mary Freeman später. „Das Ganze hatte irgendwie etwas ‘Ätherisches'." Sekunden später wurde ihr Wagen von einer Art „Energiestrom" erfaßt. Über dem Armaturenbrett abgelegte Sachen, ein Buch und ein Päckchen Zigaretten, flogen plötzlich in hohem Bogen in ihren Schoß. Sie fuhr langsam weiter, verfolgte das UFO und den Strahl und bog schließlich in die A 4 in Richtung Silbury Hill, um das Geschehen aus der Nähe zu verfolgen. Ein paar Sekunden lang verdeckten

Bäume den Blick. Als Mary endlich wieder den grandiosen Silbury Hill vor sich aufragen sah, war das Leuchtobjekt verschwunden.

Irritiert und innerlich tief bewegt, wendete Mary Freeman und fuhr heim nach Marlborough. Am übernächsten Morgen, dem 15. Juli 1988, entdeckte Farmer Roger Hues das erste der insgesamt fünf „keltischen Kreuze", die in diesem Sommer im Gebiet des Silbury Hill erscheinen sollten. Das würfelförmig angeordnete Kreismuster von 88 Metern Durchmesser lag genau an der Stelle, an der Mary Freeman zwei Nächte zuvor den „dünnen Strahl aus weißem Licht" niedergehen sah. Zufall? Oder hatte da „jemand" zuvor das Gebiet inspiziert? Hatte das UFO die Halme vielleicht programmiert, exakt 24 Stunden später in einem festgelegten Muster niederzugehen?

Tatsächlich ist Mary Freemans Erlebnis nur eines in einer Reihe von Indizien, die zumindest eine Verbindung zwischen den Kornkreisen und dem UFO-Phänomen nahelegen. „UFO" bedeutet dabei nicht unbedingt „Raumschiff aus dem Weltraum". Einiges deutet darauf hin, daß es durchaus auch Vehikel interdimensionaler Reisender sein können.

Im September 1976 schlief der deutsche Fallschirmspringer Willy Gehlen in seinem Kombiwagen, den er auf einem Feldweg nahe Upton Scudamore bei Warminster geparkt hatte, als er durch einen Summton geweckt wurde. Er öffnete seine Augen, sah vor sich eine große Gestalt, dachte, es sei der Bauer, dem das Feld gehört. Aber als Gehlen sich für das „unerlaubte Parken" entschuldigte, antwortete die Gestalt nicht. Stattdessen sah Gehlen Minuten später ein rötliches, pulsierendes Licht, das aus dem Feld aufstieg und schließlich davonflog. Wenig später tauchten die ersten Kornkreise auf eben diesem Feld auf. Besteht ein Zusammenhang?

Mrs. Joyce Bowles aus Winchester behauptet, viermal zwischen 1976 und 1977 Außerirdischen begegnet und einmal sogar an Bord ihres Raumschiffs genommen worden zu sein. Einmal landete das UFO auf ihrem Feld bei Chilcomb nahe Winchester. „Das ist unser Feld", erklärte ihr der UFO-Pilot, und einer seiner Kollegen zeigte ihr eine Art Karte mit „allen möglichen Linien. In der Mitte war ein Kreis, von Ringen umgeben." Tatsächlich tauchten seit 1977 auf diesem Feld „Kornkreise" auf. Eine Begegnung mit den Zirkelmachern?

Um es vorwegzunehmen: Wie wir auf den vorangegangenen Seiten gesehen haben, hat es in vielen Fällen - und das in aller Welt - UFO-Sichtungen im Vorfeld von Kreisaktivitäten gegeben. Meist tauchen die UFOs dann auf, wenn irgendwo die Kreise neu erscheinen oder wenn das Phänomen einen Quantensprung erlebt. Ausgerechnet im Zusammenhang mit den fünf ersten echten deutschen Piktogrammen (Damp, Marburg, Heinzenhausen, Grasdorf, Netze) wurden UFOs gemeldet, dann nicht mehr. Ähnlich war es in anderen Ländern, so in Kanada etwa im Fall der Kreise von Langenburg bei Regina 1974, den George Wingfield fast wehmütig kommentiert: „Dieser Bericht ... ruft mit Sicherheit Erinnerungen an das Auftauchen vieler Kornkreise zu unserer Zeit wach, und gerade heute gibt es eine vollkommen andere Wahrnehmung im Hinblick auf ihre Ursachen. Wenn es auch heute UFOs gibt, so müssen sie total unsichtbar sein. Warum konnte Edwin Fuhr dann 1974 so einen genauen Bericht der glänzenden, metallischen UFOs geben? Vielleicht hat sich die Menschheit geändert oder ihre Wahrnehmung der äußeren Welt ... oder ist es sogar das UFO-Phänomen selbst?"

Ich glaube, keines von beiden. Vielmehr scheint es der Strategie der UFO-Piloten zu entsprechen - einer „Strategie der sanften Annäherung", wie ich sie nenne, des langsamen Vertrautmachens, der allmählichen Gewöhnung an die Tatsache, daß wir nicht allein sind. Einzelne Sichtungen genügen vollkommen, um die Spur zu den Verursachern zu legen, ohne daß man es gleich nötig hat, sich ständig zu zeigen. Denn, das ist sicher, die meisten Kornkreise erscheinen „einfach so" und aus dem Nichts, ohne vorherige UFO-Manöver. Höchstens 20 % aller Zirkel geht eine UFO-Sichtung voraus, wobei der Begriff „UFO" für alle „ungewöhnlichen Lichterscheinungen im weiteren Sinne" steht.

So war es zum Beispiel in der Nacht, als das riesige Dreieck von Barbury Castle entstand, die „Mutter aller Piktogramme". In dieser Nacht nämlich, schreibt George Wingfield, waren Brian Grist, Gary Hardwick und seine Freundin Alison aus Bristol im Raum Beckhampton auf Zirkel-Pirsch. Kurz vor Mitternacht bemerkten die drei seltsame Lichter, die schweigend den Himmel überquerten. In der nächsten Stunde sahen sie immer wieder weiße Lichter, Objekte, die in grünen, roten und weißen Lichtern pulsierten, und die mal nach Norden, mal nach Süden verschwanden. Schließlich schoß ein großes, dunkles Objekt völlig lautlos über ihre Köpfe hinweg. Eines der Lichter blieb stehen und bewegte sich minutenlang nicht von der Stelle, und mehrere Male schienen die pulsierenden UFOs auf die Gruppe zuzufliegen. Jede Verwechslung mit Flugzeugen, Satelliten oder Sternschnuppen schließt das Trio definitiv aus, zu nah, zu atemberaubend war die Demonstration, die Brian mit den Worten beschrieb: „Am ehestern erinnerte es mich an diese Szenen aus dem Film 'Unheimliche Begegnung der Dritten Art'. Ich konnte einfach nicht glauben, was da geschah."

Auch andere Kreisforscher sahen die Lichter in dieser Nacht, meist in der Richtung, in der Barbury Castle liegt. Und der Wächter von Barbury Castle, der in einem Bungalow auf dem Hügel lebt, hörte an diesem Morgen gegen 3.30 Uhr ein „kolossales Donnergrollen", danach ein „pulsierendes Brummen", „als würden hundert Flugzeuge über mich hinwegfliegen". Das hörte ganz plötzlich auf, nach nur wenigen Minuten. Ohne aufzustehen, drehte der Mann sich um und schlief beruhigt weiter. Sei noch gesagt, daß Barbury Castle unweit der Lyneham-Luftwaffenbasis liegt und der Denkmals-Aufseher Tieffflieger gewohnt ist. Aber dieses Geräusch war lauter, intensiver, verschieden.

Auch als zwei Wochen später ein umringter Kreis mit zehn (!) Satelliten bei Hopton, Norfolk, auftauchte, wurden UFOs gesichtet. Ein großes rotes Licht, von einem saturnartigen Ring umgeben und so groß wie der Vollmond, soll an der fraglichen Stelle im Kornfeld niedergegangen sein. Als es den Boden berührte, blinkte es plötzlich aus, meldeten mehrere Zeugen der Polizei.

Anthony Dodd , Polizeisergeant im Ruhestand und heute an der Erforschung von Kornformationen speziell in Nordengland beteiligt, ist überzeugt: „Ich habe nicht den geringsten Zweifel, daß diese Formationen von UFOs produziert werden. Es gab immer eine Zunahme von UFO-Sichtungen, wenn Kornkreise erschienen. Das eine geht mit dem anderen Hand in Hand, und das ist schon seit einigen Jahren so. Vieles verbindet die UFOs mit den Kornformationen. Ein Beispiel dafür, das Mitglieder unserer Organisation untersuchten, ist Bristol, wo ein Piktogramm auftauchte, nachdem eine ganze Reihe von Zeugen über dieser Gegend UFOs beobachteten."

Das war am 29. Juni 1991 zwischen 23.30 und 24.00 Uhr. Ein Zeuge beschrieb, wie ein roter Lichtball, der Funken sprühte, in geringer Höhe über ihn hinwegflog. In einiger Entfernung schien das Objekt in der Gegend nahegelegener Kornfelder herunterzugehen. Der Zeuge lief in Richtung der Felder, um zu sehen, was geschehen würde, verlor das UFO jedoch aus den Augen. Wenig später tauchte ein Helikopter auf, der die Felder mit einem Suchscheinwerfer abzuleuchten schien. Recherchen ergaben, daß zur selben Zeit bei der Bristoler Polizei Dutzende Anrufe von Menschen eingingen, die ebenfalls das geheimnisvolle rote Objekt gesehen haben wollen.

So beobachteten Zeugen gegen 23.50 Uhr in der gleichen Nacht ein kreisrundes Objekt mit einem roten Ring aus etwa zehn kleineren, roten Lichtern an der Unterseite, das in geringer Höhe den Himmel durchquerte. Das UFO summte hörbar, blieb für kurze Zeit über einem der anliegenden Felder stehen, um dann in westlicher Richtung zu verschwinden. Die Zeugen erklärten, während das Leuchtobjekt davonflog, sei plötzlich ein Helikopter aufgetaucht und habe die Verfolgung aufgenommen. Erst als das UFO mit hoher Geschwindigkeit davonschoß, gab der Helikopterpilot auf, drehte um und überquerte langsam und mit eingeschaltetem Suchscheinwerfer die Felder. Dann kehrte er um und verschwand in jener Richtung, aus der er gekommen war. Am nächsten Morgen entdeckten die Anwohner ein großes, hantelförmiges Piktogramm auf dem Feld, über dem das UFO gesichtet worden war.

Bei meinen Recherchen stieß ich immer wieder auf Menschen, die Seltsames im Zirkelland beobachten konnten.

Eine Frau schilderte mir, daß sie in der Nacht, in der eines der kleineren „Delphinogramme" (oder „UFOgramme") auf dem Gelände der Firs-Farm in Beckhampton erschien, nicht schlafen konnte und noch einen Spaziergang um ihr Haus machte.

„Da erlebte ich, wie ein Licht von diesem Hügel kam und auf mich zuflog. Zuerst dachte ich, es sei ein Autoscheinwerfer, doch dann hielt es vor mir an. Es war eine Form aus Licht. Schließlich flog es davon."

Das Ehepaar Hallet, das am 8. Juli im Taxi auf dem Heimweg nach Bishops Cannings war, sah ein scheibenförmiges Flugobjekt über einem prä-historischen Grabhügel schweben. Ein japanisches TV-Team filmte im Juni ein Licht am Nachthimmel, das blitzschnell „ausblinkte", bevor am nächsten Morgen ein neues Kreismuster entdeckt wurde. Am 22. Juni beobachteten „Cropwatcher" des „Zentrums für Kornkreisstudien" (CCCS) eine orangeglühende Kugel, und einer von ihnen war schnell genug, sie für wenige Sekunden auf Video aufzunehmen, mit dem Mond in einer Ecke. Einer der Zeugen, John Holman, vermerkte, daß der Feuerball offensichtlich über dem „Milk Hill" schwebte, fünf Kilometer von ihrem Standpunkt entfernt. Auf der Grundlage dieser Entfernung berechnete er die Größe des Objektes auf 25 - 35 Meter Durchmesser. Eine nähere Betrachtung der Aufnahmen ergab, daß das UFO in einem Zeitraum von zwischen 1/17 und 1/25 Sekunde blitzschnell verschwand. Ironischerweise heißt eine der Erhebungen in dieser Region „Golden Ball Hill", „Goldener Kugel-Hügel".

Auch auf der japanisch-britischen Beobachtungsstation 1991 auf „Adams Grave" kam es zu aufsehenerregenden Sichtungen. Anfang August bemerkte die „Stammbesetzung" einen Lichtblitz am Himmel, dann tauchte „eine leuchtende Scheibe" auf, „die über dem Camp schwebte und es zu beobachten schien." Zu beobachten? „Ja, das glaube ich, und es scheint so, als stünden die Außerirdischen auch hinter den Kornkreisen und würden jetzt sehen, was unser nächster Schritt ist, bevor sie den ihren planen", meinte einer der Cropwatcher.

Eines der interessantesten Elemente des Kornkreis-Phänomens sind jene rätselhaften kleinen weißen Kugeln oder Scheiben, die mehrfach im Umfeld von Formationen beobachtet und mittlerweile bei drei Gelegenheiten gefilmt wurden. George Wingfield sah sie mehrmals, einmal mit zwei Zeugen während der „Wandsdyke-Watch" im Juni 1990, und er beschrieb sie als „mysteriöse Lichter ... sehr klein und matt, die langsam und bedachtsam dicht über die Weizenähren glitten, vielleicht 200 - 300 Meter von uns entfernt."

Eine Stunde lang beobachtete Wingfield, wie die kleinen Objekte zusammenkamen und auseinanderschossen, und als er versuchte, sich ihnen zu nähern, glitten sie einfach davon.

Eine ähnliche Beobachtung machte das Ehepaar Vogt in der Nacht, bevor das Piktogramm von Marburg am 20. 7. 1992 erschien:

„Etwa fußballgroße, nicht ganz runde Lichtkugeln flogen mit höchster Geschwindigkeit in ein bis fünf Metern Höhe in der Luft über der Straße entlang."

Ein einzelnes Objekt dieser Art, eine kleine, weißleuchtende Scheibe, nahm Busty Taylor am 8. August 1987 zufällig auf, als er, zusammen mit Pat Delgado und Colin Andrews, einen neuentstandenen Zirkel bei Westbury inspizierte. Und schließlich, im Juli 1990, wurde ein solches Mini-Ufo erstmals gefilmt.

Steve Alexander aus Andover war an jenem 26. Juli 1990 zusammen mit seiner Frau nach Alton Barnes gefahren, um, wie Tausende andere, das riesige „klassische" Piktogramm zu bestaunen. Er hatte seine Heim-Videokamera mit, und da er eine Aufnahme aus der Vogelperspektive machen wollte, bestieg das Ehepaar den oberhalb von Alton Barnes gelegenen Milk Hill, und Steve filmte. Es war gegen 4. 30 Uhr nachmittags - die Alexanders wollte gerade wieder gehen -, als Steve auf dem Feld zu seinen Füßen etwas aufblinken sah. Bei genauerem Hinsehen erkannte er ein kleines, leuchtendes Objekt, das in seine Richtung flog, dann umkehrte, in das Kornfeld ein- und wieder auftauchte. Blitzschnell legte er seine Kameratasche auf den Boden, holte die Kamera heraus und begann zu filmen. „Das Objekt flog sehr tief zwischen dem Korn, und es glitzerte die ganze Zeit, blitzte", erzählte Steve Alexander mir, als ich ihn im August 1991 interviewte. „Schließlich blieb es im Korn fast drei Minuten stehen, dann startete es wieder, flog dicht über das Feld, glitzerte und blitzte, überquerte die Feldgrenze und ein paar anliegende Geräteschuppen und setzte seinen Kurs über das Nachbarfeld fort. Dort passierte es einen Traktorfahrer, bis es schließlich in der Ferne verschwand."

(Sie finden die Aufnahmen in voller Länge in unserem Dokumentar-Video „Das Mysterium der Kornkreise".)

Der erste, dem Alexander von diesem sensationellen Amateurfilm erzählte, war Colin Andrews. Als Andrews das Video sah, wurde seine Aufmerksamkeit ganz besonders auf den Traktorfahrer gelenkt, an dem das Objekt vorbeiflog. Hier hatte er einen Zeugen, der das geheimnisvolle UFO aus der Nähe gesehen haben mußte. Er fand heraus, zu welcher Farm das fragliche Feld gehörte. Dort fuhr er hin, in das Dorf Stanton St. Bernhard, und fragte, ob jemand auf der Farm an jenem 26. Juli etwas Ungewöhnliches beobachtet hätte. Der 18-jährige Farmarbeiter Leon Besant war an jenem Abend, nachdem er mit dem Traktor das Feld gedüngt hatte, auf den Hof gekommen und hatte aufgeregt erzählt, er habe ein UFO gesehen. Er wurde ausgelacht, und die nächsten Tage über foppte man ihn. Das ging so eine Woche lang, und man beruhigte sich erst, als Leon nichts mehr sagte und die Sache auf sich beruhen ließ. Er wußte ja, was er gesehen hatte, mochten die anderen spotten, wie sie wollten.

„Ich dachte, wenn ich weiter darauf beharre, wird man mich noch für verrückt erklären", meinte Leon, als ich ihn über seine Sichtung befragte. Die Situation änderte sich schlagartig, als Colin Andrews auf der Farm mit dem Film erschien, ihn vor versammelter Belegschaft vorführte. Plötzlich war Leon der Held des Tages. Jeder bestand darauf, ihm doch schon immer geglaubt zu haben. Wer hätte denn nur an seinen Worten zweifeln können!

„An diesem 26. Juli 1990 düngte ich das Feld mit dem Traktor, als dieses silbernglänzende Objekt dicht über dem Korn an mir vorbeiflog und schließlich am Himmel verschwand", gab er mir zu Protokoll. „Ich schaute ihm noch nach. Es war ein Stück weit von mir entfernt, aber ich glaube, es war so groß wie ein Strandball, und es glitzerte in der Sonne, als sei es aus Stanniol, so ein konstantes Glitzern."

Colin Andrews gab den Alexander-Film den Japanern zur Analyse. Das Ergebnis: Das Objekt hatte einen Durchmesser von nur 20 - 40 Zentimeter und reflektierte äußerst intensiv das Sonnenlicht auf seiner Oberfläche, die offenbar aus einer Art Edelstahl bestand. Das Objekt bewegte sich direkt über den Pflanzen, berührte die Weizenähren und drückte sie zur Seite.

Das Rätsel verdichtete sich, als im August 1991 zwei deutsche Studenten, Constantin und Dominik von Dürckheim, Großneffen des großen deutschen Zen-Philosophen Karlfried Graf Dürckheim, ein ähnliches Objekt in einer neuentstandenen Formation bei Manton, Wiltshire, filmten. Sechsmal schien das helle, aber nur 20 Zentimeter große Objekt das Piktogramm zu überqueren, wieder in Ährenhöhe, wieder in geraden Flugbahnen. Einmal tauchte es in das Korn ein und wenig später wieder auf, bevor es schließlich im Feld verschwand. Dabei machte das Mini-UFO eher einen ätherischen als einen grobstofflichen-materiellen Eindruck und schien kleiner zu werden, je näher es der Kamera kam. (Der Film ist Teil der Zweitausendeins-Videodokumentation „Zeichen im Korn".)

Einen dritten, noch weitaus sensationelleren Film erhielt ich von Dr. Fred Bell, einem NASA-Wissenschaftler, der seit einigen Jahren in der UFO-Forschung tätig ist. Dr. Bell verwendete ihn für sein Video mit dem provokanten Titel „UFO-Verschwörung und Einführung in außerirdische Wissenschaft". Der Streifen, ein Amateurvideo in exzellenter Qualität, das mit einer hochwertigen Sony-Kamera aufgenommen wurde, stammt von dem Musikproduzenten David Tickle.

„Es war am 7. Mai 1990", erklärte dieser. „Ich fuhr von Gilford nach Stonehenge, um ein paar Filmaufnahmen mit meinem Heimvideo zu machen. Ich filmte die Steine von Stonehenge und die Weiden, die sie umgeben, und meine besondere Aufmerksamkeit wurde auf die künstlichen Hügel um die Anlage gelenkt. Die Wissenschaft bezeichnet sie zwar als Grabhügel, aber Ausgrabungen förderten weder ein Skelett noch Grabbeigaben zutage, und so weiß niemand, was sie wirklich waren. Mich erinnerten sie eher an UFOs, und mein Eindruck war, daß die Ureinwohner dieser Gegend sie nach dem Vorbild von etwas bauten, was dort einmal vor langer, langer Zeit gelandet war.

Als ich also meine Filmaufnahmen machte, es war gegen 3.00 Uhr nachmittags, bemerkte ich ein helles Licht, das über einem dieser Tumuli am Himmel hing. Ich habe Stonehenge viele Male bei Nacht besucht und oft genug bernsteinfarbene Lichter gesehen, die dort am Himmel tanzten, aber noch nie sah ich etwas bei Tageslicht. Ich richtete also meine Kamera auf das Licht, bis es nach einiger Zeit begann, sich in Bewegung zu setzen. Es war definitiv kein Helikopter, kein Flugzeug, kein Ballon, denn es war heller und schwebte minutenlang an einer Stelle."

Aber das war nicht alles. Als Tickle sich später den Film auf einem Monitor gründlicher anschaute, erkannte er, daß auf dem Feld vor dem Tumulus zwei kleine, leuchtende Kugeln manövrierten, die schließlich parallel zueinander aufstiegen und an dem stationären Licht vorbeiflogen, bevor sie am Himmel verschwanden. Eine sorgfältige Analyse Bild für Bild ergab, daß die beiden Lichter im selben Rhythmus zu flackern scheinen, wie das „Mutterschiff". Während des gesamten Filmes blinkt es immer wieder in dem Feld, als käme es zu elektrischen Entladungen, schießen kleine Lichter in unglaublichem Tempo durch die Halme. Dr. Bell berechnete, daß die Geschwindigkeit einer dieser Leuchtkugeln über 200 Stundenkilometer betrug. Auf dem Video-Einzelbild war sie zeitweise nur noch als ein heller Streifen erkennbar. Alle diese Manöver schließen die Möglichkeit, daß es sich bei den Leuchtobjekten um Kugelblitze, geomagnetische Entladungen oder Plasmablasen handelt, klar aus. „Es ist einer der beeindruckendsten UFO-Filme, die je aufgenommen wurden", erklärte mir Dr. Bell, „und er beweist klar, daß diese Objekte unter intelligenter Kontrolle stehen und daß sie es sind, die für die Kornkreise verantwortlich sind."

Tatsächlich sind diese blitzschnellen, ferngelenkten kugel- oder scheibenförmigen Mini-UFOs uns seit Jahren aus der UFO-Literatur bekannt. Auf einem Film, den der 1965 verstorbene amerikanische UFO-Forscher George Adamski 1959 in Mexiko aufnahm, sieht man solch eine kleine Leuchtkugel, wie sie neben einem gelandeten, hinter Gebüsch verborgenen, kuppelförmigen Raumschiff hin- und herfliegt. Paul Villa, dem 1965 die bis daher weltbeste UFO-Fotoserie gelang, fotografierte gleich eine ganze Gruppe fußballgroßer, stark reflektierender Kugeln, deren Oberfläche wirkte, als sei sie aus Edelstahl. 1969 filmte die Crew von Apollo 12 ein Leuchtobjekt, das mit großer Geschwindigkeit über die Mondoberfläche raste. Im Juni 1973 schließlich umflog eine helle, fußballgroße Kugel die Concorde bei einem ihrer Testflüge, schwebte ein paar Sekunden lang neben ihren Bullaugen, um dann mit großer Geschwindigkeit in den Himmel zu schießen.

Ein offizielles Foto der British Airways: Eine Leuchtkugel umkreist im Juni 1993 die Concorde über Zentralafrika

Glücklicherweise flog eine zweite Maschine der British Airways neben der Concorde und hatte den Auftrag, den Flug filmisch zu dokumentieren.

Das beeindruckende Stück Film, das Sie ebenso wie den NASA-Film von Apollo 12 in unserem Begleitvideo finden, wurde nach seiner Freigabe durch internationale

Experten untersucht, die keine „konventionelle" Erklärung finden konnten.

Daß diese Kugeln nicht nur ferngesteuerte Sonden sind, sondern zudem über eine Reihe anderer Fähigkeiten verfügen, belegt ein faszinierendes Foto, das im Sommer 1989 in der Nähe von Moskau aufgenommen wurde. Es zeigt, wie eine Leuchtkugel ein menschliches Gesicht projiziert. Offenbar sind sie also zu holographischen Projektionen in der Lage, was jene Berichte erklärt, die besagen, daß diese Lichtbälle sich in menschliche Wesen „verwandelten". Einer der interessantesten Fälle einer solchen „Verwandlung" oder Projektion ereignete sich 1917 in Fatima, Spanien, und ging als klassische Marienerscheinung in die Annalen ein. Weniger Beachtung fanden Dutzende von UFO-Kontaktfällen unter Zuhilfenahme ähnlicher holographischer Projektionen, von denen ich einen in meinem Buch „UFOs: Die Kontakte" schilderte.

Ein junger Mann aus Südafrika, James Forbes , erlebte damals folgendes:

„Draußen heulte ein starker Wind. Plötzlich bemerkte James, wie sich ein blauer Nebel in der Mitte seines Zimmers formierte. In der Mitte des Nebels schwebte eine Kugel aus blauem Licht, die schließlich lautlos explodierte, dabei den ganzen Raum erhellte. Aus dem Licht formte sich schließlich eine menschliche Gestalt von ca. 2,30 Meter Größe, bis zur Decke reichend..."

Die detaillierteste Aufnahme einer „Telemeterkugel" entstand am 29. Januar 1963 auf dem Gelände der „Nordischen Kabelfabrik" in Alborg, Dänemark. Wachmann Christian Lynggard fotografierte den Lichtball, der dort im Fabrikhof manövrierte, aus nur einem Meter Entfernung.

Auf den Aufnahmen wirkt er ätherisch, ja durchsichtig, ähnlich wie die Kugeln, die Steve Alexander oder Constantin und Dominik von Dürckheim filmten.

Es ist also mehr als gesichert, daß eine Verbindung zwischen dem UFO-Phänomen und den Kornkreisen

Aufnahmen von Christian Lynggard

besteht. Doch was machen wir aus den 80 % aller Kornkreise, die definitiv ohne Verbindung zu einer UFO-Sichtung auftauchen? Wenn wir einmal annehmen, daß die Kornkreise und Piktogramme von UFOs oder deren Piloten produziert werden, muß erst einmal die Frage nach dem „wie?" geklärt werden. Eines sind die Zirkel schließlich mit Sicherheit nicht: Abdrücke gelandeter UFOs (wenngleich die ersten diesen Eindruck erweckten). Dafür sind ihre Formen zu mannigfaltig, dafür tauchten sie zu oft auf, ohne daß ein UFO gesehen wurde.

Bleiben zwei Alternativen: Entweder sie wurden von „unsichtbaren" UFOs erzeugt - das kann sowohl an ihrer

Mehrdimensionalität wie an raffinierten Sicht-schutz-Schirmen liegen - oder durch eine Energie, zum Beispiel durch einen Strahl aus sehr großer Höhe. Sicher jedenfalls ist eine „Luftkomponente" des Phänomens: Zu häufig liegen die Piktogramme in einer Linie mit den Traktorenspuren der Felder, die scheinbar benutzt werden wie die Linien eines Schulheftes zum Schreiben. Und oft sind sie so perfekt in die Landschaft gesetzt -in Beziehung zu einem prähistorischen Monument, einer parallelverlaufenden Straße, den natürlichen Gegebenheiten der Umgebung oder der Feldgrenze - als wären hier geniale Landschaftskünstler am Werk gewesen.

Aus den Berichten der UFO-Kontaktpersonen wissen wir, daß die UFOs über sehr starke Bodenlinsen verfügen, mit deren Hilfe selbst aus größter Höhe kleinste Details auf der Erde erkannt werden können. Und tatsächlich gibt es eine Reihe von Indizien, daß die Kornkreise exakt auf diese Weise entstehen. Warum? Vielleicht ist es der nächste Schritt in einer von außen gesteuerten Bewußtseinserweiterung der Menschheit.

Zu einer ähnlichen Schlußfolgerung kam auch John Michell, als ich ihn über die Verbindung der Kornkreise zum UFO-Phänomen befragte.

„Jeder Forscher gibt zu", gestand er mir, „daß die geheimnisvollen Lichter am Himmel, jene merkwürdigen Geräusche, weiterhin jene seltsamen Effekte und Dinge, die die Menschen in Verbindung mit den Kornkreisen erleben, auf das UFO-Phänomen hindeuten. Es ist nicht nur eine Verbindung zum UFO-Phänomen da, beide sind zwei Ausdrucksformen desselben Phänomens. Nach den großen UFO-Wellen der sechziger und siebziger Jahre setzte ein Prozeß der Rationalisierung ein, und Menschen versuchten, das alles wegzuerklären. Man sagte, das ist ja doch alles nur Einbildung oder irgendein natürlicher Effekt gewesen.

Schließlich wurde das Phänomen physisch, hinterließ also physische Spuren und lenkte die Aufmerksamkeit der Wissenschaft wieder auf sich, die es jetzt nicht mehr vermeiden konnte, sich mit ihm auseinanderzusetzen."

8. Kapitel

Des Rätsels Lösung

Freitag, der 16. August 1991, war ein fruchtbarer Tag in unserem Bemühen, dem Mysterium der Kornkreise auf die Spur zu kommen. Am Abend zuvor, beim wöchentlichen Treffen der lokalen Kornkreisforscher im Waggon & Horses-Pub in Beckhampton, hatten wir Thomas Roy Dutton getroffen, einen leitenden Forschungsingenieur der „British Aerospace" und an Luft-und Raumfahrtprojekten beteiligt. Dutton, der sich seit Jahren in seiner Freizeit mit dem UFO-Rätsel beschäftigt, analysierte Dutzende Luftaufnahmen der Kornkreise, die ihm von Busty Taylor überlassen worden waren, an seinem Computer. Er fand heraus, daß ihnen allen das gleiche mathematische Modell zugrundeliegt. Dieses Grundmuster entsprach nicht dem Verhalten eines (Plasma-)Wirbels und hätte unmöglich vom Boden aus von Fälschern hergestellt werden können. Seine Schlußfolgerung klang überzeugend: Ein Strahl aus sehr großer Höhe hat die Zirkel und Piktogramme in das Korn gezeichnet.

Wir verabredeten uns für 11.00 Uhr früh am nächsten Morgen an einem der jüngsten Piktogramme, jener gigantischen Dreier-Hantel, die am 13. August auf dem Land von Martin Pitt bei Marlborough aufgetaucht war. Nachdem Peter, mein Kameramann und Coproduzent, seine Kamera aufgebaut und den Ton geprüft hatte, interviewte ich Roy Dutton zu seiner hochinteressanten Theorie.

Roy Dutton

Mr. Dutton, Sie sind der Ansicht, die Kornkreise und Piktogramme seien auf mechanische Weise von einer unbekannten Intelligenz hergestellt worden. Worauf stützt sich Ihre These?

„Das Getreide ist in den Kreisen unbeschädigt und sehr sanft in sehr interessanten und sich oft überschneidenden Bahnen niedergelegt worden. Ich habe versucht, die Spiralen, die wir in den Kreisen finden, zu analysieren. Ich habe mit den simplen Kreisen angefangen, weil es einfacher war, und jeder einzelne von ihnen konnte in einem mathematischen Modell nachvollzogen werden. Es ist ein regelrechtes mathematisches Gesetz, nach dem die Spiralen der Kreise angelegt sind, und ich konnte sie nach derselben Regel auf dem Bildschirm meines Computers produzieren. Dieses mathematische Gesetz entspricht nicht dem Verhalten eines Wirbels. Ich denke vielmehr, daß die Kreise in einer Reihe spiraliger Streifen angelegt wurden, Stück für Stück in Sequenzen, die eine nach der anderen die Lücken zwischen den ersten Kreisen füllen. Wenn Sie sich den Kreis anschauen, auf dem wir gerade stehen, so sehen Sie, daß die Spirale im Uhrzeigersinn vom Mittelpunkt aus in einem großen Bogen von vielleicht 270 Grad nach außen geht. Es ist dasselbe mathematische Gesetz, das bei dieser Spirale zum Einsatz kommt, das wir bei einem Kornkreis von nur 57 Grad Drehung finden."

Können Sie das an einem Beispiel demonstieren?

„Gerne. Busty Taylor gab mir eine Luftaufnahme eines einfachen Kornkreises, den ich analysierte. Ich versuchte dabei, die Regeln zu finden, nach denen die Spirale angelegt wurde. Ich konnte sie ziemlich genau bestimmen, und dieselben Regeln, die in diesem Beispiel gelten, kommen auch bei größeren Spiralen zum Einsatz wie in dieser hier, in der wir gerade stehen, und die viel größer ist als die von mir analysierte. Aber wenn ich sie aus der Luft betrachten könnte, könnte ich Ihnen mit Sicherheit sagen, ob sie echt ist, denn dann müßte sie denselben Regeln folgen. Wir haben es hier, so glaube ich, mit einer Art Scanner zu tun, der das Korn der Reihe nach an die richtige Stelle legt, und das ist nur möglich, wenn ein Strahl, ähnlich dem Laser, von oben auf die Felder gerichtet wird, ein Strahl, der programmiert ist, diesen mathematischen Gesetzen zu folgen. Der Grund, weshalb es kein Wirbel gewesen sein kann - denn auch Wirbel folgen mathematischen Gesetzen - ist der, daß wir hier in den Spiralen eine konstant fließende Radialkomponente haben, die abrupt an den Rändern stoppen kann, um die saubergezogenen Ränder zu erzeugen, die wir hier sehen. Kein Vortex folgt einem solchen Muster."

Welche Energie wurde dazu benutzt?

„Das ist die große Frage. Keine uns bekannte Energie wäre dazu in der Lage. Ein sehr starker Laser würde beachtliche Schäden verursachen, würde das Getreide höchstwahrscheinlich sogar verbrennen. Speziell das grüne, junge Getreide wäre danach in einem schlechten Zustand. Deshalb glaube ich nicht, daß hier elektromagnetische Energien zum Einsatz kamen. Wenn wir die weiteren Möglichkeiten betrachten - und das ist der Punkt an dem ich über mich selbst und den heutigen Stand der Wissenschaft hinausgehen muß -, haben wir es, glaube ich, mit einer neuen Energieform zu tun, die wir noch nicht einmal entdeckt haben und die, wie hier auf das Korn einwirken kann, ohne einen Schaden zu verursachen. Ich könnte mir denken, daß es sich dabei um eine Art Gravitationsstrahlung handelt. Wir sind noch sehr am Anfang, Gravitationsstrahlung zu entdecken, und noch niemand hat sie bisher mit Sicherheit gemessen. Aber nach der jüngsten Veröffentlichung des italienischen Physikers G. D. Palazzi von der Universität Rom besteht dafür Hoffnung, denn er sagt, es könnte bald möglich sein, Mikrowellen-Gravitationsstrahlung aus einem Synchronton zu gewinnen. Ein Synchronton ist ein Partikelcluster, der Partikel auf annähernde Lichtgeschwindigkeit beschleunigt."

Was können wir hieraus in bezug auf den Urheber des Kornkreisphänomens schließen?

„Es sieht also aus, als hätten wir es hier mit einer Technologie zu tun, die der unsrigen weit überlegen ist. Deshalb müssen wir annehmen, daß sie außerirdischer Herkunft ist."

Ich bat Ing. Roy Dutton um eine ausführliche Darstellung seiner Theorie, die Sie im Anhang dieses Kapitels finden. Noch am selben Tag wurde mir bewußt, daß er es war, der das Rätsel um die Entstehung der Kornkreise gelöst hatte.

Nachdem wir das Dutton-Interview abgedreht hatten, fuhren wir nach Winchester, wo wir im Hause seiner Schwiegereltern Steve Alexander trafen, dessen Film - ich sah ihn damals das erste Mal - mich in der Überzeugung bestätigte, daß UFOs hinter dem Kornkreisphänomen stehen. Als wir uns am späten Nachmittag von Steve verabschiedeten, machte sein Schwiegervater, selbst ambitionierter Zirkel-Enthusiast, den Vorschlag, hinauf zur „Punchbowl" von Cheesfoot Head zu fahren. Gerne nahmen wir an, obgleich wir die Punchbowl erst ein paar Tage zuvor vom Helikopter aus gefilmt hatten.

Es dämmerte bereits, das reife Korn war in ein goldenes Licht getaucht, als wir unseren Wagen am Rande der Punchbowl parkten. Nachdem ich einen Blick über das grandiose Szenarium dieses natürlichen Amphitheaters geworfen hatte - auf seinem Grund war ein Piktogramm in Form einer altsächsischen Weltensäule oder Irminsul erkennbar - bemerkte ich eine Gruppe von Menschen am Hang des Telegraph Hill, der sich oberhalb der Punchbowl erhebt. Einer von ihnen hatte eine Kamera an einem ca. 4 Meter hohen Stab montiert, andere schienen mit Meßbändern zu hantieren: Es mußten Kornkreisforscher sein. Offenbar war in der Nacht zuvor ein neues Piktogramm aufgetaucht.

Als wir uns der Gruppe näherten, erkannte ich Pat Delgado und Colin Andrews , die die Untersuchung leiteten. Ja, bestätigte mir Colin, diese Formation war an diesem Morgen entdeckt worden. Sie hatte die Form eines sechszackigen Sterns, umgeben von einem doppelten Ring. Und alles deutete darauf hin, daß es ein echtes Piktogramm war. Ich mußte schmunzeln. Zwei Wochen zuvor hatte mir George Wingfield erzählt, wie oft die Kornkreise auf Wünsche und Gedanken der Forscher zu reagieren scheinen. „Mach den Versuch und wünsch dir ein Muster. Vielleicht taucht es auf." Ich „wünschte" mir einen von einem Ring umgebenen Davidstern, schloß die Augen, konzentrierte mich auf das Symbol. Und jetzt lag es hier, vor meinen Füßen. Es war zwar kein Davidstern, aber zumindest eine sechsblättrige Blüte, die am ehesten dem babylonischen Symbol für den Planeten Venus glich. Thank you, Circlemakers!

Ich bat Peter, die Kamera aufzustellen und das Mikrofon anzuschließen, ich wollte Pat Delgado nach Abschluß seiner Untersuchungen zu dem neuen Zeichen interviewen. „Ich bin sehr zufrieden mit dem Kreis hier, er weist alle Charakteristiken einer echten Formation auf", erklärte er mir auf meine Frage nach seinem Ergebnis. „Wir haben hier einige hübsche Details, wo das Korn niedergelegt ist, im Zentralkreis und in der Ausformung der Blätter - ich nenne sie „Blätter", denn es sind sechs, und aus der Luft schauen sie aus wie eine Blume, umgeben von zwei Ringen. Es ist ein sehr hübscher Kreis, und er weist Details auf, die ziemlich überzeugend übereinstimmen mit denen eines anderen Muster, das vor etwa einer Woche hinter dem Hügel in dieser Richtung erschien und echt war. Auch dieses hier, das letzte Nacht entstand, ist echt."

Später sollte ich erfahren, unter welchen merkwürdigen Umständen dieser Sechsstern entstanden war. In der fraglichen Nacht hatten Richard Andrews und Leonie Starr auf dem Cheesefoot Head Wache gehalten und weder etwas gehört noch gesehen. Erst als es dämmerte, entdeckten sie die Formation. Kurz darauf kam ein Motorradfahrer vorbei und hielt an, um „zu sehen, ob wieder ein Kornkreis entstanden war". Er erzählte Andrews, daß er gegen 2.00 Uhr früh auf dem Heimweg nach Petersfield die Straße entlanggefahren sei und exakt über jener Stelle, wo jetzt das Piktogramm lag, eine „Lichtkuppel" gesehen habe, die über dem Feld schwebte. Sofort sei ihm die Idee gekommen, daß das „UFO" einen Kornkreis formen könne, und deshalb sei er gleich bei Morgendämmerung hierher zurückgekehrt.

Tatsächlich hatten Andrews & Starr gegen 2.00 Uhr einen vorbeifahrenden Wagen gehört. Und noch ein Umstand machte dieses Muster bemerkenswert: Es lag an exakt jener Stelle, an der 1989 die sechs Kornkreisforscher, unter ihnen Colin Andrews und George Wingfield, jene seltsame Begegnung mit dem „Trillerton" gehabt hatten.

Noch unter dem Eindruck des Roy Dutton-Interviews vom Vormittag fragte ich Pat Delgado, ob es irgendwelche Hinweise auf die Art seiner Entstehung gäbe.

Seine Antwort bestätigte meinen Verdacht: „Die Methode, nach der der Kreis entstanden sein muß, entspricht ziemlich genau dem, was ich in unserem letzten Buch beschrieb: Daß jede mögliche Form geschaffen werden kann durch eine Art Bürsten des Korns mit einer Energie, die jedem Halm sagt, wo er zu liegen hat. Das hier schaut so aus, als sei es mit einer 200 mm breiten Bürste gebürstet worden und als hätten sie erst begonnen, die Umrisse dreier Blätter zu zeichnen, und dann gesagt, nein, das wollen wir jetzt nicht ausfüllen.

Nehmen wir ein einzelnes Blatt: Erst bürsten sie seine Umrisse, dann füllen sie diese aus, wie man es auf Papier machen würde. So glaube ich, wurden alle diese Formationen durch Bleistiftlinien von Energie geschaffen, die jeden Halm programmieren, in einer bestimmten Richtung niederzugehen, was oft sehr viel später, vielleicht Wochen später und nachts, wenn niemand es sieht, geschehen kann. So werden sie gemacht, und wir haben hier ein perfektes und schönes Beispiel dafür."

Was steht Ihrer Meinung nach hinter dieser Energie, wer macht die Kreise?

„Meine Theorie ist, daß es eine Intelligenz ist, eine hochentwickelte Intelligenz, die sich einer Energie bedient, die wir noch nicht verstehen. So einfach ist das."

Nun sind Delgados „Bleistiftlinien aus Energie" nur ein anderer Begriff für den Duttonschen „Scanner". Das würde ein Detail erklären, das bereits bei den Piktogrammen von 1990 beobachtet wurde. Dort waren die separat liegenden „Boxen" immer durch eine feine, nur wenige Zentimeter breite Spur miteinander verbunden, so als hätte ein Zeichner seinen Bleistift nicht absetzen können. Ein weiteres Mosaiksteinchen zur Lösung des Rätsels war für mich eine Begegnung mit Stanley Morcom, einem Zirkel-Vermesser des CCCS, den ich in einem der Delphinogramme auf der Firs-Farm in Beckhampton traf. Morcom hatte sich insbesondere für die verschiedenen Lagen, aus denen die Piktogramme bestehen, interessiert. Konnten durch sie Rückschlüsse auf ihre Entstehung gezogen werden? Vor laufender Kamera hob Morcom die Lagen - die mich irgendwie an Bastmatten erinnerten - einzeln hoch und zeigte uns, was offensichtlich zu Anfang da war: Eine dünne, 15 - 20 cm breite Linie, die in voller Länge die gesamte Formation durchzog, von einem Ende zum anderen. Von dieser Linie ausgehend - die selbstredend zu schmal war, um von Menschen gezogen worden zu sein - wurde das gesamte Piktogramm „Stufe für Stufe" aufgebaut.

„Das ist typisch für alle Formationen, die ich in diesem Jahr untersuchen konnte", erklärte mir Morcom. „Die erste Linie durchzieht die gesamte Formation, weitere Linien reichen von ihr auf beiden Seiten bis an den Rand. Die Mittellinie formt schließlich an beiden Enden einen Ring und setzt sich auf der anderen Seite wieder fort. Von diesen schmalen Linien ausgehend, ist das gesamte Korn ganz offensichtlich mit einem Male niedergelegt worden, denn es findet sich keine Stelle, an der das niedergelegte Korn aufrecht stehende Halme trifft, wie es der Fall wäre, wenn das Korn nacheinander niedergehen würde. Ich glaube, es legte sich alles zusammen nieder, in kürzester Zeit."

Bei einer zweiten „Lagenanalyse", die Morcom zusammen mit dem jungen amerikanischen Physiker Michael

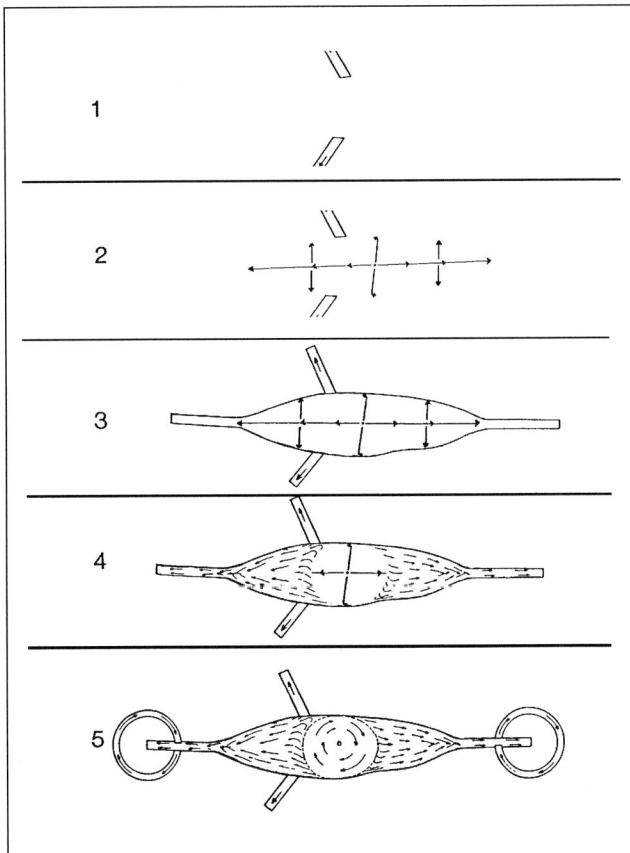

Chorost an dem gewaltigen Delphinogramm von Lockeridge durchführte, kam er zu ähnlich interessanten Ergebnissen. Danach wurden zuerst und vor allem anderen die „Flossen" des Delphins geformt.

Es folgte die Zentralachse mit drei „Rippen", die die Form und Struktur der Formation bestimmte, dann wurden ihre Umrisse gezeichnet. Schließlich wurde, vom Zentrum ausgehend, das Korn flachgelegt. Im Zentrum selbst entstand ein Wirbel, um die beiden spitzen „Enden" des Delphinogrammes zwei Ringe. Das entsprach

gar nicht der von Doug & Dave demonstrierten Methode, und es ist auch nicht anzunehmen, daß Fälscher mit den Extremitäten des Musters beginnen und derart feine Achsenlinien zeichnen könnten. Doch es paßt nur allzugut in das Modell, das uns Roy Dutton als des Rätsels Lösung vorschlägt.

Aber es gibt noch ein weiteres Indiz, das Dutton zu bestätigen scheint. Alles deutet darauf hin, daß das betroffene Korn in den Kreisen tatsächlich einer unbekannten Strahlung ausgesetzt war, wie der Forschungsingenieur vermutet. Ausgerechnet an jenem bedeutungsvollen 16. August, in der von der Abendsonne vergoldeten sechsblättrigen Blume von Telegraph Hill, traf ich auf Kennet und Rosemary Spelman .

Die Spelmans waren es, die die ersten chemischen Analysen von Korn aus den Kreisen in ihrem „Signalysis"-Labor in Rodborough durchführten, die von Andrews/Delgado in ihrem zweiten Buch „Die Zeichen mehren sich" beschrieben werden. Ihr Ergebnis war faszinierend. „Die Energiestrukturen der Kristalle, die in einem Destillationsprozeß aus den Pflanzen aus dem Kreisinneren erzeugt wurden, zeigten erhebliche Abweichungen von jenen der Kontrollproben, die anderen Pflanzen desselben Feldes entnommen wurden", schreiben Andrews/Delgado.

Etwas ausführlicher berichtete mir Spelman persönlich über die Ergebnisse seiner Kristallisationsanalyse, die übrigens in Deutschland entwickelt wurde, auf den Prinzipien der Spagyrik beruht und normalerweise zur Diagnose von Krankheiten angewandt wird. „Wir entnahmen Proben aus verschiedenen Teilen eines Kreises, und offensichtlich fand eine dramatische Veränderung in dem Korn aus der Mitte des Kreises statt, verglichen mit Korn aus anderen Teilen des Feldes, das, wie wir glaubten, nicht beeinflußt war. Die innere Struktur war völlig verschieden. Die Struktur des Korns aus der Kreismitte sah ähnlich aus wie die Struktur, die wir im Blut unserer Patienten finden. Es war ein klares, regelmäßiges Bild, das zeigt, daß eine intensive Energie auf die

Kreismitte einwirkte. Wir verglichen das mit dem Korn von außerhalb des Kreises, das ein sehr viel unregelmäßigeres Muster und nicht diese strenge Strukturierung aufwies. Das war ein beachtlicher Unterschied. Wir wiederholten den Versuch bei anderen Kreisen und fanden dieselbe Veränderung vor."

Das war ein vielversprechendes erstes Ergebnis, wenngleich es für die Wissenschaft keine allzu große Relevanz, hatte, beruhte es doch auf einem diagnostischen Geheimverfahren und konnte nicht unter Laborbedingungen nachvollzogen werden.

Aber es wies in die richtige Richtung, und es kam in die richtigen Hände.

Am 2. Januar 1991 erhielt Pat Delgado einen Brief von Professor W. C. Levengood , einem Biophysiker aus Michigan/USA, der sich auf die Analyse der bioelektrochemischen Energetik von Pflanzen und Samen spezialisiert hat. Dr. Levengood ist ein Wissenschaftler von Weltrang. Zehn Jahre lang hatte er eine Professur an der Michigan State University inne, bevor er sich selbständig machte. Für seinen „automatischen Samenanalysator" erhielt er ein Patent, und das Gerät wird weltweit verwendet. Neben fünf weiteren Patenten kann Dr. Levengood 49 Publikationen in internationalen Fachzeitschriften aufweisen, darunter in so angesehenen Magazinen wie „Nature" und „Science", aber auch in „Biochemistry und Biogenetics", „Electroanalytical Chemistry" oder dem „Journal of Bioelectrochemistry and Bioenergetics". Durch das Andrews/Delgado Buch war Dr. Levengood auf das Phänomen der Kornkreise aufmerksam geworden, hatte von Spelmans Analyse gelesen und war überzeugt, mit den ihm zur Verfügung stehenden Methoden wissenschaftlich solidere Ergebnisse zutage fördern zu können. Und so bat er Delgado um Übersendung von Pflanzen aus den Kornkreisen und Kontrollproben aus den jeweiligen Feldern.

Das erste Päckchen mit Proben aus dem Jahre 1990 traf Anfang Februar bei Dr. Levengood ein, weitere Exemplare folgten Ende April und den ganzen Sommer hindurch. Bereits die erste Probe, sie stammte aus einem im Juli 1990 erschienenen Piktogramm, barg Hinweise darauf, daß hier eine genetische Veränderung stattgefunden hat.

„Äußerlich wiesen sie alle Merkmale einer normalen Entwicklung auf", schrieb Dr. Levengood, „und äußerlich schienen die Ähren gleichermaßen ausgefüllt zu sein wie bei den Kontrollpflanzen. Aber eine nähere Untersuchung ergab, daß dem nicht so war; alle Ähren aus dem Kreisinneren waren leer, ohne Samen. Aber das ist nicht das Ende der Geschichte. Eine nähere Untersuchung ergab, daß 90 % der Ähren einen Zustand aufwiesen, der als „Polyembryonie" bekannt ist. Polyembryonie ist eine ungewöhnliche genetische Abweichung, die sich durch die Bildung multipler Embryos in einer einzelnen Ähre auszeichnet. Aber da sich kein Nährgewebe bildet, sind sie keine Samen.

Um einen Eindruck davon zu geben, wie groß die Wahrscheinlichkeit ist, samenloses Korn auf einem normalen Weizenfeld zu finden, kontaktierte ich Experten im Weizenanbau, die Firma Pro Seed Inc. Michigan, deren wissenschaftlicher Berater ich bin. Ich habe dort zwei Kollegen, einen Agronomen und einen Pflanzenbrüter. Ohne ihnen näheres mitzuteilen, fragte ich nur: 'Wie groß ist die Wahrscheinlichkeit, eine einzelne, normalerscheinende Weizenähre auf einem Feld zu pflücken und festzustellen, daß sie völlig leer ist?' Die Antwort lautete etwa: 'Ungefähr so wahrscheinlich wie dreimal hintereinander im Lotto zu gewinnen.'"

Auf ähnliche Ergebnisse stieß Dr. Levengood bei der zweiten Probe. Ermutigt von diesen vielversprechenden Ergebnissen schickte Delgado Dr. Levengood weitere Proben aus den ersten Piktogrammen des Jahres 1991. „Bei den jungen Pflanzen", so stellte Dr. Levengood fest, „wiesen die Grundgewebezellen der Knoten an ihren Halmen erheblich deutlicher ausgeprägte und schärfer umrissene Tüpfel auf als die Knotengewebe der Kontrollproben. Auch hier waren die Ähren äußerlich unverändert. Ihre Samen waren noch nicht völlig reif. Sie waren weiß und noch nicht vollständig von Nährgewebe gefüllt. Jedes Muster enthielt etwa hundert Samen. Ein großer Teil von ihnen war mißgebildet, etwa 40 % entgegen 0 % in den Kontrollproben. Diese Mißbildungen waren braungefärbte, abgeflachte Samen, an deren Ende der Keim freilag und über das Korn hinausreichte. Teilweise können diese Deformationen durch ein vorzeitiges Austrocknen der Samen erklärt werden. Das kann nur bedeuten, daß die Samenentwicklung innerhalb des Kreises zum Stillstand kam, als das Piktogramm entstand. Die Kontrollpflanzen dagegen setzten ihr Wachstum während des elftägigen Transports fort. Das ist die zweite Sammlung von Proben, in der die Embryo- oder Samenentwicklung verändert oder unterdrückt wurde."

Auch die Analysen weiterer Proben aus Piktogrammen des Sommers 1991 erbrachten ähnliche Ergebnisse. Bei Ähren aus dem Delphinogramm von Lockeridge waren 32 % der Samen abnorm, bei Ähren aus dem „Schlüssel" von Alton Barnes immerhin noch 20 %. Offensichtlich waren die Veränderungen um so geringer, je reifer das Korn schon war.

Dr. Levengood folgerte, daß eine ionisierende Bestrahlung diese genetischen Veränderungen auslöste, eine Strahlung, die durch Gammastrahlen, Elektronen- und Protonenstrahlen ausgehen könnte, und von der auch andere Schäden wie z. B. Verbrennungen zu erwarten wären.

Den größten Aufschluß über die Natur dieser Strahlung erbrachte Dr. Levengoods mikroskopische Untersuchung der Zellen der vergrößerten Tüpfel der Knoten der Weizenhalme. „Tüpfel" oder Zellwandnarben sind winzige Löcher in den Zellen, die den Transport von Ionen und Elektrolyten in den Organismus hinein und heraus ermöglichen. Auf seinen Mikroskopaufnahmen ist deutlich erkennbar, daß diese Tüpfel von ursprünglich flachen, undeutlichen Flächen zu scharf umrissenen trapezartigen Formen angewachsen sind. Das würde geschehen, so Levengood, wenn das Wasser in den Zellen so schnell

erhitzt wird, daß die Zellwände anschwellen und die Tüpfel zwingen, sich auszudehnen. Einige Fotos zeigen ganz deutlich die von den Tüpfeln ausgehenden „Dehnungsnarben", die auf eine Ausdehnung der Zellwände hindeuten.

Übrigens können Sie diese Beobachtung selbst machen. Sie brauchen dazu nur ein Mikroskop mit 450-facher Vergrößerung und ein paar Halme aus einem Kornkreis. Tatsächlich sind die vergrößerten Knoten ein unübersehbares Detail, speziell beim jungen Korn in den Juni-Kornkreisen. Wir haben darauf bereits im Juni 1991 die Teilnehmer unserer „Kornkreis-Reise" aufmerksam gemacht, und Johannes von Buttlar zeigte sie einem begleitenden „Quick"-Reporter, der es leider versäumte, der Spur nachzugehen.

Um zu testen, ob diese Zellwand-Ausdehnung wirklich durch eine kurzzeitige Erhitzung verursacht sein könnte, legte Dr. Levengood ein paar Halme aus einer Kontollprobe für 30 Sekunden in einen Mikrowellenherd. Tatsächlich schwollen ihre Zellen soweit an, daß sich die Tüpfel ausdehnten, und unter dem Mikroskop glichen sie den Proben aus den Piktogrammen. War das also die Antwort: Erhitzt eine Art Mikrowellen-Energie die Pflanzen kurzfristig, während sie die Kornmuster bildet?

In einer der im Mikrowellenherd erhitzten Kontrollproben brach die Zellmembran. Gleichermaßen waren die Zellwände der Halme in einer Grasformation in Cornwall gebrochen, während die Halme selbst von einer schwarzen, nichtreflektierenden Substanz bedeckt waren, die wie Ruß aussah. Dr. Levengood stellte fest, daß es sich dabei um Spuren einer Verkohlung handelt. Pflanzenblätter sind mit einer dünnen Paraffin-Schicht bedeckt. Wenn Gras von oben her kurz genug erhitzt wird, um nicht Feuer zu fangen, würde das Paraffin tatsächlich verkohlen. Dabei sind Grashalme feiner und somit verwundbarer als Weizen, und man kann annehmen, daß ihre „Toleranzgrenze" geringer ist als normalerweise beim Korn, was erklärt, weshalb wir derart radikale

Folgeerscheinungen normalerweise nicht im Getreide finden.

Eine mikroskopische Untersuchung der Halme ergab, daß die Blattzellen unter dem Belag völlig zerstört waren. Die Zellwände wiesen große Löcher und Risse auf. Eine Paralleluntersuchung des Cornwall-Kreises durch Kay Larsen, einen Biologen im Ruhestand und Mitglied des CCCS, führte zu dem gleichen Ergebnis, und Larsen folgerte, daß „eine enorme, in einer Richtung verlaufende Kraft auf die betroffenen Halme gewirkt und die Zellen auf einer Seite der Knoten zum Bersten und Anschwellen gebracht hat."

Nur eine Probe aus einem Weizenfeld - es stammte aus der Formation von Alton Priors - wies ähnliche Symptome auf. Hier war eine pechschwarze Substanz „auf die Oberfläche von Ähren und Blättern geschmiert", wie es Pat Delgado formulierte, die sich unter dem Mikroskop ebenfalls als starke Verkohlung erwies. Diese Erhitzung muß sehr kurz und intensiv gewesen sein, da tiefere Gewebeschichten nicht betroffen waren.

Läßt sich diese Erhitzung auch im Boden nachweisen? Um das herauszufinden, schickte Pat Delgado Bodenproben aus einem bei Cullompton, Devon, entstandenen Zirkel an die Biochemikerin D. DiPinto von den Delawart-Laboratories in Oxford.

Ihre Analyse ergab, daß der Gehalt wichtiger Nährstoffe wie Nitrat, Posphat und Sulphur im Vergleich zu einer Kontrollprobe um 50 % reduziert war, während die Probe ein Übermaß an Kobalt, Kohlenstoff, Molybdän, Titan, Plutonium und Zink aufwies. Ihre Schlußfolgerung: „Ich habe eine radionische Analyse der Probe durchgeführt. Ich kann mich hier nur auf Elemente und Spurenelemente beziehen, aber mein Eindruck ist, daß eine heftige, intensive und schnelle Hitze eher als Umweltgifte den Boden denaturiert und natürliche Elemente zerstört hat.

Einen weiteren Aspekt untersuchten der Nuklearphysiker Marshall Dudley aus Oak Ridge, Tennessee, in Zusammenarbeit mit dem jungen Physiker Michael Chorost, der sich im Sommer 1991 zu Amerikas führendem Kornkreisexperten mauserte und die britische Szene immer wieder durch erfrischende neue Ansätze überraschte.

Chorost versorgte Dudley mit Bodenproben aus fünf Formationen und je zwei Kontrollmuster vom selben Feld aus 10 und 100 Metern Entfernung und bat ihn, diese auf die Möglichkeit einer erhöhten Radioaktivität zu untersuchen. Die erste Probe stammte aus einer „Hantel", die am 17. Juli bei Jaywick, Essex, erschienen war. Sie zeigte nur geringfügige Abweichungen.

Ganz anders die zweite Probe. Sie war der „Mutter aller Piktogramme", dem riesigen Dreieck von Barbury Castle, entnommen. Während sie beim ersten Versuch keine besonderen Abweichungen von den Kontrollwerten zeigte, ergab eine zweite Untersuchung etwa zwei Wochen später deutlich erhöhte Strahlungswerte. Dudley führte dies darauf zurück, daß die Probe ausgetrocknet war und die Alpha und Beta-Partikel nicht mehr vom Wasser am Austreten gehindert wurden. Allerdings wies ein Muster aus dem Kreisinneren um 31% niedrigere Alpha-Werte auf, während bei einem anderen Muster die Werte um 17% erhöht waren. Die Anomalien sind also in sich noch anormal. Ähnlich ungewöhnlich waren auch die Werte bei einer Bodenprobe aus dem Alton Priors-"Schlüssel", die erst um 26% unter, dann um 17% über dem Kontrollmuster lag. Dudley folgerte, daß etwas den Boden chemisch veränderte und dieser mehr Wasser absorbierte oder bewahrte, was wiederum Alpha-Partikel bindet. Danach wären die niedrigen Werte dadurch zu erklären, daß er einfach langsamer austrocknet als die Kontrollproben. Dr. Levengood dagegen regte an, daß die Hinzufügung negativer Ionen die Alphapartikel neutralisiert haben könnte. Tatsächlich ist Plasma eine mögliche Quelle negativer Ionen, wie auch immer es zum Einsatz kommen mag.

Verwirrend aber war der Umstand, daß Probe 4 und 5 stark erhöhte Alpha und Beta-Werte aufwiesen, nämlich 198% und 103% im Alpha-Bereich und 48% bzw.

57% bei den Beta-Werten über den Kontrollmustern bei Probe 4, 45% und 27% über dem Alpha-Kontrollwert und 25% resp. 22% über Beta bei Probe 5.

Beide Proben stammten übrigens von den „Delphinogrammen" auf der Firs-Farm in Beckhampton. Dudley glaubt, daß hier entweder der Boden mit radioaktiv kontaminiertem Material angereichert wurde oder etwas seine Zellkerne mit Neutronen oder Protonen bestrahlt hat. Analysen der spektrografischen Daten deuten eher auf eine Neutronenaktivierung hin, aber erst weiterführende Untersuchungen können darüber Aufschluß geben. Bedeutet das eine Gesundheitsgefahr für Kornkreisforscher?

Wahrscheinlich nicht, meint Dudley, solange die Kreise nicht in der ersten Stunde nach ihrem Auftauchen betreten werden. Aber ein Geigerzähler könnte zu einem nützlichen Instrument der Zirkel-Forschung werden.

Doch wie läßt sich der große Kontrast zwischen einerseits abnorm hohen und andererseits abnorm niedrigen Werten erklären?

Eine Möglichkeit ist, daß unterschiedliche Wetter- oder Bodenbedingungen die Ursachen sind, eine andere, daß nur bestimmte Bereiche der Formationen kontaminiert wurden, wodurch auch immer. Fest steht nur: Es ist schwer anzunehmen, daß eine so makroskopische Technik wie das Niederstampfen oder -rollen eines Kornkreises Veränderungen im mikroskopischen oder sogar atomaren Bereich verursachen kann, wie sie von Levengood und Dudley festgestellt wurden. Vielmehr deuten sie darauf hin, daß eine unbekannte Energieform involviert war.*

Das wird bestätigt durch die jüngste Publikation des Duos Dudley/Chorost im „MUFON UFO Journal" vom Februar 1992. Danach entdeckte Dudley dreizehn kurz-

lebige, nicht in der Natur auftauchende radioaktive Isotope in zwei Bodenproben aus einer der „Fisch"Formationen von Beckhampton, von denen elf nicht in Vergleichsproben aus dem unmittelbaren Umfeld des Piktogramms zu finden waren. Keines dieser Isotope könnte auf Tschernobyl oder eine andere bekannte Ursache zurückgeführt werden. Zudem haben sie einen gemeinsamen Nenner: Sie entstehen, wenn der Boden mit Deuterium-Kernen bestrahlt wird.

Der britische UFO-Forscher Dr. Armen Victorian legte die Ergebnisse der Untersuchungen von Dr. Levengood und Dudley einem Mikrowellen-Experten der Kirtland-Luftwaffenbasis in New Mexico, USA, vor, der sämtliche Veränderungen als „typisch" für Mikrowelleneinwirkungen bezeichnete. Ebenso zitiert Victorian den Bericht seines Forscherkollegen Omar Fowler, der Brandspuren in Formationen Mittelenglands dokumentierte, so in Manfield, Sutton-on-Trent, Southwell und Husbands Bosworth. Fowler kam darin zu dem Schluß:

„In sieben Jahren der Erforschung von Kornkreisen stieß ich immer wieder auf einen gemeinsamen Nenner, und das war die Entdeckung einzelner stehender Halme, deren Oberteil in einer Höhe von 55 cm gebogen war, inmitten eines Kreises oder Musters niedergelegter Gerste oder Weizens. Mir fiel ebenso auf, daß diese einzelnen Halme noch eine Reihe weiterer gemeinsamer Charakteristiken aufwiesen. So hatten sie kleine Knicke oder Verbrennungen an bestimmten Stellen des Stieles. Ich nehme an, daß dieses einheitliche 55 cm Maß auf eine H/F Wellenlänge im niederen GHZ-Bereich hindeuten. Sie könnten die Folge einer Mikrowellen-Einwirkung bei der Formung eines Kornkreises sein.

Mikrowellen in einer niederen GHZ-Frequenz können mit einer Genauigkeit von nur ein paar Millimetern über Tausende von Kilometern projiziert werden. Man kann sie programmieren, jedes gewünschte Muster an ihren Zielort zu schicken. Auf diese Weise könnte ein Mikrowellenstrahl ein Piktogramm oder Kreismuster an jeder beliebigen Stelle entstehen lassen."

---

*Naturwissenschaftlich Interessierten sei die sehr viel ausführlichere Darstellung „Kreise unter dem Mikroskop" in Jürgen Krönigs ausgezeichneter Anthologie „Spuren im Korn" (Verlag Zweitausendeins) empfohlen.

Und auch George Wingfield ist überzeugt, daß ein „unsichtbarer Griffel", ein „Kraftfeld unbekannter Beschaffenheit" im Getreide herumzieht und die Halme niederkrümmt. „Er scheint in der Lage zu sein, sich ganz eng zu bündeln, so wie er sich auch ausweiten kann, während er das Muster zeichnet. Oft ist seine Neigung erkennbar, kurzfristig den Traktorspuren zu folgen, bevor er wieder eine Kurskorrektur vornimmt, um das Muster auszuführen. Wo die' ausgeklügelteren' Zeichen ihre 'Inschrift' erhalten - wie bei den rechteckigen Bestandteilen der Piktogramme -, muß sich der Griffel manchmal durch das stehende Getreide bewegen, um zum neuen Ausgangspunkt eines weiteren Zeichens zu gelangen. Wo keine Traktorenspuren zur Verfügung stehen, sieht man eine wenige Zentimeter breite, hauchdünne Linie von umgebogenem Korn, an der der Griffel entlangwanderte, um die erforderliche neue Ansatzstelle zu erreichen."

Auch er interpretiert die Ergebnisse von Dr. Levengood und Marshall Dudley dahingehend, daß offenbar eine Art Mikrowelle und möglicherweise Gravitationswellen (im Sinne der Duttonschen Gravitationsstrahlung) für das Phänomen verantwortlich ist. „Sie könnten eine Erklärung für manche Effekte liefern, die in Kornkreisen zu beobachten waren, da die Annahme besteht, sie seien in der Lage, in Atomkerne einzudringen und diese zu spalten. Das wiederum könnte die Veränderungen der Alphastrahlen und das Vorhandensein radioaktiver Isotope mit kurzer Halbwertzeit erklären."

Hochfrequenzartige elektromagnetische Wellen könnten „eine Erregung der Elektronen in den Atomen des Bodens oder der Pflanzen verursachen, die anschließend auf ihr ursprüngliches Energieniveau zurückfallen und jene geringe Strahlung abgeben, die bei ihnen festgestellt wurde. Eine solche Strahlung könnte auch die Pflanzen in einer bestimmten Höhe schwächen und die beobachtete Biegung verursachen. Tatsächlich lassen sich die Pflanzenstengel auch biegen, wenn sie ein oder zwei Sekunden in einem Mikrowellengerät erhitzt wurden; die Halme wichen auf und waren geschmeidig genug, um gebogen zu werden. Sollte dies der Mechanismus sein, so würde das Gewicht der Ähren oder der Blüten- und Fruchtstände der Pflanzen ausreichen, sie zu Boden sinken zu lassen. Und die schnelle Erhitzung der Pflanzen, die solchen Mikrowellen in einer bestimmten Höhe ausgesetzt sind, würde die Feuchtigkeit in den Stengeln verdunsten lassen und die Schwellungen und Risse bewirken, die gelegentlich festzustellen sind."

Bleibt nur die Frage, wer auf solch ausgeklügelte Weise Mikrowellen-Gravitationsstrahlung einsetzen kann - und was er damit bezweckt.

In den Jahren 1990 und 91 untersuchte der niederländische Geophysiker Kobus Nieuwmeijer eine Reihe von Kornkreisen mit einem Fluxgate-Magnetometer auf magnetische Anomalien. Magnetismus entsteht durch eine Bewegung der elektrischen Aufladung. Materialien werden magnetisiert durch die Rotation oder Drehung negativ aufgeladener Partikel, die um einen Atomkern kreisen. Je nach der kristallinen Struktur des beeinflußten Materials, ob es den Magnetfeldern der Elektronen erlaubt, sich gegenseitig zu verstärken oder entgegenzuwirken, wirkt Materie magnetisch. So sind ferromagnetische Substanzen wie Eisenoxid, Magnetit oder Haematit aufgrund ihrer Empfänglichkeit für Magnetismus in der Lage, permanent oder remanent magnetisch zu wirken, wenn sie in ein Magnetfeld oder in dessen unmittelbare Nähe geraten. Das irdische Magnetfeld ist immer präsent, doch macht es die unterschiedliche „magnetische Empfänglichkeit" von Bodenschichten oder Felsen, die es stören, möglich, durch empfindliche Magnetometer z.B. archäologische Strukturen aufzuspüren.

Der Magnetometer, den Nieuwmeijer zur Untersuchung der Kornkreise verwendete, war ein Bartington MAGO3MC Achsen-Fluxgate-Magnetometer mit einer

Messempfindlichkeit bis zu 0.5 Nanotesla (nT). Magnetische Anomalien werden gemessen, indem man Variationen vom Fluß einer Kontrollmessung berechnet. In der kurzen Zeit, die er für sein Projekt zur Verfügung hatte, führte Nieuwmeijer bei sechs Piktogrammen gründliche Messungen durch. Die Ergebnisse:

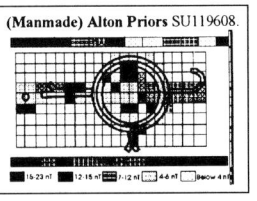

(Manmade) Alton Priors SU119608.

Alton Priors: Verschiedene Zonen innerhalb des Kreises magnetisch.

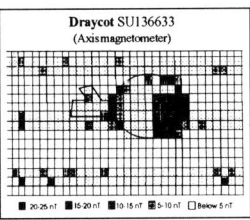

Fulbrook/Burford
(Susceptibility meter)

Fulbrook/Burford: Breitgestreute Anomalien deuten darauf hin, daß sich das Piktogramm -ein keltisches Kreuz- über einer prähistorischen Anlage befand.

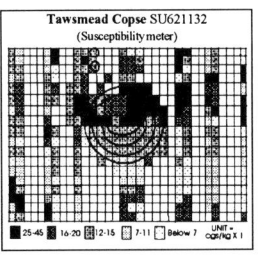

Tawsmead Copse SU621132
(Susceptibility meter)

Tawsmead Copse: Starke Anomalien auf dem ganzen Feld deuten auf eine Konzentration von eisenhaltigem Material hin.

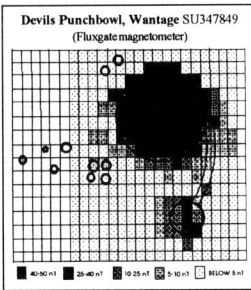

Draycot SU136633
(Axis magnetometer)

Draycot: Starke Anomalien am Rand des Kreises (mit Auswüchsen) und in deutlicher Beziehung zu diesem.

Ein ähnliches Projekt, das der britische Kornkreisforscher Omar Fowler im Sommer 1992 und 1993 durchführte, war die Untersuchung von Kornkreisen auf /H/F-Strahlung und lokale Veränderungen der Ionisation. Dazu wurde ein „Microdet" eingesetzt, ein Meßinstrument, das in der Lage ist, Strahlungen zwischen 20 Hz und 12 GHz zu messen. Die Untersuchung einer Reihe von Kornkreisen auf elektrostatische Veränderungen ergab, daß tatsächlich das Umfeld von Kornkreisen Hochfrequenzstrahlung aufwies. Weiter wurden Indizien entdeckt, daß Halme in einer Formation statisch aufgeladen sind.

Devils Punchbowl, Wantage:
Starke Anomalien in beiden Kreisen einem großen und einem kleinen Zirkel, durch einen gekrümmten Kanal miteinander verbunden. Der deutlichste Hinweis auf eine Veränderung des Magnetfeldes in Kornkreispiktogrammen.

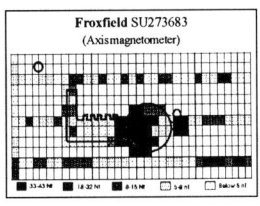

Froxfield SU273683
(Axis magnetometer)

Froxfield: Starke Anomalien innerhalb der Formation (Schlüssel).

Auch von Professor Levengood liegen neue Forschungsergebnisse vor. So widmete er sich 1993 konzentriert der Untersuchung der Samenköpfe von Pflanzen aus Kornkreisen. Die Samen von Weizen, Gerste und Hafer sind von einem dünnen Häutchen oder einer Membran umgeben, die „Deckblatt" genannt wird. Die Energien, die die Kornkreise entstehen lassen, verändern die Struktur dieser „Deckblätter". Im Vergleich zu Kontrollproben aus dem umliegenden Feld verändern sie die Geschwindigkeit, in der Ionen (elektrisch aufgeladene Partikel) sie durchdringen, behauptet Levengood.

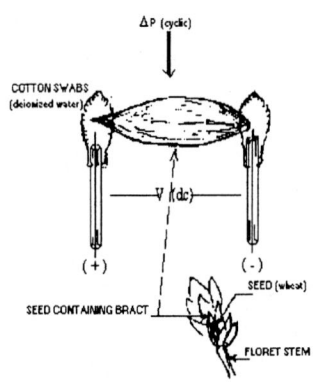

Prof. Levengoods Versuchsanordnung

Er belegte diese Hypothese, indem er die „Deckblätter" von betroffenen und nichtbetroffenen Samen auf beiden Seiten an eine positive und negative Elektrode anschloß.

Ein schwacher Stromstoß wurde durch sie geleitet. Dabei wurde das Deckblatt unter besonderen Bedingungen einer internen mechanischen Spannung unterzogen. Als Vorbild für diese Methode diente Prof. Levengood eine Studie aus dem Jahre 1985. Das Ergebnis: Deckblätter aus Kornkreisen lassen mehr Ionen durchgehen, was heißt, daß ein stärkerer Stromfluß die Membran durchkreuzen kann. Eine Reihe von Experimenten belegte, daß die proportionalen Spannungsveränderungen auf eine starke Veränderung der Membrane hindeutet. Parallel zu dieser „Amplitudenkoeffizienz" (oder Alpha-Faktor, wie ihn Dr. Levengood auch nennt), die errechnet wurde, indem der minimale Stromfluß einer Membran durch ihren maximalen Stromfluß in verschiedenen Stadien des Experiments dividiert wurde, konnte Dr. Levengood auch Unterschiede in der Entwicklung des Setzlings feststellen. Das heißt: Betroffene Setzlinge entwickeln sich schneller und sind durchlässiger für Stromfluß.

1995 schließlich veröffentlichte Prof. Dr. Levengood seine bisherigen Untersuchungsergebnisse erstmals unter dem Titel „Anatomische Anomalien bei Kornformations-Pflanzen" in einer renommierten wissenschaftlichen Fachzeitschrift, „Physiologia Planatarum" (Vol. 92, 1994), die in Dänemark erscheint. Darin stellte der Biochemiker fest, daß er auch Kornkreise untersuchte, die von Menschen angefertigt wurden - also Fälschungen - und diese keineswegs die von ihm bei echten Formationen festgestellten Charakteristiken aufwiesen. Für diese hat Levengood nur eine Erklärung: Eine mikrowellenartige Energie, „sehr uniforme, geordnete Kräfte", müssen sie geformt haben.

Insgesamt 86 Proben hatte er untersucht, um zu dieser Schlußfolgerung zu kommen. Jede einzelne bestand aus 6-10 Halmen aus dem Kreisinneren und ebenso vielen Kontrollproben aus dem umliegenden Feld. Nach einer gründlichen mikroskopischen Untersuchung fand er folgene Anomalien (in Klammern die Anzahl der Proben, die diese aufwiesen):
Vergrößerung des Halmdurchmessers (25)
Unterdrückte Entwicklung der Samenembryos (22)
Veränderte Zellwandnarbengröße (43)
Verändertes Samenwachstum (27)
Verkohlungen an der Halmhaut (1)
Keine Veränderungen (7)
Insektenbefall (0)

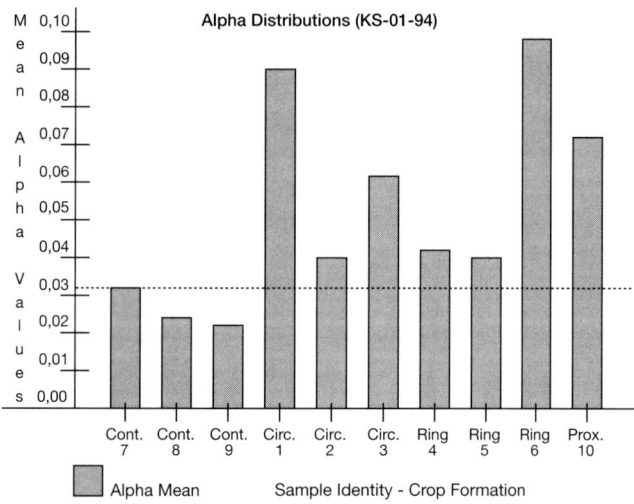

Die Ergebnisse von Prof. Levengoods Versuch: Deutliche Unterschiede zwischen betroffenen (circ.) und nichtbetroffenen (cont.) Samen bei der Alpha-Verteilung wie bei der Samenentwicklung.

Levengoods Fazit: „Pflanzen aus Kornkreispiktogrammen weisen anatomische Veränderungen auf, die nicht durch die Annahme, die Formationen seien ein Schwindel, erklärt werden können." An erster Stelle betont er, daß „die Daten deutlich zeigen, daß es zuverlässige, qualitative Unterschiede zwischen mechanisch produzierten (Kreisen) und den Veränderungen durch externe Energetik" gibt. An erster Stelle ist dies das Vorkommen von Knotenwinkelveränderungen und ein Anschwellen der Knoten um bis zu 100 %, bis hin zu ihrem Zerbersten, speziell bei Pflanzen im Kreiszentrum. Stattdessen lassen „gemeinsame Aspekte der o.g. Anomalien auf die involvierten Kräfte schließen. Diese Komponenten deuten auf... die Involvierung schneller Luftbewegungen, Ionisierung, elektrische Felder und kurzfristig hohe Temperaturen in Verbindung mit einer oxidierenden Atmosphäre hin." Zwar nennt er als Arbeitshypothese „Ionenplasmawirbel" als mögliche Ursache, die Mikrowellen ausstrahlen, aber er schließt nicht aus, daß ein ähnliches Phänomen auch künstlich erzeugt werden könnte. So identifiziert er die „Circlemaker" nur als „externe Energiekräfte, die unabhängig von einem menschlichen Einfluß agieren".

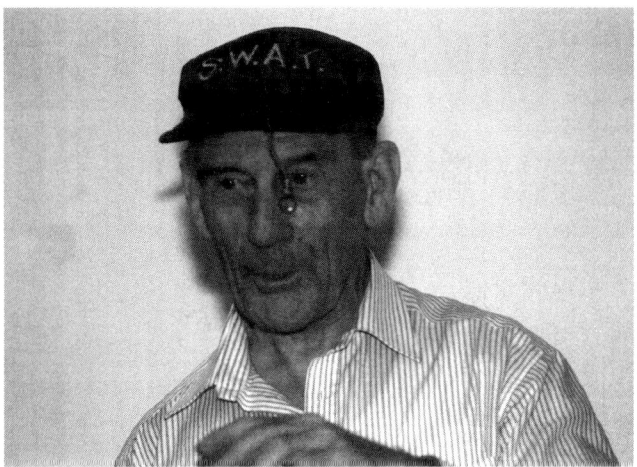

Nicht des Rätsels Lösung: Konkreisfälscher Doug Bower.

Stonehenge bei Salisbury, der Sage nach die Sternwarte Merlins, ist in Wirklichkeit so alt wie die Pyramiden. Der Astronomieprofessor Gerald Hawkins hält die Anlage für einen prähistorischen Astronomiecomputer, für John Michell ist sie ein Modell des Universums.

Häufig werden über Stonehenge geheimnisvolle Lichter und UFOs beobachtet - Hier ein Foto aus dem Jahre 1990.

Der Silbury Hill, der größte von Menschenhand geschaffene Kulthügel Europas, aus der Luft. Er bildet den „Nabel" der „heiligen Landschaft" rund um Avebury.

Ansicht des Cley Hill oberhalb von Warminster. Hier nahm das Kornkreisphänomen seinen Anfang. Der Cley Hill war eine prähistorische Stufenpyramide, ähnlich den Zikkurat der Sumerer und wie sie künstlich terrassiert. Zu seinen Füßen erscheinen noch heute regelmäßig die mysteriösen Zirkel im Korn.

Avebury, ein weiterer Steinkreis aus der Vorzeit, ist noch älter als Stonehenge und entstand in seiner frühesten Phase gegen 4500 v. Chr.

Glastonbury, das Avalon der Artussage: Blick auf den Tor Hill, der in der
Vorzeit terrassiert wurde; auf seinem
Gipfel der Turm der im 16. Jahrhundert zerstörten St. Michaels-Kapelle.

Die Ruinen der Kathedrale von Glastonbury, die Heinrich VIII. zerstören
ließ. Der Legende nach entstand sie
anstelle der ersten christlichen Kirche
Europas, 37 n. Chr. vom Hl. Joseph
von Arimathäa errichtet.

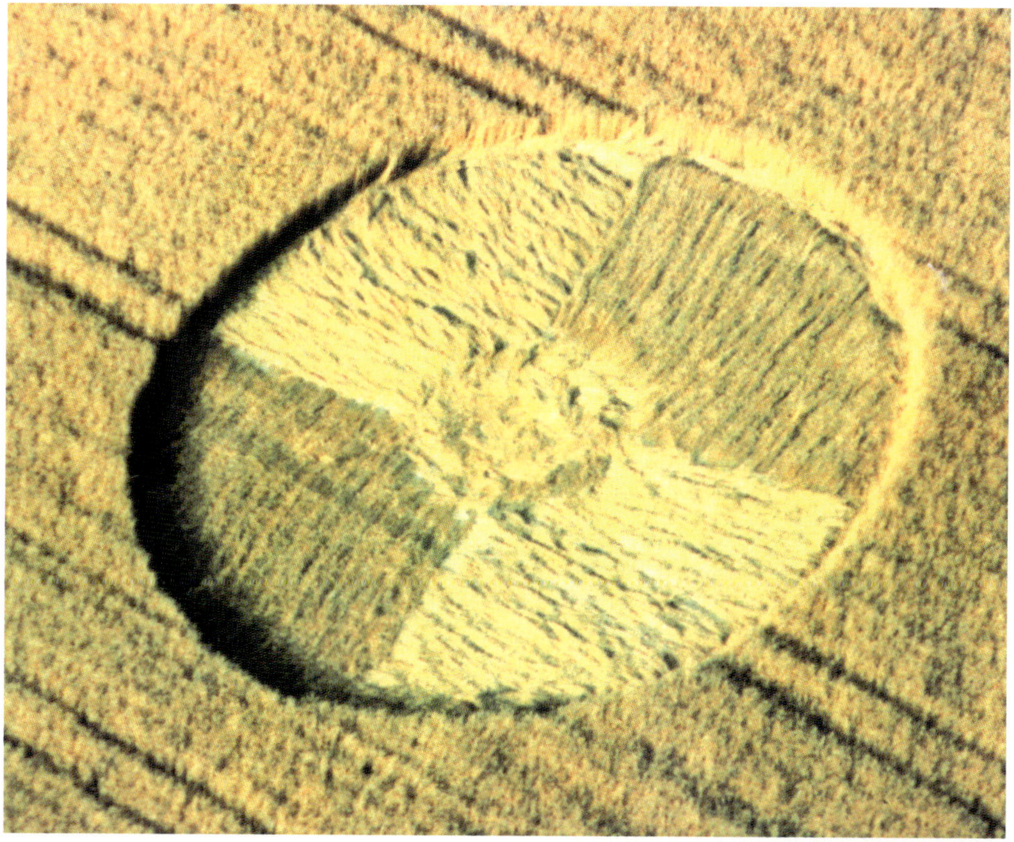

Die „Swastika" von Winterbourne Stoke bei Amesbury wurde am 12. August 1989 entdeckt und gab einen Vorgeschmack auf das, was die Kreisforscher im nächsten Jahr erwarten sollte. Das Korn ist in alle vier Himmelsrichtungen gekehrt, im Zentrum verlaufen drei Ringe abwechselnd links- und rechtsdrehend. Dieser Kreis versetzte der Theorie von Dr. Meaden, stationäre Wirbelwinde oder Plasmawirbel hätten die Zirkel verursacht, den Todesstoß, und auch ein Schwindel ist ausgeschlossen. (Foto: Busty Taylor)

Die Ringe von Wiltshire machten den Anfang der aufregenden Kreissaison 1990. Sie erschienen am 3. Mai 1990 bei Bischops Cannings. (Foto: G. Wingfield)

Eines der schönsten Piktogramme: Der „Sonnenlogos" von Etchilhampteon, 29. Juli 1990.

Das dritte Lang-Piktogramm erschien am 27. Juli 1990 bei East Kennett. Wie die Aufnahme zeigt, ist das Muster nicht nach den Traktorenspuren, sondern exakt auf den Silbury Hill (oben) ausgerichtet. Davor ist das „Langgrab" von East Kennett erkennbar, eine Mysterienkammer der Vorzeit. (Foto: G. Wingfield)

Der nächste „Quantensprung" des Phänomens: Das riesige, 168 Meter lange Piktogramm von Alton Barnes, Wiltshire, zog Tausende Besucher an, nachdem sein Foto in fast allen Zeitungen der Welt erschienen war. (Foto: G. Wingfield)

Quasi vor unserer Haustür, nahe Marlborough, erschien am 13. August 1991 dieses 70-Meter-Piktogramm auf dem Land des Bio-Bauern Martin Pitt.

Detailaufnahme eines Piktogrammes, das am 11. August 1990 bei Cheesfoot Head gefunden wurde. (Foto: B. Taylor)

Eines der schönsten Pktogramme wurde am 1. August 1990 bei Cheesefoot Head ent-

Alton Barnes, 2. Juli 1991 - unweit der Stelle, an der 1990 das riesige Langmuster gefunden wurde. Auf den ersten Fotos dieses Musters sind die kleinen Kreise noch nicht durch Besucherspuren mit dem Piktogramm verbunden.

Am 30. Juli 1991 war dieses Muster oberhalb der „Avenue" von Avebury aufgetaucht. Wir mußten unweigerlich an ein UFO denken…

Diese „Hantel" bildete sich in einem dichten Nebel vor den Richtmikrofonen und Aufspürvorrichtungen der Kreisforscher in der Nacht vom 27. auf den 28. Juni 1991 nahe Devizes.

Der „Sechsstern", Telegraph Hill, entdeckt am 16. August 1991. In der Nacht, in der er erschien, will ein Passant eine „Lichtkuppel" über der fraglichen Stelle gesehen haben. Hier nahmen Kreisforscher 1989 im Rahmen der „Operation White Crow" ein unerklärliches Sirrgeräusch auf.

Ein kleiner, unberührter Kreis nahe Milk Hill.

East Kennett, 23. Juli 1991 - Der „Schlüssel" zeigt genau auf den Silbury Hill. (Foto: G. Wingfield)

Die „Inschrift" von Milk Hill, Wiltshire, Mitte August 91. Der Archäologe Michael Green hält sie für eine Art Ur-Hebräisch und übersetzt sie mit „Der Schöpfer, weise und gütig".

Das Insektogramm von Stonehenge, 10. Juli 1991. Die „Leiter" des Musters zeigt exakt in Richtung des berühmten Steinkreises. (Foto: G. Wingfield)

Detailaufnahme eines Insektogrammes. (Foto: G. Wingfield)

East Kennett, 23. Juli 1991. Das Muster ist - mit einer Abweichung von nur 0,6 % - in Größe, Form und Proportion iden-tisch mit der Alton Barnes-Formation vom 18.7. (Foto: Calyx- Foto, Swindon)

Das erste „Delphinogramm" von Lockeridge, Wiltshire, war 117 Meter lang und erschien am 30. Juli 1991.

Ein UFO? In der Nacht zum 3. August, als dieses Muster bei Beckhampton auftauchte, beobachtete eine Frau eine helle Scheibe, die über dem Feld schwebte. Am nächsten Morgen wurde an der fraglichen Stelle dieses Piktogramm gefunden.

Die „Ameise" von Clatford bei Marlborough. Hier filmten die Dürckheim-Brüder am 18.August 1991 eine mysteriöse Lichtkugel. (Foto: G. Wintle, Calyx-Foto)

Das riesige Dreiecks-piktogramm vom 16. Juli 1991 lag zu Fuße der eisenzeitlichen Hügelfestung von Bardury Castel. In der Nacht, in der es erschien, hörte dessen Aufseher „ein Donnergrollen wie von hundert Flugzeugen". Andere Zeugen berichten von seltsamen Lichtern am Himmel. Am nächsten Morgen hatte das Militär das Gebiet abgesperrt.

Eines der schönsten Kreismuster erschien am 7. August 1991 in Woodford bei Kettering, Northhamptonshire. Der äußere der sechs Ringe hatte einen Durchmesser von 115 Metern. (Foto: G. Wingfield)

Die „Mutter aller Piktogramme" erschien am 16. Juni 1991 bei Barbury Castle nahe Swindon, Wiltshire. Entdeckt wurde sie von Zirkelfotograf P. Wintle von Calyx-Foto, Swindon, der an jenem Morgen mit dem Helikopter auf Kornkreissuche ging.

Die beiden letzten „Ufogramme" erschienen am 18. und 22. August 1991 bei Froxfield, Hungerford/Berkshire (Foto) und Alton Priors. In letzterem wurde am Tag nach seinem Entstehen ein Leuchtobjekt fotografiert.

Das rätselhafte „Mandelbrot-Diagramm" von Cambridge, entdeckt am 13. August 1991, kennzeichnet einen neuen „Quantensprung" des Phänomens. Es ist unmöglich, ein solches Muster ohne Computer aufzubauen, geschweige denn es in 56 Metern Länge in ein Kornfeld zu „zeichnen". Es läßt sich als Symbol für den chaotischen Übergang von einer mathematischen Ordnung in die nächsthöhere deuten. (Foto: G. Wingfield)

Zum Vergleich: Ein Computer-erzeugtes „Apfelmännchen".

Das schönste Piktogramm des Jahres 1992 tauchte am 24. Juli bei East Mayne nahe Southhampton auf. Interessanterweise zeigt es nicht nur zwei miteinander verbundene Kugeln, sondern auch ein Symbol, das dem sumerischen Keilschriftzeichen „Din-Gir" ähnelt. „Din-Gir" bedeutet soviel wie „die feurigen Wagen der Götter".
Später behaupteten Doug und Dave, sie hätten das Kornmuster bei Nacht und Nebel gefälscht.

Eines der ersten Piktogramme von 1992 erschien am 5. Juni bei Old Sarum nahe Salisbury, Wiltshire. Die Formations-Achse zeigt exakt in die Mitte der eisenzeitlichen Hügelfestung, die von den Römern zu einem Kastell ausgebaut wurde und später eine sächsische Stadt beherbergte.

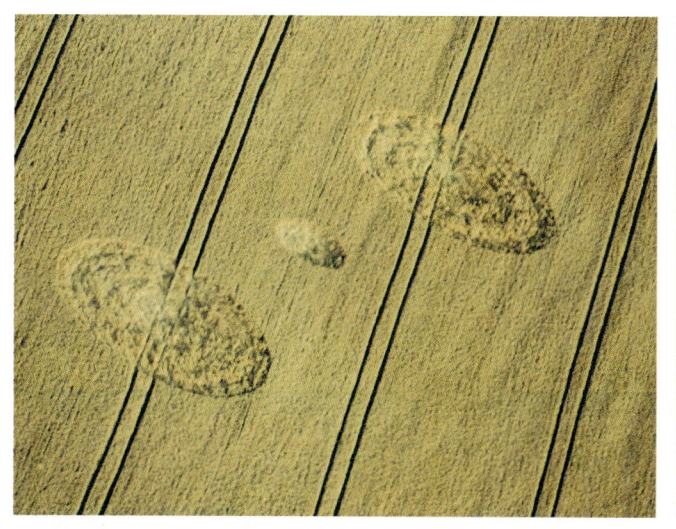

Zwei kleine, saubere Zirkel bei Woodhenge, Wiltshire, Ende Juli 1992.

Firs Farm, 18.Juni 1992

Die „Schnecke" von Alton Barnes, 9.Juli 1992, war 138 Meter lang.

Oliver's Castle, 24. Juli 1992. Das Muster wurde zuvor von der CSETI - Gruppe von Dr. Steven Greer visualisiert.

Alton Priors, 12. August 1992

Andover, 18. Juli 1992

Nahe Silbury Hill, 28. Juni 1992.

Alton Prios, Wiltshire, August 1992.

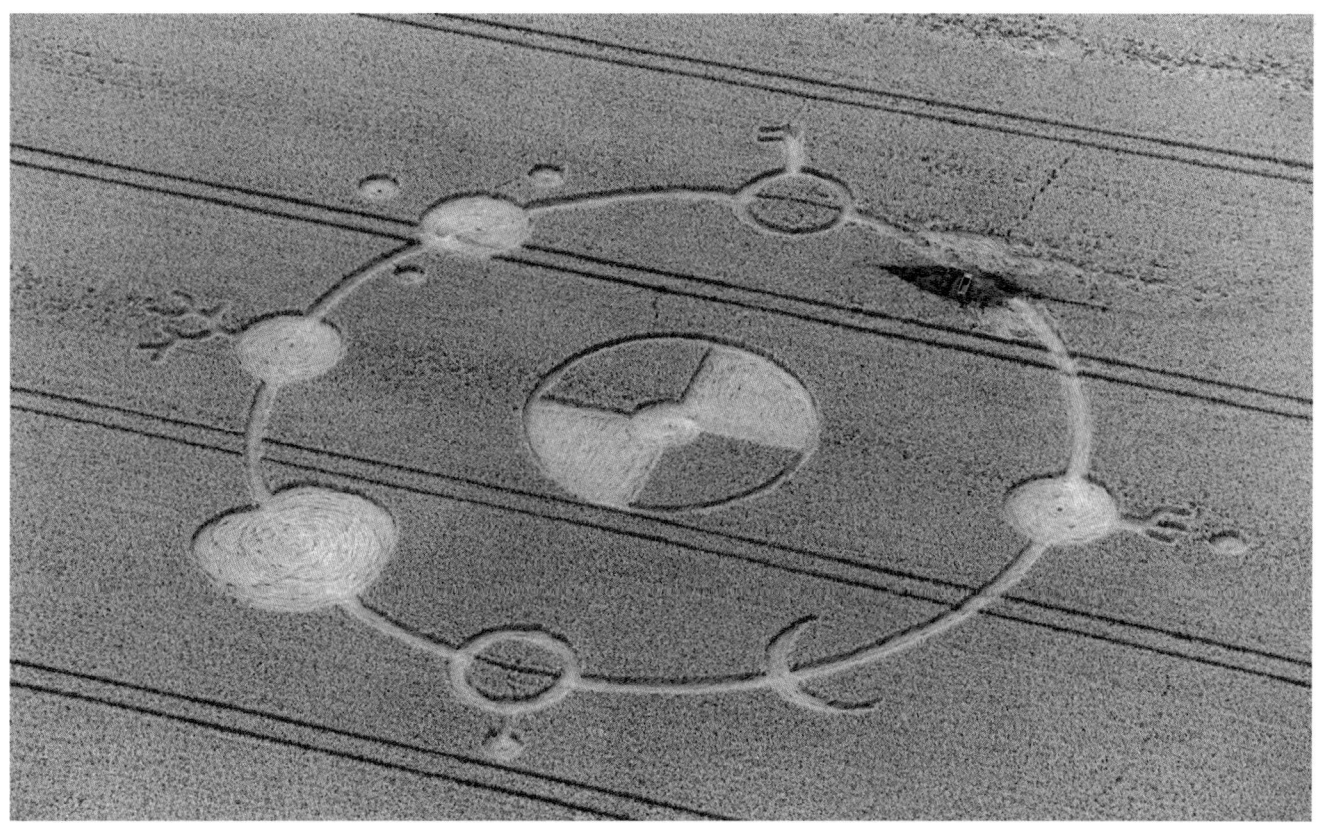

Das letzte Piktogramm des Jahres 1992. Das „Dharma-Rad" erschien in der Nacht zum 17. August 1992 am Fuße des Silbury Hill und hatte einen Durchmesser von fast 50 Metern. Es wurde als Mandala gedeutet, mit dem Sonnensymbol als Gottheit im Zentrum, und den Symbolen für die verschiedenen Bewußtseinszustände im äußeren Ring. „Es ist interessant, daß die Kreismacher, obwohl sie den Kulturraum der britischen Inseln als Empfänger ihrer Botschaft wählten, hier ein uraltes indogermanisches Symbolsystem wählten... um ein Statement zur spirituellen Entwicklung des Menschen abzugeben", schrieb Michael Green dazu. Er deutet die Symbole (links beginnend, entgegen dem Uhrzeigersinn) als die Hörner des Cerunnos für die animalischen Kräfte, das Herz von Mutter Erde, die Energie der Sexualität, den Halbmond der Individuation, die Dreiheit von Persönlichkeit, Seele und Geist, die - integriert - Wasserstelle als Wasser des inspirierten Wissens, den Schlüssel zu den Mysterien und das Ziel der Initiation, wenn die Triade von Persönlichkeit, Seele und Geist zum Einen verschmilzt und zum Zentrum wandert, eine Transformation stattfindet. Das entspricht den keltischen Gottheiten Cerunnos, Modron, Dagdha, Sulis, Taranis, Lugh, Mapon, Donn und (im Zentrum) Bel. Leider wurde dieses hochinteressante Symbol nach zwei Tagen vom Bauern abgemäht (Foto: D. Christopher).

Das größte und interessanteste deutsche Piktogramm, das am 22. Juli bei Grasdorf, Niedersachsen, gefunden wurde, erstreckte sich über 5000 Quadratmeter und zog Tausende Besucher an. Es entstand am Fuße des „Thierberges", einer altgermanischen Thingstätte.

Einer der Besucher spürte mit einem Metalldetektor drei schwere Metallplatten auf, mit denen er auf mysteriöse Weise verschwand. Ein paar Tage später übersandte der Finder Feldbesitzer Harenberg dieses Foto einer der Platten, die erstaunlicherweise das Piktogrammuster trug.

Zwei der drei Platten von Grasdorf wurden im Oktober 1992 auf der „Dialog mit dem Universum"-Konferenz in Düsseldorf präsentiert.

Eines der ersten deutschen Kornmuster erschien am 20. Juli bei Marburg, Hessen. In der Nacht zuvor beobachtete ein Ehepaar einige „fußballgroße Lichtkugeln". (Foto: M. Vogt)

Zwei Piktogramme erschienen in der Nacht vom 26. auf den 27. Juli 1992 bei Ettlingen nahe Karlsruhe. (Foto: Dr. J. Möller)

Am 26. Juli 1992 besuchte Dieter Senger aus Wedmark das Grasdorf-Piktogramm und schoß ein paar Fotos. Auf einem Bild erschien dieses unerklärliche Lichtphänomen.

Die Platten im Grasdorf-Piktogramm wurden mit einem Metalldetektor gefunden.

Der Autor recherchiert mit dem Fox-TV-Filmteam für „ENCOUNTERS" in Grasdorf

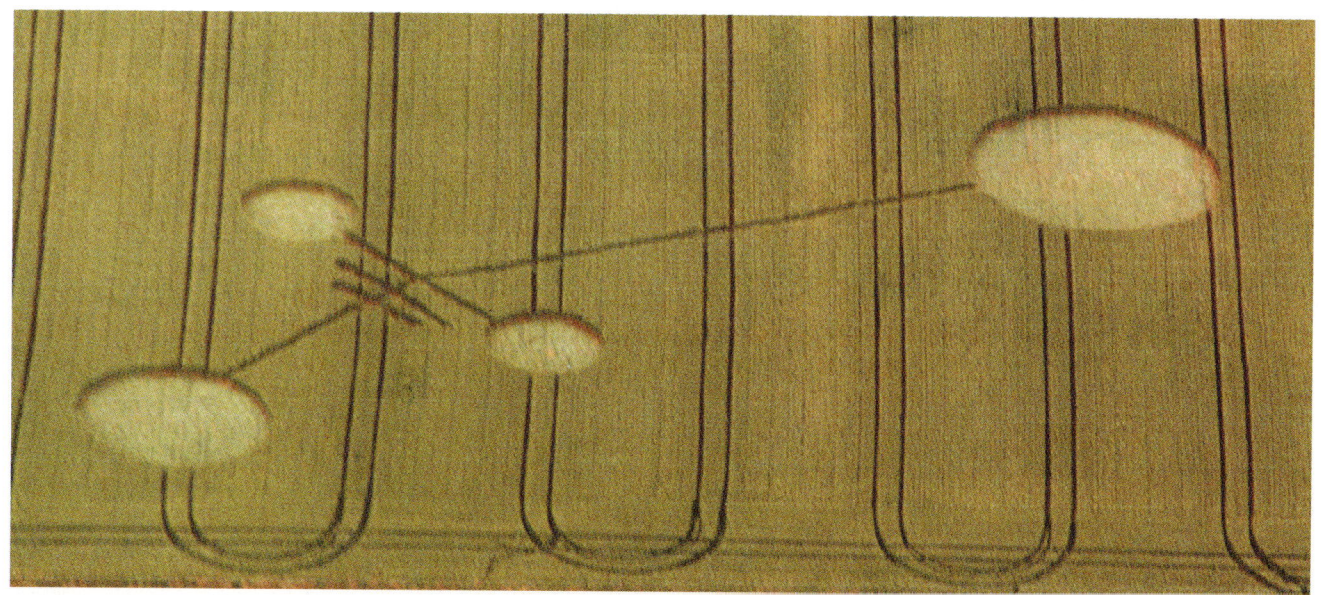

In der Nacht vom 23. Juli auf den 24. Juli 1991 erschien dieses 88,4 m lange Piktogramm in Netze bei Waldeck, ohne daß die Anwohner etwas Ungewöhnliches bemerkten.

Detailaufnahmen des Netzer Piktogrammes enthüllen verblüffende Details, die für seine „Echtheit" sprechen. Die beiden Spuren stammen übrigens von den Hausfrauen Bieling und Bernhard. (Fotos: G. Best)

Kreise im Gras, meist in Dreiergruppen, erschienen 1975/76 im Kanton Zürich, Schweiz. Eduard „Billy" Meier erklärte, es seien „Landespuren" von UFOs, mit deren Insassen er in Kontakt stünde. (Fotos: FIGU, Hinterschmidrüti)

Der 70 Meter breite Kornkreis von Szekesfehervar am Plattensee in Ungarn, erschienen am 26. Juni 1992

Der erste italienische Kornkreis wurde im August 1985 in einem Maisfeld bei Modena entdeckt.

Das Piktogramm von Codhurst bei Lethridge, Alberta/Kanada, das am 31. August 1991 erschien. Die Detailaufnahme zeigt die sauberen Wirbel. Die ungeraden Linien sind Trampelspuren von Besuchern. (Fotos: Gordon Kijek, Alberta UFO Study Group)

Die „Warner Bro-
thers" vom 1. Sept.
1991, das schönste
der kanadischen
Kornmuster bei War-
ner, Alberta, vom
Volksmund nach der
gleichnamigen Film-
firma benannt, lag
majestätisch auf
dem Rücken eines
flachen Hügels in-
mitten eines gold-
gelben Weizenfel-
des. (Foto: G. Kijek,
Alberta UFO Study
Group)

Eine Detailaufnahme
aus dem Warner-Pik-
togramm zeigt, daß
das extrem trocke-
ne Getreide nicht ge-
brochen war. Zudem
erkennt man deutlich
die drei Lagen des
Getreides, ein Effekt,
der nicht zu dupli-
zieren ist. (Foto: G.
Kijek, Alberta UFO
Study Group)

Das erste „UFO-Nest" von Tully, Queensland, 19. Januar 1966.

Nach einer Nacht mit ungewöhnlichen elektrischen Störungen wurde in einem Sumpf bei Nishikawacho in Nordjapan bereits 1986 ein Schilfrohr-Kreis entdeckt.

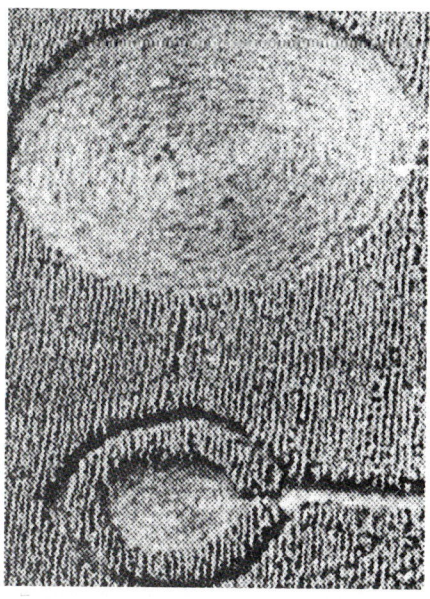

Mitte August 1991 erschienen mehrere konzentrische Ringe und Kreise auf einem Felsplateau bei Ajuntas, Puerto Rico. (Foto: Jorge Martin)

Kreise im Reisfeld, die am 17. Sept. 1990 bei Fukuoka auftauchten, sorgten weltweit für Schlagzeilen.

„The Swirl" - Innenansichten der Kreise geben einen Eindruck von den Kräften, die hier gewirkt haben.

Charakteristiken echter Kornkreise: Ein sauberes Kreiszentrum.

Der Fluß des Korns: Die Halme fließen um einen Stein herum.

Der Rand: Hier fließt ein nur wenige Zentimeter dünner Ring in einem sonst rechtsdrehenden Kreis entgegen dem Uhrzeigersinn.

Am Rande einer Traktorspur. Deutlich erkennt man, daß das Korn nicht gebrochen ist, sondern gekrümmt am Boden liegt.

Detailaufnahmen des Wirbels und der Kornlagen in den Piktogrammen.

Deutlich erkennbar: Die sauberen, exakt gezogenen Ränder.

Dasselbe Muster, vom Boden aus fotografiert, im Hintergrund Silbury Hill.

Dieses Piktogramm hat - wie die meisten echten Kornmuster - verschiedene Lagen.

Der Halm ist gebogen, nicht gebrochen.

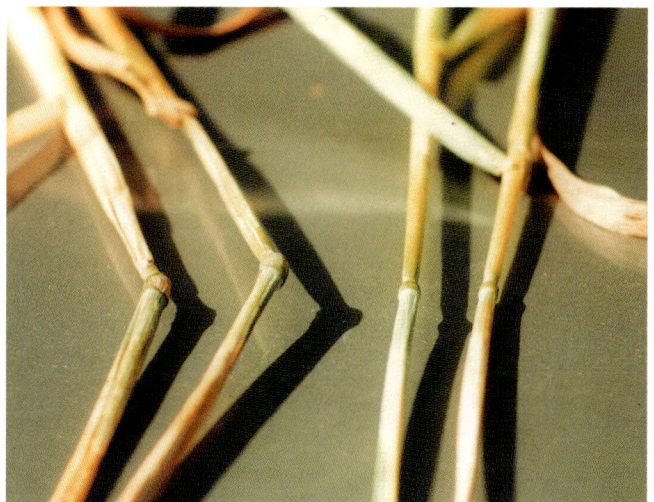

Die Zellknoten (Tüpfel) sind bei Halmen aus dem Kreisinneren (links) dicker als bei einer Kontrollprobe aus dem Feld (rechts).

Die Samen aus den Ähren des Kornkreis-Korns (links) sind deformiert, der Samen von Pflanzen aus dem umliegenden Feld intakt.

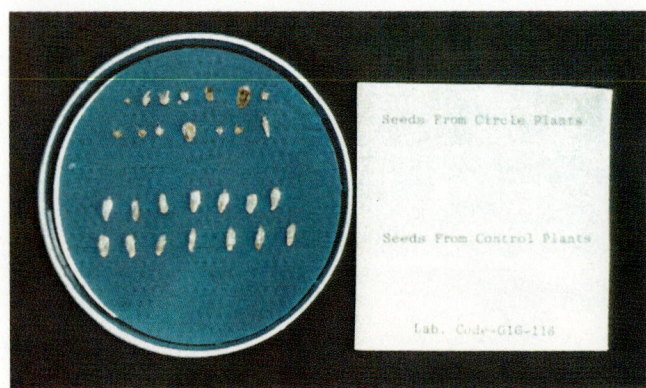

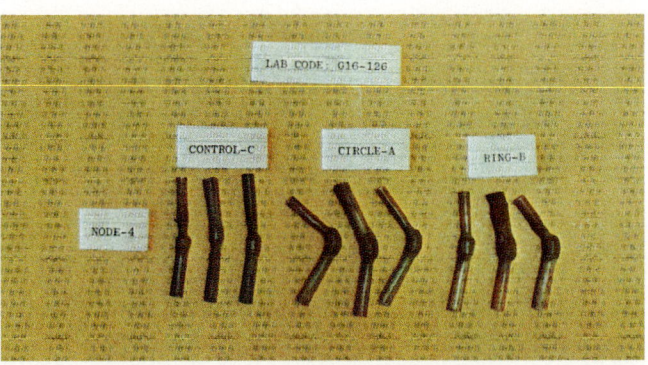

Die erste Entdeckung des Biochemikers Dr. Levengood: Die Samen aus dem Weizen in den Zirkeln - hier Proben aus dem Piktogramm von Newton St. Loe - waren deformiert. Zum Vergleich unten der Samen aus verschiedenen Kontrollproben aus dem gleichen Feld. (Foto: Dr. W. C. Levengood)

Die zweite Folge des „Zirkel-Effektes“: Die Knoten an den Halmen der „betroffenen“ Pflanzen sind abnorm vergrößert, wie hier bei den Proben aus der „Dreifach-Hantel“ von Lockeridge (Siehe Foto Nr. 51). Zum Vergleich links die Knoten von drei Kontrollhalmen. Dr. Levengood führt diesen Effekt auf eine kurzfristige Erhitzung der Pflanzen während der Zirkelformung zurück. (Fotos: Dr. W. C. Levengood)

Mikroskopaufnahmen (450-fache Vergößerung) von Pflanzenzellen, rechts aus einerm Kornkreis, links von einer Kontrollprobe. Deutlich erkennt man die von den Tüpfeln ausgehenden „Dehnungsnarben“, Folge einer Ausdehnung der Zellwände. Zellwandtüpfel sind die "Poren" in der Zellwand, die der Pflanze die Aufnahme von Nährstoffen ermöglichen. Einen ähnlichen Effekt erzielte Dr. Levengood, als er Kornhalme für ein paar Stunden in einen Mikrowellenherd legte. (Fotos: Dr. W.C. Levengood)

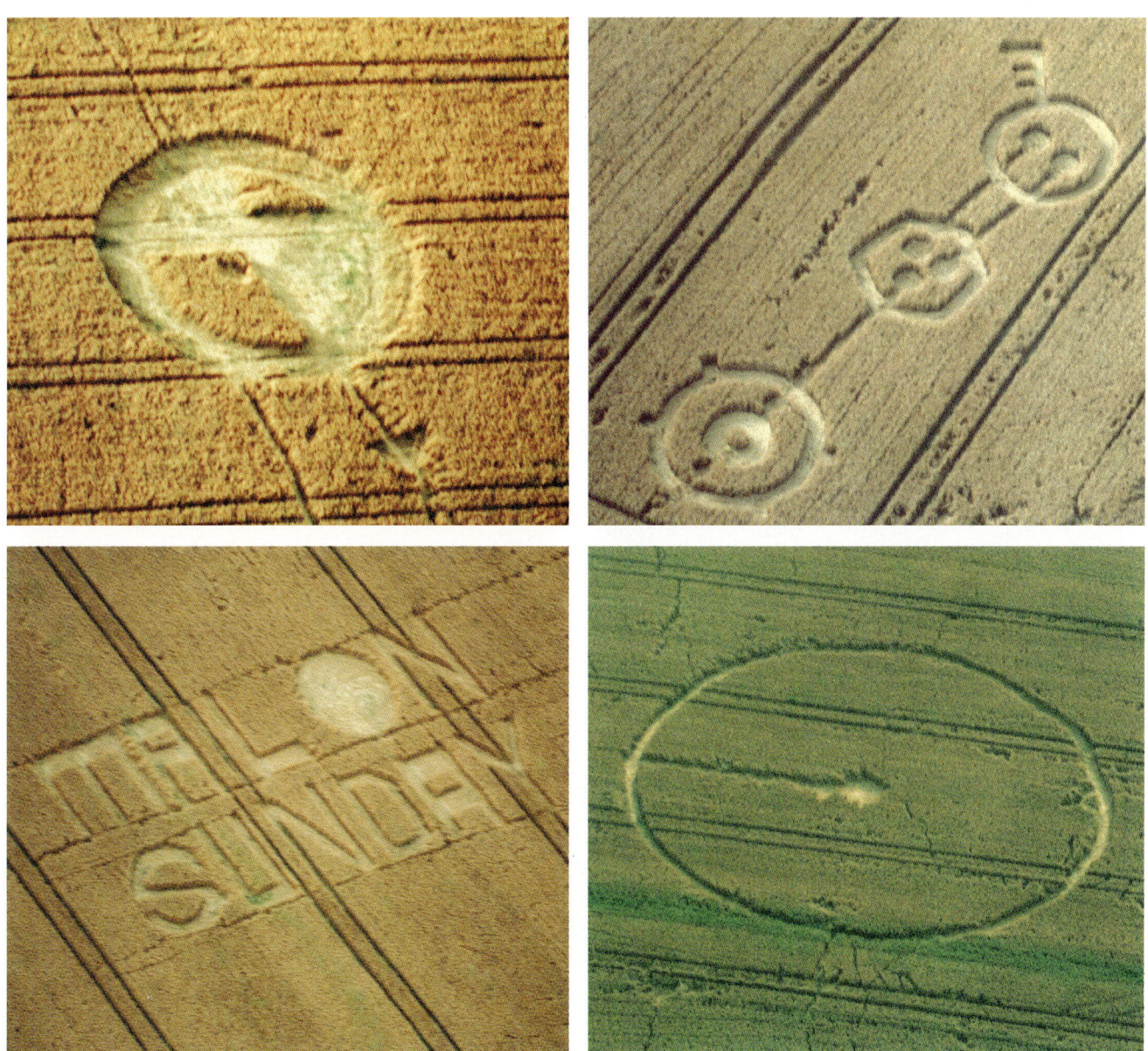

Offensichtliche Unterschiede: Schwindel-Kornkreise aus dem Jahre 1992.

Zwei der mysteriösen „Weißen Pferde", die wir überall an den Hängen der grünen Hügel von Wiltshire finden. Waren sie "Zeichen für die Götter"? Und haben die Götter geantwortet? Tatsache ist: Auffallend oft erscheinen die Kornkreise zu Füßen der „Weißen Pferde", speziell dieser beiden; oben: das „Weiße Pferd" von Westbury bei Warminster; unten: das „Weiße Pferd" von Alton Barnes.

Eines der sensationellen UFO-Fotos, die Ed Walters in Gulf Breeze, Florida, aufnahm - Höhepunkt einer UFO-Sichtungswelle, während der die ersten Kornkreise der USA auftauchten. Die Aufnahme entstand am 12. Januar 1988 und zeigt eines der 6 Meter breiten UFOs, als es über einer Straße schwebte. Experten halten das helle Licht seiner Unterseite für Plasma - es ist so hell, daß es auf dem Asphalt der Straße reflektiert.

Ein weiteres UFO-Foto von Eduard „Billy" Meier, aufgenommen am 29. März 1976. Das UFO hinterließ Kreise flachgelegten Grases.

Ein weiteres Foto von Paul Villa, aufgenommen am 18. April 1965, zeigt drei eingefahrene Landebeine auf der Unterseite des Raumschiffes. Villa erinnerte die Form des UFOs an einen Navaho-Schild, und „zufällig" erschien über dem Objekt eine Wolkenformation in Gestalt eines auf dem Rücken liegenden Indianers mit Kopfschmuck. Telepathisch erhielt Villa dann die Information, daß „sie" seit jeher mit den Indianern in Kontakt gestanden hätten, und daß gerade die Hopi und Navaho eine wichtige Funktion für das Neue Zeitalter hätten.

Eine fußballgroße, stark reflektierende Telemeterkugel begleitet ein UFO. Foto von Paul Villa, aufgenommen in der Nähe von Albuquerque, New Mexico am 19. Juni 1966.

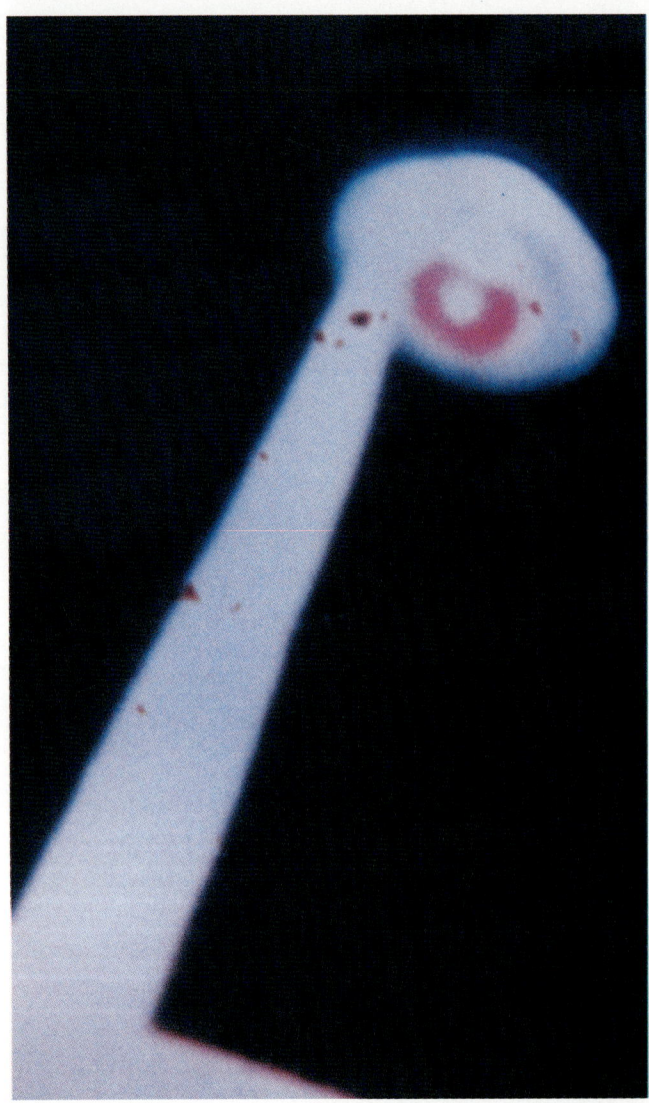

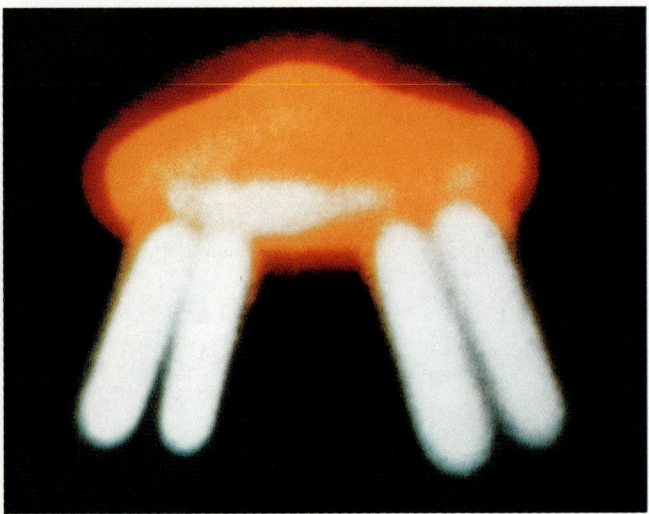

„Begrenzte Strahlen" - ein für uns physikalisch nicht erklärbares Phänomen - ausgesandt von einem UFO. Foto: Dr. Anon, Albiose, Frankreich, 23. März 1974.

Ein rotleuchtendes UFO schickt einen Strahl zur Erde. Foto des japanischen Oberschülers Ninacto Hi aus Hokkaido, August 1973. Es ist anzunehmen, daß ähnliche Strahlen die Kornkreise fabrizieren.

Lichtkugel projiziert menschliches Gesicht, aufgenommen im Sommer 1989 in der Nähe von Moskau.

UFO über Bristol, England, aufgenommen im März 1991. Nach einer ähnlichen Sichtung im Juni tauchten Kornkreise auf.

Ein Ring aus Lichtern, fotografiert im Juni 1972 über Australien. Ein ähnliches Phänomen beobachtete die Gruppe um Dr. Steven Greer im Juli 1992 in Alton Bames, Wiltshire.

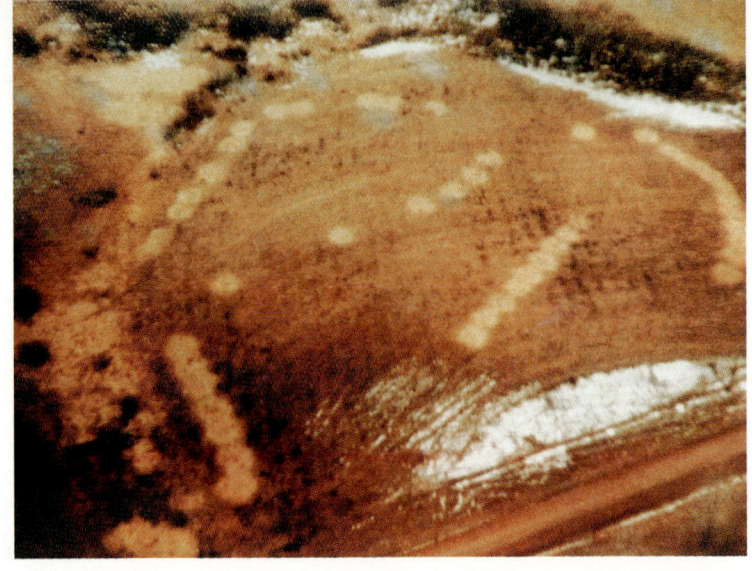

Im Sommer 1992 wurde dieser „UFO-Landeplatz" nahe Budapest angelegt. In den folgenden Wochen erschienen die ersten ungarischen Kornkreise in der Pußta. Ein Versuch der Kontaktaufnahme durch die Erdlinge. Möglicherweise erfüllten die „Weißen Pferde" Südenglands eine ähnliche Funktion.

Eine Formation aus 47 perfekten Kreisen fand ein lokaler Farmer am 27. Dezember 1975 in Meeker Country, Minnesota in unmittelbarer Nähe eines verstümmelten Kalbes.

Zwei „Wächter" oder Anunnaki vor einem Lebensbaum.
Relief aus dem Palast des Assurbanipal in Ninive, heute
ausgestellt im Britischen Museum in London. Der „Lebensbaum", den wir so oft als Kornmuster finden, gleicht
dem „Doppel-Helix" der DNA. Führten die „Götter" genetische Experimente durch?

Inti, der Sonnengott
der Inkas, zur Erde
herabgestiegen als
Huiracocha. Das Opfermesser zeigt den
geflügelten Sonnenlogos bei seiner Herabkunft auf die Erde
(unterer Halbkreis).

Relief aus Kalchu, Nordirak, 9. Jh. v. Ch., Vorderasiatisches Museum, Berlin. Es zeigt einen Anunnaki mit Szepter und „Bandhelm". Fast identische Wesen landeten 1964 auf der Holloman-Luftwaffenbasis in New Mexico.

UFO (u. l.) und der Mond, Szene aus einem Videofilm, den J. Holman aus Yorkshire am 22. Juni 1991 gegen 22.26 Uhr in der Nähe des Silbury Hill aufnahm. Nach wenigen Sekunden blinkte sich die Scheibe buchstäblich aus.

Der Opferstein von Ickfield Moor, Yorkshire, ist über und über mit Kreismustern bedeckt, die vielen Kornkreisen ähneln.

Spirale auf einer Felszeichnung der Hopi-Indianer.

Das Piktogramm von Geisslingen/BRD, am 4. Juli 1993 auf dem „Drudacker" erschienen (Foto: H. Ruoss).

In der Nacht vom 1. auf den 2. Juli 1992 erschien dieses Piktogramm in Eschen/BRD an der Schweizer Grenze.

Das Piktogramm von Harsewinkel bei Bielefeld/BRD, entstanden Anfang Juli 1993. (Foto: W. Czarnetzki).

Prof. Pinotti untersucht den zweiten ital. Kornkreis, der am 13. März 1993 nahe dem Flughafen von Lucca entdeckt wurde. Wahrscheinlich eine Fälschung: Eine Brandstelle in seiner Mitte wies Spuren von Kerosin (Flugbenzin) auf.

Das erste große tschechische Piktogramm, am 31. Juli 1994 bei Kolinec erschienen, 23,12 Meter im Durchmesser.

Die beiden „keltischen Kreuze" von Zihobec/CR, 8. August 1994

Detailaufnahme eines der Zihobec-Satelliten.

Eines der „keltischen Kreuze", die 1993 bei Roermond in der Provinz Limburg/Holland erschienen (Foto: H. Hegge/CNI).

Lichterscheinung in dem Piktogramm von Heerlen, Holland, im Sommer 1993 (Foto: Saskia Bosman).

Keltisches Kreuz in einem Maisfeld, im Juli 1994 in Holland erschienen (Foto: H. Hegge, CNI).

Verkohlte Halme im Kornkreis von Zierikzee, Holland, am 22. Juli 1994 erschienen.

Der „dreifache Halbmond" bei Devizes, Wilts, Juli 1994.

„Die Spindel" bei Andover/Hants, Juli 1994.

„Die Biene", Barury Castle, Wilts, 7. Juli 1994.

„Das Horus-Auge", Alton Bames, Wilts, 21. Juli 1994.

Der riesige „Skorpion" von Devizes, 15. Juli 1994 (über 160 Meter lang)

„Das Labyrinth", Avebury, Wilts, Juli 1994

Das „Wunder von By- thorn", das letzte und eindrucksvollste Pikto- gramm des Jahres 1993.

Das letzte Piktogramm des Jahres 1994: Ein rie- siges Spinnennetz er- schien am 15. August un- mittelbar neben dem prä- historischen Steinkreis von Avebury (Foto: Ste- ve Patterson).

Das „Unendlichkeitszeichen" von West Overton, Hants, 28. Juli 1994

„Die Blüte" in Froxfeld bei Hungerford, Wilts, 5.8.1994, (über 100 Meter Durchmesser).

Froxfield, 24. August 1994

„Die Galaxie" in West Stowell bei Pewsey, Wilts, 23. Juli 1994, (50 Meter Durchmesser)

„Die Krabbe" in Hackpen Hill, bei Marlborough, Wilts, Juli 1994.

Wilsford, Wilts., Juli 1994.

Wilsford bei Amesburg, Wilts., Juli 1994

Piktogramm in der Nähe des „Weißen Pferdes" (links o. zu erkennen) von TUFfington, Berks., 15. Juli 1994

Ein „keltisches Kreuz" im Klee, am 4. September 1994 zwischen Rotjni und Jaromiri/CR entdeckt.

Der „Zwerg" von Metepec, Mexiko 16.Sept.'94

Das Piktogramm von Toluca, Mexiko 15.September 19.94

Eine symbolische Darstellung der Kometenumlaufbahn bei Wherewell, Hants, Mitte Juli 1995.

Das Piktogramm von Beusichem, Holland, Juli 1995.

Das erste deutsche Insektogramm erschien Mitte Juli 1995 bei Panschwitz-Kuckau in Sachsen (Fotos: Thomas Mucha).

Reminiszenz an eine UFO-Sichtung zehn Jahre zuvor: Piktogramm von Stockbridge Down, 6. Juli 1995 (Foto: M H)

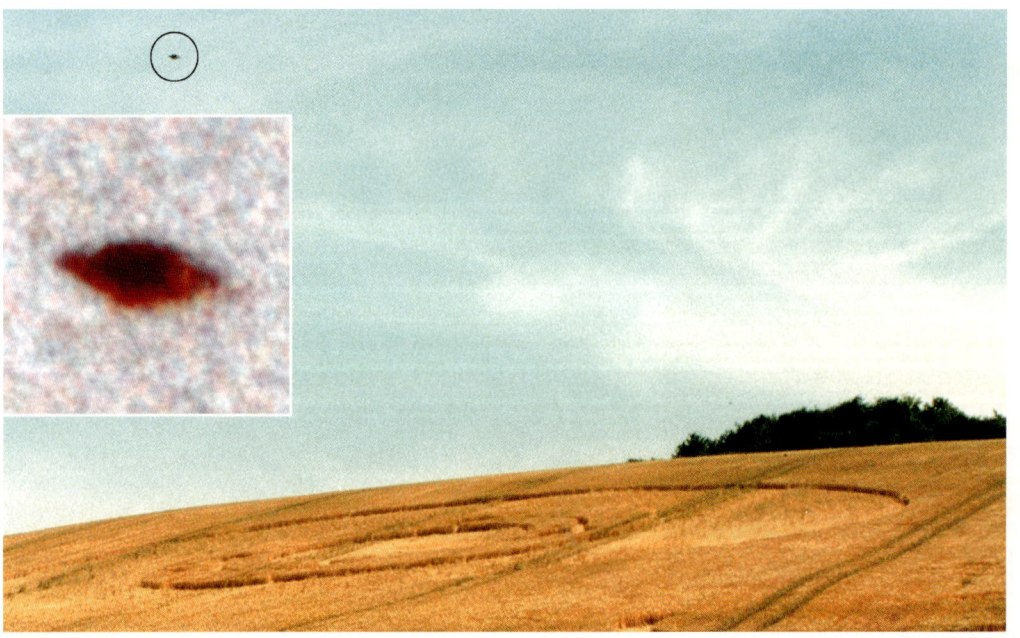

Dieses erstaunliche Foto eines scheibenförmigen Flugkörpers nahm Jilia-en Sherwood am 27. Juni 1995 über dem zwei Wochen zuvor entstandenen „Sonnensystem" auf dem Telegraph Hill östlich von Winchester/Hants. auf. Die Vergrößerung enthüllt: Es ist kein Filmfehler und kein bekannter Flugkörper, sondern eine Scheibe, die das Licht der Sonne (von rechts) reflektiert.

Die „Spirale" von Beckhampton/Wilts, 29. Mai 1995 - (Foto: St. Alexander)

Das „irdische Magnetfeld" - Eines der drei Piktogramme des „East Meon-Dreiecks" erschien Mitte Juli 1995

Das „Feuerrad" von East Meon, Mitte Juli 1995

Das „keltische Labyrinth" südlich von Newbury, Mitte Juli 1995

Ashbury, Oxford, 26. Juli 1994.

Heilige Geometrie: Der „Vector Equilibrum" von Winterbourn Bassett, Anfang Juli 1995.

Devil`s Punchbowl, 4. Juli 1995.

Das schönste der „Sonnensysteme" erschien Ende Juni 1995 bei Longwood Warren nahe Chilcomb/Hants (Foto: Busty Taylor).

Der „dreifache Halbmond" von East Meon, Mitte Juli 1995

Das „Shiriken" von Watership Down auf dem Land von Andrew Lloyd Webber, Mitte Juli 1995 (Foto: M H).

Jupiter mit seinen vier Monden dominiert dieses „Sonnensystem" auf dem Telegraph Hill bei Chilcomb/ Hants vom 12. Juni 1995 (Foto St. Alexander).

Goodworth Clatford, südlich von Andover/Hants, 25.Juli 1995, ein 123 Meter-Piktogramm

Asteroidengürtel aus 97 Kreisen und drei Ringen, Bishops Sutton, 22. Juni 1995.

Eine schematische Darstellung der Kometenumlaufbahn, Danesbury/Hants, 16. Juni 1995.

Das erste „Sonnensystem" erschien Anfang Juni 1995 bei Bratton/Wilts.

Eines der wenigen Piktogramme in Wiltshire erschien Ende Juli nördlich von Roundway bei Devizes/Wilts, zusammen mit drei weiteren Kreisen auf dem selben Feld.

Das erste Piktogramm des Jahres in Quidhampton/Hants auf einem Rapsfeld, 11. Mai 1995.

9. Kapitel

Mathematische Simulation echter Kornkreise

von Ing. Thomas Roy Dutton

Worum geht es?

Die wiederholte Entstehung, gewöhnlich über Nacht, von flachgelegten Korn-"Kreisen" insbesondere im Umfeld prähistorischer Stätten und militärischer Übungsgelände in den englischen Grafschaften Wiltshire und Hampshire, hat zu einem beachtlichen öffentlichen Interesse geführt, das nur auf eine begrenzte Resonanz seitens der Wissenschaft stieß.

Trotz des kürzlichen Geständnisses der beiden Schwindler Bower und Chorley sind sich ernsthafte Kornkreis-Forscher bewußt, daß sich hier jährlich ein bedeutsames, neues Phänomen manifestiert; und dieses Phänomen ist nicht auf die Kornfelder Südenglands beschränkt.

Die Publikation von Andrews/Delgados „Kreisrunde Zeichen" und Dr. Meadens „The Circles Effect and its Mysteries" im Laufe des Jahres 1989 brachte diese seltsamen lokalisierten Ereignisse einer breiteren Öffentlichkeit zu Bewußtsein. Dr. Terence Meaden hat dabei versucht, das Phänomen in meteorologischen Begriffen zu erklären, und ist überzeugt, daß ein bisher unbekannter Wirbel aus elektrifizierter Luft (Plasma) sie erzeugte. Allerdings führte mich meine Forschung sehr schnell dazu, die Wirbeltheorie abzulehnen, denn meine Berechnungen ergaben, daß die kreisrunden Zeichen in den Feldern nicht auf diese Weise entstanden sein konnten. Mir wurde klar, daß ein derart ungewöhnliches Phänomen ein vorurteilsfreies Denken erfordert. Ich legte das Problem der Bestimmung der physikalischen Natur des Stimulus beiseite und konzentrierte mich auf die Suche nach einem Verhaltensmodell, das die in den Kreisen beobachteten Muster erklären könnte.

Die Analyse der Muster verschiedener sauber, gezogener Kreise, basierend auf Messungen und Fotos, die mir Colin Andrews und Busty Taylor überließen, sowie meine eigenen Beobachtungen innerhalb der Zirkel, ergaben, daß ein außergewöhnliches Maß an mathematischer Konformität den vielen Variationen in der Erscheinung des Phänomens zugrundeliegt. Dabei muß ich festhalten, daß diese Studien sich nur auf simple Kreise und nicht auf Piktogramme bezogen, die ein weiterer Aspekt des Phänomens sind.

Ein mathematisches Modell für spiralige Kreise

Eine detaillierte Untersuchung der verschiedenen und komplexen Spiralmuster im flachgelegten Korn führte mich zu dem Schluß, daß ein einfaches mathematisches Modell sie alle angemessen simulieren könnte. Ich programmierte meinen PC mit diesem Modell und produzierte ziemlich akzeptable Reproduktionen einer Auswahl komplexer Muster, die mir Colin Andrews freundlicherweise als Testfälle zur Verfügung stellte.

Im Grunde kann die Bewegung eines Punktes P, der dazu gebracht wird, sich in Beziehung zu einem fixierten Punkt O auf kontrollierte Weise zu bewegen, auf folgende Weise nachvollzogen werden (Fig. 1):

Stellen wir uns einen Punkt S vor, der sich nach einem gegebenen Bewegungsgesetz an der Linie OP entlang bewegt.

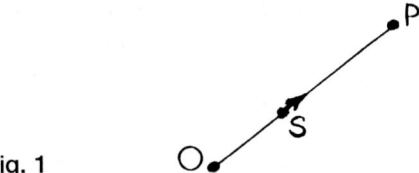

Fig. 1

Stellen wir uns danach vor, daß die Linie OSP um Punkt O in einem gegebenen Winkel ständig rotiert. Wenn wir annehmen, daß S von O nach P verläuft, wird der Verlauf von S eine Spirale bilden; und ihre Form wird bestimmt von dem relativen Verhältnis linearer und Rotations-Bewegung an jeder Stelle von S auf OP, wie in Fig. 2 dargestellt.

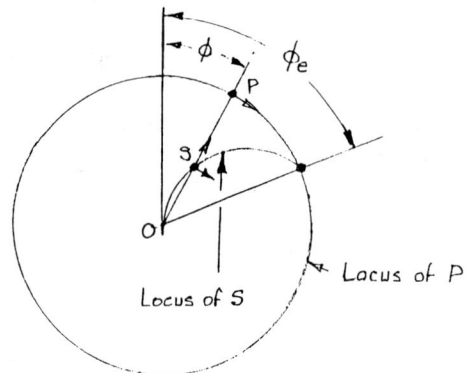

Fig. 2

Die einfachste Form dieser Bewegung ist jene, in der die radiale Geschwindigkeit von Punkt S und die Winkelgeschwindigkeit der Rotation von OSP konstante Werte aufweisen, und, überraschenderweise, entdecken wir, daß diese Form jene Spiralen nachvollziehen konnte, die in echten Kornkreisen vorgefunden wurden. Daher kann gesagt werden, daß die tangentiale und die radiale Komponente des Flusses, den wir in Kornkreisen vorfinden, mathematisch wie folgt definiert werden können:

Tangentiale Komponente = w x r (wobei w eine Konstante und r der lokale Radius ist)
Radiale Komponente = a Konstante größer als Null.
Obwohl die tangentiale Komponente der eines klassischen Vortex entspricht, ist es anders mit der Radialkomponente. Tatsächlich eliminiert diese Kombination fließender Vektoren die Möglichkeit, daß ein aerodynamischer Wirbel der Stimulus sein könnte, der die Kornkreise produzierte. Beide Fließkomponenten hören plötzlich auf zu existieren, sobald sie den Radius R erreicht haben, wenngleich dieser Schnitt manchmal verborgen wird durch einen peripheren Ring niedergelegten Korns.

Allerdings bestimmt der oben beschriebene Prozeß nur die Form einer einfachen Spirale. Eine Betrachtung des Befundes deutet darauf hin, daß die meisten Exemplare in einer Serie von spiraligen Streifen erstellt wurden. Zudem weisen verschiedene Lagen darauf hin, daß diese Streifen in verschiedenen Sequenzen flachgelegt wurden. Mit Hilfe von Computergrafiken war ich in der Lage, diese Spiralen und die beobachteten Sequenzen ziemlich zufriedenstellend bei jedem untersuchten Kreis zu analysieren. Das führte zu der Annahme, daß der flachlegende Stimulus (in Fig. 2 als S bezeichnet) mit seiner Funktion aufhört, sobald er P an der Peripherie des Kreises erreicht und sofort wieder über die Radiallinie, die P mit O verbindet, zum Mittelpunkt O zurückkehrt. Sofort wird mit der nächsten Spirale begonnen.

Die Anzahl der Spiralstreifen in jedem Kreis wird durch die simple Beziehung

Streifen = Umdrehungen x Streifen/Umdrehung

bestimmt. Sowohl die Anzahl der Streifen wie die Anzahl der völligen Umdrehungen müssen ganze Zahlen sein. Die Anzahl der Streifen pro Umdrehung ist gegeben durch 360, geteilt durch den Krümmungswinkel (o e) in Grad.
Mit diesem Konzept konnte nicht nur die Form der Kornmuster zufriedenstellend erklärt werden, sondern auch ihre oft „furchige" Erscheinungsweise, die es schwer macht, sich

vorzustellen, daß sie durch etwas anderes als einen diskreten physischen Stimulus entstanden, der sich auf programmierte Weise verhält, wie Punkt S. Ebenso ist gegeben, daß die Kornhalme, selbst wenn sie reif und zerbrechlich sind, dazu gebracht werden, ohne Beschädigungen an den Halmen oder Ähren flach auf dem Boden zu liegen. Ich bin der Ansicht, daß es so gut wie ausgeschlossen ist, diesen Effekt mit irgendeinem bekannten Stimulus zu erzeugen. Darum ist es vernünftiger zu folgern, daß eine Art unbekanntes technologisches Gerät dafür verantwortlich ist.

Die Herausforderung von Winterbourne Stoke

Die Annahme, daß die Kornkreise künstlich erzeugt werden, ist tatsächlich sehr viel wahrscheinlicher als alle Thesen über einen natürlichen Ursprung. Das wird bekräftigt durch meine Beobachtung, daß einige der komplexeren Muster allein dadurch reproduziert werden können, daß man annimmt, verschiedene Punkt-Stimuli hätten auf verschiedene Weise operiert, während sie prinzipiell um denselben Zentralpunkt rotierten. Ein Beispiel dafür ist der Winterbourne Stoke-Kornkreis aus dem Jahre 1989. Mr. Colin Andrews war so freundlich, mir die Zeichnungen zweier Zeugen und eine Kopie eines Fotos zu übersenden. Die Zeichnungen sind unten wiedergegeben (Fig. 3) und scheinen sich in der Segmentierung des größten Ringes durch Überlegung zu unterscheiden. Das Foto half nicht, diese Unstimmigkeit zu lösen.

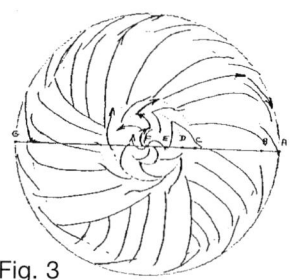
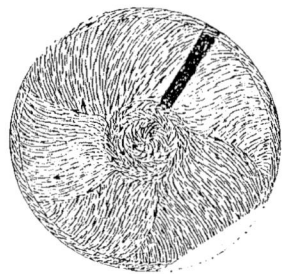

Fig. 3

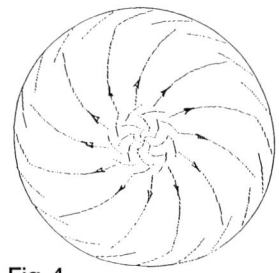

Fig. 4

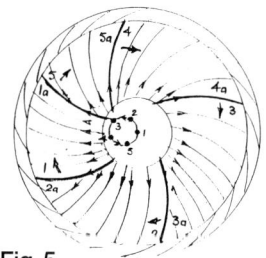

Fig. 5

Mein erster Versuch, dieses komplizierte Muster zu reproduzieren, führte dazu, daß ich verschiedene Variablen in mein Programm eingeben mußte, die zu folgender Rekonstruktion führten (Fig. 4):

Die Überlagerung erstaunte mich trotzdem weiter, bis ich erkannte, daß dieses Muster auf eine fortschreitende Bewegung des eigentlichen Rotationszentrums der Linie OP (siehe Fig. 2) während der Formation des größten Ringes zurückzuführen ist, das mit einer sehr viel raffinierteren Sequenzierung kombiniert ist als jener, die in mein PC-Programm eingegeben war. Das Ergebnis, durch Überlagetechnik produziert, ist nachfolgend dargestellt (Fig. 5):

Die dafür verantwortliche Sequenz verlief offensichtlich wie folgt:

(I) Die Niederlegungs-Operation begann mit der Umlegung des peripheren Ringes.

(II) Dem folgte eine äußere Niederlegungssequenz in drei verschiedenen Erscheinungsweisen, von dem und rund um das wahre geometrische Zentrum der Formation.

(III) Schließlich begann die Flachlegung des größten Ringes an Bogen (1) im Diagramm im Uhrzeigersinn und setzte sich auf die im PC programmierte Weise fort, bis ein 72-Grad-Segment bei Bogen (1a) gebogen wurde. An diesem Punkt vollzog der Stimulus einen Sprung um 144 Grad rückwärts (entgegen dem Uhrzeigersinn), bevor er die Flachlegung des Korns im Uhrzeigersinn fortsetzte. Am Anfang dieser Sequenz sieht es so aus, als würde das eigentliche Rotationszentrum des Stimulus jetzt in eine Linksdrehung geraten und dabei einem kreisrunden Pfad von

2,40 Metern Durchmesser folgen, dessen Zentrum 1,2 Meter links vom geometrischen Zentrum liegt, wie gezeigt wurde. Die 72/-144 Grad Umlegungssequenz setzt sich rund um ein sich immer veränderndes Zentrum fort, bis der gesamte Ring „ausgebürstet" wurde.

Da das in jedem Segment niedergelegte Korn nicht beeinträchtigt wurde von einem Stimulus, der in einer anderen Richtung über die Halme hinwegbürstete, während er die weiteren Segmente schuf, entstanden so die beobachteten Unregelmäßigkeiten auf dem Bodenmuster.

Es ist interessant, daß das Simulationsdiagramm oben (Fig. 4) Licht auf die Unstimmigkeit zwischen den beiden Untersucherzeichnungen des Musters wirft. Es gab, in der Tat, fünf Teilungen des großen Ringes: aber die Teilung an Kurve (3) ist nicht sehr deutlich und die an (4) nicht erkennbar.

Welche Art von Stimulus?

Wir sind mit einigen Problemen konfrontiert, wenn wir die Natur des hierin verwickelten, flachlegenden Stimulus zu identifizieren versuchen, denn nach meinem Wissen existiert kein solcher Stimulus. Trotzdem können wir diese Art Gerät, das darin involviert sein mag, zu rekonstruieren versuchen in der Annahme, daß eine solche Technologie irgendwo oder irgendwann existieren könnte.

Aufgrund der Tatsache, daß die meisten Korn „kreise" tatsächlich eher elliptisch sind und daß ihre Hauptachse entlang der größten Neigung der Feldoberfläche liegt (ebenso daß das Korn unbeschädigt ist und im 90 Grad-Winkel auf Bodenhöhe „gebügelt" wurde), ist anzunehmen, daß es sich bei dem kornflachenden Stimulus um eine Strahlungsenergie handelt, die laserartig von oben „gebeamt" wurde.

Es ist leicht, sich vorzustellen, und das ist eine Möglichkeit, daß ein in Phasen vorgehendes Antennensystem, das auf einer Seite horizontal rotiert, während die Strahlung es durchläuft, auf programmierte Weise das Kornmuster formt. Saturnartige Ringe flachgelegten Korns, die oft die Kreise umgeben, können durch die Rotation eines ähnlichen Stimulus ohne Radialbewegung hergestellt werden: während geradlinige Kräfte, die vom Kreisgebiet in das umgebende Korn projizieren, durch einen nicht rotierenden Stimulus erzeugt werden können, der vor oder nach der Formation des Kreises in das umliegende Korn gebürstet wird.

Wenn eine solche Technologie existieren sollte, können wir sicher sein, daß ihr Zweck nicht ist, leidgeplagte Farmer in Südengland zu irritieren oder uns alle durch komplizierte Rätsel zu verblüffen. Projizierte Strahlungsenergie, die Korn flachlegen kann, ohne dabei den Boden oder die Pflanzen sichtbar in Mitleidenschaft zu ziehen, wird gewiß nicht ohne einen tieferen Sinn eingesetzt. Aber von wem? Und welche Art von Strahlung könnte solche Effekte produzieren? Könnte es, wie ich persönlich vermute, Mikrowellen-Gravitationsstrahlung (Microwave Gravitational Radiation) sein, von der Palazzi annimmt, daß sie mit Hilfe eines Synchrotrons erzeugt werden kann? (Siehe: G. D. Palazzi, On the production and detection of gravitational waves from artificial sources, University of Rome, 26.4.1988)

Hat jemand eine andere, weniger exotische Erklärung, die alle bekannten Fakten abdeckt? Soweit ich weiß, hat Dr. Meaden bisher noch nicht versucht, das Muster von Winterbourne Stoke mit Hilfe seiner Vortex-Hypothese zu erklären.

10. Kapitel

Die Boden-Komponente

Wir saßen mit Busty Taylor im „Waggon & Horses"-Pub in Beckhampton, tranken ein paar Gläser des köstlichen „Lager"-Bieres und diskutierten unsere Erfahrungen der letzten Wochen während unserer Dreharbeit in England. Nicht nur, daß Busty wahrscheinlich mehr Kornkreise von oben gesehen hat als irgend jemand anderer. Mir gefiel seine ruhige, überlegte, abwägende Art, mit der er an die Problematik heranging. Er war nicht nur der „Kornkreis-Pilot", der aus seiner Sportmaschine die wohl besten Luftaufnahmen der Zirkel und Piktogramme gemacht hat. Er war ein Kornkreisexperte erster Güte, ein Mann, der allerhand zu sagen hatte.

Ich war froh darüber, daß Busty noch in dieser Nacht einem Interview zustimmte. Wir bauten also unsere Kamera im Hinterzimmer des „Waggon & Horses" auf, und nachdem wir das Problem der Beleuchtung gemeistert hatten, stellte ich Busty eine Reihe von Fragen. Eine davon beschäftigte sich mit seiner persönlichen Theorie über den Ursprung der Kreise.

„Was sie verursacht?" fragte Busty zurück. „Nun, meine Ansicht hat sich seit 1985 nicht verändert. Es ist eine Luftkomponente zusammen mit einer Bodenkomponente. Momentan können wir weder das eine noch das andere beweisen. Es sind Erdenergien involviert, wir nennen sie „Leylines", und eine Luftkomponente, leuchtende Objekte, die Menschen dort beobachtet haben, wo später ein Kornkreis auftauchte. Beide gehören zusammen. Wir haben die Traktorenspuren, nach denen sie sich zu orientieren scheinen, so daß es eine Luftkomponente

geben muß. Und dann können wir die „Leylines" messen, nach denen sie ausgerichtet sind. Offen ist nur die Frage, wie wir die beiden Komponenten zusammenbringen, um exakt zu sagen, wo das zusammenkommt, wo das fehlende Bindeglied liegt."

Mir klangen Bustys Worte immer wieder in den Ohren, während ich an diesem Buch arbeitete. Deutete nicht alles darauf hin, daß wir mit der „Luftkomponente" und einer Zuordnung zum UFO-Phänomen das Mysterium der Kornkreise gelöst hatten? Nicht ganz, wir hätten einen wichtigen Aspekt vergessen ohne die eindringliche Mahnung unseres Freundes Busty Taylor.

Was sind „Leylines"? Einer der frühen Erforscher der Anlage von Stonehenge, Reverend Edward Duke, spekulierte in seinem 1946 erschienenen Buch „Die Druiden-Tempel von Wiltshire", daß einst eine direkte Verbindung zwischen Stonehenge und dem Steinkreis von Avebury bestand. Nach Duke repräsentierte diese Linie die „Achse der Kraft" und jedes prähistorische Monument auf ihr einen der sieben astrologischen Planeten. Einige Jahre später erweiterte William Henry Black, Mitglied der angesehenen „Britischen archäologischen Gesellschaft", Dukes Theorie durch die Annahme, alle antiken Plätze auf der britischen Insel und möglicherweise auf der ganzen Welt könnten durch „Große Geometrische Linien" miteinander verbunden sein. Wenn auch das Establishment Blacks Ideen ignorierte, so sammelte sich doch bald ein kleiner Kreis begeisterter Anhänger um den Forscher, der sich regelmäßig im Hotel

„Grüner Drache" in Hereford traf, um neue Linien ausfindig zu machen. Jahre später schloß sich dem Kreis ein gewisser Alfred Watkins an, der bald zur Galionsfigur der Linienforscher wurde. Er entdeckte, daß an vielen dieser Geraden Ortschaften mit gleichen Namen, Endungen oder Charakteristiken liegen. So waren alle mit der Silbe „-ley" endenden Dörfer und Städte durch ein Liniennetz miteinander verbunden. Watkins sprach von der „ley-line", ein Begriff, der sich sehr schnell popularisierte und bald auf sämtliche „geraden Linien" angewendet wurde.

Die Erkenntnis über ein solches Liniennetz kam Watkins an einem heißen Sommertag, dem 20. Juni 1921, als er auf dem Pferderücken die Grafschaft Herefordshire durchstreifte. Er hielt auf einer Hügelkuppe an, um sich auf seiner Landkarte zu orientieren. Dann ließ er seinen Blick über die Landschaft schweifen, die vor ihm ausgebreitet lag wie ein offenes Buch. Plötzlich verschwamm sie vor ihm im Dunst, und vor seinem Auge formte sich langsam, erst undeutlich, dann immer klarer werdend, ein neues Bild, das Bild einer Epoche aus langvergangener Zeit. Über das ganze Land verbreitet sah er ein Netz von Linien, durch das Kultstätten aus alter Zeit untereinander verbunden waren: Erdhügel, Monolithen, Kreuze, Kirchen, die über vorchristlichen Kultplätzen errichtet waren, legendenumwobene Bäume, Wassergräben und heilige Quellen. Sie alle waren in exakt ausgerichteten Linien angeordnet, die sich über Täler, Berge und Hügel hinzogen. Watkins hatte die magische Welt des prähistorischen England in einem Moment transzendenter Vision erlebt, eine Welt, die längst im Dunkel der Vergangenheit versunken war. „Es war ein Augenblick blitzartiger Erleuchtung", schrieb Watkins später, „der ganze Plan des 'Old Staight Track' hatte sich mir unversehens offenbart."

Als Watkins dann auf einer amtlichen topographischen Karte Kirchen und prähistorische Stätten miteinander verband, fand er seine Vision bestätigt. Nicht selten standen acht, neun oder zehn Stätten in verhältnismäßig kur-zen Abständen auf einer Ausrichtungslinie. Viele von ihnen wiesen gemeinsame Merkmale auf, zum Beispiel neben der „-ley"-Endung die Vorsilben „White" oder „Red", oder auch Kirchen, die alle den „Drachentötern" St. Michael und St. Georg oder der Jungfrau Maria gewidmet waren. Weiter stellte Watkins fest, daß ihr Verlauf oft mit den alter Römer- oder Keltenstraßen identisch ist. Wie Watkins dokumentierte, sind die „geraden Linien" kein speziell englisches Phänomen. In China sind sie seit altersher als „Drachenpfade" bekannt und fester Bestandteil der chinesischen Geomantie, des „Feng Shui". Die Ureinwohner Australiens, die Aborigines, glauben, daß sie die Wege waren, auf denen einst die Schöpfergötter das Land durchquerten. So errichteten sie ihre Heiligtümer auf den „Dschuringas", an denen sie noch heute ihre uralten heiligen Zeremonien feiern. Auf „Dschuringa-Brettern", die als „Landkarten" für Reisen in die „Traumzeit" oder Astralwelt dienen, werden sie als Anordnungen untereinander verbundener Ringe und Kreise dargestellt.

Die bekannteste der „heiligen Linien" Englands ist die „St. Michaels Linie", die von Cornwall bis Hopton, Norfolk, verläuft. Nicht nur, daß sie Glastonbury und den Tor Hill mit Avebury verbindet, in Richtung des Sonnenaufganges am 1. Mai verläuft und der Tor Hill ganz offensichtlich nach ihr ausgerichtet ist, auf ihr liegen über 50 relevante Kirchen, Kapellen, Burgen und Steinkreuze.

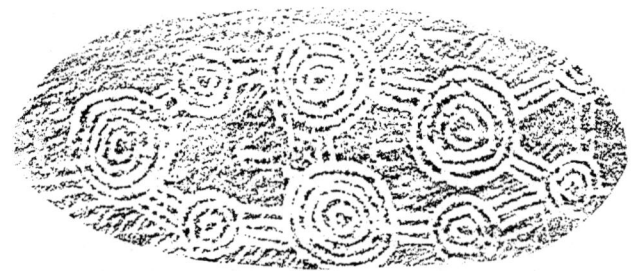

„Dschuringa-Brett" der australischen Ureinwohner

Die meisten Kirchen sind St. Michael und St. Georg geweiht, und viele von ihnen befinden sich auf Hügelkuppen oder Felsvorsprüngen. Zwei britische Geomanten, Hamish Miller und Paul Bradhurst, widmeten dieser „heiligen Linie" ihr Buch „The Sun and the Serpent" (Die Sonne und die Schlange).

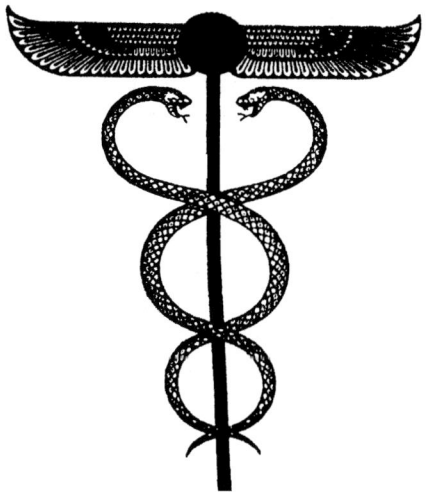

Der Äskulap Stab - Symbol für die Polarität der Energien.

Ihre umfangreichen Studien und ihre Feldforschung „vor Ort" und mit der Wünschelrute ergaben, daß die St. Michaels-Linie wie der Schlangenstab des Äskulap von zwei Energienströmen umwunden wird, die Miller & Broadhurst als „Michaels-" und „Marienstrom" bezeichnen - nicht nur wegen der auf ihm plazierten Kirchen, sondern weil der eine Strom „männliche", der andere „weibliche" Energien führt. Das entspricht der Lehre des Feng Shui, der chinesischen Geomantie, die besagt, daß es „in der Erdkruste zwei verschiedene, ich möchte sagen magnetische, Ströme gibt, der eine männlich, der andere weiblich, der eine positiv, der andere negativ", wie Feng Shui-Experte E. J. Eitel bereits 1873 schrieb. Wo beide Ströme aufeinandertreffen, liegen die großen Hei-

ligtümer der Vorzeit, Stätten wie Avebury und Glastonbury. Eine Parallele dazu finden wir im Mikrokosmos Mensch, der nach der indischen Yoga-Lehre von den beiden feinstofflichen Energiekanälen Ida und Pingala durchzogen wird, der eine männlich, der andere weiblich, die sich um eine Zentralachse namens Sushumna schlängeln. Sie treffen aufeinander an den Chakras, den sieben Energiezentren des Menschen.

Als Miller & Broadhurst das Gebiet um Avebury auf den Fluß des Michaels- und Marienstromes untersuchten - es war der Sommer 1988 - tauchten die Kornkreise wieder auf, allein 51 im Umkreis von zehn Kilometern um den Silbury Hill. Dabei waren die beiden Rutengänger nicht wenig erstaunt, als sie feststellen mußten, daß sie alle „exakt auf der Route des ‘weiblichen' Energieflusses lagen".

Das war der erste Hinweis auf eine Verbindung zwischen den Kornkreisen und den „Erdenenergien". Fortan untersuchten ganze Legionen von Wünschelrutengängern die Kreise auf diese Verbindung hin. Ihr Ergebnis: Sämtliche Zirkel liegen auf Energielinien:

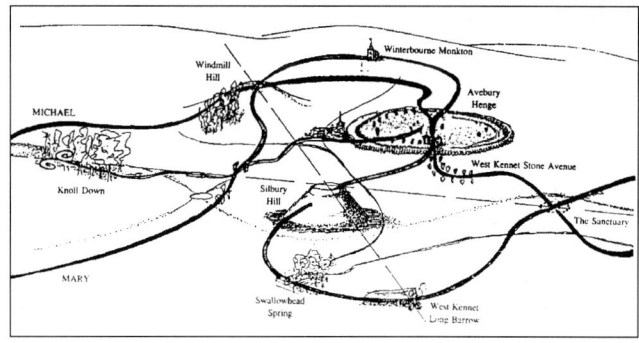

Die Energielinien im Gebiet um Avebury nach Miller/Broadhurst

Nicht nur den großen „heiligen Linien" wie der „St. Michaels-Linie", sondern auch auf den unzähligen Energieadern der Erde, die mit den Nadis, den subtilen Nervenbahnen des Menschen, vergleichbar sind, die den Körper mit Prana, mit kosmischer Energie versorgen. Diese Erdströme sind nicht mit physikalischen Mitteln zu messen, aber durch die Psyche oder das Unterbewußtsein des Menschen, die sich gerne durch Instrumente wie Pendel und Wünschelrute artikulieren. Auffallend dabei ist, daß nur selten zwei Rutengänger zu denselben Ergebnissen kommen. Das freilich stört sie wenig. Sie sind von der Multidimensionalität der Erdenergien überzeugt und glauben, daß jeder Radiästhesist sie nur auf einer ganz bestimmten Ebene wahrnehmen kann, die von Mensch zu Mensch verschieden ist.

„Die spirituellen Energien der Erde (von den chinesischen Geomanten chi, von den frühen Christen der Heilige Geist genannt und von den Mystikern durch die Zahl 1080 symbolisiert) werden überall in ihrem Fluß durch die Charakteristiken der lokalen Landschaft bedingt, ihren Bergen, Wäldern, Flüssen und Tälern", schreibt John Michell . „Sie können ebenfalls durch menschliche Aktivitäten gelenkt werden, und die alte Wissenschaft der Priester befaßte sich ausführlich mit Möglichkeiten, die heiligen Energien der Erde zu entdecken und zu manipulieren. Die traditionelle östliche Weise der Tempelgründung beinhaltete die Aufspürung des 'Drachenkopfes' (der Drachen oder die Erdschlage ist ein universales Symbol für den Erdgeist) und seine Durchstoßung mit einem Pfahl, der seine Energien an der angemessenen Stelle für das Allerheiligste des Tempels fixieren und verstärken sollte. Plutarch, der im ersten Jahrhundert Priester in Delphi war, bezieht sich in 'Der Niedergang der Orakel' auf die Ströme der Erdenergie, die Orakel und Plätze der Anrufung aktivieren. Sie stehen, so schreibt er, unter dem Einfluß der Sonne und der Himmelskörper."

1935 stellten die beiden französischen Archäologen Merle und Diot nach eingehenden Untersuchungen mit der Wünschelrute fest, daß „ausnahmslos jedes megalithische Monument in einem bestimmten Verhältnis zu unterirdischen Strömungen steht, die sie passieren, kreuzen oder umgeben." Zu einer ähnlichen Schlußfolgerung kam Guy Underwood 1969 in seinem Buch „Patterns of the Past" (Muster der Vergangenheit), in dem er aus seinen Untersuchungen in Wessex folgert, daß „jedes alte Monument oder Gebäude in Beziehung zum Fluß der Erdenergie errichtet wurde".

Nun wissen wir, daß die Kornkreise vorwiegend im Umfeld prähistorischer Kultstätten, Steinkreise, Thingplätze oder Grabhügel auftauchen. Für die Rutengänger steht fest, daß diese Monumente in allen Fällen auf starken Energielinien erbaut wurden und oft genug ihrer Harmonisierung dienten, im Sinne einer „Erdakupunktur". Das, so sind sie überzeugt, führte dazu, daß kleinere Linien strahlenförmig von ihnen ausgehen. Und auf diesen „Strahlenlinien" liegen zumindest häufig die Zirkel. Rutengänger David Tilt glaubt, daß sie durch „Energieentladungen" entstanden sind, zu denen es von Zeit zu Zeit und unter bestimmten Bedingungen kommen würde. Seine erste Begegnung mit dem Phänomen geht auf das Jahr 1984 zurück, als er einen Steinkreis bei Seadford, Sussex, untersuchte. An diesem 28. Juli war, so Tilt, „das Energieniveau an dieser Stätte bis zu einem unerträglichen Grad angestiegen, was die Fortsetzung meiner Arbeit extrem unangenehm machte. Unter diesen Bedingungen erlebt man Desorientierung, Schwindelgefühl und Konzentrationsschwierigkeiten, und daher verläßt man einen solchen Ort besser, bis die Energie auf ein akzeptables Maß zurückgeht. Als ich am 3. August wieder nach Seaford kam, spürte ich, daß etwas Ungewöhnliches geschehen sein mußte, denn der Energiepegel war außergewöhnlich niedrig. Tatsächlich war in der Zwischenzeit ein Kornkreis aufgetaucht."

Das geht in die Richtung einer der interessantesten und schönsten Theorien über den Ursprung der Kornkreise. Danach spricht in ihnen Mutter Erde zu uns und warnt uns vor den Folgen der Umweltzerstörung. Ihr bekanntester Vertreter ist, seit neuestem, Colin Andrews, der mit Hopi-Indianern zusammenkam, die für ihn die kreisrunden Zeichen interpretierten. Die Zeichen im Korn, sagten sie, seien keine Schrift oder Sprache, sondern sprächen zum Bewußtsein des Menschen, der sie nur anschauen braucht, um ihre Botschaft zu empfangen. Die Indianer reagierten sehr emotional auf Fotos der Piktogramme und deuteten sie wie folgt: „Mutter (so nennen die Indianer die Erde) steckt in ernsten Schwierigkeiten. Mutter weint. Unser Bruder (die Menschheit) ist verantwortlich. Mutter läßt keinen Schnee mehr auf die Bergspitzen fallen. Er kann nicht mehr schmelzen und in die Flüsse fließen. Ihr Blut (das Öl) wird von ihr genommen. Ihre Lungen (die Blätter) verwelken in jeder Stadt der Welt."

Eine intelligente Erde, die in Zeichen zu uns spricht? Das entspräche der Gaia-Hypothese des britischen Biologen James E. Lovelock, die ihren Namen der griechischen Erdgöttin verdankt. Sie besagt, daß unser blauer Planet nichts anderes ist als ein lebender, sich selbst haltender, sich selbst regulierender Superorganismus, der seine chemischen, physikalischen und biologischen Prozesse ständig justiert, um die optimalen Bedingungen für Leben zu erhalten. Die menschliche Zivilisation hätte auf diesen Erd-Körper eine ähnliche Auswirkung wie ein Krebsgeschwür auf den menschlichen Organismus.

Nach der Theorie des Cambridge-Biochemikers Prof. Rupert Sheldrake werden die Systeme dieses Organismus Erde nicht nur durch die physikalischen Gesetze reguliert, sondern durch ein „morphogenetisches Feld", ein unsichtbares, organisierendes, „formbildendes" Bewußtsein der Natur. „Übernimmt" der Organismus Erde also die Symbole im Korn aus dem „kollektiven Unbewußten" (C.G. Jung) der Menschheit? Ist unser Heimatplanet ein intelligentes Wesen, das sich auf eine so schöne, klare und künstlerische Weise artikulieren kann? Werden die Wirbel und Muster der Piktogramme von innen, aus der Erde heraus geformt?

So sehr wir mit jeder mythisch-ökologischen Erklärung ideologisch sympathisieren, die Indizien sprechen eher gegen diese Hypothese. Zu sehr orientieren sie sich an Feldgrenzen und Traktorspuren, deuten die Anlagepositionen darauf hin, daß eine von oben kommende Kraft hier wirkte. Trotzdem ist die „Bodenkomponente" ein wichtiger Bestandteil des Phänomens, ein Puzzlestein zur Lösung des Rätsels, das es einzuordnen gilt.

Der Rutengänger Richard Andrews , der seit 1985 Kornkreisforschung betreibt, bemerkte, daß sowohl in den Steinkreisen von Stonehenge und Avebury wie bei den Kornzirkeln die Energie spiralförmig auf ein Zentrum hin ausgerichtet ist. Er stellte fest, daß alle echten Kornkreise organisierte Energiefelder in der Erde aufweisen - eine Tatsache, die auch von anderen Radiästhesisten bestätigt wird - und daß diese Muster auch noch im nächsten Jahr geortet werden können, wenn alle äußeren Spuren einer Formation längst verschwunden sind. Weiter bemerkte Andrews bei einigen Kreisen und Piktogrammen Energiemuster, die im ursprünglichen Kornmuster noch nicht manifestiert waren; einige Tage später „entwickelte" sich das Piktogramm in eben diesem Muster fort: Zusätzliche Ringe oder weitere Auswüchse entstanden auf diese Weise.

Andrews Schlußfolgerung, die ich persönlich für logisch und durchaus für möglich halte, ist, daß sich die Kreise in zwei Stufen bilden. „Zuerst wirkt eine intelligente Kraft von oben auf die Erdenergien ein und schafft so ein unsichtbares Muster, das die Richtung vorherbestimmt, in die jeder einzelne Getreidehalm fallen wird. Zu einem späteren Zeitpunkt löst eine unterirdische Kraft den Prozeß aus, der die sichtbare Form im Getreidefeld erschafft." Könnte das bedeuten, daß die Kornkreise ähnlich wie die Steinkreise der Vorzeit eine Methode der „Erdakupunktur" sind, daß sie die Kraftlinien Südenglands aktivieren sollen? Bereiten sie damit eine Frequenzerhöhung der Erde vor, das „Neue Jerusalem" der Prophezeiungen?

11. Kapitel

Die Wächter

Zugegeben, bei Medien und „Channels" bin ich skeptisch geworden; zu widersprüchlich sind oft ihre Aussagen, zu unkonkret und manchmal faktisch falsch. Wenn jedoch ein Medium mehrmals hintereinander ganz richtig die Standorte neuer Kornkreise vorhersagt, dann verdient es zumindest unsere Aufmerksamkeit. Ein solches Medium ist Isabelle Kingston. Ihre Fähigkeit bewies sie niemals wieder so gut wie 1990. Im März fragte sie George Wingfield, wo die wichtigsten Kreise dieses Jahres auftauchen würden. Nach einer kurzen Meditation verwies sie auf die Felder unterhalb des Hügels „Adams Grave", die Felder von Alton Barnes. Eine Woche lang wachten Wingfield und seine Kollegen vom CCCS auf „Adams Grave", und nichts geschah; enttäuscht zogen sie sich zurück. Das war Mitte Juni 1990. Vier Wochen später, am 12. Juli, erschien just an der vorausgesagten Stelle das beeindruckendste und größte aller Piktogramme des Jahres 1990, die 138 Meter lange „Alton Barnes-Formation", die weltweit für Aufsehen sorgte. Verständlicherweise „schwört" George Wingfield seitdem auf Isabelle Kingston, und er war es auch, der mir die Adresse des Mediums gab.

Isabelle Kingston , eine weiche, füllige kleine Frau, entspricht zweifellos jedem Klischee eines britischen Mediums. Aber ihre Geschichte sprengt alle Stereotypen, sollte sie es doch sein, die uns den letzten Schlüssel zur Lösung des Kornkreis-Rätsels lieferte.

Das Medium Isabelle Kingston vor dem Silbury Hill

Im März 1987 versammelte sie ihren Kreis um sich in ihrem kleinen viktorianischen Haus in Ogbourne St. Andrew, um mehr über den geheimnisvollen Silbury Hill zu erfahren, jene prähistorische Stufenpyramide südlich von Avebury, die vor 4600 Jahren angelegt wurde und deren Bedeutung noch immer ungeklärt ist. Nach einer längeren Meditation empfing Isabelle die erste Durchgabe. Sie stammte, so das Medium, von „einer Intelligenz von außerhalb dieses Planeten", die sich „die Wächter" nannte. Sie würden seit Urzeiten die Geschicke der Menschheit lenken, hätten jedoch bisher im Verborgenen gewirkt.

Die Wächter teilten durch sie mit, daß sie es waren, die vor Jahrtausenden die Errichtung des Silbury Hill angeleitet hätten. Die Silbe „Sil" hätte die Bedeutung „leuchtende Wesen" gehabt. Tempel wie Silbury hatten die Aufgabe, einmal in der Zukunft der Menschheit zu helfen. Und Avebury selbst, so „die Wächter", wäre energetisch mit „Orten der Kraft" rund um den Globus verbunden. Derzeit sei es die Aufgabe der „Wächter", das „Neue Jerusalem", das Neue Zeitalter, auf Erden vorzubereiten. England läge im Zentrum jener großen „Pyramide des Lichtes", die sie errichtet hätten. Zu diesem Zweck würden sie die „ley-lines", die Energieadern der Erde, an verschiedenen Punkten „aufladen". Wir könnten das sehen: Denn, was zurückbleibe von einer solchen Aufladung, seien große, spiralige Kreise auf den Feldern, Kreise im Korn.

„Dieses alte Land hält das Gleichgewicht. Es ist der Schlüssel zur Welt. Viele dieser Plätze werden gereinigt, so daß sie zu Kanälen der neuen Energie werden können", erklärten die „Wächter". „Die Pyramide der Kraft, die dieses Land umgibt, ist der Schlüssel - in euren Worten ein Knopf, der zur Aktivierung gedrückt werden muß. Ihr seid das Immunsystem eures Planeten, das Heilsystem, das den Wechsel bewirken wird, doch es gibt noch ein paar andere Schlüssel, die aktiviert werden müssen. Dieses Land ist ein Testgelände - es muß vorbereitet sein, bevor das Ganze mit der anderen Dimension verbunden werden kann. Dinge verändern sich in Stonehenge - ein Energiefeld liegt über den Steinen. Die Kornkreise entsprechen der gleichen Dimension wie Stonehenge. Kreise erscheinen als Blaupause für die Menschheit, um bestimmte Orte als Orte der Kraft zu markieren. Es ist so, als würden durch sie diese Orte aufgeschlossen werden. Zentren werden erweckt - das ist Teil des Planes."

Im Juni 1988 empfing Isabelle Kingston neue Botschaften von den „Wächtern".

„Es wird ein Zeichen geben bei Silbury Hill", prophezeite sie, „es wird euch unsere Gegenwart verdeutlichen."

Zwei Wochen später tauchten dort die geheimnisvollen „Fünflinge" auf. „Die Zahl der Kreise wird 1989 gewaltig anwachsen", sagte sie Anfang 1989; rund 120 waren es 1988, über 300 im Jahre 1989. „Die Kreise werden 1990 verschieden sein. Es wird andere Formationen und verschiedene physische Manifestationen geben", wußte sie Anfang 1990. Es war das Jahr des großen Quantensprunges, das Jahr der ersten Piktogramme. Am 10. Juli 1991 erhielt Isabelle die Anweisung: „Geht zu den Hügeln und ruft nach den Brüdern. Verbindet euch mit dem Kosmos und zieht die Energien an. Werdet wie Blitzableiter. Leitet das Licht in die Erde. Verwandelt es in reine Liebe und wartet auf die Explosion." Am 11. Juli traf sich Isabelles Gruppe zu einer Meditation, folgte dem Plan der Wächter. Noch in derselben Nacht erschien ein Piktogramm auf einem Feld in Ogbourne, Isabelles Wohnsitz, und innerhalb von einer Woche im ganzen sieben große Muster, darunter die Dreiecksformation von Barbury Castle.

Ich mußte Isabelle kennenlernen. Wir verabredeten uns an einem wolkigen Augustnachmittag am Silbury Hill, jener axis mundi der Kingstonschen Kosmologie. Nachdem wir endlich einen geeigneten Drehort gefunden hatten- der Parkplatz vor dem Monument war ständig von Schaulustigen frequentiert -, begann ich, das Medium vor laufender Kamera zu interviewen. „Es begann damit, daß eine neue Energie durch mich sprach, und diese Energie kündigte an, daß ein Zeichen nahe der alten Tempel von Avebury erscheinen würde, ein Zeichen, das anzeigt, daß sie das Bewußtsein der Erde erhöhen", erklärte sie.
Wer oder was war diese Energie?
„Sie nannten sich die 'Wächter', aber das ist nur ein Begriff für ein kosmisches universales Bewußtsein, für Wesen, die sehr besorgt sind um unseren Planeten und das, was derzeit auf der Erde geschieht."
Was denken Sie, sind die Kornkreise, was bedeuten sie?
„Die Kornkreise haben eine vielschichtige Bedeutung, viele Komponenten, viele Energietypen kommen da

zusammen, Energien der Erde und des Universums, Naturreiche und spirituelle Bereiche schaffen eine Formation, die eine tiefgreifende Wirkung auf jene Menschen hat, die sie sehen und erfahren."

Wie entstehen die Kreise?

„Sie werden geschaffen von einer Energieform, von einer Bewußtseinsform, möglicherweise aus unserem eigenen Selbst, möglicherweise aus anderen Räumen oder Dimensionen."

Nun fand eine Evolution des Phänomens statt von normalen Kreisen hin zu komplizierten Mustern und Piktogrammen. Wie erklären Sie das?

„Gewiß gibt es überall eine Entwicklung. Wir begannen mit den einfachen Kreisen, und in gleicher Weise, wie sich die Energie aufbaut und das Bewußtsein fortentwickelt, wurden die Formationen auch komplexer und wurden uns mehr und mehr Stücke des Puzzles gegeben."

Welche Bedeutung hatten die Fünferformationen, die 1986 als erste am Silbury Hill erschienen?

„Das war, wie mir in einer gechannelten Botschaft mitgeteilt wurde, ein Input von Energie in die Erde, in die Leylines und Energielinien, um die Energie auszugleichen und uns alle zu harmonisieren."

Silbury Hill, vor dem wir hier stehen, ist gewiß eines der energetischen Hauptzentren in Südengland. Zu welchem Zweck wurde er von unseren Vorfahren erbaut und in welcher Verbindung steht er zu den Kornkreisen?

„Silbury Hill wurde tatsächlich vor dem Steinkreis von Avebury erbaut. Sie errichteten ihn als ein Kraftzentrum, das die kosmische Energie und die Erdenenergie miteinander verbinden sollte, um diese dann in den Steinkreis zu leiten, wo sie sie für ihre Zwecke benutzten. Sein Name bedeutet 'der Hügel der Scheinenden', welche offenbar - obwohl sie möglicherweise keine physische Form hatten - die Errichtung dieser Stätte beaufsichtigen."

Nun wurde Silbury Hill, der selbst eine Pyramide war, zur selben Zeit errichtet wie die Pyramiden Ägyptens. Wer waren also die Konstrukteure?

„Ich glaube, daß es zu dieser Zeit schon einmal eine Erhebung des Bewußtseins gegeben hat und daß die Alten, wie wir sie nennen, nicht nur mit der Erde, sondern auch mit dem Kosmos verbunden waren. Ich bin mir sicher, daß die Menschen, die hier lebten, von außen beeinflußt wurden, diese Stätten zu errichten. Und ich denke, diese Orte wurden als eine Art Versicherungspolice angelegt für eine Zeit, in der sich die Menschheit einmal öffnen würde und ihre Energie aus der Öffnung dieser Zentren gewinnt."

Wer waren die „Scheinenden"?

„Die Wächter bedienten sich dieses Begriffes, weil sie diejenigen sind, die uns in unserer Evolution helfen. Verschiedene Kulturen gaben ihnen unterschiedliche Namen. Wir können schon sagen, daß sie aus dem Kosmos, dem Universum oder dem Universalen Verständnis kommen. Wir können sie auch die Hüter dieses Planeten nennen."

Tatsächlich ist der Silbury Hill gewissermaßen der „archimedische Punkt" des Kornkreisphänomens. George Wingfield glaubt sogar, daß die Kornkreise von Warminster und Winchester aus quasi auf dieses Ziel zugesteuert sind und ihren „Quantensprung" erlebten, als sie ihn endlich erreicht hatten. „Ich denke, daß in dieser Region Silbury Hill das Zentrum der Aktivitäten ist... Er ist ein großes Kraftzentrum. Wir wußten das schon immer, denn wir kannten die „Leylines", die Erdenergielinien, die Silbury Hill durchkreuzten, ähnlich wie Stonehenge. Wenn Sie die Kornkreise der letzten Jahre auf einer Karte eintragen, sehen Sie, daß sie auf einer bestimmten Energielinie liegen, die von Silbury Hill ausgeht. Als die Kreise 1988 Silbury Hill erreichten, war dies offensichtlich der Punkt, von dem aus sie wirklich in Zahl und Vielfalt explodierten."

Vielleicht liefert uns der mysteriöse „Hügel der Scheinenden" wirklich den Schlüssel zur Identifikation der Circlemaker. G.T. Meaden identifiziert ihn als Symbol für die axis mundi, das Zentrum der Welt, oder den Urberg, der zu Beginn der Schöpfung aus dem Urmeer ragte, als auf ihm die Götter herniederstiegen. „Er könnte sein geistiges Gegenstück in den Ziggurat der Sumerer des 4. Jahrtausends v.Chr. haben, vierseitigen Bergen aus Lehmziegeln mit einem Heiligtum auf ihrer Spitze, wo himmliche und irdische Kräfte in Harmonie zusammenkamen." Silbury Hill wurde gegen 2700 v.Chr. als sechsstufige Kalkstein-Rundpyramide erbaut, ist heute 44 Meter hoch. Ebenfalls gegen 2700 v.Chr. errichtete Imhotep, der „göttliche Architekt", die ebenfalls sechsstufige - quadratische Kalksteinpyramide des Djoser in Sakkara bei Memphis in Unterägypten, ca. 60 Meter hoch. Wer war dieser Imhotep? Der Überlieferung nach ein ägyptischer Leonardo da Vinci. Er war Hohepriester von Heliopolis, Kanzler des Reiches, der zweite Mann nach dem Pharao. Ihm werden der erste Steinbau der Geschichte - eben die Pyramide von Sakkara - , die Erfindung der Hieroglyphen, der Astronomie und der Medizin zugeschrieben.

Der Autor vor der Stufenpyramide des Djoser in Sakkara, erbaut im selben Jahrhundert wie der Silbury Hill und , wie dieser, sechsstufig.

Die Griechen nannten ihn Asklepios und machten ihn zu ihrem Gott der Heilkunde. Er war ein Schüler des Thoth, des Gottes der Weisheit, den die Griechen mit ihrem Götterboten Hermes identifizierten. Als Hermes Trismegistos („dreifach größter Hermes") gilt Thoth als Begründer der Esoterik, und die hermetischen Schriften behandeln die großen Fragen der Menschheit in Form von Dialogen zwischen Hermes=Thoth und seinem Schüler Asklepios=Imhotep. Thoth gehörte zu den ursprünglichen Göttern Ägyptens, den neteru.

Und wörtlich übersetzt bedeutet „neteru" - „die Wächter".

Das Emblem der „Wächter" die von Schlangen durchzogene Sonnenscheibe, über derm Fries eines ägyptischen Tempels.

Die Ägypter behaupteten, daß ihre Götter aus einem fernen Bergland stammten und in grauer Vorzeit auf Schiffen und „Himmelsbarken" von Süden her kamen. Ihre Heimat sei „ta neter" gewesen, das „Land der Wächter". Von Süden her ist Ägypten per Schiff nur über das Rote Meer erreichbar. Folgt man dem Roten Meer und umschifft man die arabische Halbinsel, erreicht man ein Land, das in alter Zeit „Schumer" genannt wurde - wörtlich: „Das Land der Wächter". Es ist das „Land Sinear" der Bibel, die Heimat Abrahams, Noahs und seiner Vorfahren. Und es ist Sitz der ältesten Hochkultur der Menschheit, der Kultur von Sumer.

Die erste Spur der sumerischen Kultur fand der britische Archäologe Henry Auston Layard , als er 1840 bei Mossul im Irak das biblische Ninive ausgrub, die Hauptstadt des assyrischen Reiches. Sie verdankte ihren Glanz jenem König Sanherib, der, der Bibel nach, bei der Belagerung von Jerusalem durch einen Engel des Herrn zur Rückkehr in die Heimat gezwungen wurde. Das Britische Museum in London zeigt noch heute die eindrucksvollsten Schätze der assyrischen Kunst, die bei dieser Grabung zutage kamen, darunter jene monumentalen Reliefs, die den Assyrerkönig bei der Jagd, beim Feldzug oder beim Empfang ausländischer Botschafter darstellen. Der für die Fachwelt weitaus wichtigere Fund aber waren Hunderte schlichter Tontafeln, oft nicht größer als eine Handfläche, aber voller Informationen über die Kultur zwischen den Strömen Euphrat und Tigris. Die meisten von ihnen stammten aus der Bibliothek des Assurbanipal, einem Nachfolger Sanheribs. Assurbanipal, ein hochgebildeter Herrscher des 7. vorchristlichen Jahrhunderts, hatte seine Schriftgelehrten beauftragt, alle überlieferten Texte aus der Vergangenheit seines Reiches zusammenzutragen, zu kopieren und zu übersetzen. Viele Tafeln dieser Bibliothek tragen den Vermerk „Übersetzt aus ..." Bei einigen heißt es: „... aus der Sprache von Schumer". Eine Inschrift des Assurbanipal selbst lautet:

„Der Gott der Schriftgelehrten hat mir die Gabe verliehen, mich auf meine Kunst zu verstehen.

Ich bin in die Geheimnisse des Schreibens eingeweiht worden.

Ich kann sogar die schwierigen Tafeln auf Schumerisch lesen.

Ich verstehe die rätselhaften, in Stein gemeißelten Wörter aus den Tagen vor der Flut."

Für die Assyrer war Sumer das Land der Vorzeit, die Wiege ihrer Zivilisation, ja, der Menschheit selbst. Viele aus dem Sumerischen übersetzte Texte erwiesen sich zum Erstaunen der Übersetzer ganz offensichtlich als Urschriften des Alten Testamentes: Die Schöpfungsgeschichte, die Sintflut, der Turmbau zu Babel, sie alle hatten ihre literarischen Vorbilder in den Schriften von Sumer.

Als bei Grabungen in den zwanziger Jahren die ersten sumerischen Städte entdeckt wurden, stießen die Archäologen tatsächlich auf eine Zivilisation der Rätsel und Superlative. Und als sich 1956 der Sumerologe Noah S. Kramer um eine Bestandsaufnahme ihres literarischen Erbes bemühte, widmete er jedes der 25 Kapitel seines Buches „From the Tablets auf Sumer" einem weiteren „Erstling", den wir den Sumerern zu verdanken haben. Dazu zählen die ersten Schulen und Universitäten, das erste Zweikammerparlament, der erste Historiker, der erste Pharmazeut, das erste Krankenhaus, die erste Medizin und Chirurgie, die erste Kosmologie, die erste Liebesgeschichte, die ersten literarischen Debatten, die ersten Gesetze und Sozialreformen und die erste Suche des Menschen nach Weltfrieden, Eintracht und Unsterblichkeit.

Die Sumerer verfügten über eine hochseetüchtige Handelsflotte und ein Netz künstlicher Kanäle zwischen Euphrat und Tigris als Wasserstraßen und zur Bewässerung des Ackerlandes. Sie erfanden den Brennofen und errichteten aus gebrannten Lehmziegeln riesige Mauern, das erste Hochhaus, die siebenstöckige „Ziggurat", weithin sichtbar gen Himmel ragend. Sie war Tempel und Observatorium der Priester, die auch Astronomen waren. An ihrer Spitze befand sich, einem Penthouse gleich, das „Haus der Götter", die Stadtgottheit. Es war immer so hergerichtet, daß der Gott oder die Göttin es jederzeit beziehen konnte.

Eine der verblüffendsten Erkenntnisse, die sich den Erforschern der sumerischen Kultur boten, war die, daß ihre Astronomen ganz offensichtlich über erstaunliche

Die älteste Sternenkarte der Welt ist Teil eines akkadischen Rollsiegels, das heute im Berliner Pergamon-Museum liegt: Es zeigt einen Halbgott, der einen Sterblichen mit zwei Ziegen- Opfern zu Himmelsgott Enlil (sitzend) führt. Die Götter tragen die charakteristische „Hörnerkrone". Die Detailzeichnung zeigt die neun Planeten rund um die Sonne im richtigen Größenverhältnis und in der richtigen Reihenfolge - und einen zehnten, den Planeten der Götter (oben links, zwischen Mars und Jupiter, seinem sonnennächsten Punkt).

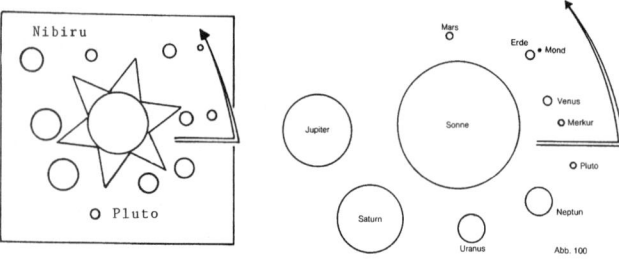

Kenntnisse unseres Sonnensystems verfügten. Tatsächlich zeigt eine Darstellung auf einem akkadischen Rollsiegel aus der Zeit um 2400 v.Chr. unser Sonnensystem, astronomisch korrekt dargestellt: Die Sonne im Zentrum, die Planeten sie maßstabsgerecht in der richtigen Reihenfolge umkreisend: Der kleine Merkur, gleich groß Venus und Erde, der Mond, Mars, die Riesen Jupiter und Saturn, die „Zwillingspartner" Uranus und Neptun, der kleine Pluto. Das Rollsiegel, das mit der Katalognummer VA/243 in der vorderasiatischen Abteilung

des Berliner Pergamon-Museums in Berlin aufbewahrt wird, zeigt zudem einen Halbgott und einen Priester, die dem Himmelsgott Enlil huldigen, und zwei Ziegen opfern. Nun waren Rollsiegel die Vorläufer der Druckerpresse und wurden u.a. an den Schulen und Priesteruniversitäten Sumers zur Vervielfältigung wissenschaftlicher Modelle und symbolischer Darstellung benutzt. Und ganz offenbar war die Berliner Sternenkarte - übrigens die älteste der Menschheit - ein solches „Lehrbuch".

Erinnern wir uns: Dem Menschen der Antike, des Mittelalters, ja sogar der Renaissance, waren nur sechs Planeten bekannt. Uranus wurde 1781 von Herschel entdeckt, Neptun 1846 von Galle, Pluto schließlich erst 1930 durch Tombaugh. Sie alle aber sind auf dem sumerischen Siegelzylinder korrekt dargestellt, plus einem mysteriösen zehnten Planeten. Auch auf sumerischen Himmelslisten ist von zehn Planeten die Rede, die genau beschrieben werden. Uranus heißt da „Kakkab Schanamma", der „Zwillingsplanet", der Zwilling von Neptun, Neptun wird „HUM.BA" genannt, „Sumpflandvegetation". Ein anderer sumerischer Name für Uranus ist „EN.TI.MASCH.SIG", „Planet des hellen, grünlichen Lebens". Das klang so lange rätselhaft, bis wir beiden Planeten etwas näher kamen.

Im August 1977 startete die US-Raumsonde „Voyager 2" zu ihrer Odyssee ins All. Sie funkte Bilder von Jupiter und Saturn zur Erde. Dann gelang es den NASA-Ingenieuren, sie so an der Gravitation des Saturns vorbeizuleiten, daß sie auf einen anderen Kurs kam: Hin zu Uranus, dem Unbekannten. Am 25. Januar 1986 passierte Voyager den Planeten, funkte Bilder seiner grünlich-blauen Oberfläche zur Erde. Analysen, die die Sonde durchführte, ergaben, daß der Planet offenbar einen festen Kern hat, der von einem Sumpf aus superdichtem Wasserstoff und Ammoniak umgeben ist. Dann, am 24. August 1989, Vorbeiflug an Neptun. Wieder eine grünlich-blaue Welt, die Uranus gleicht wie ein Zwilling, wahrscheinlich unter der dichten Decke von Methan ähnlich strukturiert ist. Die Sumerer hatten es gewußt. Woher?

„Als das himmlische Königtum vor der Flut auf die Erde kam...", beginnt die älteste Chronik der Menschheit, die sumerische Königsliste aus dem 3. Jahrtausend v.Chr. Auf die Erde? Von woher? Niemand weiß, woher die Sumerer stammen. Plötzlich, wie aus dem Nichts, waren sie gegen 3800 v.Chr. aufgetaucht und mit ihnen ihre Kultur. Keine Anfangsstadien, keine Evolution, Kultur in Reinform.

Die Keilschrifttexte haben auch dafür eine Erklärung. Danach stiegen einst die Götter „vom Himmel herab" auf die Erde und schufen den Menschen in Sumer, dem Paradies. Ihre erste Kolonie war die Stadt E. RI.DU, wörtlich „Fern erbautes Haus", auf einem künstlich aufgeschütteten Hügel an der Mündung des Euphrat errichtet, inmitten des Landes „edinu" (Ebene) oder E.DIN (Heim der Gerechten), dem „Garten Eden" der Bibel. Eridu sollte unserem Planeten - „Ereds" im Aramäischen, „Erd" oder „Ertz" aus Kurdisch, „Eretz" auf Hebräisch - seinen Namen geben. Dann folgten andere Götter mit weiteren Städten. Generalstabsgemäß besiedelten sie die Erde, verteilten ihre Zuständigkeitsbereiche. Den „Untergöttern", den „Anunnaki", überantworteten sie den Aufbau des „Gartens Eden":

„Von (dem Gott) Anu kommend, seine Anweisungen zu befolgen, setzte er dreihundert von ihnen am Himmel als Wächter ein, vom Himmel aus die Wege der Erde zu ergründen; und auf der Erde ließ er sechshundert wohnen. Nachdem er den Anunnaki des Himmels und der Erde alle Anweisungen gegeben hatte, verteilte Enlil die Ämter."

Wer waren die Anunnaki? Ihr akkadischer Name Annun-na-ki bedeutet wörtlich: „Die, die vom Himmel auf die Erde kamen". Der „Himmel" der Anunnaki aber war den sumerischen Texten zufolge NI.BI.RU, der „Planet der Durchquerung", die „Himmelsmitte", ein Planet unseres Sonnensystems. Waren die Anunnaki außerirdische Besucher?

Zecharia Sitchin, der mit der Rückkehr der „Anunnaki" rechnet.

Das jedenfalls glaubt der New Yorker Orientalist Zecharia Sitchin nach jahrzehntelangem Studium der sumerischen Schriften, die er -als einer von wenigen Experten - im Original lesen konnte. In den fünf Büchern seiner „Earth Chronicles"-Serie behauptet Sitchin: Nibiru ist ein unentdeckter zehnter Planet unseres Sonnensystems mit einer Umlaufzeit von 3600 Jahren und einer irregulären Flugbahn, deren sonnennächster Punkt zwischen Mars und Jupiter liegt, sein sonnenfernster Punkt irgendwo draußen im All, weit jenseits von Pluto. Ein Planet, der sich seine Wärme und Atmosphäre selbst erzeugt (oder künstlich erzeugt wird). Die „Götter" von Nibiru kamen des Goldes wegen. Sie brauchten Gold und Platin für das Lebenserhaltungssystem ihres Planeten. Gold war in allen Kulturen das „Metall der Götter". Sie förderten es in Afrika, im heutigen Zimbabwe, das sie AB.ZU (Tiefe Lagerstätte) nannten. Noch heute heißt Gold in allen semitischen Sprachen ZA-AB. Ihr Himmelshafen war das Zweistromland, mit den Minen verbunden durch die MA.GUR UR.NU AB.ZU, die „Schiffe für Mineralien aus Abzu", gesteuert von Anunnaki unter dem Kommando von EN.LIL (Herr über das Wort). Tatsächlich deuten die Namen der frühen sumerischen Städte auf eine Funktion des Landes als Umschlagplatz und Basis für die Erdoperationen der „Götter" und „Untergötter" hin. BAD.TIBIRA war der „Helle Ort, an dem die Erze verarbeitet wurden", LA.RA.AK („Den glänzenden Schein sehen") eine Art Leuchtfeuer zur Orientierung der einfliegenden Raumschiffe. SIPPAR („Vogelstadt") war der Raumflughafen, SHU.RUP.PAK („Ort des höchsten Wohlbefindens") das medizinische Zentrum. Enlil selbst ließ NIBRU.KI („Nibirus Platz auf der Erde") als Repräsentanz errichten, dessen Ziggurat eine DIR.GA („Dunkle, glühende Kammer") auf der Spitze trug, in der die Sternenkarten („Embleme der Sterne") aufbewahrt wurden, und in der man die DUR.AN.KI („Verbindung Himmel-Erde") aufrechterhielt.

Der Mensch entstand als Sklave der Götter, sagten die Sumerer. Als den Anunnaki „die Mühe zu groß, die Arbeit zu schwer, der Mühsal viel" war, kam es zur ersten Revolution der Geschichte. Die Untergötter meuterten:

„Jeder von uns hat den Krieg erklärt.
Die anstrengende Arbeit bringt uns um.
Ihre Klagen waren im Himmel zu hören."

Die Bibel gibt später dem Anführer der „gefallenen Engel" einen Namen: Luzifer. Enlil will ihn hinrichten lassen, doch Anu und sein Sohn Enki haben eine bessere Idee: Ein „lulu amelu" muß geschaffen werden, ein primitiver Arbeiter: „Laßt ihn das Joch tragen, laßt ihn die mühsame Arbeit der Götter verrichten." Lasset uns Menschen machen.

Die Lösung war dann auch bald gefunden. „Das Geschöpf, dessen Namen ihr genannt, es existiert. Wir müssen es nur mit dem Bild der Götter verbinden." Den Anunnaki war nicht entgangen, daß unweit von Abzu, im Osten Afrikas, Hominiden, Menschenaffen, existierten. Durch die Befruchtung des Eies eines Menschenaffenweibchens mit dem „göttlichen" Samen der Anunnaki entstand der „lulu", wörtlich „Gemischter", den sie Adama („Von der Erde") nannten. „Nach dem Muster der Götter machten sie den Primitiven, aus ihrem Blut machten sie die Menschheit,

auferlegten ihr den Dienst, die Götter zu befreien. Es war eine unfaßbare Arbeit."

Die sumerischen Texte beschreiben ausführlich, wie es mehrerer genetischer Eingriffe bedurfte, den Schöpfungsakt des Menschen zu vollenden. „Als die Menschen erschaffen wurden, kannten sie Brot als Nahrung nicht und kannten keine Gewänder. Sie aßen Pflanzen mit dem Mund wie Schafe, tranken Wasser aus einem Graben." Nur durch eine langfristige Beobachtung seiner Evolution mit zeitweisen genetischen Eingriffen und der Ausrottung degenerierter Spezies, z.B. durch die Sintflut, machten die Götter den Menschen zum Homo Sapiens, dem sie schließlich erlaubten, in Lehmhütten rund um ihre Basen zu siedeln. Mehr noch, sie ernannten Könige als seine Herrscher und Priester als ihre Mittelsmänner, die zu ihren Schülern wurden, während sie in ihren „Himmelsbooten" zwischen Himmel und Erde pendelten.

Tatsächlich, und das spricht für ihre Glaubwürdigkeit, geben die sumerischen Chroniken die Erschaffung des Menschen zeitlich und örtlich korrekt an. Danach begann die „Herrschaft der Götter" über das Zweistromland mit der Gründung Eridus vor rund 428.000 Jahren. 144.000 Jahre oder 40 „Schars" oder Sonnenumläufe Nibirus erduldeten die Anunnaki die „Schwerarbeit", bevor sie revoltierten. Das heißt, daß der „lulu" vor etwa 280.000 Jahren erschaffen wurde, „oberhalb von Abzu", also nördlich von Zimbabwe. Das ist genau der Zeitpunkt, den neuestens Paläoanthropologen und Biochemiker für die Entstehung des Homo Sapiens in Ostafrika ansetzen.

Wenn dem nun so ist, wo sind die Anunnaki heute? Sitchin geht davon aus, daß Besuche der „Götter" alle 3600 Jahre stattgefunden haben, wenn sich Nibiru der Erde nähert. Und es gibt eine ganze Reihe von Anzeichen dafür, daß der Zeitpunkt für die „Rückkehr der Götter" nicht mehr allzu fern ist.

1981, fünf Jahre nach der Veröffentlichung von Sitchins erstem Buch „Der zwölfte Planet", spekulierte das US-

Marine-Observatorium in Washington D.C., ob beobachtete Bahnabweichungen des Planeten Pluto auf die Existenz eines bisher unbekannten zehnten Planeten schließen lassen könnten. Nach Berechnungen des Astronomen Thomas Van Flandern, der seine These durch komplexe Vergleiche der Anziehungskräfte begründete, müßte dieser „Planet C" mindestens doppelt so groß wie die Erde und etwa 2,4 Milliarden Kilometer von Pluto entfernt sein. Seine Umlaufzeit wurde auf mindestens tausend Jahre berechnet. Van Flanderns wohlbegründete Annahme brachte die NASA auf den Plan, die versprach, ihre Pioneer-Sonden nach dem geheimnisvollen zehnten Planeten suchen zu lassen.

Schließlich startete sie 1982 das Weltraumteleskop IRAS (Infrarot-Astronomische Station), das den Weltraum nach Infrarotstrahlung absuchte, d.h. nach Objekten, die zwar Hitze ausstrahlen, aber zu weit entfernt sind, um Sonnenlicht zu reflektieren. Und RAS wurde fündig. Am 30. Dezember 1983 meldete die Presse, daß das Weltraumteleskop „in Richtung des Sternbildes Orion einen Himmelskörper entdeckte, der möglicherweise so groß ist wie der riesige Jupiter und vielleicht der Erde so nahe, daß er unserem Sonnensystem angehören könnte... Als die IRAS-Forscher den rätselhaften Himmelskörper sahen und errechneten, daß er nur achtzig Milliarden Kilometer von der Erde entfernt sein könnte, spekulierten sie, ob er sich wohl auf die Erde zubewegt." Daß diese Beobachtung nicht auf einem Irrtum beruht, beweist eine Meldung des US-Nachrichtenmagazins „Newsweek" vom 13. Juli 1987: „Vorige Woche verkündete die NASA bei einer Pressekonferenz etwas Merkwürdiges: Es sei möglich, daß ein exzentrischer zehnter Planet die Sonne umkreist."

Für Sitchin war die offensichtliche Entdeckung Nibirus im Jahre 1983 der Auslöser für die zahlreichen rasanten politischen Veränderungen der achtziger Jahre. „Die Sumerer haben durch die Anunnaki von Nibiru erfahren, ebenso wie sie nur von ihnen so genaue Daten über Neptun und Uranus erhalten konnten", erklärte mir Zecharia Sitchin in einem Interview für MAGAZIN 2000. „Das heißt: Wenn Nibiru existiert, dann sind auch die Anunnaki eine Realität. Das würde bedeuten, daß es noch andere Menschen im All gibt, die unsere Erde bereits seit 450.000 Jahren besuchen, die uns erschaffen haben; das ist doch etwas völlig anderes, etwas mit gewaltigen Konsequenzen für die Regierungen und Religionen dieser Welt. Das erklärt die Kette von Ereignissen, die wir seit 1983, seit diesen IRAS-Aufnahmen, beobachten können. Unser ganzes Weltbild hat sich seitdem gewandelt. Ronald Reagan, der zuvor von der Sowjetunion als 'Reich des Bösen' sprach, schloß Freundschaft mit Michail Gorbatschow, es wurde gemeinsam abgerüstet, in den Weltraumprogrammen arbeitete man plötzlich zusammen. Und immer deutlicher wurde, daß das erste gemeinsame Ziel der Mars sein sollte." Warum der Mars? Weil er in den sumerischen Himmelslisten als „Zwischenstation" bezeichnet wird, glaubt Sitchin. Tatsächlich weisen Pyramiden und das mittlerweile berühmte „Gesicht auf dem Mars" darauf hin, daß hier eine außerirdische Basis bestanden haben muß. Und Sitchin ist überzeugt, daß Hinweise, die die beiden sowjetischen Marssonden Phobos I und II 1989 zur Erde funkten, darauf hindeuten, daß diese Basen derzeit von den Anunnaki reaktiviert werden.

Anlaß zu Spekulationen jedenfalls gab die Häufigkeit, mit der US-Präsident Ronald Reagan bei Gipfeltreffen betonte, „wie einfach unsere Aufgabe wäre, wenn unsere Welt plötzlich von Wesen bedroht würde, die von einem anderen Planeten im Weltall kommen. Wir würden all die kleinen Differenzen, die zwischen unseren Ländern bestehen, vergessen, und wir würden erkennen, daß wir alle auf dieser Erde eine Menschheit sind." Reagan benutzte diese Formulierung auf dem Genfer Gipfel 1985, in seiner Rede vor den Vereinten Nationen 1987, auf dem Washingtoner Gipfel 1987, 1988 vor dem Nationalen Strategieforum und 1988 auf dem Gipfel in Moskau.

Wann könnte Nibiru wieder seinen sonnennächsten Punkt erreichen? Ausgehend von Sitchins Datierung der Sintflut auf 11.600 v. Chr. und weiteren Passagen gegen 8000 v.Chr., 4400 v.Chr. und 800 v.Chr. käme man auf das Jahr 2800. Das hieße, daß der Planet der Götter, nachdem er im Jahre 1000 seinen sonnenfernsten Punkt erreicht hat, bereits mehr als die Hälfte seines „Rückweges" zur Erde zurücklegte. Und vielleicht sind die Vorboten der Anunnaki bereits schon hier...

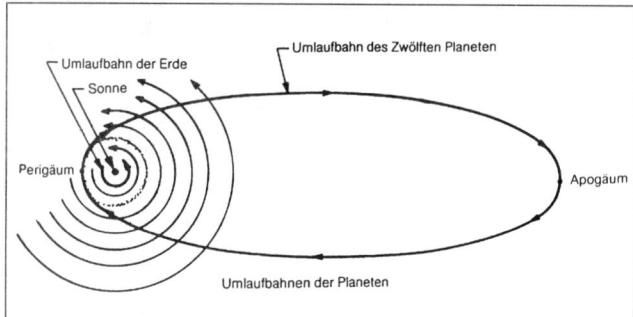

Die Umlaufbahn Nibirius nach Zecharia Sitchin.

Welche Auswirkungen die Rückkehr der Götter auf unsere Gesellschaft hätte, speziell für die Religionen, deutete Sitchin mir im Interview an: „Obwohl die verschiedenen Religionen, speziell das Judentum und das Christentum, von den 'messianischen Zeiten', der 'Errichtung des himmlischen Königreiches auf der Erde', dem 'Neuen Jerusalem' etc. sprechen, ob in den Büchern Daniel oder Hesekiel oder in der Offenbarung Johannes, glaube ich nicht, daß die Oberhäupter dieser Religionen tatsächlich diesem Ereignis mit großer Freude entgegensehen. Denn letzlich müßten viele alte Glaubensvorstellungen aufgegeben werden, und das könnte zu großen Unruhen führen.

Dann gibt es die Regierungen, die Autoritäten unserer Gesellschaft, den industriell-militärischen Komplex, die Geheimdienste, das Raumfahrtprogramm etc., die betroffen wären, und die ihre Vormachtstellung aufgeben

müßten, wenn wir mit diesem höheren Wissen konfrontiert würden...

In meinem Buch 'Am Anfang war der Fortschritt' führe ich eine Reihe deutlicher Hinweise darauf an, daß derzeit die ersten Vorbereitungen für dieses Ereignis getroffen werden. Das deutet darauf hin, daß jene in den verantwortlichen Positionen bereits wissen, daß sie kommen - nicht in tausend Jahren, nicht in hundert Jahren, sondern möglicherweise sehr viel eher."

Einer der Hinweise: 1985, kurze Zeit nach dem Reagan-Gorbatschow-Gipfel in Genf, rief die „Abteilung für fortgeschrittene Technologie" des US-Außenministeriums eine Arbeitsgruppe von Wissenschaftlern und Diplomaten, NASA-Experten und Vertretern der Sowjetunion ins Leben, die sich mit Außerirdischen beschäftigen sollte; genauer: mit der Frage, was wir tun sollten, wenn wir sie entdeckt haben. Das erste Ergebnis wurde 1989 publiziert. Es war ein zweiseitiges Dokument mit dem Titel „Grundsätzliches Vorgehen nach der Entdeckung außerirdischer Intelligenzen". Es enthielt zehn Klauseln und einen Anhang. Sein Hauptteil befaßte sich damit, welche Ämter nach der Bekanntwerdung dieser Entdeckung mit der Kontrolle betraut werden. In erster Linie, so hieß es, gelte es, panische Reaktionen zu verhindern, mit denen man rechnen müßte, wenn die Öffentlichkeit davon erführe, daß „wir Menschen nicht allein im Weltraum sind." Daher sei es jedem „Entdecker" verboten, seine Beobachtung öffentlich bekanntzugeben. Statt dessen müsse er unverzüglich die Arbeitsgruppe darüber in Kenntnis setzen, die sofort alle weiteren Untersuchungen koordiniert. In Paragraph 8 heißt es wörtlich: „Kein Signal oder sonst ein Beweis für das Vorhandensein außerirdischer Intelligenzen darf beantwortet werden, bevor einschlägige internationale Beratungen stattgefunden haben. Die Beratungen werden Gegenstand einer besonderen Abmachung sein." Sollte ein Signal erst noch entschlüsselt werden müssen, so gelte es in der Zwischenzeit zu verhindern, daß Gerüchte entstünden und die Lage unkontrollierbar würde. Auf den möglichen Druck seitens der Presse und der Öffentlichkeit müßte die Regierung mit „beruhigenden Erklärungen" reagieren. Da wird es nur zu verständlich, weshalb im Fall der Kornkreise die so „beruhigende Erklärung" verbreitet wurde, die beiden Rentner Doug & Dave seien für das Phänomen verantwortlich.

Glauben Sie, daß das UFO-Phänomen mit der Rückkehr der Anunnaki in Verbindung steht? fragte ich Sitchin.

„Ja, aber ich muß erwähnen, daß das sogenannte 'UFO-Phänomen' seit sehr alter Zeit bekannt ist. Auch in der Bibel ist von Dingen die Rede, die wir als UFOs bezeichnen würden. Ich erinnere da nur an die Schilderungen des Propheten Hesekiel, an Jakobs 'Traum' von der 'Himmelsleiter', den 'feurigen Wagen' des Elias und andere. Sie besuchen also offensichlich nicht erst seit 1947 die Erde, sondern taten dies schon in sehr alter Zeit. Tatsächlich intensivierte es sich in den letzten 45 Jahren. Wenn das, wie ich vermute, nur eine Wiederholung dessen ist, was wir schon In blbllscher Zeit erlebten, liegt auch die Lösung für das UFO-Rätsel in der Vergangenheit, bei den Göttern. Es ist noch nicht die Wiederkehr der Götter selbst, der Anunnaki oder Nefilim, aber es ist die Rückkehr ihrer Boten. Die Bibel nennt sie Engel, „Wächter" oder, auf Hebräisch, „Malachim", „Sendboten".

Die Malachim sind nicht die Götter selbst. In meinen Büchern zeige ich Darstellungen von ihnen, die Jahrtausende alt sind und auf verblüffende Weise jenen Zeichnungen gleichen, die heute von Menschen angefertigt werden, die behaupten, eine Begegnung mit Außerirdischen gehabt zu haben.

Beide haben die gleiche, glatte Haut, die gleichen mandelförmigen Augen, sehr viel größer als die des Menschen, beide sind asexuell, und ich persönlich halte sie für Roboter oder Androiden. Vielleicht haben die Anunnaki sie auf einer nahegelegenen Basis, vielleicht sogar auf dem Mars, stationiert, damit sie unsere Evolution überwachen und möglicherweise ihnen regelmäßig Daten über uns übermitteln."

„Die Wächter" als alte sumerische Statuetten.

Einer der bestdokumentierten Fälle einer fortlaufenden „Überwachung" durch Außerirdische ist der Fall der Amerikanerin Betty Andreasson , den Raymond E. Fowler, einer der renommiertesten UFO-Experten der Vereinigten Staaten, eingehendst untersuchte. Er ist dokumentiert in Fowlers jüngstem Buch, das bezeichnenderweise den Titel „The Watchers" trägt - die Wächter!

Betty Andreassons Geschichte begann mit einem Stromausfall am Abend des 25. Januar 1967, als sie mit ihrer Familie in ihrem Haus in South Ashburnham im US-Staat Massachusetts zusammensaß. Während ihr Mann nach den Sicherungen schaute, bemerkte Betty ein strahlendes Licht im Garten. Der Blackout dauerte nur wenige Minuten, und als es wieder hell war, erschien es Betty, als sei sie plötzlich in einem Alptraum gelandet. Ihre Familie stand bewegungslos im Raum, wie eingefroren, und mitten durch die geschlossene Haustüre marschierten vier kleine Wesen, rund 1,20 Meter groß. Ihre Köpfe waren groß und birnenförmig, anstelle einer Nase hatten sie zwei Löcher im Kopf, einen schmalen Schlitz als Mund und riesige, mandelförmige Augen, die bis über ihre Schläfen reichten. Sie trugen dunkelblaue, hauteng Uniformen, darauf das Symbol eines Vogels mit ausgestreckten Flügeln.

Dann hörte Betty eine Stimme in ihrem Kopf. Die Wesen schienen telepathisch mit ihr kommunizieren zu wollen. Ihr Führer, der sich als „Quazgaa" vorstellte, ließ Betty in sein ovales Raumschiff, das über dem Garten schwebte, hinausbringen. An Bord wurde sie einer für sie furchterregenden und schmerzhaften physischen Untersuchung unterzogen. Danach setzte man sie auf einen Stuhl, schob ihr eine Art Luftfilter auf Mund und Nase und umgab ihren Sitz mit einer Art Glaskuppel, die sich langsam mit einer Flüssigkeit füllte. Für Betty war das pulsierende Gefühl dieser warmen Flüssigkeit angenehm und entspannend. Es bereitete sie auf die nächste Phase dieses Kontaktes vor, den Besuch einer anderen Welt.

Sie sah einen Ort mit roter Atmosphäre, lemurenhafte Wesen krabbelten und kletterten an zementartigen Gebäuden hoch. Ein anderer Ort war grün. Betty sah einen riesigen Vogel, der sich vor ihren Augen in eine helle Lichtquelle verwandelte, dann sprach eine Stimme zu ihr, die sie mit tiefer Freude erfüllte. Sie erfuhr, daß sie zu einer Aufgabe auserwählt sei, die ihr erst Jahre später bewußt würde: „Sie sind gekommen, um der menschlichen Rasse zu helfen", erinnert sich Betty. „Sie sagen, sie lieben die menschliche Rasse. Und wenn der Mensch nicht akzeptiert, wird er nicht gerettet werden. Er wird nicht überleben... Aber wegen ihrer großen Liebe können sie nicht zulassen, daß der Mensch den Weg weitergeht, den er beschritten hat. .. Sie werden auf die Erde kommen. Der Mensch wird sich fürchten davor."

Als Betty heimgebracht wurde, war ihre Familie noch immer in paralysiertem Zustand. Betty wurde in ihr Bett gebracht, schlief ein. Am nächsten Morgen nahm das Leben wieder seinen gewohnten Lauf, und Betty konnte sich an nichts mehr erinnern, was in der letzten Nacht vorgefallen war. Doch die Kontakte setzten sich fort. 1973 wachte sie nachts auf, weil ein geheimnisvolles Licht durch ihr Schlafzimmerfenster schien, während ihr

Mann tief und fest schlief. Wieder betraten vier Wesen ihr Zimmer, führten sie nach draußen, wo sie von einem Strahl an Bord eines über ihrem Haus schwebenden UFOs „gesogen" wurde.

Diesmal zeigten ihr die Fremden, wie zwei Fötusse aus einer Frau herausgeholt wurden. Betty war entsetzt, als sie sah, wie die Wesen lange Nadeln in Kopf und Ohren eines der Föten stießen, bevor sie ihn in einen Behälter mit Flüssigkeit steckten, der an einen merkwürdigen Apparat angeschlossen war. „Wir müssen das tun, weil die Menschheit mit der Zeit steril sein wird wegen der Verschmutzung des Landes und des Wassers und der Luft und der Bakterien und den schrecklichen Dingen, die auf der Erde sind", erklärte einer von ihnen.

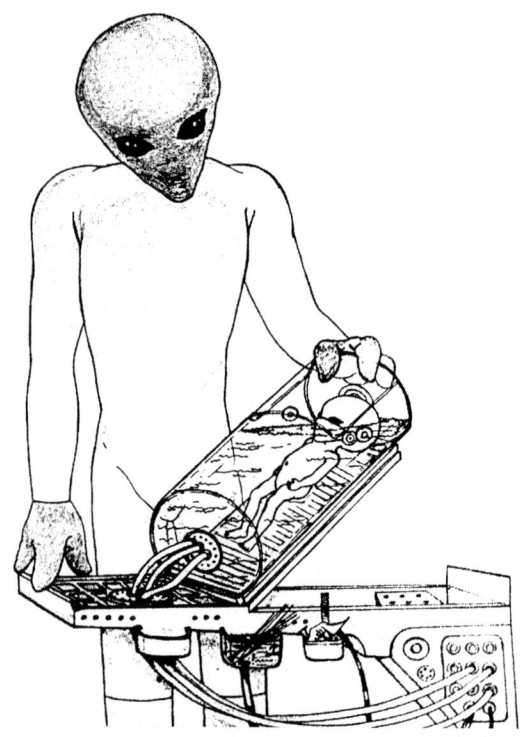

„Die Wächter" auf einer Zeichnung von Betty Andreasson.

Bei der nächsten Begegnung 1975 meinte ein „Fremder" zu Betty, jetzt sei die Zeit gekommen, sich zu erinnern. Tatsächlich kamen ihr zu dieser Zeit die ersten Bilder von diesen „unheimlichen Begegnungen" zu Bewußtsein, was Betty veranlaßte, Kontakt mit der amerikanischen UFO-Organisation MUFON aufzunehmen, die sie an Raymond Fowler vermittelte. Damit war die Grundlage für eine 15-jährige Zusammenarbeit zwischen Fowler und Betty Andreasson geschaffen. Durch einen neutralen Hypnosetherapeuten ließ Fowler Betty zu den Zeitpunkten ihrer UFO-Kontakte zurückführen, was ihr ermöglichte, detailliert wiederzuerleben, was ihr damals widerfahren war und was die „Fremden" sie vergessen ließen, bis die Zeit reif war. Dabei fand Flower heraus, daß Betty seit ihrer Kindheit vergessene Begegnungen mit den Humanoiden hatte, Mitglieder ihrer Familie erinnerten sich in Hypnose an Bettys „Entführungen" und daran, daß sie teilweise selbst an Bord eines UFOs gebracht wurden. Mehr noch, die Kontakte sollten andauern bis zum heutigen Tag.

Bei jener Begegnung im Jahre 1973, als eines der Wesen Betty erklärte, weshalb sie ihr die Behandlung zweier Föten gezeigt hatten, fragte sie verwirrt: „Wer seid Ihr?" Die Antwort: „Er sagt, daß sie die Verwalter der Natur (d.h. der Erde) und der natürlichen Formen sind - Die Wächter. Sie lieben die Menschheit. Sie lieben den Planeten Erde, und sie kümmern sich um die Menschheit seit Anbeginn der Menschheit. Sie beobachten den Geist aller Dingen... sie sind die Verwalter, und sie sind verantwortlich. Und das ist der Grund, warum sie dem Menschen die Form wegnehmen... (und das) seit vielen Jahrhunderten... Es sagt, daß sie den Samen der Menschen gesammelt haben, von Männern und Frauen."

Das erinnert uns an die genetischen Eingriffe der Anunnaki. Den sumerischen Texten zufolge, versuchten sie schon einmal, durch eine genetische Manipulation das Bewußtsein der Menschheit zu erhöhen, um eine Katastrophe zu verhindern: Die Sintflut.

Einen Hinweis darauf finden wir im Buche Genesis (6, 1-4) der Bibel: „Es begab sich, daß die Menschen auf Erden sich zu vermehren begannen und ihnen auch Töchter geboren wurden. Da sahen die Söhne der Götter („bene elohim"), daß die Töchter der Menschen schön waren, und sie nahmen sie zu Frauen, welche sie nur mochten. Zu jener Zeit waren die Nefilim auf Erden, auch nachher noch, als die Göttersöhne mit den Töchtern der Menschen verkehrten und diese ihnen gebaren; das sind die Mächtigen der Vorzeit, die sich einen Namen machten."

Die „Nefilim" oder Anakim der Bibel sind die Anunnaki. Ihr Name kommt vom hebräischen NFL, „herabgeworfen sein" vom Himmel auf die Erde, während „Anakim" nur eine Verballhornisierung von „Anunnaki" ist. „Der Ausdruck für die ‚Söhne der Götter' aber, die in die vorsintflutlichen Geschehnisse verwickelt sind, lautet in den alten biblischen und apokryphen Schriften ‚Wächter'", stellt Stichin fest. „Denn in diesen Tagen stiegen die Engel des Herrn auf die Erde herab - jene, die die Wächter genannt wurden -, auf daß sie die Kinder der Menschen lehrten, Gerechtigkeit und Rechtschaffenheit auf Erden walten zu lassen" heißt es in einer jüdischen Apokryphe, dem „Buch der Jubeljahre".

Eine andere Apokryphe, das „Buch Henoch", beschreibt, wie die „Wächter" damals einen Menschen, den Patriarchen Henoch, zu ihrem Botschafter machten.

Er wachte eines Nachts auf, als zwei „leuchtende Gestalten" am Ende seiner Schlafstatt standen. Sie brachten ihn zu einem „Haus aus Kristallsteinen, das von feurigen Zungen umgeben" war und in dem er in den Himmel auffuhr, wo eine Stimme zu ihm sprach, die ihn beauftragte, die Menschheit vor der nahenden Sintflut zu warnen und auf die Rückkehr der Nefilim vorzubereiten.

Die Parallelen zu Betty Andreasson sind offensichtlich. Beide standen mit einer Gruppe nichtirdischer Intelligenzen in Kontakt, die sich „die Wächter" nannte und sich für die Evolution der Menschheit verantwortlich fühlte. Wie bei Betty ist auch im Henoch-Buch von „Wächtern des Himmels und der Erde" die Rede und heißt es, daß „alles, was er während seines Lebens unternahm, mit den ‚Wächtern' und mit den ‚Heiligen'" geschah. Droht uns durch die fortschreitende Umweltzerstörung eine ebenso große Gefahr, wie es einst die Sintflut für uns war? Liefern uns die „Wächter" den Schlüssel zur Lösung des Kornkreisrätsels? Wird unsere Entwicklung von einer unbekannten Macht gesteuert, und sind die geheimnisvollen Zeichen im Korn eine ihrer Methoden, unser Denken zu beeinflussen? Sind sie - wie das UFO-Phänomen - Teil einer „Politik der sanften Annäherung", mit dem Ziel, immer größer werdende Teile der Bevölkerung auf die „Rückkehr der Götter" vorzubereiten, ohne sie in Panik zu versetzen?

Einer der besten Kenner des UFO-Phänomens ist Sgt. Anthony Dodd, ein britischer Polizeioffizier im Ruhestand, der sich seit einer „unheimlichen Begegnung" im Dienst vor 15 Jahren intensiv mit dem Thema beschäftigt. Zudem ist Dodd Forschungsdirektor der UFO-Organisation „Quest International" und einer der Herausgeber von Englands „UFO Magazine". Schon deshalb fuhren wir eigens in die Grafschaft Yorkshire, um Dodd über seine Ansicht zum Kornkreisrätsel zu interviewen.

„Ich bin überzeugt, es sind Botschaften, sie wollen uns etwas sagen", erklärte er mir. „Und ich glaube, die Behörden wissen bereits, was diese Botschaft ist. Meiner Meinung nach sagen sie uns, daß wir in eine Sackgasse laufen, einen Punkt ohne Umkehr, was die Zerstörung und Verschmutzung unseres Planeten betrifft, einen Punkt, an dem wir daran nichts mehr ändern können."

Warum wählen sie dazu mysteriöse Symbole, die offenbar niemand so richtig versteht?

„Vielleicht wurden diese Symbole gewählt, damit nur hochrangige Wissenschaftler sie lesen können, vielleicht wollen sie gar nicht, daß jeder sie versteht, denn möglicherweise ist ihnen klar, daß das zu einer Panik führen könnte. Aber nach meinen Informationen haben die Kryptologen unserer Regierung zumindest einige

Piktogramme schon ‚decodiert', und jetzt sind auch die NASA und einige führende Universitäten interessiert."

Worauf läuft das alles hinaus? Wie sehen Sie die Zukunft des Phänomens?

„Das Phänomen entwickelt sich schnell, es nimmt an Zahl und Komplexität zu, alles steigt rapide an. Die Zahl der UFO-Sichtungen nimmt gleichermaßen zu. Ich bin mir ziemlich sicher, daß alles auf einen Höhepunkt zuläuft und sehr bald etwas ‚Großes' geschehen wird."

Warum kündigt sich die Rückkehr der Götter in Südengland an? Ist es, weil hier das Netz der alten Tempel und heiligen Landschaften, die den Kontakt zum Kosmos herstellten, noch am intaktesten ist? Oder spielen die zahlreichen „Weißen Pferde" eine Rolle, die in Wessex seit Urzeiten lebendige Tradition, Zeichen in den weißen Kalksteinfelsen zu schneiden, die, himmelwärts gerichtet, eigentlich am besten aus der Luft zu sehen sind?

Das weiße Pferd galt bei den Kelten als Symbol für das Jenseits, die Anderwelt, für die Sonne und die himmlischen Wagen der Götter. Das älteste davon liegt bei Uffington, seine Entstehung wird auf 800 v.Chr. geschätzt, das jüngste, aus den dreißiger Jahren, bei Marlborough. Und es gibt Figuren mit anderen Motiven, so den keuleschwingenden Riesen von Cerne Abbas oder den „langen Mann" von Wilmington, der in jeder Hand einen Stab hält, ein Motiv, das wir auch auf sumerischen Rollsiegeln finden. Niemand weiß heute mehr, weshalb diese oft riesigen Strukturen je angelegt wurden. Waren es Gemarkungszeichen, Stammessymbole? Oder Zeichen für die Götter, ähnlich wie auf der Hochebene von Nazca in Peru? Auffallend oft erscheinen Kornkreise zu Fuße der Weißen Pferde. Haben die Götter geantwortet...?

Aber vielleicht gibt es noch eine andere Erklärung, die buchstäblich „nicht von dieser Welt" ist. Denn das Gebiet rund um Avebury ist eine künstlich geformte heilige Landschaft, deren Modell auf dem Mars liegt - behauptet jedenfalls der US-Autor Richard Hoagland. Als

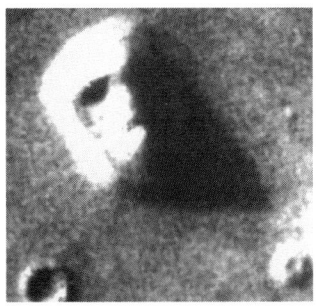

Das Marsgesicht (NASA Viking Foto 35A72)

im Juli 1976 die Viking 1-Sonde der US-Raumfahrtbehörde NASA auf dem Mars landete, funkte gleichzeitig der Viking-Orbiter rund 300.000 Aufnahmen der Marsoberfläche zur Erde. Eine davon, NASA-Foto 35A72, zeigte eine Struktur in der Marsregion Cydonia, die nur allzu sehr an ein menschliches Gesicht erinnert. 1980 geriet dieses Foto in die Hände der Computerspezialisten Vincent DiPietro und Gregory Molenaar, die von dem 1500 Meter langen Gebilde derart fasziniert waren, daß sie es mit Hilfe der Digital-Computertechnik und modernster Bild- Auswertungsverfahren wie Rand-Hervorhebung, Verstärkung der Grauschattierungen durch Falschfarben und dem „Treppenstufeneffekt", der Abstufung der Pixels (Bildzellen), analysierten. Als sie im NASA-Archiv noch eine zweite Aufnahme ausfindig machten -Foto 70A13- auf der das Marsgesicht aus einer anderen Perspektive und bei einem anderen Sonnenstand zu sehen ist, konnten sie beweisen, daß es sich hier tatsächlich um eine symmetrische, künstlich geschaffene Monumentalstruktur handelt, „das erhabene Abbild eines menschlichen Antlitzes gegen den Hintergrund der Marslandschaft", wie es DiPietro beschrieb. Mehr noch, etwa 15 Kilometer westlich der Struktur entdeckten die beiden Wissenschaftler sechs riesige Pyramiden mit symmetrischen Außenkanten und Ecken. Ebenso wie die ägyptischen Pyramiden waren sie offenbar astronomisch ausgerichtet. Zu diesem Zeitpunkt wurde der Wissenschaftsjournalist Richard Hoagland auf die Untersuchungen von DiPietro und Molenaar aufmerksam. Hoagland hatte Naturwissenschaften studiert, war Direktor des Planetariums von West Hartford und des Hayden-Planetariums in New York City und Chefredakteur des „Star &

Die Mars „City"

Sky"-Magazins und Berater des Goddard- Raumflugzentrums der NASA gewesen. Mitte der 70er Jahre war er als Raumfahrtexperte für die US-Fernsehsender CBS und CNN tätig und kommentierte die Voyager-Mission der NASA vor der Kamera. Zudem war er es gewesen, der, zusammen mit Eric Burgess, die erste interstellare Botschaft der Erde entwickelt hatte: die gravierte Plakette, die an der Pioneer 10-Sonde installiert wurde und mit dieser ihre Reise in die Bereiche jenseits des Sonnensystems antrat.

Für Hoagland waren die Marsstrukturen eine architektonische „Pioneer-Plakette", eine außerirdische Botschaft an die Erdenmenschen. Und er fühlte sich berufen, sie zu entschlüsseln.In seinem Buch „The Monuments on Mars" (Deutsch: „Die Mars-Connection") wies er nach, daß die „Pyramidenstadt" und das Marsgesicht nur Teil einer gewaltigen Anlage sind, die nach dem Aufgangspunkt der Sonne zur Mars-Sommersonnenwende vor 500.000 Jahren ausgerichtet war. Zudem entdeckte er, daß die „Marsstadt" nach ähnlichen Gesetzen der „heiligen Geometrie" angelegt wurde, wie wir sie auch bei den alten Tempelstädten der Erde finden.

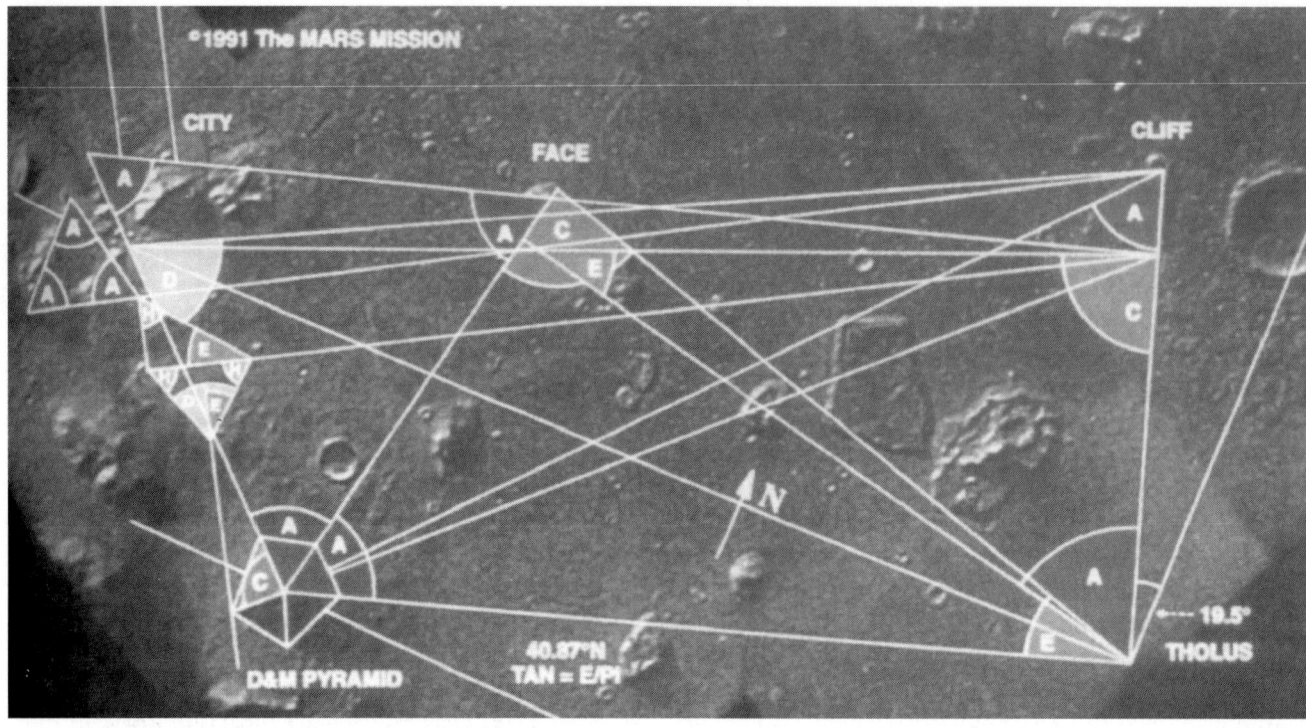

Richard Hoaglands Rekonstruktion der Cydonia-Geometrie

Das ist freilich bemerkenswert, zumal die Sumerer die „Ankunft der Götter" auf der Erde und die Errichtung ihrer ersten Kolonie, Eridu (im Zweistromland) auf 428.000 v.Chr. datierten. Da ist zumindest denkbar, daß die „Marsstadt" tatsächlich die erste Basis der „Anunnaki" im inneren Sonnensystem war, bevor sie zu Erde kamen - und, Jahrtausende später, der Menschheit ihre „heilige Geometrie" lehrten. Für Hoagland ist diese Geometrie kein Zufall, sondern eher ein Code, eine mathematische Botschaft an die Nachwelt, ganz wie die Pioneer-Plakette. Bald fand er heraus, daß die wichtigste Struktur in der Cydonia-Region nicht etwa das Marsgesicht war -das wohl eher dem Zweck diente, unsere Aufmerksamkeit auf die „Zeitkapsel" der anderen Marsstrukturen zu lenken-,

sondern die fünfseitige Pyramide, deren Spitze auf das Gesicht zeigt, und die Hoagland DiPietro und Molenaar zu Ehren die „D&M-Pyramide" taufte.

Ihre Geometrie wurde decodiert durch Erol Torun von der kartographischen Abteilung des US- Verteidigungsministeriums (die sich ironischerweise im fünfeckigen Pentagon befindet). Dieser fand nicht nur heraus, daß die 1,5 x 2,2 km große, fast tausend Meter hohe Struktur ganz nach dem „goldenen Schnitt" angelegt war, wie ihn Leonardo da Vincis berühmte Darstellung vom Menschen in einem Kreis zeigt, er entdeckte auch, daß sich die Winkel und Entfernungen und mathematischen Konstanten der D&M-Pyramide überall in der Anlage wiederfinden.

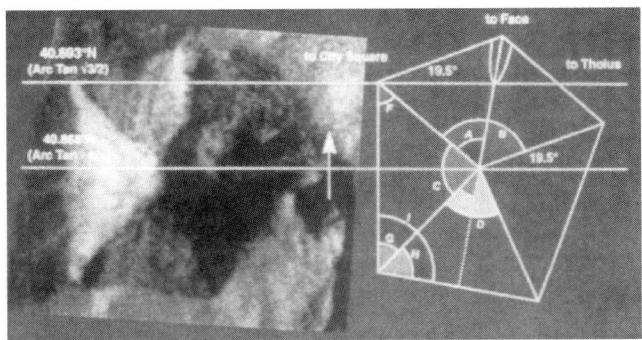

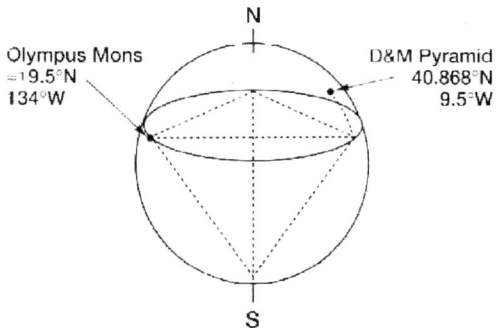

Die „D&M Pyramide": Zentraler Punkt der „heiligen Geometrie" auf dem Mars

Stan Tenens „Tetraedermodell"

Diese Konstanten werden gebildet, indem zwei andere Konstanten durcheinander geteilt werden. Die eine Konstante ist e, die Basis der natürlichen Algorithmen, die andere ist pi, das Verhältnis des Umfangs durch den Durchmesser eines Kreises. E geteilt durch pi ergibt ein Verhältnis von 0,865. 0,865 ist eine trigonometrische Funktion und, unter anderem, die Bogentangente des Winkels 40,87. Nun liegt aber der Apex der D&M-Pyramide exakt auf dem Mars-Breitengrad 40,87. Das heißt: In der internen Geometrie der Pyramide ist ihre Position codiert.

Aber worin liegt die Bedeutung von e durch pi? Die Antwort auf diese Frage lieferte Stan Tenen, der sich 20 Jahre lang mit geometrischen Symbolen in antiken Texten befaßte und immer wieder auf, wie er es nannte, „tetraedrale Metaphern" stieß - denselben Code, den wir in der Cydonia- Geometrie finden, aber auch in der heiligen Geometrie antiker Tempelanlagen von Teotihuacan in Mexiko bis Gizeh in Ägypten, von Stonehenge in England bis Zimbabwe im gleichnamigen Staat. Dieser führte ihn dazu, ein Modell eines Tetraeders in einer Kugel zu entwickeln. Wenn man den Tertraeder in der Kugel so plaziert, daß seine Spitze auf den Nordpol trifft, berühren seine Ecken die Kugel auf 19.5° südlicher Breite. Viele antike Tempelkomplexe liegen auf 19.5 Breite - und die

mächtigste geologische Struktur des blauen Planeten, die Vulkane von Hawaii.

Interessanterweise befinden sich auch der große rote Fleck des Jupiter, die Schildvulkane der Venus, der gewaltige Marsvulkan Olympus Mons, der dunkle Fleck des Neptuns und der Bereich mit der höchsten Sonnenfleckenaktivität auf unserem Zentralgestirn auf 19.5° nördlicher oder südlicher Breite. Ein Zufall? Oder ein noch unentdecktes astrophysikalisches Gesetz?

In dieser Phase seiner Arbeit stieß Hoagland auf ein weiteres Teil seines kosmischen Puzzlespiels. Er traf Bruce DePalma, einen Physiker am renommierten Massachusetts Institute of Technology (MIT), der sich mit der Physik rotierender Körper befaßt. DePalma glaubt -wie auch eine Reihe japanischer Wissenschaftler, der Inder Paramahansa Tewari und der Amerikaner Adam Trombly-, daß die Rotation einer Sphäre ein „Tor" öffnet, durch das Energie aus der vierten Dimension oder einer Art Überraum in kohärenter, elektrischer Form einfließt - und es zu diesem Energieaustausch zwischen den Dimensionen auf einer Breite von 19.5° kommt.

Schon bald sollte DePalmas Hypothese zumindest unterstützt werden, als die NASA-Sonde Voyager 2 im Herbst 1989 den Planeten Neptun passierte. Denn die Daten,

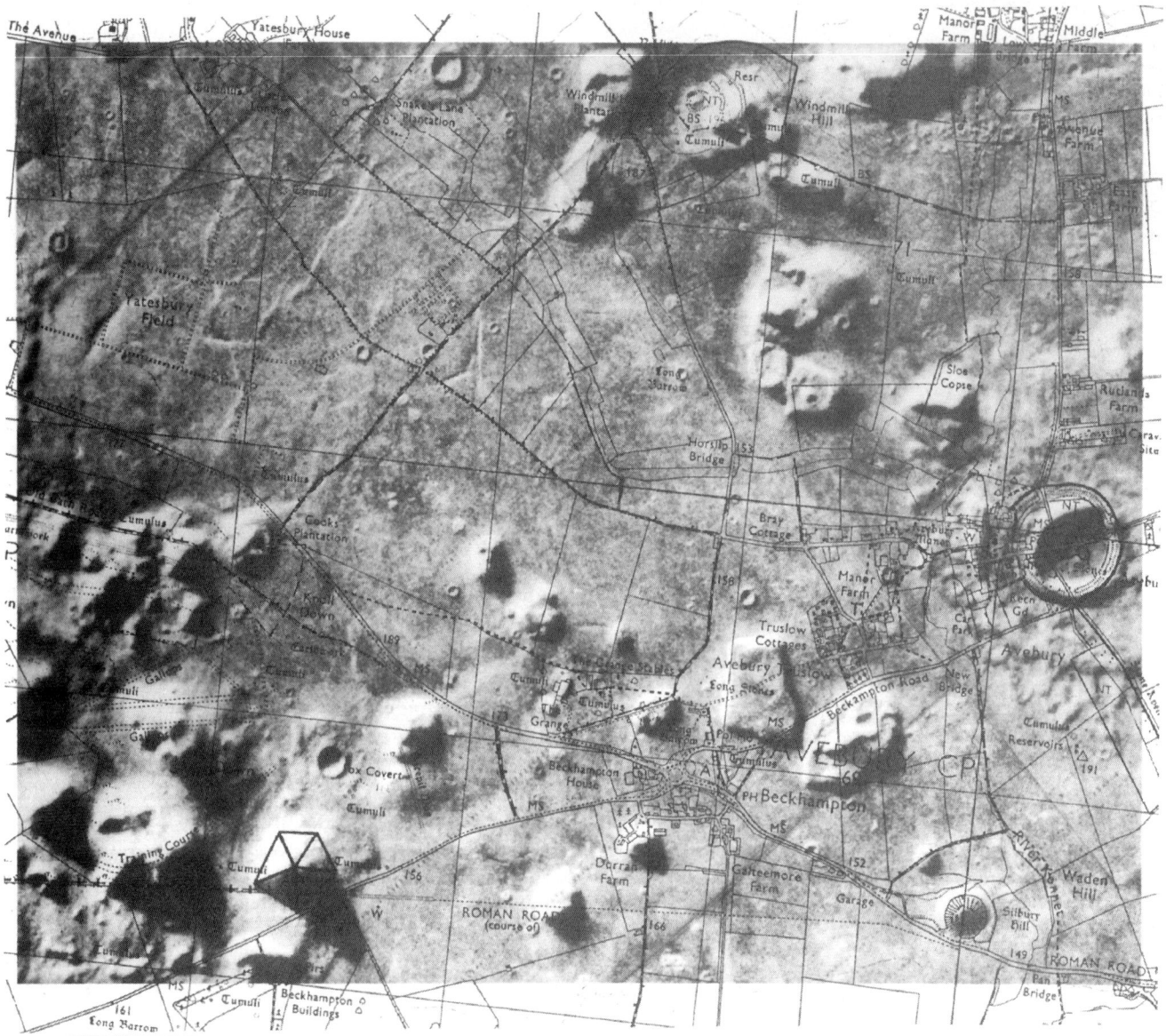

Richard Hoaglands Vergleich der Anlage von Avebury und der Cydonia-Region auf dem Mars.

die die Sonde zur Erde funkte, irritierten die Astrophysiker und zwangen sie zu dem Bekenntnis, daß alle ihre Vorhersagen über Neptun falsch waren. Der Planet war nicht etwa eine Eiswelt am Rande des Sonnensystems, wie sie geglaubt hatten - sondern hatte eine äußerst dynamische, dichte Atmosphäre aus Methangasen mit bizarren Wetterbedingungen und Windgeschwindigkeiten von bis zu 2000 km/h.. Und: Neptun strahlt dreimal mehr Energie aus, als er von der Sonne empfängt. Nur Tromblys Hypothese beantwortet die Frage, woher diese Energie denn stammt, und auch Zecharia Sitchins „Nibiru" mit seiner exzentrischen Umlaufbahn von 3600 Jahren wird erst durch das Modell einer „sonnenunabhängigen Energieproduktion" denkbar.

Die Cydonia-Strukturen beinhalten also Wissen über „das, was die Welt im Innersten zusammenhält", um Goethe zu zitieren, eine Weltformel, das Geheimnis freier, unbegrenzter Energie. Sollte es uns erst einmal gelingen, Zugang zu dieser Energiequelle zu bekommen, so kann das unser aller Leben in der Zukunft verändern. Schon längst benötigt die Menschheit eine saubere, sanfte und natürliche Alternative zur Nuklearenergie und den fossilen Brennstoffen. Und interessanterweise finden wir dieselben „magischen Formeln" der „tetraedralen Geometrie" in einigen der Kornkreise. Die aber konzentrierten sich in den letzten Jahren in einem Gebiet, das das irdische Gegenstück zur Cydonia-Region zu sein scheint: Rund um Avebury und den Silbury Hill. Östlich des mysteriösen Marsgesichtes befinden sich ein Ring und ein Hügel, den Hoagland den „Tholus" taufte.

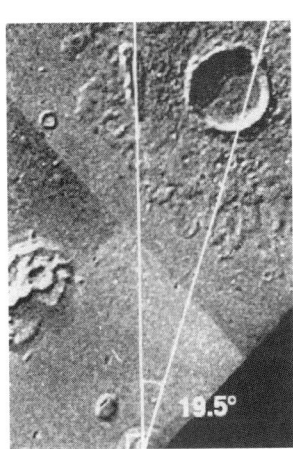

Ein Avebury auf dem Mars: Ring und „Tholus".

Ein Spiralpfad scheint auf die Spitze des „Tholus" zu führen, wie einst ein solcher Weg auf den Silbury Hill führte. Nicht ganz nördlich des Silbury Hill, mit einer Abweichung von 19.5°, befindet sich der Steinkreis von Avebury, dessen zwei innere Kreise wiederum in einer Abweichung von 19.5° nordwestlich angeordnet sind. Nördlich des „Tholus" befindet sich ein Kraterring mit zwei Erhöhungen, zwei Hügeln auf seinem Rücken - exakt an jenen Stellen, an denen auch der Avebury-Ring Erhebungen aufweist. Auch das Größenverhältnis Tholus zu Ring und Silbury Hill zu Avebury-Steinkreis korrespondiert. „Haben die alten Briten, die Erbauer von Avebury, versucht, die Marsmonumente nachzubilden?", fragt Hoagland dann auch. Woher aber wußten die Avebury-Menschen, die Priester der Megalithkultur, von der Anlage in der Cydonia- Region auf dem Mars? Wurden sie angeleitet von Außerirdischen, den „Wächtern", den Anunnaki?

Obwohl In der Avebury-Region im Laufe der Jahrtausende viel zerstört wurde, lassen sich noch andere Parallelen zur Cydonia-Region herstellen. So befindet sich in einer proportionalen Überblendung dort, wo auf dem Mars die fünfeckige „D&M"-Pyramide liegt, eine fünfeckige Umfriedung auf dem Gelände der Firs-Farm. Da, wo die „Mars-City" anzusiedeln wäre, finden wir ebenfalls alte Befestigungen und Tumuli (Grabhügel). Das Marsgesicht selbst läge nördlich der A4, westlich von Beckhampton, im Bereich eines prähistorischen Langgrabes. Tatsächlich war die Maßeinheit der Megalithkultur das sog. „megalithische Yard" von exakt 2.72 britischen Fuß. 2.72 ist aber gleichermaßen die Konstante e, die bei den Marsmonumenten eine entscheidende Rolle spielt. Zufall? Jedenfalls ist der britische „Foot" eine sehr alte Maßeinheit, die offenbar auch beim Bau der Pyramiden und von Stonehenge benutzt wurde und nur von den Engländern -als Erben der alten keltischen Kultur- überliefert wurde.

Auch die nordöstliche Ausrichtung von Stonehenge in einem Winkel von 49,6 Grad entspricht der Cydonia-

Geometrie: in diesem Fall dem Winkel der „D&M"-Pyramide, äquivalent zur e:p-Formel von 0,865, der zentralen Botschaft von Cydonia. Und eben in diesem Gebiet rund um Stonehenge und Avebury tauchten, etwa zeitgleich mit der irdischen „Viking"-Marsmission, seit 1975 regelmäßig die Kornkreise auf.

Eine Untersuchung der Kornkreismuster durch Hoaglands Kollegin, die amerikanische Mathematikerin Colette Dowell, ergab, daß so gut wie alle echten Formationen Werte der Cydonia- Geometrie aufwiesen. Mehr noch, das Langpiktogramm von West Kennet, das am 16. Juli 1990 erschien, war so angelegt, daß seine Achse in der Verlängerung den Ostrand des Silbury Hill berührte, während ein Winkel von 19.5 ° in der Verlängerung die Westseite tangieren würde. Das Langpiktogramm von Cheesefoot Head vom 3.8.1990 wies die Winkel von 85,3° und 69,4° auf, die Hoagland auch in Cydonia messen konnte. Teilt man einen dieser Winkel durch den anderen, ergibt sich eine der Cydonia-Formeln: e durch die Quadratwurzel von 5. Das Langpiktogramm von Old Sarum von 1992 wies Winkel von 45° und 52° auf, die, durch einander geteilt, 0.865 oder e durch pi ergeben. Aber die komplexeste Sammlung von Cydonia-Daten fanden Hoagland und Dowell in

dem bemerkenswertesten aller Kornkreispiktogramme, dem riesigen Dreieck von Barbury Castle, das sich als perfekter Tetraeder (und Symbol für den Austausch mit der vierten Dimension) erwies. So ergab eine Projektion der konzentrischen Ringe im Innern des Piktogrammes auf die Breitengrade eines Planeten die folgenden Werte:

19,5°: Bei 19,5° kommt es der tetraedralen Geometrie zufolge bei einem rotierenden Körper zu einem Energieaustausch zwischen den Dimensionen.

22.5°: Der Neigungswinkel des Marsgesichtes.

49,6°: Vorderer „Stützwinkel" der D&M-Pyramide und Achsenwinkel der Stonehenge-Avenue; Radians von e:p.

52°: Der (abgerundete) Breitengrad von Barbury Castle (exakt: 51,30°): Eine ähnliche „selbstbezogene" Codierung wie in der Cydonia-Region, wo die Geometrie der strukturen ihre Position aufzeigt.

45°: Exakt die halbe Entfernung zwischen Äquator und Pol.

45°:52°: 45:52 ergibt 0.865, also die „Marsformel" e:pi

60°: Der Winkel, in dem die drei Seiten eines Tetraeders zeinander stehen.

60°: 69,4°: Wieder 0,865, also e:pi

69,4°: e:√5-Radians, eine Beziehung, die wir gleich dreimal in der Cydonia-Region finden.

XD	0°
XA	120°
XB	234°
AB	268°
BC	24°
CD	30°
DE	148°
EA	150°
DQ	0°
BZ	234°

Die wichtigsten Winkel der Cydonia-Geometrie im „Tetraeder" von Barbury Castle, 1991

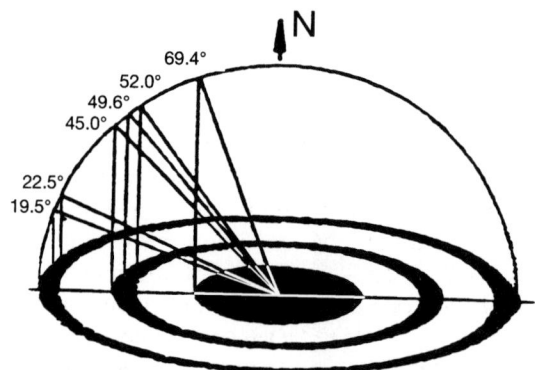

Die Projektion des Ringzentrums der Barbury Castle-Formation enthüllt Werte der Cydonia-Geometrie

Damit aber ist das Piktogramm von Barbury Castle nichts anderes als ein irdisches Gegenstück zur „D&M-Pyramide": Es trägt in sich alle wichtigen Zahlenwerte der Cydonia-Geometrie. Oder, mit Hoaglands Worten: „Das gesamte verdammte Ding ist durch und durch tetraedral und 'cydonisch'". Und das bis ins kleinste Detail. Erinnern Sie sich an den „schiefen Balken" des Musters, die einzige Unsauberkeit der sonst so perfekten Formation und für Hoax-Theoretiker das „corpus delicti" für die „wahren Täter"? Hoagland ahnte: Diese „Knick" war wichtig. Welchen Winkel hätte er bekommen, wenn die gebrochene Linie durch den inneren Ring -dem sie ausweicht- gegangen wäre? Die Antwort: 49.6°. „Bingo!", rief Hoagland aus, „Verdammt, diese Jungs sind elegant!". Denn 49.6° ist nicht nur ein Schlüsselwinkel der D&M-Pyramide und der „Avenue-Winkel", nach dem Stonehenge ausgerichtet ist, er ist auch der Radians von e:p, der Marsformel. Hoagland: „Unsere Entdeckung und Verifizierung der Cydonia-Geometrie 'mitten im Korn' bestätigt einen außergewöhnlichen Verdacht: Jemand... der offensichtlich dieselbe Geometrie benutzt wie jene, die vor einer halben Million Jahren ihre bemerkenswerten geometrischen Stempel in die Cydonia-Region gesetzt haben... ist endlich zur Erde zurückgekehrt..." In das „irdische Cydonia", ins Gebiet um Avebury.

Und Isabelle Kingston hatte wieder einmal recht. Sie wußte nicht nur, daß die Anlage von Avebury nach den Anleitungen einer kosmischen Intelligenz, eben der „Wächter", angelegt wurde, als „Versicherungspolice für eine Zeit, in der sich die Menschheit einmal öffnen würde...", wie sie sagte, also als eine Art Zeitkapsel für zukünftige Generationen. Sie erklärte auch, als ich sie im Juli 1991 vor laufender Kamera interviewte, daß „uns in der Barbury-Castle-Formation Indikationen verschiedener Dimensionen und der Tore zu diesen Dimensionen gegeben werden, die in der Macht der Pyramide beinhaltet sind... Ich fühle, daß wir aus dem Studium dieser Formationen mehr über eine neue Form der Energie lernen können, die möglicherweise in der Zukunft von der Menschheit angewendet werden kann, eine Energie, die keine Nebenwirkungen haben wird wie viele Energieformen, die wir heute anwenden." Da ich mir damals nicht im geringsten vorstellen konnte, was sie damit meinte, ließ ich diesen Teil der Antwort in unserem Video „Botschaft aus dem Kosmos" aus und beschränkte mich vorerst stattdessen auf Untersuchungen über die Identität der „Wächter", nicht nur in jüdischen Texten, sondern auch bei den Ägyptern. Dabei stieß ich auf die verblüffende Tatsache, daß die ägyptische Hieroglyphe für „neter" ("Wächter"), im Plural „neteru", ein „F"-förmiger Wimpel ist, und damit ein Symbol, das als „Schlüssel" zu den häufigsten Elementen der Kornkreispiktogramme gehört. Das war eine weitere Verbindung zu Ägypten, nach der schon erwähnten Parallelarchitektur von Silbury Hill und der Djoser-Pyramide von Sakkara, die der Architekt Imhotep errichtete, ein Schüler des Weisheitsgottes Toth oder Tehuti, einer der „Wächter", der danach nach Norden zog, wo er von den Germanen als „Teuth" und den Vor-Kelten als „Teutates" verehrt wurde, eine Verbindung, die Zecharia Sitchin in seinem sechsten Werk „When Time Began" (dt.: „Das erste Zeitalter") noch ausführlicher dokumentiert. Jetzt, dank Hoagland, der die tetraedrale „Cydonia"-Geometrie, die wir auch in den Kornkreisen finden, als Schlüssel zu einer neuen, freien, unbegrenzten Energie aus der 4. Dimension deutet, weiß ich, daß Isabelle auch hier recht gehabt hat.

Doch es gibt noch einen weiteren Hinweis darauf, daß die „Wächter", die Urheber der Marsstrukturen, zurückgekehrt sind. Mit bemerkenswerter internationaler Beteiligung sandten die Russen 1988 zwei Sonden zum Mars, Phobos 1 und Phobos 2. Ihre Aufgabe war es, zuerst die Marsoberfläche zu fotografieren und Daten zu sammeln - und dann Kurs auf den Marsmond Phobos zu nehmen, der der Mission ihren Namen gab. Doch das Projekt scheiterte. Phobos 1 erreichte den Mars nie, verschwand „plötzlich und unerklärlich" beim Anflug auf den Roten Planeten.

Phobos 2 schaffte es zum Mars, trat in die Umlaufbahn des Planeten ein und begann, Fotos von seiner Oberfläche zur Erde zu funken. Auf einem der Bilder, die die Infrarotkamera der Sonde aufnahm -eine Kamera, die nicht Licht und Schatten, sondern Wärmeemissionen erfaßt- erschien eine netzartige Struktur, fast wie eine riesige Stadt unter der Marsoberfläche. Ein anderes Foto zeigte einen elliptischen Schatten auf der Planetenoberfläche - den Schatten von „etwas, das nicht da sein dürfte", wie die sowjetische Raumfahrtbehörde damals erklärte. Zwei Tage später, als die Sonde die Mars-Umlaufbahn verlassen und Kurs auf dem Marsmond Phobos genommen hatte, kam es zu einer „plötzlichen Unterbrechung der Funkverbindung". Phobos 2 begann zu trudeln, als sei sie „von etwas getroffen worden", wie die Russen erklärten. Die Bildschirme wurden schwarz, die Sonde schwieg - für immer.

Lange kursierten Gerüchte darüber, was die Sonde getroffen haben könnte. Doch schließlich, im Juni 1990, besuchte die sowjetische Testpilotin und Kosmonautin Dr. Marina Popovich unsere „Dialog mit dem Universum"-Konferenz in München - und hatte die beiden letzten „Phobos 2"- Fotos im Handgepäck. Die beiden Infrarotbilder zeigen den Marsmond im Hintergrund - und ein längliches Objekt, das eine Leuchtspur hinterläßt und sich auf die Sonde zubewegt.

In seinem Buch „Genesis Revisited" (dt.: „Am Anfang war der Fortschritt") zeigt Sitchin Parallelen zwischen dem Phobos-Zwischenfall und der biblischen Geschichte vom Turmbau zu Babel auf, als der Mensch schon einmal versuchte, die Wohnstatt der Götter zu erreichen. Sind „sie" wieder auf dem Mars aktiv? Sind die Kornkreise Teil eines „kosmischen Menetekels", ein Warnzeichen, gezeichnet von der „feurigen Hand Gottes"? Man hätte Sitchins Interpretation als überzogen abhaken können, wenn sich der „Phobos-Vorfall" nicht fünf Jahre später wiederholt hätte und wieder eine Sonde

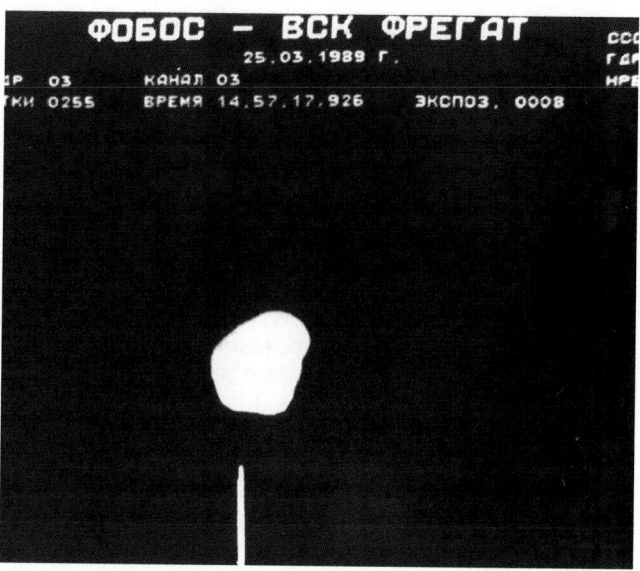

Das letzte Foto der Marssonde Phobos 2.

verschwand. Am 25. September 1992 startete die amerikanische Raumfahrtbehörde NASA ihre „Mars Observer"-Sonde, die elf Monate später in den Orbit des Roten Planeten eintreten sollte.

Tatsächlich setzten Hoagland und seine Anhänger große Hoffnung in diese Sonde, die eine Kamera an Bord hatte, deren Auflösung fünfzigmal feiner war als die der Viking-Sonden. Das versprach weitaus bessere, präzisere Aufnahmen des Marsgesichtes und der Cydonia-Region, und die Hoffnung bestand, daß diese den endgültigen Beweis für den künstlichen Ursprung der Strukturen liefern könnten. Doch seit dem 21. August 1993 schweigt die Sonde. Etwas muß schiefgelaufen sein, und selbst Spekulationen, daß die Sonde „explodiert" sein könnte, drangen aus NASA-Kreisen an die Öffentlichkeit. War die Zeit noch nicht reif dafür, daß irdische Technologie das Geheimnis unseres Ursprungs lüftet? Wollen „sie" allein den Zeitpunkt ihrer Rückkehr bestimmen? Müssen wir erst langsam, Schritt für Schritt, durch „Zeichen am Himmel und auf der Erde" darauf vorbereitet werden, bevor wir wieder unseren Schöpfern gegenüberstehen dürfen?

Näheres zu Hoaglands Studien zur Cydonia-Geometrie und ihrer Verbindung zum Kornkreisphänomen finden Sie in seinem Buch „Die Mars Connection" (Essen 1994) und dem gleichnamigen Video. Auch zu Sitchins Forschungen gibt es ein Video, „Sind wir allein?", das u.a. die Originalaufnahmen der russischen Phobos-Sonde von der Stadt auf dem Mars und dem Objekt in Anflug auf die Sonde zeigt. Beide Videos sind erhältlich bei 2000 Film Prod., Verlag M. Hesemann, Worringerstr.1, D-40211 Düsseldorf.

Malachim

12. Kapitel

Rückkehr der Götter

Robert Emenegger ist ein bekannter amerikanischer Dokumentarfilmer, Mitglied der Republikanischen Partei und erfahren in der Zusammenarbeit mit amerikanischen Regierungsstellen. Er hatte bereits einige Dokumentar- und Propagandastreifen für das US-Verteidigungsministerium und die Luftwaffe gedreht, als ihm 1972 sein Freund und Co-Produzent Allan Sandler ein neues Projekt einer Regierungsstelle vorlegte: einen Dokumentarfilm über UFOs. Obwohl sich Emenegger nie mit UFOs beschäftigt hatte, war er interessiert. Er wurde auf die Norton-Luftwaffenbasis in Kalifornien eingeladen. Im Gegenwart eines Offiziers des Luftwaffengeheimdienstes AFOSI (Air Force Office of Special Intelligence) besprach er das Projekt mit Paul Shortle, Leiter der Audiovisuellen Abteilung der Norton AFB. Das, was Shortle ihm anbot, verschlug Emenegger die Sprache. Er könnte für den Streifen 200 Meter 16mm-Filmmaterial haben, das die US-Luftwaffe aufgenommen habe, als drei UFOs auf der Holloman-Luftwaffenbasis in New Mexico landeten, die Besatzung mit dem Basiskommandanten Oberstleutnant Emmanuel F. Bonvincin und zwei Nachrichtendienst-Offizieren zusammentraf und kommunizierte. Emenegger war bereit, alle Bedingungen zu akzeptieren, um dieses Material zu bekommen.

In den folgenden Monaten reiste Emenegger mehrfach nach Washington D.C., um dem Pentagon sein Skript vorzulegen, und Luftwaffenoberst Coleman bestätigte ihm die Existenz des Filmes. Er müsse einen Sicherheitseid ablegen, dann würde er in wenigen Monaten das Material bekommen. General Haldeman, Stabschef während der Nixon-Ära, erklärte Emenegger, er hätte von dem Streifen gehört. Sandler drehte währenddessen in Holloman, man zeigte ihm die Gebäude 383 und 1382 am Ende der „Mars Avenue", wo die „Begegnung der Dritten Art" stattgefunden haben sollte.

Doch in letzter Minute wurde die Herausgabe des Films vom Pentagon zurückgezogen. Der Grund war, so erklärte Oberst Oberst George Weinbrenner von der Wright Patterson-Luftwaffenbasis in Dayton, Ohio, Emenegger,die MiG 25-Affäre und. ... Watergate. Die Nation war beunruhigt genug. Man riet Emenegger, den Film, wie geplant, als Fernseh-Special fertigzustellen. Anstelle der Original-Aufnahmen sollte er das Szenario der Holloman-Landung graphisch darstellen lassen und präsentieren als „etwas, das sich in der Zukunft ereignen könnte - oder vielleicht schon geschehen ist". Emenegger befolgte den Rat. Als „UFOs: Past, Presence and Future" („UFOs: Vergangenheit, Gegenwart und Zukunft") kam der Film ins landesweite TV, als „UFOs: It has begun" („UFOs: Es hat begonnen") wurde später eine aktualisierte Version auf den Video-Markt gebracht.

In seinem gleichnamigen Buch zitiert Emenegger das Szenario: Drei unidentifizierte Flugobjekte werden von der Besatzung des Towers auf Radar geortet. Man versucht, über Funk Kontakt aufzunehmen - vergeblich. Man schickt Abfangjäger hoch, die von „ganz oben" Befehl erhalten, die UFOs nur zu eskortierten. Durch Zufall befindet sich ein Filmteam der Basis gerade auf einer Routine-Mission in einem Helikopter über der Basis, filmt die UFOs im Anflug auf Holloman. Eines der Objekte beginnt herabzusteigen, während die beiden anderen in der Luft über der Basis stehen bleiben. Eine zweite Kamera-Crew, die eigentlich einen Raketenversuch aufnehmen sollte, wird herbeigerufen und filmt das Unglaubliche: Das herabgestiegene Objekt bleibt in nur drei Meter Höhe über dem Boden stehen, schwebt über der Rollbahn. Dann gleiten langsam drei Landebeine aus seiner Unterseite.

Der Basiskommandant, zwei Luftwaffen-Nachrichtendienst-Offiziere und zwei Luftwaffen-Wissenschaftler betreten das Feld. Am Schiffsrumpf öffnet sich eine Schiebetür.

Heraus steigen, erst ein, dann zweit - menschenähnliche Wesen in engen Raumanzügen. Sie sind etwa 1,60 m groß, ihre Haut ist bläulich-grau, ihre orientalisch wirkenden Augen stehen leicht auseinander, ihr Hinterkopf wirkt verlängert, ihre Nase ist auffallend groß, eine Hakennase. Sie tragen Kopfbedeckungen, die von mehreren breiten Bändern umgeben sind, Ohrringe, in den Händen szepterartige Stäbe.

Der Kommandant und die beiden Wissenschaftler treten vor, um die Fremden zu begrüßen. Sie führen sie in ein Gebäude, das die Nummer 383 trägt, am Ende der „Marsstraße". Die Militärs sind sprachlos...

Wenngleich dies wie Science Fiction klingen mag, die Existenz des Holloman-Films wurde offiziell bestätigt. Am 14. Oktober 1988 strahlte der landesweite US-Fernsehsender CBS das TV-Special „UFO-Cover up: live" aus. In der Sendung erklärte Paul Shartle, Leiter der Audiovisuellen Abteilung der Norton-Luftwaffenbasis, er habe den Film selbst gesehen und sei sicher, daß es sich dabei um keinen Übungsfilm, sondern um ein authentisches Dokument gehandelt hätte. In einem Regierungs-Briefing aus dem Jahre 1977, das 1985 dem US-UFO-Forscher William L. Moore zugespielt wurde, heißt es, daß das Holloman-Meeting am 25. April 1964 stattfand - als Resultat eines Versuches der US-Regierung, mit den UFO-Piloten in Kontakt zu treten. Das Dokument

wörtlich: „Projekt SIGMA (wurde) ursprünglich 1954 als Teil von Projekt GLEEM eingerichtet ... Seine Aufgabe war die Kontaktaufnahme mit den Außerirdischen. Das Programm hatte Erfolg, als die Vereinigten Staaten 1959 eine primitive Kommunikation mit den Außerirdischen zustandebrachten. Am 25. April 1964 traf ein US-Airforce-Nachrichtendienstoffizier zwei Außerirdische an einer vorbereiteten Stelle in der Wüste von New Mexico. Der Kontakt dauerte etwa zwei Stunden. Während dieses Treffens konnte der Luftwaffenoffizier grundlegende Informationen mit den beiden Außerirdischen austauschen. Das Projekt wird auf einer Luftwaffenbasis in New Mexico fortgeführt."

Ein ähnliches Dokument, das ebenfalls den Holloman-Vorfall bestätigt (und auf den 25.4.64 datiert), wurde 1983 der US-Journalistin Linda Moulton Howe bei einem Besuch im Büro des Luftwaffengeheimdienstes auf der Kirtland-Luftwaffenbasis vorgelegt. Wie Howe erfuhr, sollen die Außerirdischen behauptet haben, sie hätten den Menschen erschaffen und durch genetische Manipulationen seine Evolution immer wieder gesteuert. Auch jetzt sei es ihr Interesse, genetische Veredelungen an Erdenmenschen durchzuführen.

In seinem Buch „UFOs: Past, Presence and Future" veröffentlichte Robert Emenegger eine Zeichnung eines der beiden Außerirdischen, die 1964 in Holloman landeten.

Zeichnung eines der Außerirdischen von Holloman nach R. Emenegger.

Als ich sie erstmals sah, hatte ich so etwas wie ein déja`vu-Erlebnis. Irgendwo hatte ich dieses Antlitz schon einmal gesehen. Dann erinnerte ich mich: In Berlin, in der Vorderasiatischen Abteilung des Pergamon-Museums, auf einem 2800 Jahre alten Relief. Es stammt aus Kalchu, einer Stadt des Assyrerherrschers Assurnasirpal II. (883-859 v. Chr.) im heutigen Nordirak. Es zeigt einen „Genius", wie es im Museumskatalog heißt, tatsächlich einen Anunnaki, einen jener, „die vom Himmel auf die Erde kamen", die die Menschheit nach ihrem Ebenbilde schufen. Das gleiche Gesicht mit Hakennase (hier jedoch mit einem Vollbart ausgestattet), dasselbe Szepter, derselbe Ohrring, derselbe „Helm", wenngleich, da wohl rangniedriger, hier nur von drei „Bändern" umschlungen. Die Ägypter stellten diese Götter, die sie neteru, „Wächter", nannten, mit gräulich-blauer Hautfarbe und verlängertem Hinterkopf dar, ein Charakteristikum, das wir -ob künstlich oder genetisch bedingt - auch bei den Pharaonenfamilien wiederfinden (ebenso wie die Adlernase), die sich als direkte Nachkommen der Götter bezeichneten.

Sind die Götter der Vorzeit also wieder zurückgekehrt? Eine weitere Besonderheit: 24 Stunden vor dem Holloman-Kontakt landete ein kleines, ovales Objekt in der Nähe von Socorro, New Mexico. Ein Zeuge, der Streifenpolizist Deputy Marshall Lonnie Zamora, sah noch zwei „kleine, schmale Wesen" in das Raumschiff einsteigen, dann startete es. Das UFO hinterließ vier kreisförmige Abdrücke im Boden, die von den Landebeinen stammten.
Die US-Luftwaffe untersuchte und bestätigte den Vorfall. Das Verblüffende: Das Objekt trug ein in roter Farbe leuchtendes Symbol auf dem Rücken - ein Pfeil auf einer Basis, umgeben von einem Halbkreis. Es gleicht dem sumerischen Keilschriftzeichen für „Din-Gir", was der Orientalist Zecharia Sitchin als „Die Gerechten mit den hellen, zugespitzten Gegenständen" oder „Die Reinen mit den feurigen Raketen" übersetzt - einer der Namen für die Anunnaki.

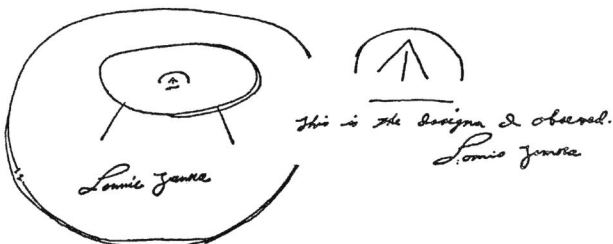

So zeichnete Deputy Marshall Lovnie Zamora das am 24.4.1994 bei Socorro/New Mexico gelandete UFO. Das Symbol auf seinem Rücken entspricht dem sumerischen DIN-GIR und erschien in ähnlicher Form 1992 als Teil einer Kornformation.

Dasselbe Symbol erschien - und da schließt sich der Kreis - Ende Juli 1992 als Teil eines Kornkreis-Piktogrammes in East Mayne bei Hampshire (siehe Cover dieses Buches). Vieles deutet darauf hin, daß die Rückkehr der Anunnaki tatsächlich bereits stattgefunden hat, daß sie seit 1964 (oder früher) in heimlichen Kontakt stehen mit den „Königen" unserer Zeit, der Regierung des „größten Reiches auf Erden", den USA. So war Holloman nicht der einzige Fall einer offenbar offiziellen UFO-Landung auf einer US-Luftwaffenbasis.

Im März 1992 interviewte ich in San Diego den jungen Ex-Sergeant der US-Airforce Larry Warren. Warren war im Rahmen des NATO-Austausches 1980 als Sicherheitsoffizier auf der britischen Luftwaffenbasis Bentwaters in Suffolk/ Ostengland stationiert gewesen. Eines Nachts, es war der 30. Dezember 1980, wurde er im Jeep zusammen mit anderen Sicherheitsbeamten in das Gelände gefahren, in Richtung des nahegelegenen Rendlesham-Waldes. Schon beim Verlassen der Basis bemerkte Warren, daß Hasen und Rehe wie in Panik aus dem Wald gelaufen kamen. Der Wagen fuhr dann auf einem Waldweg in das Innere des Forstes, bis plötzlich der Motor ausfiel. Die Gruppe setzte den Weg zu Fuß fort, während Warren einen Konvoi beobachten konnte, der gerade die Basis ebenfalls in Richtung des Waldes verließ. Eine nächtliche Übung?, fragte sich der junge Soldat. Oder ein Unfall? War etwas schiefgelaufen? Aus einiger Entfernung hörte er Stimmen und die Geräusche von Funkgeräten, bald übertönt durch das Knattern eines nahenden Helikopters. Dann stieß seine Gruppe auf andere Militärs, britische Offiziere ebenso wie Soldaten der benachbarten US-Luftwaffenbasis Woodbridge. Ein Mann in der Gruppe fing wie hysterisch zu schreien an, lief davon. Die Situation war gespenstisch. Warren schluckte. Er dachte, der dritte Weltkrieg sei ausgebrochen.

Dann sah er in einer Lichtung ein mysteriöses Objekt. Es hatte die Form einer riesigen Aspirintablette, etwa 15 Meter im Durchmesser, und schwebte, leicht pulsierend, über dem Boden. Warren bemerkte, daß jede Menge von Film- und Fotokameras auf die Scheibe gerichtet waren und daß - in respektvollem Abstand - Sicherheitsbeamte um sie herumstanden. Er hörte, wie eine Stimme - wahrscheinlich die eines Hubschrauberpiloten - über Funk ankündigte: „Hier kommt es!".

Zeichnung der Bentwaters-Landung nach L. Warren.

Alle schauten auf, sahen ein rötliches Objekt direkt auf sie zufliegen. Das helle rote Licht schwebte eine kurze Zeit über der „Aspirintablette", dann explodierte es in einem Regen von Farben. Für einen Moment waren alle wie geblendet. Als sie wieder klar sehen konnten, stand vor ihnen ein großes, kuppelförmiges Raumschiff. Warren und einige seiner Kameraden beschlossen, näher an das Objekt heranzugehen. Doch als sie es fast hätten berühren können, schoß ein grüner Lichtstrahl aus dem UFO - und Warren verlor das Bewußtsein.

Er fand sich wieder in seiner Barracke. An seinen Stiefeln und Hosen klebte noch der Schlamm von der nächtlichen Waldexpedition. Am nächsten Nachmittag wurden Warren und seine Kameraden zum Basiskommandanten gerufen. Ihnen wurde mitgeteilt, daß sie das, was sie letzte Nacht gesehen hatten, um keinen Preis der Außenwelt mitteilen dürften; es sei eine streng geheime Sicherheitsangelegenheit. Trotzdem, oder gerade deshalb, kochte in den nächsten Tagen die Gerüchteküche der Bentwaters AFB fast über. Kameraden, die auf der anderen Seite des Raumschiffes standen, schworen, kleine Außerirdische gesehen zu haben, die das Raumschiff verlassen hätten. Ein Jahr später wurde Larry Warren ehrenhaft aus der Luftwaffe entlassen, kehrte in die USA zurück. Bentwaters aber konnte er nie vergessen. Er träumte nachts von der Begegnung mit dem UFO und wachte schreiend auf.

Da begann er, sich mit dem UFO-Thema zu beschäftigen. Er las von Betty Andreasson, die ganz in seiner Nähe wohnte, mußte sie treffen. Er befolgte Bettys Rat, sich hypnotisieren zu lassen. Der Psychoanalytiker Fred Max führte die Sitzungen durch, nahm sie auf Tonband auf.

In Hypnose beschrieb Larry präzise, was sich in dieser Nacht zugetragen hatte, nannte die Namen jener Kameraden, die mit ihm im Jeep gesessen hatten. Dann erzählte er, wie er die Außerirdischen sah: Kleine Wesen, ca. ein Meter groß, mit großen Köpfen und in silbrige Overalls gekleidet. Sie glitten in einem Strahl, der aus dem UFO kam, auf die Erde, schienen mit dem Basis-kommandanten General Gordon Williams zu kommunizieren. Dann schwebte einer der 'Fremden' in Richtung von Larrys Gruppe. „Mein Gott, er kommt zu uns rüber!", schrie Warren noch - dann erlebte er selbst in Hypnose einen Blackout, fand sich erst in der Barracke wieder.

So unglaublich Warrens Geschichte klingt, sie ist nur ein Teilaspekt des bisher bestdokumentierten Falles einer UFO-Landung. So erfuhr bereits im Januar 1981 die britische UFO-Forscherin Brenda Butler durch einen befreundeten US-Sicherheitsoffizier von der UFO-Landung im Rendlesham-Forst, konnte im Laufe ihrer Recherchen zusammen mit ihren Kolleginnen Dot Street und Jenny Randles ein gutes Dutzend weiterer Zeugen ausfindig machen und interviewen, darunter ranghohe Offiziere; aber auch einen jungen Sergeanten, der mit Larry Warren im selben Jeep gesessen hatte und - unabhängig von Warren - dessen Geschichte bestätigte.

Der erstaunlichste Beweis für den Rendelsham-Zwischenfall aber ist der offizielle Bericht des US-Luftwaffenoberstleutnants Charles I. Halt, stellvertretender Kommandant der Woodbridge-Luftwaffenbasis der US-Luftwaffe, die nur wenige Kilometer von Bentwaters entfernt liegt. Dieses Dokument ist authentisch - es wurde offiziell auf eine Anfrage hin vom US-Verteidigungsministerium freigegeben.

Darin heißt es, daß bereits in den frühen Morgenstunden des 27.12.1980 ein UFO im Rendlesham-Forst landete, von einer Suchmannschaft als „metallisch beschrieben wurde, dreieckig in der Form, an der Basis etwa zwei bis drei Meter breit und ungefähr zwei Meter hoch. Es erhellte den ganzen Wald mit weißem Licht. Das Objekt selbst hatte ein rotes, blinkendes Licht auf der Spitze und ein Band blauer Lichter an der Unterseite. Das Objekt schwebte oder stand auf Beinen. Als die Wachen sich dem Objekt näherten, schwebte es zwischen den Bäumen davon und verschwand. Zu diesem Zeitpunkt gerieten die Tiere eines nahegelegenen Hofes in Raserei."

Halt beschreibt weiter, wie am nächsten Tag „drei Abdrücke von vier Zentimetern Tiefe und 16 Zentimetern Durchmesser dort gefunden wurden, wo das Objekt am Boden gesehen worden war", und daß im Gebiet der Landestelle erhöhte Radioaktivität gemessen wurde. In der Nacht zum 30. Dezember kam es zu einer zweiten UFO-Landung, die Halt wie folgt schildert: „Ein rotes, sonnenähnliches Objekt konnte durch die Bäume gesehen werden. Es bewegte sich und pulsierte. Einmal schien es glühende Teilchen auszustoßen, dann brach es in fünf einzelne weiße Objekte auseinander und verschwand. Sofort danach bemerkte man drei sternartige Objekte am Himmel... sie waren noch zwei oder drei Stunden lang zu sehen und strahlten von Zeit zu Zeit Lichtstrahlen zur Erde. Zahlreiche Personen einschließlich des Unterzeichnenden wurden Zeuge dieser Aktivitäten."

Bestätigt wurde Col. Halts Bericht durch ein ebenfalls offiziell dem US-Nachrichtensender CNN freigegebenes Tonband, in dem Halt die Landung des UFOs protokolliert. In dem Augenblick, als das „helle Licht explodierte", ruft Halt höchst erregt aus: „Mein Gott, es ist eine Maschine." Dann ist das Band minutenlang leer - es scheint so, als hätte auch Halt, ähnlich wie Warren, in diesem Moment einen Blackout erlebt.

Elf Jahre später tauchte ein Film auf, der fast zur Illustration des Rendlesham-Zwischenfalles dienen könnte. Doch der Film hat nicht das geringste mit der britischen UFO-Landung zu tun. Er entstand in Kanada, in der Provinz Ontario, am 18. August 1991. Die Parallele: Auch hier fand eine UFO-Landung statt - in unmittelbarer Nähe von militärischem Übungsgelände, nahe der „Canadian Forces Station" Carp bei Ottawa und des NATO-Lauschpostens Carp, unweit des unterirdischen Kommandozentrums von Kanata. Der Film ging Bob Oechsler, Ex-Mission Specialist der US-Raumfahrtbehörde NASA und heute engagierter UFO-Forscher, mit der Post in einem braunen A-4-Umschlag ohne Absender, mit einem Poststempel von Ottawa, Kanada, zu.

Neben der Videokassette enthielt der Umschlag verschiedene Fotokopien, Zeichnungen, eine Karte und ein Großformat-Foto. Eines der Dokumente schien sich auf das Video zu beziehen. Es trug die Titelzeile „Ministerium für Landesverteidigung. Blue Secret. Information betrifft die nationale Sicherheit". Weiter heißt es: „Videoband 'A' - Entdeckung einer außerirdischen Scheibe - Kopie Nr. 1, 18. August '91. Militärisches Testgelände Old Almonte Sumpf, 23.00 Uhr." Dem angefügt waren die Fotokopien dreier Polaroid-Fotos, angeblich „Bild Drei" und „Bild Zehn von Sechzig", die einen glockenförmigen Flugkörper zeigen, im Vordergrund, vom Blitzlicht erhellt, Gras und Gestrüpp. Das Videoband trug die Aufschrift „Guardian" - der Wächter.

Neugierig geworden schob Oechsler es in seinen Videorecorder. Was er dann sah, raubte ihm den Atem. Denn hier war deutlich eine flache, weiße Scheibe zu erkennen, mit einem blauweißen, heftig blinkenden Licht auf der Spitze, daneben eine Gruppe von Leuchtfeuern, deren Rauch langsam zum Nachthimmel aufsteigt. All dies geschieht lautlos, man hört nur das Zirpen der Grillen, einmal den Ruf einer Wildente. Dann endet die Szene, Schritte stapfen durch das Gestrüpp, Büsche scheinen die Szene zu verdecken, nur das Blinklicht sendet weiter grelle Blitze aus. Als sich der Filmer dem Objekt nähert, können Details ausgemacht werden: Da schwebt eine große, glockenförmige Scheibe über dem Boden, umgeben von farbigen Lichtern. Aus der Unterseite dringt gleißendes Licht, umhüllt drei kleinere Kugeln und, in der Mitte, eine größere Halbkugel. Im Hintergrund bellen Hunde. Als der Zeuge noch näher an das Objekt herangeht, wird er von einem blauen Lichtstrahl getroffen. Dann endet der Film.

Sofort erkannte Oechsler, was er hier in den Händen hielt: Noch nie in der 45-jährigen Geschichte der UFO-Forschung hatte es so klare, so deutliche Filmaufnahmen eines gelandeten Raumschiffes gegeben. Diese Brillanz, diese Farben, die Schärfe der Bilder: Ganz offensichtlich hatte der anonyme Zeuge eine hochwertige

Kamera benutzt. Aber unter welchen Umständen entstand der Film und wer hatte ihn gedreht?

Die anliegenden Dokumente gaben nur teilweise Aufschluß. Eine Karte bezeichnete das Gebiet um Carp als „Zone für außerirdische Operationen 1970 - 1991" innerhalb eines Dreiecks von „magnetischen Navigationsmustern". Offenbar operieren hier zwei außerirdische Gruppen, die menschlichen „Blonden" und die kleinen, humanoiden „Grauen". Dabei sollen „außerirdische blonde Bodentruppen die Leuchtfeuer entzündet haben, um das Signal zur Landung zu setzen".

Ein Freimaurersymbol (Zirkel und Winkelmaß, in der Mitte das Allsehende Auge Gottes) wird als Symbol einer Organisation, die mit den Außerirdischen in Kanada zusammenarbeitet" bezeichnet, während das sumerische „Anu" (Himmels)-Zeichen zum „Symbol der außerirdischen Verbände" wird. Der „Ursprung der Außerirdischen", so das Dokument, ist ein Planet namens „Eden" mit einem „kometenartigen Orbit, jenseits von Pluto", „braucht 3600 Jahre, um unsere Sonne zu umkreisen" - also ganz offensichtlich Zecharia Sitchins „12. Planet" Nibiru. „Die silbergraue Scheibe (stand) stundenlang auf dem offenen Feld", heißt es in einem anliegenden, dreiseitigen, stark zensierten Dokument, „sie war für Cessnas, militärische und kommerzielle Flüge voll sichtbar (...) Eine kontrollierte Landung." Und weiter: „Alle Informationen über die Außerirdischen Kontakte werden systematisch von der Bruderschaft freigegeben. Diese Gruppe ist verantwortlich für die Entstehung der Neuen Welt, Nordamerika... Sie hat Mitglieder in jeder Ebene der modernen Gesellschaft. Ihre Überzeugungen basieren auf dem geheimen Wissen über die Schöpfung der Menschen und die Beziehungen mit den himmlischen Kräften."

So faszinierend diese Informationen klangen, Bob Oechsler war sich nicht mehr sicher, mit wem er es zu tun hatte: Mit einem Verrückten, einer Geheimloge oder mit gezielter Desinformation aus Geheimdienstkreisen. Auch das den Dokumenten anliegende Großformat-Foto trug nicht sonderlich zur Lösung des Rätsels bei. Es zeigte ein Wesen in einem Kapuzen-Overall, mit einem maskenhaften, schneeweißen Gesicht hinter dichtem Gebüsch, offensichtlich durch ein Teleobjektiv aufgenommen. Das Bild trug die Aufschrift „Carp, Ontario, 15. August 1991", entstand also offensichtlich drei Tage vor der gefilmten Landung. Faszinierendes Material, soviel stand fest.

Oechsler beschloß, dem Fall mit allen zur Verfügung stehenden Mitteln auf den Grund zu gehen.

Der erste Schritt war eine Auswertung des vorliegenden Bild- und Filmmaterials. Oechsler übergab den Videofilm Experten zur Analyse, die aufgrund der Spiegelungseigenschaften auf seiner Oberfläche das gefilmte Objekt als einen etwa acht Meter großen, kreisrunden, metallischen Körper identifizierten. Das Blinklicht auf seiner Oberfläche blitzte schneller als alle bekannten Signallichter, etwa von Polizei- oder Feuerwehrwagen, und zudem in unregelmäßigen Sequenzen. Die fotokopierten Polaroids zeigten zwar sehr viel weniger Details als der Film, dafür aber den von einem Blitzlicht erhellten Vordergrund: hohes Büffelgras, wie es auch auf der Großformat-Aufnahme des Außerirdischen zu sehen ist. Der Blitz einer Polaroid-Kamera reicht einige Meter weit, das Objekt befindet sich eindeutig außerhalb seiner Reichweite - es reflektiert kein Blitzlicht -, ist offenbar weit entfernt und damit recht groß. Aber das war auch alles, was das Bildmaterial hergab. Für Bob Oechsler stand fest, daß nur eine Vor-Ort-Untersuchung näheren Aufschluß geben könnte.

Am 5. Mai 1992 flog er nach Ottawa, fuhr weiter nach Carp. Aufgrund der detaillierten Karten in der Anlage des Films konnte er ohne weiteres die angebliche Landestelle ausfindig machen, eine leicht moorige Wiese, umgeben von Waldstücken, von keiner Straße aus einsehbar. Er fand eine kleine Anhöhe, von der aus Guardian die Anfangsszene aufgenommen haben mußte, das Gestrüpp, durch das er zur Landestelle vordrang, und schließlich den Landeplatz selbst, ein kreisrundes Gebiet von 17 Metern, heute verdörrt und unfruchtbar.

Hier waren Büsche und Gras verwelkt und ausgetrocknet, brüchig und verkohlt, flach am Boden liegend, während sie außerhalb des Kreises hüfthoch und gesund geblieben sind. Wodurch waren die Pflanzen gestorben?

Proben, die Oechsler entnahm und später im Labor untersuchen ließ, wiesen eine starke Titanium-Kontamination auf. Einzelne Verbrennungsspuren fand Oechsler dort, wo die Leuchtfeuer gestanden haben mußten. Etwa 700 Meter von der Landestelle entfernt liegt ein einsames Haus, das Haus des lokalen Tierarztes. Hier leben in einem Schuppen die Hunde - jene Hunde, deren Bellen auf dem Video zu hören ist. Und tatsächlich hat die Frau des Tierarztes - ihr Mann war gerade beruflich unterwegs - in der fraglichen Nacht von ihrem Schlafzimmerfenster aus die UFO-Landung beobachtet.

„Es hatte eine kleine Kuppel, von der ein blaues Licht ausging, das in die Höhe schoß", erklärte sie Bob Oechsler, als er sie vor seiner Videokamera interviewte. Dann spielte er ihr das Video vor. Die Zeugin war überwältigt. „Das ist exakt, was ich gesehen habe", erklärte sie mit fester Stimme, „nur aus einer anderen Perspektive." Von ihr aus gesehen stand das UFO vor den Signallichtern, auf dem Film rechts davon. „Ja, die Hunde bellten die ganze Zeit über. Schließlich erhob sich das Objekt auf eine Höhe von vielleicht 25 Metern, bevor es plötzlich, wie ausgeknipst, verschwand. Danach tauchten schwarze Helikopter auf, die unser Haus in so geringer Höhe überflogen, daß Ziegel vom Dach fielen. Ich konnte die Piloten erkennen, so tief flogen sie."

Die Zeugin erklärte sich zu einem Lügendetektortest bereit. Die Bewohner des Nachbarhauses, das ein ganzes Stück weiter entfernt liegt und von einem Ärztehepaar bewohnt wird, bestätigten die Aussage, außerdem ein vierter Zeuge. Doch als sie am nächsten Morgen das Gebiet inspizierte, waren allen Spuren der nächtlichen Aktivität verschwunden.

Der kommandierende Offizier der Carp Canadian Forces Station wollte den Vorfall vom 18.8.91 freilich nicht kommentieren. Doch auch er räumte ein: „Wir hatten eine ziemlich starke UFO-Aktivität in den letzten 3-4 Jahren."

Warum finden diese UFO-Landungen statt? Guardians Informationen zufolge, weil die Außerirdischen den offenen Kontakt mit den Menschen der Erde vorbereiten. „Es bleibt nicht mehr viel Zeit. Es häufen sich die archäologischen Beweise für die Existenz des 'Eden'-Planeten in unserem Sonnensystem. Die Herrscher des Himmels sind beunruhigt über unsere militärischen Technologie... wir können bereits den biologischen Alterungsprozess stoppen. Der Mensch wird zum Gott." Dabei ist zweitrangig, wer Guardian wirklich ist: Ist er, wie er behauptet, Mitglied einer Geheimloge, die seit dem letzten „Götterbesuch" vor 2500 Jahren das Erbe der Außerirdischen hütet? Ist er Mitglied eines Geheimdienstes, der auf diesem Wege Informationen an die Öffentlichkeit schleust? Oder hat er selbst Kontakte zu Außerirdischen gehabt, ist an Bord eines UFOs entführt worden, wie Betty Andreasson und Tausende anderer Amerikaner?

Tatsächlich berichteten die Regierungsdokumente, die der US-Journalistin Linda Moulton Howe 1983 im Büro des Luftwaffen-Geheimdienstes AFOSI auf der Kirtland-Luftwaffenbasis in New Mexico gezeigt wurden, auch von einem Abkommen, einem Vertrag der Außerirdischen mit der US-Regierung. Darin boten sie den Amerikanern eine Technologie an - im Austausch gegen Land und die Möglichkeit, mit Vieh und Menschen genetische Experimente durchzuführen. Gleichzeitig würden sie ihre Existenz langsam, Schritt für Schritt und in Kooperation mit den Regierungen, der Öffentlichkeit enthüllen.

Am 7. September 1967 fand der Rancher Harry King seine dreijährige Appaloosa-Stute „Lady" nach langer Suche zwischen einigen Chico-Büschen. Das Pferd war tot. Es lag auf der Seite und war vom Hals aufwärts nur noch ein Skelett aus weißen, ausgebleichten Knochen, die aussahen, als seien sie tagelang einer unbarmherzigen Sonne ausgesetzt gewesen. Unverständlich für King, der seine Lieblingsstute noch am vorletzten Abend beim Galoppieren bewundert hatte. Noch mysteriöser war die Tatsache, daß ihr Körper vom Halse abwärts völlig unversehrt war. Was war mit „Lady" geschehen? War sie Aasfressern zum Opfer gefallen? Dagegen sprach, daß es keinerlei Spuren von Bißwunden gab; das Fleisch war am Hals sauber, „wie mit einem scharfen Jagdmesser" abgetrennt . Als er sich an der Fundstelle umschaute, stieß Rancher King auf weitere Sonderbarkeiten. So stellte er fest, daß die letzten Hufspuren 30 Meter von der toten Stute entfernt endeten. Dazwischen fand er, in etwa 15 Metern Entfernung vom Kadaver, einen flachgedrückten Chico-Busch, umgeben von einem 90 Zentimeter breiten Kreis von sechs bis acht Zentimeter tief in den Boden gedrückten Löchern, jedes zehn Zentimeter breit. Auch Brandspuren waren auszumachen.

Harry King rief den Sheriff, die Presse berichtete über den mysteriösen Vorfall. Auf den Artikel hin meldeten sich Dutzende von Zeugen, die in der fraglichen Nacht geheimnisvolle Leuchtobjekte über dem San Luis-Tal beobachtet haben wollten.

Und schließlich schaltete sich ein Wissenschaftler in den Fall ein: Dr. med. John Henry Altshuler von der McGill-Universität, damals Pathologe und Hämatologe am Rose Medical Center in Denver, Colorado. „Der Schnitt am Hals der Stute war außerordentlich sauber ausgeführt", befand Dr. Altshuler, „am Schnittrand fiel mir eine leichte Verdunkelung auf, die aussah, als sei das Fleisch mit einem chirurgischen Brennschneider durchgetrennt worden. Ich habe am harten, dunklen Schnittrand einige Proben entnommen, die ich später mikroskopisch untersuchte. Ich stieß auf eine für Verbrennungen typische Verfärbung und Zerstörung der Zellen." Und noch ein Umstand verwirrte den Mediziner: Er fand nicht die geringste Blutspur; und das, obwohl alle Organe aus dem Pferderumpf entnommen waren."

Als die Journalistin Linda Howe Dr. Altshuler 1988 interviewte, war er der Ansicht, daß solche „Operationen" nur mit einem modernen chirurgischen Laser durchgeführt werden könnten; und den gab es 1967 noch nicht. Doch „Lady" war nur der Anfang eines Phänomens, das als „Cattle Mutilations" -Viehverstümmelungen - in den folgenden Jahren im ganzen Land, speziell aber im Mittelwesten der USA, für Schlagzeilen sorgen sollte. Bis zum heutigen Tag - 1992 - liegen der US-Bundespolizei FBI über 24.000 Fälle vor, in denen Rancher die Kadaver von Rindern und Pferden mysteriös verstümmelt auf ihren Weiden fanden. Diese Fälle verliefen laut einer FBI-Statistik alle nach dem gleichen Schema:

1. Geheimnisvolle, unidentifizierbare Flugobjekte werden beobachtet. Mal sind es Lichter, die durch seltsame Flugmanöver auffallen, mal dunkle, schwarze Scheiben, hin und wieder auch schwarze, unmarkierte Helikopter.

2. Rinder und Pferde werden verstümmelt aufgefunden. Die unterschiedlichsten Organe wurden entnommen. Am häufigsten waren es die Geschlechtsorgane, Hoden und das Rektum, aber auch Herz, Leber, Nieren, Euter, Muskelfasern, Gebärmutter, Gehirn, Augen, Zunge, Nüstern, Lippen, in Einzelfällen sogar der ganze Unterkiefer. Die Schnitte sind präzise ausgeführt, weisen Verbrennungsspuren auf, die den Einsatz von Lasern vermuten lassen.

3. Manchmal sind sämtliche Knochen der verstümmelten Tiere gebrochen, als seien sie aus einiger Höhe zu Boden gestürzt.

4. Nahe der Fundstellen wurden kreisrunde Abdrücke oder Eindrücke wie von Landefüßen gefunden. Rings herum sind unerklärliche Brandstellen, die oft eine erhöhte Radioaktivität aufweisen.

5. Oft waren die verstümmelten Tiere auf einer Seite mit einem Pulver aus Potassium und Magnesium markiert, das nur bei ultravioletter Bestrahlung sichtbar wird.

Einer der interessantesten Fälle ereignete sich am 27. Dezember 1975 in Meeker Country, Minnesota: Ein Rancher fand auf seiner Weise, inmitten eines Kreises flachgedrückten, von Neuschnee umgebenen Grases, ein verstümmeltes, totes Kalb. Die Augen, das linke Ohr,

die Zunge und Teile des Maules waren herausgeschnitten. 500 Meter entfernt stieß der Viehzüchter auf weitere Kreise.

Als Terrance Mitchell von der Universität Minnesota die Zirkel untersuchte, bemerkte er einen extremen Magnetismus. Dann überflog einer seiner Mitarbeiter das Gelände - und fand eine ganze Formation von 47 gleich großen, perfekten Kreisen, die zusammen ein Muster formten.

„Eine Reihe von Experten ist überzeugt, daß der Grund für diese seltsame 'Ernte' darin liegt, daß Außerirdische hier genetische Experimente mit unserer DNA durchführen, und daß das Chromosomen-Material, das sie den Tieren und Entführungsopfern entnehmen, benutzt wird, um eine neue, vielleicht andere Lebensform zu erschaffen", erklärte mir im Sommer 1992 die US-Journalistin Linda Howe, als ich sie - zufällig - inmitten des Kornkreislandes Wiltshire traf.

Ich lud sie zu einem Rundflug über das Circle-Country ein, sie belegte ein Zimmer in unserem Stammhotel, dem „Merlin" in Marlborough, ich interviewte sie am nächsten Morgen. Auch Linda ist überzeugt, daß hinter all dem - Kornkreise, UFO-Entführungen und Viehverstümmelungen - ein „big picture", ein gemeinsamer Nenner steht, der sehr viel zu tun hat mit der möglicherweise kosmischen Zukunft der Menschheit. „Michael, hast du schon von dem neuen Buch von David Jacobs gehört", fragte sie mich an jenem Morgen Ende Juli 1992, als wir gemeinsam im sonnendurchfluteten Innenhof des „Merlins" frühstückten. Ich mußte verneinen. „'Secret Life' -Geheimes Leben - heißt das Buch. Es hat sofort nach Erscheinen bei uns in den USA Furore gemacht.

Jacobs, Geschichtsprofessor an der renommierten Temple University, hat zwischen 1986 und 1991 über 300 Fälle von 'Abductions' oder UFO-Entführungen untersucht. Menschen, die sich im Wachbewußtsein nur noch an eine 'fehlende Zeit' erinnern konnten, seitdem aber unter Alpträumen litten, in denen es immer wieder um die Begegnung mit seltsamen Wesen mit großen Köpfen und schmalen Körpern ging, wurden hypnotisiert. In Hypnose waren sie in der Lage, detailliert zu schildern, was sie erlebt hatten.

Sein Ergebnis: Alle Berichte verlaufen nach demselben Grundschema. Die Menschen werden aus ihrem Alltag geholt, ob sie gerade im Bett liegen, sich im Dienst befinden oder auf einer einsamen Landstraße autofahren. Sie werden von kleinen Humanoiden an Bord eines Raumschiffes gebracht, zuerst einer gründlichen medizinischen Untersuchung unterzogen. Dann entnimmt man ihnen Spermien oder Eizellen. Schließlich erhalten sie eine kurze Belehrung oder Erklärung dessen, was mit ihnen geschehen ist - und die Anweisung, alles zu vergessen. Bei weiteren Entführungen werden ihnen Embryos in Retorten oder Babys gezeigt. Jacobs folgert daraus: Der Kernpunkt aller Entführungsfälle ist die Fortpflanzung, die Produktion von Kindern einer neuen Rasse."

Mittlerweile liegt mir die Studie von Prof. Jacobs vor, zudem ein gutes Dutzend weiterer Titel zum „Abduction"-Phänomen. Ich habe Material über identische Fälle in Rußland und Georgien. Allein in Tblissi, der Hauptstadt des Kaukasus-Staates, kam es 1989/90 zu über 2000 Fällen von „Abductions", darunter rund 50 Fälle von künstlichen Schwangerschaften, die sämtlich auf ebenso mysteriöse Weise im vierten Monat endeten - durch die Entnahme des Fötus bei einer weiteren UFO-Entführung.

Eine Umfrage der Ropers-Institute in den USA aus dem Jahre 1992 ergab, daß 2 % von 6000 Befragten aus allen soziologischen Gruppierungen möglicherweise eine „Entführung" erlebten. Gewertet wurde jede Person, die vier der folgenden fünf Fragen mit „Ja" beantworten konnte:

1. Haben Sie sich jemals wie gelähmt gefühlt, als sie mitten in der Nacht aufwachten, und waren Sie von seltsamen Wesen umgeben?
2. Haben Sie jemals in Ihrem Leben eine 'Zeitlücke' von mehr als einer Stunde gehabt?
3. Haben Sie erlebt, wie Sie durch die Luft glitten?
4. Haben Sie ungewöhnliche Lichtkugeln in Ihrem Zimmer gesehen?
5. Haben Sie Narben unbekannter Herkunft gehabt?

2% aller Erwachsenen, das wären 3,7 Millionen Amerikaner. Das aber kommt ziemlich nahe an eine Zahl heran, die der britische UFO-Forscher Timothy Good aus Geheimdienstkreisen erfuhr: Einer von 40, also 2,5%. Auch der amerikanische „UFO-Papst" und Ex-CIA-Berater Prof. J. Allen Hynek erklärte kurz vor seinem Tode, daß „einer von 40" an Bord der UFOs gewesen sei.

So unglaublich dies klingen mag: Alles deutet darauf hin, daß jetzt das vorbereitet wird, was die Bibel und alle anderen Heiligen Schriften für unsere Zeit prophezeiten: Die Rückkehr der Götter, die Erschaffung eines Neuen Himmels und einer Neuen Erde, einer Neuen Menschheit. Der nächste Schritt in unserer Evolution ist bereits vorprogrammiert.

13. Kapitel

Botschaft aus dem Kosmos

„Die Neigung, sich eher mit dem Medium als mit der Botschaft zu beschäftigen, ist für das heutige Zeitalter typisch", schreibt John Michell, „anstatt ihre Aufmerksamkeit vor allem der möglichen Bedeutung des Phänomens zu widmen, haben sich viele Getreidekreis-Forscher der Ermittlung der die Kreise erzeugenden physikalischen Instanz verschrieben. Es ist, als hätten sich die an Belsazars Festtafel versammelten Gäste - als ihnen der berüchtigte Finger erschien und die verhängnisvollen Zeichen an die Wand malte - mehr für die anatomische Beschaffenheit jenes Fingers interessiert als für das, was er ihnen eindeutig mitzuteilen hatte... Es sind keine Präzedenzfälle bekannt, daß Botschaften der Götter des Himmels oder der Erde jemals aus guten Nachrichten oder aus Gratulationen über den glücklichen Verlauf der Dinge bestanden hätten. Fast grundsätzlich erscheinen sie als Warnungen und Vorzeichen anstehender Vergeltung. Folglich überrascht es kaum, daß viele Leute die Getreidekreise mit der Krise der Ökologie in Verbindung bringen und sie als spontanen Ausdruck des Protestes von Seiten der mißhandelten Erde auffassen." Welcher Daniel aber deutet das Menetekel?

Versuche mehr und weniger vernünftiger Interpretationen liegen bereits zu Dutzenden vor, und ich bin in der Lage, Ihnen die interessantesten - neben einigen eigenen Studien - nachfolgend zu präsentieren. Fest steht dabei, daß die meisten Symbole ihre Parallelen auf antiken Tempelwänden, in vorzeitlichen Höhlenmalereien und Petroglyphen haben. Es sind Symbole aus der Welt des Heiligen, der Götter und Mythen, aber auch Zeichen, die für Transformationen und Veränderung stehen.

Indianische Symbole

Das wichtigste davon ist der Kreis selbst. In den Überlieferungen der Hopi-Indianern heißt es, daß ihnen in Urzeiten der „Große Geist" die Ankunft des „Weißen Bruders" ankündigte. Wäre sein Zeichen der Kreis, das Symbol der Einheit und Ganzheit, sei seine Entwicklung richtig verlaufen. Käme er jedoch im Zeichen des Kreuzes, der Segmentierung, bedeute das großes Leid für das Volk der Hopi.
„Der Kreis symbolisiert für uns die Ganzheit", bestätigte mir der Azteke Xokonoschtletl. „Der Kreis ist uns heilig, denn alles Leben ist kreisförmig. Wenn wir reden oder lernen, sitzen wir im Kreis, und die Energie fließt durch ihn hindurch. Sie fließt immer im Uhrzeigersinn. Der Kreis ist für uns das Symbol aller Dinge, er enthält alles und ist zugleich Symbol des Einen. Dahinter steckt die Idee, daß sich alle Phänomene im Weltall in einer Einheit befinden. Alles ist rund: Die Sterne, die Planeten, die Galaxien. Alles bewegt sich im Kreis: Die Monde, die Planeten, die Planetensysteme."

Eine Reihe indianischer Symbole finden wir in den Piktogrammen wieder. Die heilige Schwitzhütte, zum Beispiel, besteht aus einer kuppelförmigen Struktur mit einer runden Feuerstelle in der Mitte, in die erhitzte Steine gelegt werden, die man von einem Feuerplatz außerhalb der Hütte holt. Die Indianer glauben, daß diese beiden Kreise durch einen Energiefluß, eine gerade Linie, miteinander verbunden sind. Erinnert uns das nicht an die „Hantelstrukturen"? Das indianische Medizinrad ist nichts anderes als ein Steinkreis, in dem vier Steinlinien ein Kreuz bilden, bevor sie in einem

Zentralkreis zusammenkommen. Ein solches Muster erschien 1989 in Winterbourne Stoke und wird gewöhnlich als Swastika identifiziert. Die klassische „Fünferformation" steht bei den Maya für das Universum, das Weltall selbst.

Bei einem Besuch in einem Indianerreservat nördlich von Las Vegas, Nevada, stieß ich auf ein Buch des Indianers LaVan Martineau mit dem Titel „The Rocks Begin to Speak" (Die Felsen beginnen zu sprechen). Es ist ein Schlüssel zum Verständnis der zahlreichen Petroglyphen, die wir auf den Felsen im Südwesten der USA finden. Eines dieser Symbole gleicht

einer Hantel und steht für „Sprechen, Kommunikation". Die rechtsdrehende Spirale bedeutet „Aufstieg", die linksdrehende „Abstieg", eine Feder „Heilung". Am erstauntesten war ich, als ich das indianische Gegenstück zum „Insektogramm" entdeckte: Es symbolisiert den „buckligen Flötenspieler" der Hopi, der die Vorfahren der Indianer aus der vierten in die fünfte Welt führte und für den Übergang in ein neues Zeitalter steht.

Er wird auch als Heuschrecke dargestellt, die Samen in ihrem Buckel trug und das Land fruchtbar machte. Die zwei „Fühler" wären dann einfach seine Beine (oder die Fühler der Heuschrecke), die „Leiter" die Flöte selbst.

Die typischste indianische Formation jedoch ist das zweite der Piktogramme des Jahres 1990, das am 2. Juni bei Cheesefoot Head entdeckt wurde. Die vier Bänder oder „Biberschwänze", die von einem „Schild" auszugehen scheinen, stehen bei den Hopi für die vier Viertel der Welt, für Donner, Wind, den Morgenstern und den Sommer; und die „vier Geister", die am Ende nur der eine Geist sind.

Und auch das Grundmuster der meisten Piktogramme des Jahres 1990 konnten wir als Symbol einer indianischen Kultur identifizieren: Es ist Inti, der peruanische Sonnengott, zur Erde herabgestiegen als Huiracocha. Ein Opfermesser zeigt den geflügelten Sonnenlogos (Kreis, von zwei oder drei Halbkreisen als „Strahlenkranz" umgeben), hinabgestiegen auf die Erde (Kreis ohne Strahlen). Je zwei Parallellinien symbolisieren seine Arme und Flügel. Ähnlich stilisierte Formen wie in den Kornkreisen finden wir auf der geheimnisvollen Hochebene von Nazca, die über und über mit geraden Linien, Tiergestalten und astronomischen Symbolen bedeckt ist.

Eine „Solar-Logos" Formation, am 16. Juni 1990 auf dem Telegraph Hill bei Cheesfoot erschienen

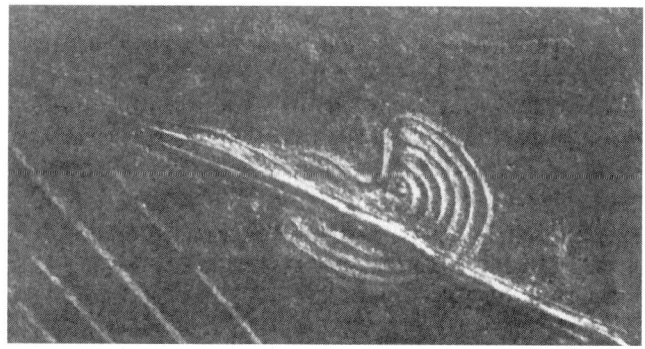

… sie gleicht einem Muster der Hochebene von Nazca in Peru.

Sie entstand gegen 600 v.Chr. und bot Anlaß zu zahlreichen Spekulationen. Erich von Däniken hält sie für eine Ansammlung von „Zeichen für die Götter", die angelegt wurde, um diese zur Rückkehr zu bewegen.

Symbole der Kelten und Germanen

Andere Symbole scheinen eher aus dem keltisch-germanischen Kulturkreis zu stammen. In „The Goddess of the Stone" weist George Terence Meaden auf eine Reihe von Parallelen zur neolithischen Kunst der Megalithkultur hin.

„Solar Logos", ein Grundmuster vieler Kornpiktogramme, auf einer Felsgravierung bei Bidston Hill, Cheshire.

Stele von Garallus, Co. Kerry, Irland

Gravierter Stein von Old Bewick, Northumberland.

Spirale am Eingang des Grabes von Newgrange, Irland

Hier stehen die Spiralen für den Kosmos und die Evolution im Allgemeinen, aber auch für den Lauf des Lebens, für Geburt (rechtsdrehend) und Tod (linksdrehend), und ihre Vereinigung für die „Heilige Hochzeit" von Himmel und Erde. Dabei verweist er speziell auf die rituellen Kreis- und Spiraltänze der jungsteinzeitlichen Mysterien. Spiralen und konzentrische Kreise finden wir auf zahlreichen Opfersteinen und Steingräbern dieser Zeit, die schönsten davon auf dem Opferstein im Ickfield-Moor in der Grafschaft Yorkshire und auf dem Langgrab von Newgrange in Irland. Ihre Bedeutung ist unbekannt, ein astronomischer Symbolismus wird vermutet. Andere bezeichnen sie als Symbole einer urzeitlichen „Religion der Muttergottheit", der Mutter Erde. So hält Archäologe Michael Dames den Silbury Hill für ein Symbol für den Bauch der schwangeren Mutter Erde, die Gebärerin allen Lebens und den Ur-Berg, der aus der Ur-Flut emporragte. Die Anlage von Avebury, dieser Kreis mit den zwei Einzelkreisen in seinem Zentrum, dagegen steht für ihn für die allsehenden Augen der Erde, ein Symbol, das wir überall

in der Megalithkultur finden. Interessanterweise entspricht ein am 11. Juli bei Ogbourne gefundenes Piktogramm dem Grundriß des Steinkreises von Avebury. Auch das Medium, in dem die Kreise erscheinen, deutet auf „Mutter Erde" hin. Im Altertum war das Korn der Demeter, Göttin der Natur und der Erde, heilig und wurde verkörpert von ihrer Tochter Core oder Persephone, die von Hades in die Unterwelt entführt wurde, bevor sie Dionysos heiraten konnte. Obwohl Demeter und Dionysos sie befreiten, entschied Zeus, daß Core jedes Jahr erneut für vier Monate in die Unterwelt zu Hades hinabsteigen mußte. So wurde sie zum Symbol für die Ernte und den Jahreslauf, aber -speziell in den Mysterien von Eleusis - auch für den Kreislauf von Tod und Wiedergeburt. Ein 1990 bei Colchester, Essex, entdecktes oZo-förmiges Piktogramm hält John Michell für das „Zeichen der Ceres" oder den „Glorienschein der Jungfrau Maria" das Urgefäß ähnlich dem Gral, das Symbol der „fruchtbaren Vereinigung der Gegensätze".

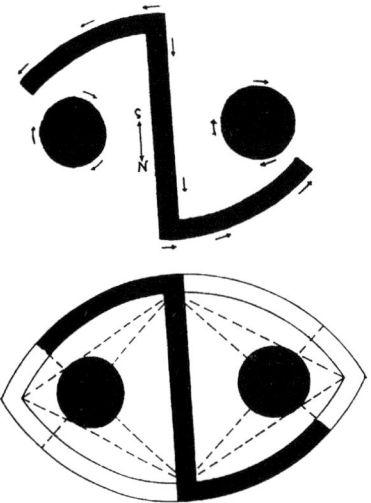

Die beiden Sonnen und das Oval: Die Hantel, wie wir sagen würden, bedeutet im Wortsinn „das Erbe der Ahnen."

Der Lebensbaum: Der Baum als Symbol des Lebens und seiner Zyklen.

Die beiden Berge: Als „Signatur" der Circlemaker verstanden und als „Augenbrauen" gedeutet. Doug & Dave erklärten dieses eher an zwei liegende „C"s erinnernde Zeichen, das wir an vielen „Insektogrammen" finden, kurzerhand zu ihren Initialen D&D. Tatsächlich müssen „die beiden Berge... mit der Mutter Erde, für die in der Edda die Riesin eintritt, in Beziehung gebracht" werden. Im Böhmerwald heißen sie „Matky Bozi", „die Brüste

Als „Sonnenrad" identifiziert ist das von einem Kreis umgebene Kreuz. Und ein germanischer „Lebensbaum", eine „Irminsul", fanden wir in einer Reihe von Mustern des Jahres 1991, einmal auf einem Dreifachkreis, der für die drei Welten der germanischen Kosmologie stehen könnte, die Unterwelt, die Mittelerde und Asgard, die Welt der Götter.

der Gottesmutter", der Nachfolgerin der Erdmutter.

Die Schlange: Lebensbringerin, Neugeburt, das Paradies.

„Urvätererbe in deutscher Volkskunst" lautet der Titel eines Buches von Oskar von Zaborsky, in dem die Ornamente bäuerlicher Schnitzerei als „Sinnbilder" und Relikte der alten, heidnischen Religion interpretiert werden. Um so erstaunter war ich, auch hier Symbole der Kornkreise 1991 wiederzufinden, darunter:

Sechsstern und Rad: Zeichen der Sonne, aber auch der Sonnenwagen Baldurs, Krishnas, Elias oder Apollos.
Spirale: Der Kosmos.

Die Kröte: Sie erschien am 15. August 1991 bei Clatford und steht für „die Wandlung des betreffenden Menschen".

Östliche Symbole

Andere Symbole scheinen den Religionen des Ostens zu entstammen. Die Hantel, immer noch Grundmuster der meisten Piktogramme, kann in ihrer Grundstruktur als Vajra-Zepter verstanden werden. Die Vajra repräsentiert für die Buddhisten „das unteilbare Absolute des Universums. Ein Ende steht für die physische Welt, das andere für die spirituelle Welt. Sie ist ein Ritualgerät von immenser Kraft, das seine Energie aus der diamantenen Welt holt. Die Vajra, Dorje oder das 'Diamantzepter' wird für Initiationen und Heilungen benutzt. Sie besteht meist aus Bronze. Ihr Gegenstück ist die Ghanta, die Glocke", schreibt John Haddington. „In seinem Buch 'Eine Geschichte des Heidentums in Kaledonien' erwähnt T.A. Wise eine Reihe von hinduistischen und buddhistischen Symbolen, die er in den heiligen Steinen Schottlands wiederfand. Er glaubte, daß buddhistische Missionare dieses Land besucht hätten."

Auch für den Kreis selbst gibt es ein interessantes Gegenstück im Buddhismus, das Mandala. Ein Mandala ist ein kreisförmiges Muster, das den quadratischen Palast einer Gottheit umgibt. Es dient als Wegweiser bei der Meditation oder Initiation. Jeder Kreis repräsentiert dabei eine Bewußtseinsebene oder Dimension, die es auf dem Weg zu der Gottheit zu passieren gilt. „Das Mandala ist ein Tor zur Anderwelt, in der jede Welt die andere zu durchdringen scheint. Seine einzige universale Konstante ist das Prinzip seines Zentrums. Das Zentrum symbolisiert den Anfang der Zeit, des Raumes, der Schöpfung selbst. Hier im Zentrum ist der Ursprung aller Dinge, der Geist der Schöpfung, das Reich der Ewigkeit, aus dem sich alle Dinge manifestieren."

Ein Detail, das mich besonders interessierte, sind die dreifingrigen „Hände", die speziell von den Kreisen der

großen Langpiktogramme von 1990 ausgehen. Die interessanteste Antwort fand ich im hinduistischen Dreizacksymbol, dem Dreizack oder Trishula des Gottes Shiva, des Transformators, der das Alte zerstörte. Die drei Spitzen bedeuten in den Händen des „Wandlers der Welt und Zerstörers des Scheins" die drei Grundmuster unseres Denkens, Trägheit, Leidenschaft oder Erkenntnis des wahren Wesens der Welt. Hermann Wirth dagegen deutet den Dreizack in seiner „Heiligen Urschrift der Menschheit" als Symbol des Gottmenschen.

Astrologische Symbole

Einen der bemerkenswertesten Versuche zur Dechiffrierung der Kornmuster unternahm der Archäologe Michael Green. Mitglied und Mitbegründer des britischen „Zentrums für Kornkreisstudien" (CCCS) und jahrelanger Inspektor prähistorischer Stätten für die britische Nationalstiftung „English Heritage".

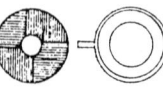

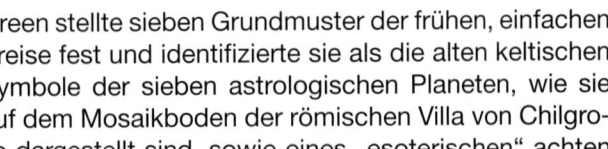

Green stellte sieben Grundmuster der frühen, einfachen Kreise fest und identifizierte sie als die alten keltischen Symbole der sieben astrologischen Planeten, wie sie auf dem Mosaikboden der römischen Villa von Chilgrove dargestellt sind, sowie eines „esoterischen" achten Planeten, den Green „Ceres" nennt.

In den Formationen von 1988 und 1989 sieht Green

A. Kosmische Symbole. Die Planeten, die Sonne, die große Zentralsonne der Esoterik.

B. Die kosmische Spirale, Symbol der Schöpfung von der Zelle bis zur Galaxie.

C. Das kosmische Ei, der Aufbruch des Urzentrums, aus dem der physische Kosmos emanierte.

D. Das Kreuz (speziell bei Fünferformationen): Die Christusenergie, aber auch die vier Himmelsrichtungen und die Verbindung von Himmel und Erde.

Symbole der Vereinigung von Himmel und Erde

Die Piktogramme von 1990 teilt Green in vier Gruppen auf:
I. Der solare Logos und seine Manifestation auf der Erde. Ein Wesen, dessen Kopf die Sonne ist, umgeben von zwei oder drei Strahlenkränzen, kommt herab - oft sind an jeder Seite zwei ' Flügelsymbole' - auf einem Kreis, der die Erde symbolisiert. Es steht aber auch für die Evolution der Erde von einem physischen hin zu einem „strahlenden", „heiligen Planeten" und der Menschheit hin zum kosmischen Menschen. Das stärkste Symbol 1990.

II. Der Erdlogos oder „Mutter Erde" mit einem runden, ihre Schwangerschaft symbolisierenden „Bauch" und vier „Kästen" an ihrer Seite, die für die vier Elemente stehen.

  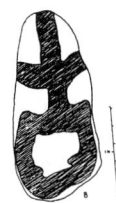 

III. Die „heilige Hochzeit", die Vereinigung von Himmel und Erde, dargestellt als Verschmelzung des Sonnen- mit dem Erdlogos.

IV. Der kosmische Drache. Das Symbol der „Drachenwege", der Evolution und der Energieströme zwischen den Planeten. Oft sind hier sieben Kreise miteinander verbunden, symbolisch für die sieben Chakren oder die sieben „heiligen Planeten" der esoterischen Interpretation unseres Sonnensystems. In anderen Fällen sind es vier, die Green als Neptun, Vulcan, Uranus und Pluto interpretiert. „Die Bedeutung dieser vier planetaren Prinzipien in dieser Anordnung symbolisiert große Einweihungsstufen im evolutionären Fortschritt der Menschheit wie im Leben des Individuums", deutet Green sie nach der „Esoterischen Astrologie" der Theosophin Alice A. Bailey. Neptun repräsentiert den Aufstieg aus dem Sumpf der toten Materie zur dreifältigen Lebenskraft von Geist (Leben), Seele (Weisheit) und Persönlichkeit (Materie). Vulcan steht für Wachstum, die Individualisation. Sie endet mit der zwiefältigen Entwicklung des natürlichen Menschen. Der duale Aspekt des neuen Menschen beginnt mit Uranus, der für spirituelle Transformation und Dienst steht. Pluto, das letzte Symbol, symbolisiert schließlich Tod und Transformation hin zu einer neuen

Realitätsebene, „liest" Green das Piktogramm von Alton Barnes 1990. In diesem Stadium verläßt das Individuum das Rad des Lebens und trägt mit sich eine voll integrierte dreifältige Persona, dargestellt durch die dreifingrige Hand. Die immer kleiner werdenden Kreise hinter Pluto deuten auf ein Zitat des Tibeters Dhwal Khul hin, der Alice Bailey ihr Wissen offenbarte: „Der Kreis ist vollendet. Die Schlange der Materie, die Schlange der Weisheit und die Schlange des Lebens erscheinen als ein Ganzes, und hinter den dreien steht der Ewige Drache, der immer die dreifältige Schlange ausbrütet, für immer sagt: 'Gehe fort und komme zurück.'"

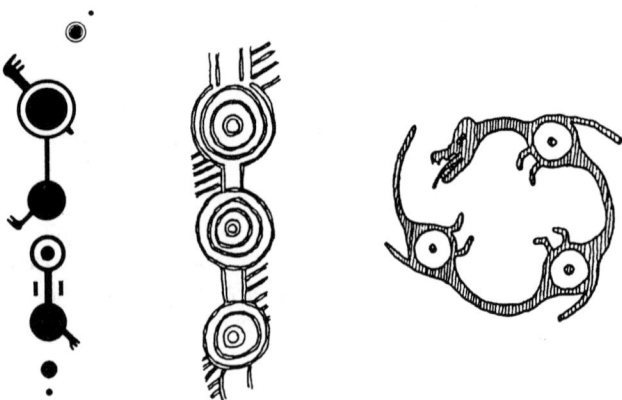

Für Green sind die Kreise und Piktogramme das Werk der „Devas", hochentwickelter Geistwesen: „Zuerst einmal glaube ich, daß diese Wesen verzweifelt besorgt sind um die sich stetig verschlechternde ökologische Situation dieses Planeten und versuchen, mit uns zu kommunizieren, nicht nur, um dies auszudrücken, sondern außerdem, um eine Art Zusammenarbeit zum beidseitigen Wohl anzubieten...

Sie wissen, welche Schwierigkeiten die wissenschaftliche Welt hat, ihre simple Existenz anzuerkennen, und deshalb wählten sie diesen Weg einer regelmäßigen Kommunikation auf eine Weise, die speziell die Aufmerksamkeit jener Menschen auf sich lenkt, die offen für diese Dinge sind." Und: „Die Kornformationen sind ein sichtbares Zeichen für die Menschheit, daß das Königreich Gottes bevorsteht." Das deutet auch eine der seltsamsten Formationen an, die Mitte August 1991 zu Füßen des Milk Hill bei Stanton St. Bernhard in Wiltshire auftauchte: Ein Schriftzug in einer unbekannten Schrift, die Green als Mixtur aus Phönizisch, Hebräisch und Iberisch identifizierte und

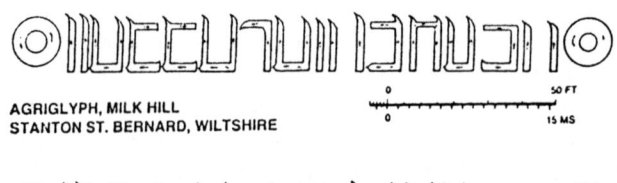

AGRIGLYPH, MILK HILL
STANTON ST. BERNARD, WILTSHIRE

E. CH.- CH.   E.-   A. E.   I. TH.- H.   E. PH

PH.EH.TH.I	EA-E.CH-CH.E.
Phehthi	Ea-cheche
Ptah	Ea/Enki
Ägypt. Schöpfergott	Sumerischer Weisheitsgott, Freund der Menschen

als „Der Schöpfer, weise und gütig" las. Und damit wären wir schon wieder bei den Sumerern.

Sumerische Symbole

Der amerikanische Philologe Steve Canada deutet die Piktogramme als Zeichen der Anunnaki, die damit ihre bevorstehende Rückkehr ankündigen. Für Canada sind speziell die großen, von einem oder mehreren Ringen umgebenen Zirkel Symbole für Nibiru, der den sumerischen Texten zufolge „von einem Strahlenkranz umgeben" war. Der „Dreizack", der von

Ein Kornmuster, das 1990 bei Hopton, Norfolk, auftauchte, besteht aus einem großen, umringten Kreis, umgeben von zehn Satelliten, von denen zwei durch einen Bogen miteinander verbunden sind. Wird hier das Sonnensystem mit zehn Planeten dargestellt, der Besuch von Bewohnern Nibirus auf der Erde?

Canadas interessanteste Deutung ist die der „Delphinogramme", speziell des großen „Fisches" von Lockeridge.

einigen Piktogrammen und Kreisen des Jahres 1990 ausging, ist ein Attribut des Gottes Marduk, Personifikation von Nibiru, der mit ihm das „Ungeheuer" Tiamat tötet, nach Sitchin der einstige fünfte Planet unseres Sonnensystems, der in Urzeiten mit Nibiru kollidierte. Auch das Kreuz ist nach Sitchin ursprünglich ein Symbol des „Planeten der Durchquerung", Anu, und wird in der sumerischen Keilschrift sowohl für „Himmel" wie für „Gott" verwendet.

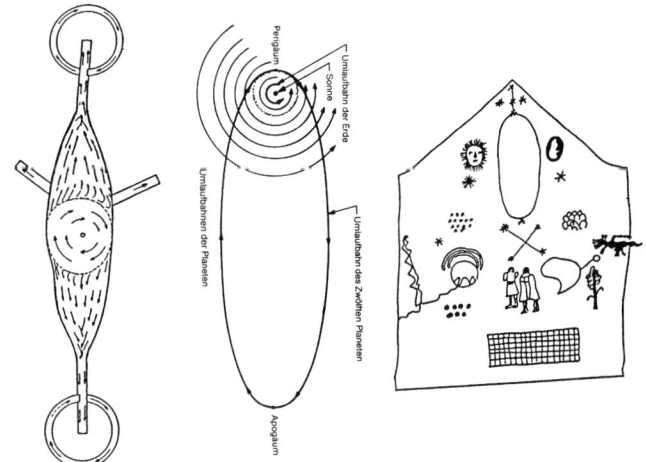

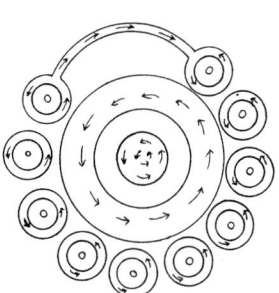

Die „Hörner" der Piktogramme waren bei den Sumerern Attribute und Erkennungszeichen der Götter, der Anunnaki, während ein F-förmiges Fähnchen bei den Ägyptern die Hieroglyphe für die „neteru", die „Wächter" oder Götter war. Was Canadas Deutung wahrscheinlich macht:

Das längliche Oval skizziert dabei das Orbit Nibirus, der Ring an beiden Enden seinen sonnennächsten und sonnenfernsten Punkt, die zwei „Flossen" die Umlaufbahn Plutos, den Beginn des bekannten Sonnensystems. Ein Kreis flachgelegten Korns von der Breite der Ringe im Zentrum des Ovals signalisiert die derzeitige Position Nibirus „auf halber Strecke", wo er sich wahrscheinlich derzeit tatsächlich befindet! Eine von Sitchin wiedergegebene Darstellung aus dem Sonnentempel von Cuzco, Peru, zeigt ein längliches Oval zwischen den fünf äußeren (Pluto, Uranus, Neptun, Saturn, Jupiter) und den vier inneren (Mars, Erde, Venus, Merkur) Planeten sowie Sonne und Mond - und erscheint wie ein Gegenstück zum „Delphinogramm".

mit gewundenem „Schwanz" neben einem „Delphinogramm" oberhalb der Avenue von Avebury, die gut in Canadas Schema paßten. Auf geplante weitere Beiträge seiner Reihe „Crop Circle Language" kann man jedenfalls gespannt sein.

Altbabylonische „Lebensbäume" -Kornmuster.

Auch die Leiter und den Halbmond der Delphinogramme finden wir auf sumerischen Rollsiegeln - die Leiter steht für die Herabkunft der Anunnaki auf der „Himmelsleiter". Andere Kornzeichen deutet Canada als Spermien und Eierstöcke und damit Hinweise auf die genetische Veredelung der Menschheit durch die „Wächter". Tatsächlich erinnere ich mich an einen kleinen Kreis und einen Kreis

Astronomische Vorhersagen: Der Komet Hale-Bopp

In der Nacht des 22. Juli 1995 fuhr der Amateurastronom Thomas Bopp aus Stanfield/Arizona mit ein paar Freunden in die Wüste, um kosmische Nebel zu betrachten. Sein Freund Jim Stevens hatte sein 17,5 Inch-Dobsonian-Teleskop mitgebracht. Nach einiger Zeit richteten die Hobby-Forscher das Fernrohr auf den Steinbock. Gegen 23.00 Uhr, bei 180facher Vergrößerung, bemerkten sie einen Himmelskörper, der auf keiner Sternenkarte verzeichnet war. Nach einer anderthalbstündigen Beobachtung fuhren die Männer heim und beschlossen, ihre Entdeckung dem Harvard-Observatorium zu melden. Einen Tag später rief sie Daniel Green vom Harvard Smithonian Observatory an: „Gratuliere, Tom, ich glaube, Du hast einen neuen Kometen entdeckt." Doch Bopp war nicht der einzige. Auch Alan Hale aus Cloudscraft/New Mexico hatte den Kometen im Sucher und errechnete seine Umlaufbahn mit dem Computer. Nach beiden wurde „1995 01" auch „Hale-Bopp-Komet" genannt. Während seine Entdeckung zuerst zu einer regelrechten Hysterie führte, stand bald fest: Er stellt keine Bedrohung für die Erde da, er verfehlt den Blauen Planeten um ganze 197 Millionen Kilometer. Doch trotzdem wies er Charakteristiken auf, die aus ihm doch „einen ganz besonderen Kometen" machen. Doch zuerst einmal die wissenschaftlich gesicherten Fakten über Hale-Bopp:
Seinen erdnächsten Punkt erreicht der Komet am 27. März 1997, seinen sonnennächsten Punkt am 1. April 1997. Seine Umlaufbahn liegt bei 3000-4000 Jahren - "amtlicher" Mittelwert: 3500 Jahre- und einiges deutet

darauf hin, daß er schon auf Himmelsfotos von 1993 erschien. Über die Größe wird nach wie vor heftig gestritten, die Schätzungen reichen von 160 km (für den Kometenkern) bis 5000 km Durchmesser (zumindest für den Halo). Es kann aber ebenso sein, daß ein starker Ausstoß des Kometen und eine Vergrößerung seines Halos zu übertriebenen Größenschätzungen geführt haben. Alles ist derzeit noch offen. Am 5. Oktober 1995 fotografierte das Hubble-Teleskop der NASA Hale-Bopp, wie er leuchtendes Material ausstieß - nach Ansicht der Astronomen ein Stück der Eiskruste des Planeten, das sich durch die Rotation des Himmelskörpers gelöst haben könnte und schließlich zu einer hellen Wolke von Partikeln wurde. Weitere Ausstöße waren bereits im September von Hubble und dem Teide-Observatorium auf Tenerifa fotografiert worden. Obwohl sich Hale Bopp noch immer jenseits des Jupiters befindet -1 Milliarde Kilometer von der Erde entfernt- ist er nach wie vor sehr hell und scheint den Rekord als „hellster Komet des Jahrhunderts" aufzustellen. Um das Fachblatt „Sky & Teleskop" (Okt.95) zu zitieren: „Der Komet reist perpendikular zur Ekliptik und folgt einer stark verlängerten, elliptischen Bahn mit einem Aphelion (sonnenfernster Punkt) zehn mal weiter entfernt als der Orbit des Pluto." Astronomen schätzen, daß der Komet im März/April 1997 die Helligkeit des Sirius erreichen wird, ein großartiges Himmelsschauspiel fürwahr, denn damit wäre Hale-Bopp der hellste Komet des Jahrhunderts. Seine Position wird dann am Abendhimmel bei etwa 45° und nördlich der Sonne liegen, am Morgenhimmel um 20° am nordöstlichen Horizont. Im Mai und April wird man von Europa aus Hale Bopp am Nordwesthimmel den Perseus, Stier und Orion passieren sehen. Wer den spektakulärsten Anblick haben will, sollte jedoch zur Sonnenfinsternis am 9. März 1997 in die Mongolei oder nach Ostsibirien fahren: Dort ist Hale Bopp 46° von der verfinsterten Sonne entfernt zu sehen.

Doch was macht aus Hale-Bopp einen so besonderen Kometen? Zuerst einmal seine auffällige Verbindung zu

Nibiru, dem Planeten der Götter nach der sumerischen Kosmologie. Über ihn schreibt das Buch Hiob der Bibel: „Allein spannt er den Himmel aus und betritt die fernste Tiefe.
Er kommt beim Großen Bären an, bei Orion und Sirius und bei den Konstellationen des Südens..."
und der Prophet Amos sagte:
„Mit lächelndem Antlitz blickt er Stier und Widder an; vom Stier zum Schützen wird er gehen."
Wie der amerikanische Orientalist Zecharia Sitchin ausführt, beruht die gesamte sumerische Zeitrechnung auf einer Zeiteinheit namens „sar", die 3600 Erdenjahren entspricht - der Umlaufbahn des Götterplaneten, so Sitchin, der mit einer exzentrischen Umlaufbahn von ca. 3600 Jahren seinen erdnächsten Punkt zwischen Mars und Jupiter und den erdfernsten Punkt weit jenseits des Pluto hat.

Nibiru auf einer sumerischen Darstellung.

Der Kachina des „Blauen Sterns"

Ist Hale-Bopp Nibiru? Zumindest folgt er einer ähnlich großen Umlaufbahn, zumindest erschien er, ganz wie der „Planet der Götter", im Schützen, und ganz wie Nibiru verläuft sein Orbit im Uhrzeigersinn, ganz im Gegensatz zu den anderen Planeten. Zumindest scheint Hale Bopp also ein Vorbote von Nibiru zu sein.
Das Symbol Nibirus bei den Sumerern war ein Stern mit einem Kreuz auf der Oberfläche. Auf der anderen Seite der Erde, in der „Four Corners Area" zwischen Arizona, New Mexico, Utah und Colorado, leben die Hopi, ein Volk mit uralter Überlieferung. Die Hopi-Prophezeiungen, so erklärte uns Robert Morningsky, selbst halb Hopi, halb Apache, wissen von Nan-ga-sohu, dem Kachina (Geist) des „rasenden Sterns", des „Meteors", oder „Blauen Sterns". Sein langer Kopfschmuck

symbolisiert den langen Schweif des Kometen. Auf seinem Antlitz soll er ein Kreuz tragen - ganz wie Nibiru. Sind Nan-ga-sohu und Nibiru identisch, fragt Morningsky... oder entspricht er der sumerischen Gottheit Nin-gir-su, der „Beschützerin des Himmels", als geflügelter Löwe dargestellt? Für Morningsky ist die von Echnaton verehrte geflügelte Sonnenscheibe Aton eben nicht die Sonne, sondern -wie ihr Titel „Der Herr der Sonne" Neb-heru andeutet- der Nibiru der Sumerer.

Die Hopi-Prophezeiung kündigt die Rückkehr des „Kachinas des Blauen Sterns" an. Robert Morningsky ist überzeugt, daß dieser „Kometen-Kachina" Hale Bopp ist. Und er sagt voraus:

1. Man wird herausfinden, daß Hale Bopp von einem bläuliches Glühen umgeben ist.
2. Der Komet wird eine Art Kreuz auf seiner Oberfläche haben.
3. Die Christen werden dies für ein Zeichen für die Rückkehr des Gottessohnes halten.
4. Religiöse Wunder werden zahlenmäßig zunehmen. Überall werden Engel gesehen werden.
5. Die Welt des Weißen Mannes wird den „Kachina des Blauen Sternes" fürchten und versuchen, ihn zu zerstören.
6. Kat-cha Bahana, der „Weiße Bruder", wird sieben Jahre nach Erscheinen des Kachinas auftreten (also 2004).
7. Das Ende der Vierten Welt naht. Das bedeutet NICHT das Ende der Welt, doch die Menschheit wird mit ihrem Schicksal konfrontiert, das sie vor langer, langer Zeit geschaffen hat,
8. Die Zeit wird schneller... Mutter Erde wird häufiger schütteln und erzittern... die Kinder werden alt werden... der Mond der Frauen wird sich verkürzen... das Herz des Menschen wird beschleunigt, wenn er stürzt... die „Beschleunigung" liegt in unseren Händen.

All das läßt aufhorchen. Umso interessanter wird da die Tatsache, daß die Entdeckung von Hale-Bopp ganz offensichtlich schon sieben Wochen zuvor angekündigt worden war - einschließlich einer ganzen Reihe astronomisch relevanter Daten. Diese Ankündigung erfolgte durch die Zirkelmacher - in den Kornkreisen von Wiltshire und Hampshire im Sommer 1995. Diese konnten wir wie folgt decodieren:

29.5., Beckhampton, Wiltshire: Ein Sonnensystem mit neun Innenringen und einem breiteren Außerring - Hinweis auf etwas Unbekanntes, das von außerhalb in unser Sonnensystem eindringt.

Erste Juniwoche, bei Bratton Castle nahe Warminster: Das zweite Sonnensystem, noch eindeutiger. In einem Ring sind die vier äußeren Planeten (Saturn mit Ring, Neptun, Uranus und der kleine Pluto) dargestellt, in einem inneren Ring die fünf inneren Planeten (Merkur, Venus, Erde, Mars, Jupiter). Ganz offenbar wird auf etwas hingewiesen, das sich zwischen Jupiter und Saturn befindet. Die Erde ist von einem unsauberen (= gestörten) Ring umgeben, Hinweis auf den Mond oder den Orbit des Kometen.

12.6., Telegraph Hill bei Chilcomb/Hants: Der Jupiter wird in seiner klassischen astronomischen Weise mit seinen vier Hauptmonden dargestellt. Jenseits des Jupiters lauert etwas großes, Unbekanntes.

16.6., Danebury, Hampshire: Zwölf Halbkugeln symbolisieren das Sonnensystem, die sieben Außenkugeln deuten auf den siebten Planeten (nach sumerischer Rechnung die Erde) hin. Dahinter Halbkreis als Symbol für die Umlaufbahn des Kometen, die bis jenseits der Erde reicht.

22.6., Bishops Sutton, Hants: Asteroidengürtel, 97 Planeten, drei Orbitalringe:

Hinweis auf 3/97 (März 1997), den Zeitpunkt, wenn Hale Bopp der Erde am nächsten kommt.

26.6., Longwood Warren nahe Chilcomb/Hants: Das Sonnensystem bis zum -sehr betonten- Asteroidengürtel. Merkur, Venus und Mars sind dargestellt, die Erde -von der Sonne aus der 3. Planet- fehlt - Hinweis auf eine Gefahr für die Erde?

1.7., Wherewill, Hants: „Etwas" ist auf dem Weg zum 7. Planeten, der Erde (nach sumerischer Rechnung). Zu unserem Verständnis sind außerhalb noch einmal drei „Grapheshot"-Kreise dargestellt: Die Erde ist für uns der dritte Planet.

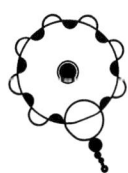

4.7., Devils Punchbowl nahe Chilcomb, Hants: Die -durch die Jupitergravitation gestörte- Umlaufbahn des Kometen reicht bis zwischen Erde (sieben Halbkugeln = 7. Planet) und Venus (acht Halbkugeln = 8.Planet, nach sumerischer Rechnung). Die momentane Position des Kometen wird als jenseits des Saturn angegeben - die fünf Planeten (Kreise) sind: Nibiru, Pluto, Neptun, Uranus und Saturn.

Drei Wochen später wurde der Komet Hale-Bopp entdeckt. Er kam von außerhalb des Sonnensystems, befindet sich derzeit zwischen Jupiter und Saturn, wird die Erdumlaufbahn kreuzen und der Erde im März 1997 am nächsten kommen - ganz genau, wie es in den Kornkreisdiagrammen vorhergesagt wurde. Wollten die echten „Zirkelmacher" wirklich nur unter Beweis stellen, daß sie eine wissenschaftlich verifizierbare astronomische Voraussage machen konnten - oder hat der Komet tatsächlich eine Signifikanz? Ist er eines der prophezeiten „Zeichen am Himmel"? Wir wissen es nicht, wir können nur abwarten. Fest steht aber, daß uns ein interessantes Himmelsereignis bevorsteht...

Jenseits der euklidischen Geometrie

Einen ganz anderen Ansatz lieferte der emeritierte Astronomieprofessor Gerald S. Hawkins - eben jener Hawkins, der in den sechziger Jahren mit seiner Deutung der Anlage von Stonehenge als „gigantischen Computer zur Ermittlung wichtiger Sonnen-, Mond-und Gestirnstellungen" für Aufsehen gesorgt hat. Anfang 1990 übersandte ein Kollege Hawkins „Die Kreise im Korn" von Ralph Noyes (Hrsg.) mit dem Vorschlag, doch einmal zu prüfen, ob eine geometrisch-mathematische Beziehung zu Stonehenge bestünde. Fasziniert durchblätterte Hawkins das Buch, verbrachte Stunden und Tage mit komplizierten Berechnungen sämtlicher Formationen, die aus mehr bestanden als aus einem simplen Kreis. Nein, eine Verbindung zu Stonehenge konnte er nicht feststellen, doch statt dessen machte Hawkins eine ganz andere Entdeckung. In 11 von 18 Strukturen fand er Verhältnisse niedriger ganzer Zahlen, die präzise den Verhaltnissen der diatonlschen Tonleiter entsprachen. Diese Verhältnisse ergaben die acht Töne der Oktave. „Das war Überraschung Nummer Ein", stellte Hawkins fest und setzte seine Suche nach geometrischen Schlüsseln zum Kornkreis-Rätsel fort.

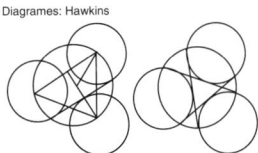

Diagrames: Hawkins

Seine ganz besondere Aufmerksamkeit erregte dabei eine Dreierformation, die am 4. Juni 1988 bei Cheesefoot Head aufgetaucht war. Hawkins fiel auf, daß er nur drei gerade Linien oder Tangenten zeichnen brauchte, um alle drei Kreise miteinander zu verbinden. Im Zentrum der Kreise bildeten die drei Tangenten ein gleichseitiges Dreieck. Als er um den Mittelpunkt des Dreieckes einen gleich großen Kreis zog, stieß der auf eine unbekannte mathematische Gleichung, die er als 1. Theorem bezeichnete: Das Verhältnis von 4:3 zum Durchmesser der drei Kreise in jeder seiner Ecken. 4:3 aber ist ein vollkommenes Intervall in der diatonischen

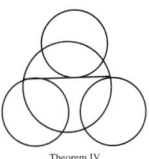

Theorem IV

Tonleiter. Zudem wies jeder der Kreise des Kornmusters 48 Speichen auf, von denen 24 von dem Dreieck umschlossen wurden. 24 aber ist der geringste gemeinsame Nenner der Brüche, die die 7 Intervalle der diatonischen Tonleiter bilden. „Das ließ mich nicht mehr los", bekannte Hawkins, „ich mußte immer wieder daran denken, unter der Dusche, beim Fahren. Dann, Heureka, hatte ich es gefunden!" Drei weitere Theoreme hatte Hawkins entdeckt, alle mit Beziehungen zur diatonischen Tonleiter. Für das Dreieck, das 1990 bei Beckhampton erschienen war, berechnete der Astronom, daß die Fläche eines inneren und eines äußeren Kreises zueinander im Verhältnis 4:1 stehen, der Umfang der beiden im Verhältnis von 3:1. Die „Swastika" vom 12. August umgab er mit einem Quadrat, das wiederum mit einem Kreis.

Theorem II

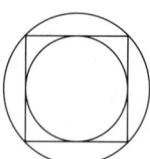

Theorem III

Theorem IV

Ergebnis: Die Fläche des äußeren Kreises steht zum inneren in einem Verhältnis von 2:1. Wenn ein zweites Quadrat, S2m innerhalb des inneren Kreises gebildet wird, ist das Verhältnis des Inhaltes C1:lm; ist 2m:1, ist das Verhältnis des Inhaltes (C1-lm):lm ist (2m-1):1. Wenn m=4, ist das Verhältnis dieser Quadrate 16:1 bzw. 15:1 - perfekte Intervalle in der diatonischen Tonleiter. Bei dem großen „Einringer" von Beckhampton 1990 zog Hawkins ein Hexagon (Sechseck) zwischen den Kreis und den Ring und errechnete ein Verhältnis von 4:3 zwischen der Fläche des inneren und des äußeren Kreises. Diese vier Beispiele, so Hawkins, sind vier verschiedene Theoreme und zugleich Sonderfälle eines fünften, allgemeineren Theorems, des „gemeinsamen Nenners" aller Kornmuster.

Ein Blick in das klassische Lehrbuch der Geometrie, das Werk des großen Griechen Euklid, ergab: Keines der obigen Theoreme geht auf Euklid zurück. Auch in mathematischen Lehrbüchern fehlen sie. Fazit: Die Kornkreise gehen über die Schulbuch-Geometrie weit hinaus. „Wer immer die Kreise angefertigt hat, muß eine Menge von Geometrie verstanden haben", folgerte Hawkins.

Als dann die beiden Rentner Bower & Chorley an die Öffentlichkeit traten, schrieb Hawkins ihnen: „Wie ist es Ihnen gelungen, eine Reihe genialer und bisher unbekannter geometrische Theoreme vom Typ jener, die wir in alten Lehrbüchern finden, zu entwickeln? Offensichtlich haben die Medien es versäumt, Ihnen die verdiente Anerkennung für Ihre großartigen Entwürfe zu zollen." Eine Antwort blieb aus, und auch Hawkins zweifelt immer mehr an dieser „Erklärung" des Phämomens. „Die Anwendung der Trigeometrie in einem Kornfeld könnte sich als äußerst schwierig, wenn nicht unmöglich erweisen", gestand er. „Die Kreismacher müßten einen Winkel in verschiedene gleich große Teile teilen - und das im Dunkeln."

Weitere Deutungen:

··●OⅡⅬⵉⵉⵉⵃ⅄ⵓⅢⵃⵃⵓⵃⅡⅠO

Eines der mysteriösesten Kornmuster des Jahres 1991 war die „Milk Hill-Inschrift", eine Reihe mysteriöser, kabbalistisch anmutender Zeichen, die im August nahe Ikleton, Wiltshire, auftauchten, nur wenige Tage, nachdem der Amerikaner John-Erik Beckjord die Worte „Talk to us!" (Sprecht zu uns!) in ein Kornfeld schnitt. Bisher interpretierte sie der Archäologe und CCCS-Chairman Michael Green als Senzar, jene uralte Schrift, in der das „Buch des Dzyan" der Theosophen geschrieben wurde, und las sie „Ptah Enki" - „Der Schöpfer, weise und liebevoll". Jetzt nahm sich der Astronom Gerald Hawkins aus Washington D.C., der bereits die Anlage von Stonehenge als gewaltiges prähistorisches Observatorium entschlüsselte, der „Inschrift" an. Davon ausgehend, daß sie aus sechs verschiedenen Zeichen in der Anordnung

OⅡ122131Ⅱ45615ⅡO

besteht, spielte er mit einem Team von zwölf Linguisten und einem linguistischen Computer alle Möglichkeiten durch: 18.000 Variationen in 42 Sprachen. Übrig blieben drei Alternativen. Die einzige, die einen echten Sinn ergab, übersetzt die Inschrift als das lateinische (und grammatikalisch korrekte) OPPONO ASTOS, wörtlich „ich bin gegen (oppono) Werke von Gerissenheit und List", also „ICH BIN GEGEN SCHWINDEL". („Astos" ist der Plural-Akkusativ von „astus"), was gewiß eine äußerst sinnvolle Deutung ist.

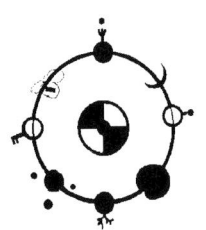 Das zweitschönste Piktogramm (nach East Meon) des Jahres 1992 war das „Dharma-Rad" von Silbury Hill, das am 17.8. erschien und schon nach zwei Tagen abgemäht wurde. Während Jim Schnabel sich als Urheber des Musters ausgab - aber keinerlei Ahnung von seiner Bedeutung hat - interpretierte es Michael Green als indoeuropäischen Einweihungsweg, mit Referenz zum „achtfachen Pfad" des Buddhismus und voll keltischer Symbolik (siehe MAGAZIN 2000 Nr. 94). Bestätigt wird Greens Deutung jetzt durch einen Exkurs von John Earl of Haddington, dem Ehrenpräsidenten des CCCS. Er verglich das Muster mit den „Acht Pfaden zwischen den Welten", die John Matthews in seinem Buch „The Celtic Shaman" beschreibt. Eine Gegenüberstellung dieses keltischen „Medizinrades" und des „Dharma-Rades" ergibt verblüffende Übereinstimmungen: Sogar die Himmelsrichtungen der Formation entsprechen denen des keltischen Mandalas: Aber, mehr noch, das jeweilige gegenüberliegende Zeichen ergibt zudem eine klare Polarität:

Das Herz und das Wasser (Blut und Wasser)
Der Schlüssel und das Schlüsselloch (männlich und weiblich)
Die Sonne und die Erde (Wie oben so unten)
Der Mond und die Sterne (das Bewußtsein und das Unterbewußtsein)

- es ist wahrhaft, wie es im Buch über den achtfachen Pfad des Kelten-Medizinrades heißt, ein „Tor zu anderen Welten".

„Dharma-Rad"	„Die acht Pfade"
Norden	Die ausgestreckte Hand von der Erde zur Sonne Der Pfad der Weisheitsfindung
Nordosten	Der Halbmond (das Unbewußte) Der Pfad der Inspiration
Osten	Das Schlüsselloch Der Pfad der Öffnung der Wege
Südosten	Das Herz des Bullen Der Pfad der Stärke
Süden	Cerunnos (die Natur) Der Pfad der Seinswerdung
Südwesten	Der Kosmos (das Bewußtsein) Der Pfad der Einsicht
Westen	Der Merkurschlüssel Der Pfad des Hineingehens
Nordwesten	Die Viehtränke (in das Muster eingegliedert), Wasser Der Pfad der Reinigung
Mitte	Die Doppelaxt (oder das Sonnenrad) Das kreative Prinzip (Gottheit/Selbst)

Eine „heilige" Geometrie

Hinweise auf eine „heilige Geometrie" entdeckte auch John Michell beim Dreieck von Barbury Castle. Michell, der u.a. ein Buch über die „Maßsysteme der Tempel" schrieb, befaßt sich seit Jahren mit der alten Zahlensymbolik und ihrer kosmologischen Bedeutung. „Wir erhalten hier eine neuartige und interessante Lektion in Geometrie", ist Michell überzeugt. „Es verkörpert das

Prinzip des 'Drei in Einem', indem der zentrale Kreis exakt die Summe der Flächen der drei ihn umgebenen Kreise enthält. Darüber hinaus ergibt die Summe aller vier Kreisflächen des Diagrammes 31.680 Quadratfuß."

„Das war eine Zahl, nach der ich mein Leben lang gesucht habe", vertraute er mir bei einem persönlichen Interview an und reichte mir ein Arbeitspapier, das später in seiner Fachzeitschrift „The Cereologist" veröffentlicht wurden sollte (Eine deutsche Übersetzung finden Sie in Jürgen Krönigs „Spuren im Korn", Verlag Zweitausendeins) Es ist die Zahl Gottes. „Die traditionelle Kosmologie ging davon aus, daß der Umfang der sublunaren Welt 31.680 Meilen betrug, und die ersten christlichen Gelehrten errechneten die Zahl 3168 als Symbol für Jesus Christus. Die gleiche Zahl wurde früher in den heidnischen Religionen dem Namen des höchsten Prinzips zugeordnet... Weder in physischer noch in intellektueller Hinsicht verrät das Gebilde irgendwelche Zeichen, von Menschenhand geschaffen zu sein... Der Verstand schreckt vor der Folgerung zurück, daß diese Anordnung eine göttliche Offenbarung darstellt... Ihr Inhalt ist... ein kosmisches Gesetz, ein Kanon oder ein Sammelwerk numerischer, musikalischer und geometrischer Harmonien, welche die vorherrschende Ordnung in jeder alten Zivilisation begründeten."

Der britische Historiker und Antiquar Brian Grist stellte erstaunliche Parallelen zur Symbolik der Alchemisten fest. Dort steht das Dreieck der miteinander verbundenen Kreise für die dreifaltige Natur Gottes (die wir auch als Trimurti von Brahma, Vishnu und Shiva im Hinduismus finden), der Zentralkreis, mit allen drei Außenkreisen verbunden, für den Thron des Schöpfers; oder, so in den Schriften des Basilius Valentinus aus dem 16. Jahrhundert, für die Tria Prima Materia, den Urstoff, der aus den drei Urelementen Salz, Schwefel und Quecksilber zusammengesetzt war, den Stein der Weisen.

Manly P. Hall gab in seinem enzyklopädischen Meisterwerk „The Secret Teachings of the Ages" (1928) ein rosenkreuzerisches Diagramm wieder, dessen Zentrum ein exaktes Ebenbild des Barbury Castle-Piktogrammes darstellt, laut Hall ein Sinnbild für das Reich des Göttlichen.

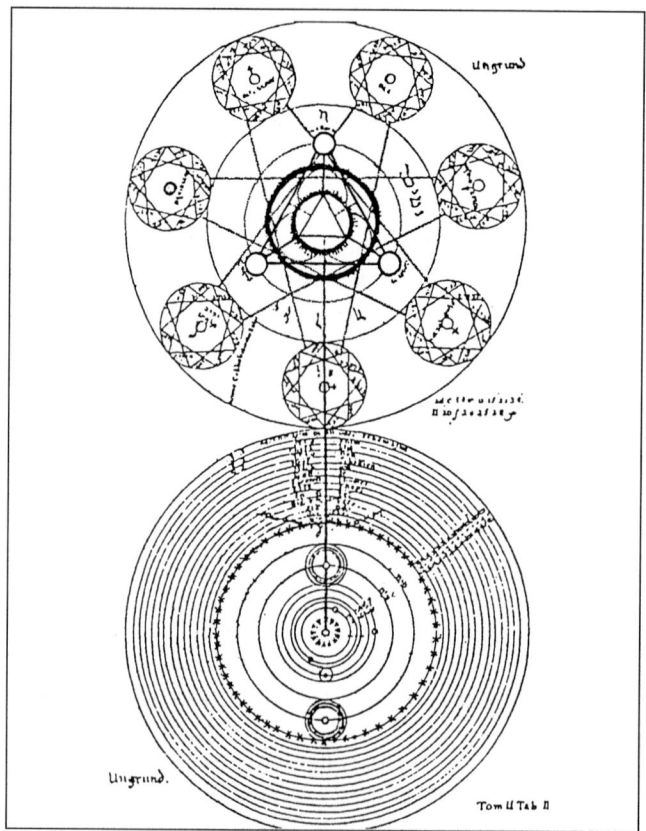

Die Strahlen des Urzentrums stehen „für die erste göttliche Manifestation, die durch das gleichseitige Dreieck symbolisiert wird.

Die ewige Welt aus dem inneren Kreis wird manifest im Wasser (Salz), Licht (Quecksilber) und Feuer (Schwefel) der archetypischen Welt, repräsentiert durch die drei äußeren Kreise, die miteinander verbunden werden durch das Dreieck der völligen Gleichheit, das teilweise umgeben ist vom Kreis des Hohen Thrones."

Dieser Welt des Göttlichen gegenüber steht die weltliche Sphäre, die Sonne, umgeben von den sieben astrologischen Planeten und diese von der Sphäre der Fixsterne und schließlich der Sphäre der Engel. Interessanterweise erschien auch dieses Diagramm am 7.8.1991

in einem Kornfeld bei Woodford, Northhamptonshire: Ein Kreis, umgeben von neun Ringen, entsprechend den neun astronomischen Planeten, einem breiten Ring und schließlich, mit hundert Metern Durchmesser, einem Außenring.

Ein anderes alchemistisches Diagramm, das dem Dreieck von Barbury Castle auf verblüffende Weise entspricht, stammt aus dem Werk „Cabala in Alchymia" (1654) des Augsburger Alchemisten Steffan Michelspacher und stellt die Urmaterie dar: Die Weltenmaterie wird belebt durch einen Blitz aus der Welt des Göttlichen; die Energie fließt durch die Kreise, die, einmal aktiviert, gemeinsam den Schöpfungsprozeß in Gang setzen.

Jeder Kreis oder Sephira hat eine andere komplementäre Funktion: Einer dient als Punkt der Energie-Durchleitung, einer als der resonierende „Wiederholer", einer als der „Absorber"; und der vierte, im Zentrum, als Ort der Stabilisierung und Konvergenz, der die Energien ausgleicht, die vom „himmlischen Stern" zur Erde geleitet werden. Das entspricht den drei unterschiedlichen Außenringen des Barbury-Castle-Piktogramms: Der schlichte Ring ist der Absorber, der die Energie erdet, das „Sonnenrad" der „Wiederholer" oder Strahler, die unterbrochene Spirale dient der Energie-Durchleitung, der Transmission.

Grist: „So läßt sich das Barbury-Zeichen als graphische Wiedergabe des ‚Steines der Weisen' oder ‚kosmischen Eies' lesen, aus dem alles Leben hervortrat zum Zeitpunkt der Transmutation der Materie, die der Vollendung vorausging. Das Endstadium ist der Fall in die Schöpfung."

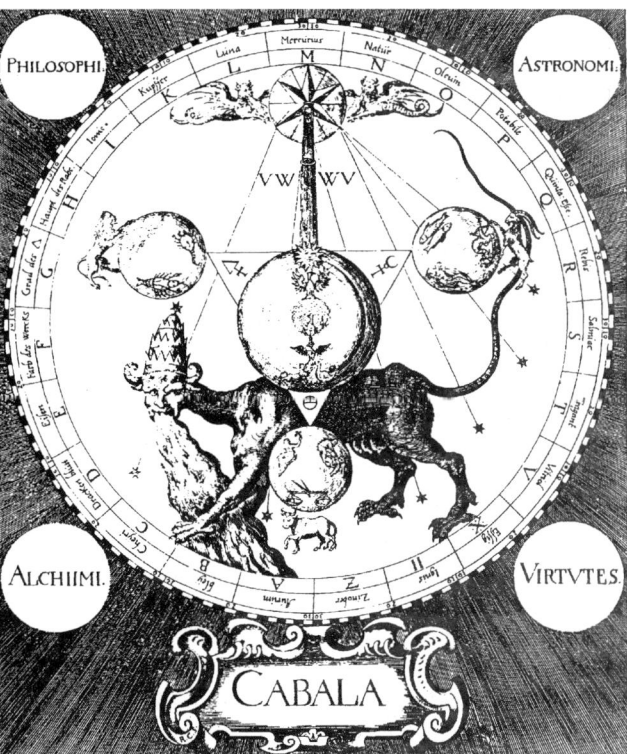

Damit wäre das Barbury Castle-Piktogramm nichts anderes als das alchemistische Gegenstück zum „Mandelbrot-Diagramm", das am 12. August 1991 in Ickleton bei Cambridge erschien. „Den alchemistischen und hermetischen Texten zufolge, signalisiert der Schöpfungsprozeß den Übergang vom Ur-Chaos in die kosmische Ordnung. Beide stehen für den Übergang von einer Dimension der Materie in eine andere, mit ähnlich wandelbaren Qualitäten."

Für Isabelle Kingston, das Medium, zeigt das Dreieck von Barbury Castle „die verschiedenen Dimensionen an, den Weg durch die Dimensionen, der durch die Energie der Pyramide ermöglicht wird." Tatsächlich scheinen die drei Eckkreise den drei Dimensionen zu entsprechen: Der „leere" Kreis der ersten, der Kreis mit den Wellenlinien der zweiten, der Weite, der Kreis mit der gezackten Spirale der dritten, die Tiefe; und der Zentralkreis im Tetraeder der vierten, der integralen Dimension, die im Sinne der Kosmologie Jean Gebsers die nächste Phase unserer Evolution ist.

Archetypische Symbole
Programme für unser Unterbewußtsein?

Diese heilige Geometrie aber liefert uns den letzten und komplexesten Schlüssel. Er geht über das vordergründige Verständnis eines Piktogramms als Zeichen im Sinne einer Symbolschrift hinaus und führt uns in den Bereich des menschlichen Bewußtseins. Denn vielleicht wurden die Symbole der Kreise aus dem „kollektiven Unbewußten" oder dem „morphogenetischen Feld" unseres Planeten geholt, und vielleicht ist ihr Sinn und Zweck eine psychologische Programmierung der Menschheit. So ist John Michell überzeugt: „Die regulären geometrischen Muster, die die Kornkreise bilden, zeigen archetypische Symbole, die in der Struktur des Universums wie im Geist des Menschen inhärent sind..." Archetypische Symbole -Urbilder - sprechen bei Umgehung der Ratio direkt unser Unbewußtes an, kommunizieren mit uns bei purem Anblick.

Der große schweizer Psychologe Carl Gustav Jung hat bereits 1958 in seinem Werk „Ein moderner Mythos - Von Dingen, die am Himmel gesehen werden", den Kreis-Archetyp in Hinsicht auf das UFO-Phänomen untersucht. Er stellte Parallelen zu den Mandalas der Buddhisten dar: Hier ist das Mandala ein Einweihungsweg in den Kern unserer Psyche, und tatsächlich wirken die Mandala-Thangkas auf unser Unbewußtes durch Formen und Farben, ohne daß wir ihre Symbolik intellektuell verstehen müssen.

Jung sah schon das UFO-Phänomen - und die Kreise würden ihn bestätigen - als Anzeichen für „große bevorstehende Veränderungen, vergleichbar mit dem Ende eines Aeons" und als „Agenten und Vorzeichen von Veränderungen in den Denkmustern und psychischen Strukturen der Menschheit". Dieser Wandel wäre um so näher, je stärker Menschen auf diese Signale reagieren. Oder, mit den Worten C.G. Jungs:

„Es ist keine Anmaßung, die mich treibt, sondern mein ärztliches Gewissen, das mir rät, meine Pflicht zu erfüllen, um die wenigen, denen ich mich vernehmbar machen kann, vorzubereiten, daß der Menschheit Ereignisse warten, welche dem Ende eines Aeons entsprechen. Wie wir schon aus der altägyptischen Geschichte wissen, sind es psychische Wandlungsphänomene, die jeweils am Ende eines platonischen Monats und zu Anfang des nachfolgenden auftreten. Es sind, wie es scheint, Veränderungen in den Konstellationen der psychischen Dominanten, der Archetypen, der 'Götter', welche säkulare Wandlungen der kollektiven Psyche verursachen oder begleiten. Diese Wandlung hat innerhalb geschichtlicher Tradition angehoben und ihre Spuren hinterlassen...

Die heutige Weltsituation ist wie nur je geeignet, die Erwartung eines lösenden, überirdischen Ereignisses wachzurufen. Wenn sich eine solche Erwartung nicht allzu deutlich hervorwagt, so geschieht dies wohl lediglich aus dem Grunde, daß niemand mehr so fest in der Weltanschauung früherer Jahrhunderte verwurzelt ist, um einen Eingriff des Himmels als selbstverständlich betrachten können... Der Glaube an das Diesseits und an die Macht des Menschen ist, trotz Versicherungen des Gegenteils, zur praktischen und vorderhand unumstößlichen Wahrheit geworden. Diese Haltung einer überwältigenden Mehrheit ist die günstigste Grundlage für das Zustandekommen einer Projektion, d.h. für eine Manifestation der unbewußten Hintergründe, die sich trotz rationalistischer Kritik in Form eines symbolischen Gerüchtes, begleitet und unterstützt durch entsprechende Visionen, hervordrängen und sich dabei eines Archetypus bemächtigen, der schon immer das Ordnende, Lösende, Heilende und Ganzmachende ausgedrückt hat. Es ist wohl für unsere Zeit bezeichnend, daß der Archetypus, im Gegensatz zu seinen früheren Gestaltungen, eine sächliche... Form annimmt, um die Anstößigkeit einer mythologischen Personifikation zu umgehen. (S.26 f.)

Das psychologische Erlebnis, das mit dem UFO-Phänomen verbunden ist (und mit den Kornkreisen, MH), besteht in der Vision oder Legende des Runden, d.h. des Ganzheitssymbols und des Archetypus, der sich in Mandala-Gestaltungen ausdrückt. Letztere treten erfahrungsgemäß meistens in Situationen auf, die durch Verwirrung und Ratlosigkeit gekennzeichnet sind. Der dadurch konstellierte Archetypus stellte ein Ordnungsschema dar, welches als psychologisches Fadenkreuz, bzw. als viergeteilter Kreis, gewissermaßen über das psychische Chaos gelegt wird, wodurch jeder Inhalt seinen Ort erhält und das ins Unbestimmte auseinanderfließende Ganze durch den hegenden und schützenden Kreis zusammengehalten wird. Dementsprechend stellten die östlichen Mandalas im Bereich des Mahayana-Buddhismus die kosmische, zeitliche und die psychologische Ordnung dar. Zugleich bilden sie die Yantras, die Gegenstände, mit deren Hilfe die Ordnung zuwege gebracht wird...(S. 135)"

Die Vierteilung oder Quadratur des Kreises, von der Jung spricht, ist ein uraltes alchemistisches Symbol, das von Jung in seinem Buch „Psychologie und Alchemie" (1943) behandelt wird. „Der Kreis in der Mitte ist genannt ... 'der Mittler, der Frieden stiftet zwischen den Feinden oder (den vier) Elementen'", zitiert Jung einen alten hermetischen Text.

Das wichtigste Kreissymbol für Jung, den Alchemisten der Psyche, war eine andere „Quadratur des Kreises",

eine Fünfheit, von ihm „Quincunx" genannt: Ein Kreis im Zentrum umgeben von vier kleineren Kreisen, in quadratischer Anordnung, einer davon „ganz anders". Dieses Symbol, so war Jung sich sicher, sei, wie kein anderes, Vorbote der bevorstehenden Wandlung:

„Dieses ist ein Symbol der Quinta Essentia, die mit dem Lapis, dem Stein der Philosophen, identisch ist", schreibt Jung in „Ein moderner Mythos" (S.97 f.), „Es ist der viergeteilte Kreis mit dem Zentrum, die in den vier Richtungen entfaltete Gottheit oder die durch vier Funktionen gekennzeichnete einheitliche Grundlage des Bewußtseins, nämlich das Selbst... Die Zahl Vier als die natürliche Einteilung des Kreises ist ein Ganzheitssymbol der alchemistischen Philosophie, die sich über 17 Jahrhunderte erstreckt, wobei nicht zu vergessen ist, daß das zentrale christliche Symbol ebenfalls eine Vierheit, ja sogar als Langkreuz die 3+1-Struktur darstellt... die vierte Funktion ist die der ersten oder Hauptfunktion gegenüberstehende undifferenzierte oder inferiore Funktion, welche die Schattenseite der Persönlichkeit charakterisiert."

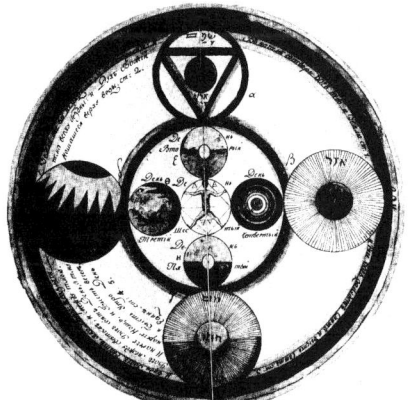

Der Anthropos mit vier Elementen, die Quinta Essentia der Alchemisten. Aus einem russischen Manuskript des 18. Jahunderts (aus: C. G. Jung: „Psychologie und Alchemie").

Die Spirale, das Urbild der Schöpfung im Mikro- und Makrokosmos, in der Galaxie (links) und – im Kornkreis (rechts).

Diese 3+1, das sind die Dreifaltigkeit und der Teufel, das sind aber auch als 4+1 die vier Elemente und das fünfte, der Äther.

Wie begeistert wäre Jung gewesen, wenn er noch erlebt hätte, wie die ersten „Fünflinge" auf den britischen Kornfeldern erschienen, die schönsten davon 1988 im Gebiet um den Silbury Hill. Bei ihnen ist ein großer, rechtsdrehender Zentralkreis umgeben von drei rechtsdrehenden Satelliten - und einem Vierten, in dem das Korn gegen den Uhrzeigersinn liegt.

Was ist die Botschaft der Kornkreise, was bedeuten sie, fragte ich George Wingfield: „Viele von ihnen sind mystische Symbole, die eher auf das Unbewußte als auf den Verstand des Betrachters wirken", lautete seine Antwort. „Warum? Ich glaube, es steht in Verbindung mit einer Erhebung des menschlichen Bewußtseins. Wer steckt dahinter? Ich denke, nichtmenschliche Bewußtseinsformen, etwas, das von außerhalb kommt, von einer sehr viel höheren Daseinsebene, und es wirkt auf das planetare Bewußtsein ein. Ich denke, es wird uns alle verändern."

14. Kapitel

Ein kosmisches Menetekel

Im Mai 1991 traf ich am Rande einer Konferenz in Potsdam den Chippewa-Medizinmann Sun Bear *. Wir waren alte Freunde. Ich begegnete ihm das erste Mal im Jahr 1987, interviewte ihn für MAGAZIN 2000 und stellte ihn unseren Lesern als „Prophet der Erde" vor, denn Sun Bear war ein Mann mit einer starken Vision. Die Erde, so hatten ihm die Geister seines Volkes mitgeteilt, stünde vor großen Veränderungen, und seine Aufgabe sei es, Menschen aus allen Völkern in einem „Medizinrad" zu sammeln und sie zu lehren, wieder in Einklang mit Mutter Erde zu leben, denn jetzt sei die Zeit für die Rückkehr der Medizinräder gekommen, die Zeit für die Heilung der Erde.

Ich nutzte die Gelegenheit unseres Wiedersehens, um ihn nach der Bedeutung der Kornkreise zu fragen. Konnte er mir helfen, das Rätsel zu lösen?

„Als ich 1979 meine Vision vom Medizinrad hatte", antwortete Sun Bear, „erklärte mir der Geist: Wenn sie dir nicht zuhören, werden sie uns zuhören müssen. Ich wußte damals nicht, was das zu bedeuten hatte. Doch dann erfuhr ich, daß diese Kornkreise in allen Teilen der Welt auftauchten und daß ihre Symbole die heiligen Kreise der Alten sind. Deshalb sagen diese Kreise dasselbe, was ich den Menschen sage: Sie müssen zurückkehren in den heiligen Kreis, um zu lernen, daß die gesamte Schöpfung dasselbe Recht auf Leben hat wie sie selbst. Wir müssen beginnen, die Kräfte der Erde

wieder zu ehren, Zeremonien für sie durchzuführen. Zuerst dachten die Leute, die Kornkreise seien nur ein natürliches Phänomen, aber dann erschienen sie in so komplizierten Mustern, daß diese Erklärung immer unwahrscheinlicher wurde. Jetzt müssen sie zugeben, daß hier etwas geschieht. Was das ist? Die Geistwesen mahnen uns, zurückzukehren zu den heiligen Lehren. Die Kornkreise sind Symbole für die Zeremonialkreise der Alten und die heiligen Kreise, die man an den Wänden der Höhlen und alten Gräber in Europa und der ganzen Welt findet, die Kreise der alten Mutterreligion, in der die Erdmutter verehrt wurde. Wir müssen wieder dahin zurückkehren, die Erde zu ehren. Der Grund für ihren derzeit so desolaten Zustand ist der, daß eure Priester predigen, daß ihr nur ein paar Jahre auf der Erde seid und sie bis dahin ruhig nach Belieben zerstören könnt, danach kämt ihr ohnehin alle in den Himmel. Sie sagen: Kümmert euch nicht um die Erde, kümmert euch darum, daß eure Seele in den Himmel kommt. Ihnen ist es egal, ob wir die Erde zerstören."

In Verbindung mit den Kornkreisen werden immer wieder seltsame Lichter und UFOs gesehen. Wie kommentieren Sie das UFO-Phänomen?

„Seit Hunderten oder Tausenden von Jahren erzählt sich mein Volk, daß einst eine große, weiße Muschel vom Himmel herniederstieg und sich öffnete. Aus ihr stiegen Wesen, die Lehrer waren und die uns viele Dinge lehrten. Sie teilten ihr Wissen mit uns. Diese Lehrer waren es, die uns unser spirituelles Wissen brachten, das von

---

* Unsere letzte Begegnung. Sun Bear verstarb im Juni 1992.

uns seit uralter Zeit bewahrt wird. Ich glaube, daß das, was wir heute erleben, das gleiche ist: Es sind Lehrer aus dem Weltraum, die uns Wissen bringen."

Haben sie etwas mit den Kornkreisen zu tun? Oder stammen sie von Erdgeistern?

„Ich weiß es nicht, beides ist möglich. Wir hatten sie in Indianerreservaten im Nordwesten der USA, an Orten, wo uns diese UFOs, wie ihr sie nennt, jedes Jahr besuchen. Es ist also denkbar, daß hier eine Verbindung besteht."

Tatsächlich scheint es so, als würde „jemand" hier seine eigenen „Medizinräder" und Steinkreise formen, um uns zu ermöglichen, wieder mit den Kräften des Himmels und der Erde in Kontakt zu kommen. Und jeder, der sich länger mit den Zirkeln befaßte, der regelmäßig mit ihrer Energie in Berührung kam, machte eine innere Transformation durch.

Was ist die Botschaft der Kornkreise, was wollen sie uns lehren? fragte ich das Medium Isabelle Kingston, „Ihre Botschaft, denke ich, wird auf äußerst subtile Weise von jedem empfangen, der die Bilder wirklich sieht", antwortete sie. „Sein Unterbewußtsein empfängt diesen Impuls, ob er sich der Veränderungen, die sie in ihm auslösen, bewußt ist oder nicht. Ich glaube, daß die Bewußtheit und Spiritualität der Menschen durch sie geweckt wird."

Je mehr ich mich mit dem Kornkreisphänomen auseinandersetzte, desto klarer wurde mir, daß seine Relevanz nicht in seiner rätselhaften Natur, seinem geheimnisvollen Ursprung oder seiner verborgenen Bedeutung lag; das wahre Mysterium der Kornkreise war ihre Wirkung auf Menschen, speziell auf jene, die sich intensiver mit ihnen beschäftigen, sich stärker ihrer Energie aussetzen. Sie lehren uns so viel: Und an erster Stelle das Wundern, das Staunen. Jeder, mit dem ich sprach, hatte es erlebt: Zuerst fiel er dem „Zirkel-Effekt" zum Opfer, jener unergründlichen Faszination, die von dem Phänomen ausgeht. Dann erlebte er Dinge, die sein Weltbild

sprengten: Er entdeckte ungekannte Fähigkeiten, erlebte, daß die Circlemaker auf seine intimsten Gedanken zu reagieren schienen, sah mysteriöse Lichter oder hörte rätselhafte Sirrgeräusche. Und langsam begann er, diese neuen Erfahrungen in sein Leben zu integrieren. Er durchlief eine innere Transformation, wurde zu einem neuen Menschen.

Zwei, denen es so ging, sind Colin Andrews und Pat Delgado. Ich interviewte sie dazu am Rande einer Konferenz in Berlin im August 1991 und war so beeindruckt von der tiefen Ernsthaftigkeit ihrer Äußerungen, daß ich sie zu den Schlußworten unseres Filmes machte. „Obwohl ich nach wie vor das Phänomen mit wissenschaftlicher Akribie untersuche, ist mir nach einem Jahrzehnt gründlicher Forschung klar, daß eine Intelligenz dahintersteckt", erklärte Colin. „Und wenn man sich dessen in seinem tiefsten Innersten bewußt wird, muß es einen verändern. Ich wurde gewiß bewußter und sensitiver für die unglaublichen Implikationen, Potentiale und Möglichkeiten dessen, was derzeit hier auf der Erde geschieht. Ich bin mir sehr der Implikationen für die Religionen und die Politik bewußt, die dieses Phänomen hat, und ich bin mir sicher, das kann ich immer nur wiederholen, daß dies der Anfang ist, der Anfang von etwas Großem."

Colin erzählte mir, wie er eines Tages mit einem Medium in das „Delphinogramm" von Lockeridge ging. Nach einer kurzen Meditation meinte das Medium plötzlich: „Sie sprechen jetzt. Sie sagen: Geh, Colin, und finde deinen Stein." Colin stand auf, schaute sich um und fragte: „Was meinen sie mit 'meinem' Stein?" „Sie sagten nur, finde deinen Stein", wiederholte das Channel. Colin wühlte ein wenig im Korn, als er einen Stein entdeckte, der aus dem Boden ragte. Er grub ein bißchen und hielt ihn schließlich in den Händen. Als er ihn näher betrachtete, entdeckte er, daß er auf seiner Unterseite das Muster eines Steinkreises, ähnlich wie Stonehenge, trug. „Wie konnten die wissen, daß ich gerade diesen Stein finde?", sagte er zu sich, als die Antwort durch das Medium kam: „Sie sagen, sie wußten das, weil sie dich programmiert haben."

Auch Pat Delgado bekannte: „Es hat mich bemerkenswert verändert, seit ich die Öffentlichkeit 1981 mit dem Kornkreisphänomen bekanntmachte. Ich war ein Ingenieur, der mit beiden Beinen auf dem Boden stand, und ich untersuchte sie auf die Frage hin, ob es möglich wäre, diese Kreise künstlich zu reproduzieren. Mir wurde sehr bald bewußt, daß es etwas war, das völlig getrennt ist von unserer materiellen Welt. Schon Anfang der achtziger Jahre ahnte ich, daß sie ein spirituelles Phänomen sind. Es gibt kein anderes Wort dafür. Wir brauchen ein neues Vokabular, um unsere innersten Gefühle auszudrücken. Wir müssen dazu Stereotypen wie 'paranormal', 'medial','spirituell' benutzen, wenn wir Dinge jenseits unserer materiellen Welt beschreiben wollen. Es ist jenseits unserer materiellen Welt, und wir müssen die Membran durchkreuzen, die diese von einem anderen Bereich trennt. Wir müssen beginnen, spirituell zu denken. Denn das Phänomen der Kornkreise ist völlig spirituell, es ist völlig intelligent kontrolliert, möglicherweise von derselben Intelligenz, die alles kontrolliert, sogar uns."

Auch Busty Taylor gibt zu, daß die Kornkreise sein Leben verändert haben. Er hatte sich nie zuvor mit Themen wie Medialität oder Telepathie beschäftigt, doch plötzlich erlebte er sie am eigenen Leibe. Als der erste umringte Zirkel 1986 in der „Punchbowl" von Cheesefoot Head auftauchte, sagte Busty, während er das Gebilde überflog, zu Colin Andrews: „Alles, was wir jetzt noch bräuchten, wären die Kreise dieses und des letzten Jahres zusammen." Im Vorjahr hatten die „Fünflinge" Furore gemacht. Am nächsten Morgen wurde der erste Fünfling des Jahres bei Cheesfoot Head gefunden, ein Fünfer von ganz besonderer Art: Sein zentraler Kreis war von einem Ring umgeben.

Tatsächlich: Das waren die Kreise dieses und des letzten Jahres zusammen. Anfang 1991 erklärte Busty, es

werde in diesem Jahr größere Formationen geben und um den 10. Juli herum werde „etwas Spektakuläres" geschehen. Die Piktogramme waren größer als je zuvor, und am 17. Juli erschien das Dreieck von Barbury Castle. „Das ist so eine Intuition von mir, immer die richtigen Punkte zu treffen", vertraute er mir in einem Interview an, „ich weiß selbst nicht warum. Aber viele Menschen scheinen solche Eingaben zu haben, und das geschieht im ganzen Land. Ich erhielt allein acht Anrufe in den letzten zehn Tagen von Leuten, die sich gesagt hatten, sie hätten gerne auf diesem oder jenem Feld in ihrer Nähe einen Kreis - und am nächsten Morgen war er da. Ich bin da nicht der einzige, gewiß nicht."

Ähnliches erlebte George Wingfield . Einmal - am 26. Juni 1988, um genau zu sein - schrieb er seinem Bruder, einem Geologen, der in Leicestershire wohnt, über seine Kreisforschung. Er schloß den Brief mit der Bemerkung, wenn er wirklich wissen wolle, worum es hier ginge, solle er doch einmal zu ihm nach Wiltshire oder Hampshire kommen, er könne schließlich keinen „stationären Wirbelwind" zu ihm in den Norden schicken. Georges Bruder war erstaunt, als er nur einen Tag, nachdem er den Brief erhalten hatte, im Lokalfernsehen von einem neuen Kreis erfuhr, der ganz in seiner Nähe, in Oadby, Leicestershire aufgetaucht war. Es war der erste Zirkel überhaupt, der je nördlich von Oxfordshire gefunden wurde. Im Juni 1989 fuhr Wingfield von Bristol über Newton St. Loe zu einem Konzert in Schloß Longleat bei Warminster. Als er Bath passierte, sah er ein weites, grünes Weizenfeld, das sich zu Füßen einer Hügelkuppe erstreckte. „Was für ein herrlicher Platz für Kornkreise", dachte George so bei sich. Einige Tage später tauchte auf eben diesem Feld ein riesiges Piktogramm auf, und Hunderte kamen, um es zu bestaunen. Sein Freund und IBM-Kollege Nigel Foster, den George mit seinem Kornkreis-Fieber angesteckt hatte, ritt im Sommer mehrfach über die Hügel oberhalb von Bristol und sagte, zu einigen prähistorischen Grabhügeln gewandt: „Kommt, gebt uns endlich ein paar Kreise!" Erst als er George diese Anekdote erzählte, zeigte ihm dieser ein paar Luftaufnahmen der fraglichen Gegend. Tatsächlich waren auf der anderen Seite der Hügel Zirkel aufgetaucht, denen jedoch niemand größere Beachtung geschenkt hatte. Und ein anderer Freund von George, Mike Carrie , der am „Projekt Chameleon" teilgenommen hatte und zu den ersten gehörte, die nach einer Nebelnacht ein hantelförmiges Piktogramm entdeckten, traute seinen Augen nicht, als er nach Nottinghamshire zurückkehrte. Vor den Fenstern seines heimischen Büros lagen Kornfelder, und auf einem davon befand sich ein perfektes Gegenstück zu „seiner" Hantel aus Wiltshire. Sie war genauso groß und sogar genauso weit von seinem Büro entfernt, wie die „Chameleon"-Hantel vom Beobachtungscamp. „Folgen die Kreise den Leuten nach Hause?" fragte Wingfield...

Als ich die britisch-japanische Beobachtungsstation auf „Adams Grave" besuchte, unterhielt ich mich lange mit den vier jungen Engländern, die hier fast ständig Wache hielten. Einer von ihnen, Paul Randall , erzählte mir, daß sie und zwei weitere Freunde eines Nachts eine Meditation in einem neuentstandenen Kreis bei Cheesefoot Head durchführten. Sie legten sich in den Kreis hin, die Füße zum Kreismittelpunkt, wo einer von ihnen, John Martineau, einen sechsseitigen Kristall plazierte. Erst ging es ihnen darum, mit der Kreisenergie in Kontakt zu kommen, dann meinte John, ob sie die Circlemaker nicht um einen neuen Kreis bitten sollten; und da sie sechs waren und selbst einen Sechsstern bildeten, baten sie um einen sechszackigen Stern. Nichts geschah, und nach einiger Zeit gingen sie schlafen. Am nächsten Morgen entdeckten sie auf einem benachbarten Feld, von „ihrem" nur durch eine Hecke getrennt, einen neuen Kreis: Eine sechsblättrige Blume, umgeben von einem Ring. Nur zu perfekt symbolisierte sie den gewünschten Stern, die Sechsergruppe und ihre einheitliche Bestrebung (der Ring).

Eine Woche später kam ich nach England, wünschte mir einen umringten Davidstern - und eine weitere sechsblättrige Blume erschien, diesmal von zwei Ringen umgeben, auf dem Telegraph Hill, unweit der ersten. Andere kommunizierten auf physischem Weg mit den Circlemakern. „Talk to us!" (Sprecht zu uns!), schnitt der Amerikaner Jon Erik Beckjord mit Genehmigung des Bauern im Juli 1991 in das Getreide. Eine Woche später, 20 km entfernt, erschien jener hieroglyphische Schriftzug, den Michael Green mit „Der Schöpfer, weise und gütig" übersetzte. Und mehr als einmal (und nicht nur in Norddeutschland) kam es vor, daß die Kreismacher einen Schwindelzirkel offensichtlich als Kommunikation (oder Wettbewerb?) verstanden. So war es, als die „Wessex-Skeptiker" Anfang August 1991 ein ziemlich krummes „keltisches Kreuz" auf dem Feld des Bio-Bauern Pitt bei Marlborough anlegten; exakt eine Woche später tauchte auf einem Nachbarfeld eines der schönsten und größten Piktogramme des Sommers auf, und Pitt war schlichtweg „aus dem Häuschen". Sollte man im nächsten Sommer über gezielte „Imitate" versuchen, mit den echten Circlemakern in Kontakt zu kommen? Einen Versuch wäre es wert, allerdings nur unter kontrollierten Bedingungen und mit Genehmigung des betroffenen Bauern!

Jedem aber, der nach England kommt, empfehle ich, auf seine ganz persönliche Weise eine Kommunikation mit der Energie hinter dem Kreisphänomen zu suchen. Wahre Wunder werden sich ihm offenbaren, wenn er sich nur öffnet!

„Das ist vielleicht die einfachste und offensichtlichste Botschaft der Kreise", schreibt George Wingfield. „Sie sagen uns, daß das Wichtigste unser Bewußtsein ist, und wenn es uns gelingt, es zu erweitern, indem wir uns diesen Ereignissen öffnen, können wir ein fast unbegrenztes Potential aus unserem Inneren schöpfen. Wenn eine solche Interpretation korrekt ist - und ich bin nicht der einzige, der so über diese Sache denkt-, eröffnet sie der Menschheit die Aussicht auf eine Zukunft, die voller Hoffnung sein kann."

Zufrieden und erfüllt - in der Tasche 18 Stunden voller Interviews, Innen- und Luftaufnahmen der Kreise - kehrten wir Ende August 1991 von unserer damaligen Film-Expedition auf den Spuren der Kornkreise aus Südengland zurück. Unseren letzten Termin hatten wir mit einem Mann, der von Anfang an das Kornkreisphänomen im Gesamtzusammenhang des derzeit stattfindenden geistigen Paradigmenwechsels hin zu einem ganzheitlichen und integralen Weltbild verstand. John Michell , ein moderner Anhänger der Lehren des Platon und Pythagoras, Student der heiligen Geometrie und Sammler ungewöhnlicher Geschichten in der Tradition von Charles Fort, fasziniert mich immer wieder durch seine intellektuelle Brillanz. Als Philosoph versteht er es, die Dinge aus einer höheren Warte zu betrachten - und lieferte dadurch in seiner Zeitschrift „The Cereologist" den Kornkreisforschern eine Reihe wichtiger Anstöße zur Reflektion.

John wohnt, fast müßte man sagen standesgemäß, in einem weißen, viktorianischen Reihenhaus im Westen Londons, umgeben von avantgardistischen Galerien, Antiquariaten und Antiquitätenläden. Vorbel an elner gigantischen Marmorbüste Homers stiegen wir in den vierten Stock, Johns Wohn- und Arbeitszimmer, wo Stapel von Büchern, Briefen und Zeitschriften von kreativem Chaos zeugten. Nachdem Peter einen Platz für die Kamera gefunden hatte, lehnte John sich zurück und beantwortete meine Fragen auf seine ruhige, geistvolle und gewählte Art. Was interessierte ihn an den Kornkreisen, wollte ich wissen.

„Die Kornkreise sind die interessanteste Sache, die heute geschieht", erwiderte John. „Sie sind etwas, das die Wissenschaft herausfordert, was die Wissenschaft sich nicht erklären kann. Sie bedrohen das wissenschaftliche Weltbild, und das verfolge ich mit großer Genugtuung. Ich denke, daß das rationalistische, materialistische Weltbild verantwortlich ist für viele der Krisen in unserer heutigen Welt, ja vielleicht für alle ihre Krisen, und daß es an der Zeit ist, es zu ersetzen. Es ist nur zu offensichtlich, daß die Kornkreise unsere materialistische Weltansicht widerlegen, und das ist eine sehr zeitgemäße und kreative Entwicklung. Denn es ist ziemlich

außergewöhnlich, was wir hier beobachten. Etwas fängt an, Symbole auf Kornfelder zu zeichnen, und dies noch auf eine sehr schöne Weise, ohne Menschen zu erschrecken, ohne sie zu bedrohen, und plötzlich beginnt es, sehr schnell das Weltbild von Menschen zu verändern. Es ist ein wunderbares und schönes Phänomen, und es stammt aus einer sehr hohen Quelle."

Ich erinnere mich an einen Artikel im Cereologist, in dem sich ein hartgesottener Kunstkritiker über die Zirkel äußerte...

„Ja, ich bat John McEwen, einen bekannten Londoner Kunstkritiker, einen Artikel über die Kornkreise aus der Sicht des Kunstkritikers zu schreiben. Er hatte bereits Künstler wie Richard Long oder Hamish Fulton rezensiert, die auf Landschaftskunst spezialisiert sind, Künstler also, die selber Zeichen in die Landschaft setzen. Er verglich die Kornkreise mit ihren Arbeiten und sprach ein klares Urteil zugunsten der Circlemaker aus. Man muß die Kornkreise gesehen haben, um sie zu schätzen. Sie sind von solcher Schönheit, auf jede Art und Weise: Ihre Position, die Lage des Korns, die wunderbare Wirkung, die sie auf Menschen haben - es sind großartige Kunstwerke! Und McEwen meinte, wer immer sie geschaffen hat, ist ein Genie und einer der größten Künstler unserer Zeit."

Was ist Ihrer Meinung nach die Quelle dieses Phänomens?

„Es ist nur zu offensichtlich, daß es keine Schöpfung des Menschen sein kann, und wenn es nicht menschlich ist und Sinn und Intelligenz hat, kann es nur von einer nichtmenschlichen Intelligenz stammen, das heißt, aus der Welt der Geistwesen. Nicht der niederen Geistwesen, nicht eines Spuks mit Séancen und Medien, sondern etwas Höherem. Sie können das an ihrer Schönheit und Kunstfertigkeit und der verwendeten Symbolik erkennen. Deshalb muß es aus der Welt der höheren Geistwesen stammen, mit anderen Worten, der Welt der Götter. Und wenn wir einen Blick in die Welt der Götter werfen, wenn wir versuchen, den Urheber dieses

Phänomens zu identifizieren, dann käme als erster Mercurius in Frage, der Bote der Götter, der Erfinder der Schrift, der ersten Buchstaben. Wann immer die Schöpfung uns etwas mitteilen wollte, war Merkur, der Hermes der Griechen, das Medium. Der Urheber dieser Kreise ist also eine sehr hohe Intelligenz, die Welt der Götter. Und was wollen sie uns mitteilen? Ich denke, wir ahnen es schon, denn die Folge ist, daß Menschen beginnen, ihr Bewußtsein zu verändern, erneut nachdenken über das Wesen unserer Welt, unseren Platz in ihr und unser Verständnis von ihr. Es verändert unsere gesamte Wahrnehmung."

Ein Kreislauf schließt sich, ein Zirkel. Die Götter kehren zurück. Das Mysterium der Kornkreise lehrt uns: Ein neues Zeitalter, ein neuer Schritt in der Evolution der Menschen, steht bevor. Seinen Anfang nimmt es, wie Blake es prophezeite, rund um die prähistorischen Tempel Englands. Nur welches Menetekel wird heute von einem unsichtbaren Finger in das Korn geschrieben? Sind wir wieder einmal „gewogen und zu leicht befunden"? Wir können es nur ahnen. Darum ist es mehr als wichtig für jeden von uns, zu versuchen, die Sprache der Kreise zu verstehen...

15. Kapitel

1992: Der erste Kontakt?

Wenn es nach der britischen (und deutschen) Presse ginge, wäre der Sommer 1992 ganz ohne Kornkreise geblieben. Nicht eine Schlagzeile galt den Zirkeln und Piktogrammen, und wer nicht eigens nach England reiste, um sich persönlich ein Bild von der Lage zu machen, der mußte glauben, mit der „Enthüllung" der beiden Rentner Doug & Dave sei das Rätsel gelöst. War es ein Befehl „von oben", der den Schweigevorhang über das Kreisgeschehen verhängte? Oder ganz einfach die Bequemlichkeit der Journalisten, die mit der Sensationsmeldung vom September 1991 das Thema ein für alle Male zu den Akten gelegt hatten? Tatsache ist: Auch 1992 gab es wieder Dutzende von Kreisen und Piktogrammen. Und darum reiste ich auch im Juli 1992 wieder nach Südengland, auf den Spuren der Circlemaker.

„Sag mir, wo die Kreise sind, wo sind sie geblieben", wurde ich immer wieder gefragt, wenn mir deutsche Besucher des Zirkellandes in Stonehenge, Avebury oder Marlborough über den Weg liefen. Dabei hatte der Zirkel-Tourismus spürbar nachgelassen. Jene Kreise und Formationen, die nach wie vor in majestätischer Schönheit im, dank der Hitze schon früh goldgelben Korn lagen, blieben oft lange unentdeckt, unbeachtet. Was war los in den Circle-Counties Wiltshire und Hampshire im Jahre 1 nach Doug & Dave?

Eine Depression lag wie eine dichte Nebeldecke über dem Reich der Kreise, und fast schien es so, als würde diese Decke nur selten jene mysteriöse „unbekannte Energie" durchlassen, die nach Ansicht führender Zirkelforscher von oben her die geheimnisvollen Gebilde ins Korn zeichnet. Waren es also doch die rüstigen Rentner Doug Bower und Dave Chorley gewesen, die sich mit dem großen Paukenschlag vom Sepember 1991 offiziell zur Ruhe setzten? Oder hatte Barbara Davies recht, das Medium des Zentrums für Kornzirkelstudien (CCCS), die im Verhalten der Kreise ein Resonanzphänomen vermutet: Wir erhalten nur so viel zurück, wie wir eingeben. Haben der Unmut der betroffenen Bauern, der Skeptizismus der Bevölkerung und das Mißtrauen der Forscher untereinander die cereologische Krise verursacht?

Doch das war nur die eine Seite des Zirkelsommers 1992. Die andere: Erfrischend neue Ansätze zur Lösung des Rätsels, eine Reihe spektakulärer Vorfälle und schließlich doch noch Kreise und Piktogramme, deren spektakulärste fast 130 Meter lang waren: Zwei riesige Schnecken, eine im Tal von Alton Barnes, die andere auf militärischem Sperrgebiet bei Pewsey an der Straße nach Everleigh; Symbol für die Verlangsamung der Energie und das Schneckentempo, in dem sich das Bewußtsein der Menschheit auf die Umstände einstellt?

Rund dreißig echte Kreise und Piktogramme konnten wir ausmachen, als wir am 2. August das Zirkelland erstmals wieder mit einer zweimotorigen Cessna überflogen. Zwei Wochen waren wir zu diesem Zeitpunkt schon in England gewesen, hatten abgewartet, was noch geschieht. Was wir nicht verschweigen wollen: Auch acht Schwindelzirkel waren darunter, durch ihre Unregelmäßigkeit, Plumpheit und Primitivität deutlich von den echten Piktogrammen zu unterscheiden. Zentrum der Fälscherbanden war in diesem Jahr das sonst zirkelverwöhnte Gebiet um den Silbury Hill, in dessen Sichtweite wir einen schiefen Ring, einen krummen Kreis und ein unbeholfenes Langpiktogramm in Richtung Avebury entdeckten. Sie lagen dort offensichtlich, als hätte sie jemand hier plaziert, um alle Kreissucher abzuschrecken. Aber auch echte Kreise gab es wieder rund um den magischen Hügel, wenig spektakulär, aber bestechend durch ihre schlichte Schönheit: Bei West Kennet eine eindrucksvolle Dreiergruppe, eine Dreierformation auf dem Gelände der Firs-Farm bei Beckhampton und einen simpleren Kreis mit einem der in diesem Jahr so populären „Fischsymbole" (das verblüffend dem ICHTOS-Erkennungszeichen der ersten Christen gleicht). Das Firs-Trio war offenbar neu und „unbegangen" - Farmer Stephen Horton paßte in diesem Jahr auf wie ein Schießhund, daß sich weder Kreisforscher noch -macher auf seinem Land herumtrieben und hatte uns bereits im letzten Jahr ganz eindeutig seine Botschaft an die Circlemaker in die Kamera diktiert: „Sucht euch bitte im nächsten Jahr eine andere Farm." Fast sah es so aus, als hätten sie seinen Wunsch respektiert, aber dann tauchten sie doch noch auf: Drei perfekt runde Zirkel mit auf halber Höhe umgekämmten Korn, einer von ihnen exakt zwischen den Tramlines, den Traktorenspuren: Eine Fälschung ist ausgeschlossen. Kein Mensch hätte unbemerkt und ohne die geringste Spur das Getreide durchschreiten können. Auf den Feldern von Alton Barnes beeindruckten neben der für jedermann sichtbaren Riesen-Schnecke noch ein Kreis und ein Ring sowie ein simpler Kreis mit einem schönen Wirbel. Ein dünner, schiefer Trampel-Ring und ein von ein paar Deutschen angelegtes Fake-Piktogramm verblaßten daneben völlig. Upton Scudamore nahe der UFO-Metropole Warminster wartete mit zwei Antennen-Konstruktionen auf, das Piktogramm von Lichfield glich dem Symbol der Kornkreis-Forscher-Vereinigung CPR (Circle Phenomenon Research), und die Petersfield-Formation hätte vom Stil her aus dem Jahre 1990 stammen

können. Just bei Woodhenge - dem hölzernen Gegenstück zu Stonehenge - leuchteten zwei simple Kreise mit Auswüchsen in der Abendsonne. Und unterhalb der Ringwallfestung Old Sarum - ein geomantischer Punkt, der mit Stonehenge verbunden ist, eine Ansiedlung seit der Eisenzeit - zeigte ein Lang-Piktogramm exakt auf die Mitte der Anlage. Das schönste aller Piktogramme des sonst so unspektakulären Zirkel-Sommers 1992 entdeckten wir in East Meon bei Southhampton: Eine „Hantel", eine Seite umgeben von einem Halbkreis, darunter eine Korn-Glyphe, die an das sumerische Symbol für die Götter, die Din-Gir („Die Gerechten mit den feurigen Himmelsschiffen"), erinnert. Cropcircles at its best: Im oberen Kreis war das Korn im Zentrum im Uhrzeigersinn, drumherum entgegen den Uhrzeigersinn gewirbelt. Nun, es war eine kurze Saison. Obwohl es die ersten „Ereignisse" in Raps- und Wintergerste-Feldern bereits im April und Mai gab, im Juni wollten sich die Kreise nicht so richtig blicken lassen. Erst im Juli ging es dann richtig los. Als wir England am 4.8. vorerst verließen, waren 50 % der Felder schon abgeerntet. Die Hitze, die das Korn frühzeitig reifen ließ, ließ Erinnerungen daran aufkommen, daß ein Sumerologe der Londoner Universität ein Piktogramm des Jahres 1990 als sumerische Keilschriftzeichen gedeutet hatte, die besagten: „Baut Brunnen. Eine Dürre kommt."

Während eine Reihe von Piktogrammen und Kreisen an Formationen der Jahre 1989 und 90 erinnerten, gab es auch einzelne - zumindest energetische - Reminiszenzen an das Mega-Circle-Jahr 1991. Gleich eines der ersten Kornmuster waren drei Kreise in Dreiecksanordnung, mit den gleichen Proportionen wie die „Mutter aller Piktogramme", das riesige Dreieck von Barbury Castle. Dort, wo im letzten Jahr das erste, große „Delphinogramm" von Lockeridge erschien, tauchte über Nacht eine ganze Gruppe kleiner „Granatsplitter"-Kreise auf, so, als sei die Energie noch im Boden. So war das Zirkel-Jahr 1992. Kleinere, weniger spektakuläre und meist entlegenere Ereignisse: Einmal kostete es mich ein paar zerrissene Hosen, um zu einem Piktogramm zu kommen. Dadurch erreichten nur ernsthafte Forscher die Kreise - und wurden nicht enttäuscht. Sie waren so sauber und perfekt wie in all den Jahren zuvor, und sie wiesen eine Reihe hochinteressanter Anomalien auf. Ihre einzigartige Energie jedenfalls blieb dadurch viel länger erhalten.

Drei Großereignisse sollten im britischen Kornkreissommer 1992 dem Rätsel auf den Grund gehen. Das erste war der „Kornkreis-Fälschungs-Wettbewerb" bei West Wycombe in Buckinghamshire, nordwestlich von London, am 12. Juli, gesponsort von der Zeitschrift PM. Denn, nachdem PM-Herausgeber Peter Moosleitner die Kornkreise noch beim „Heißen Stuhl" im Sommer 1991 als „Verkörperung des Sommerlochs" abtat und Circle-Befürworter Johannes von Buttlar mit allzu fadenscheinigen Argumenten zu kontern versuchte, schien er jetzt zum Kornkreis-Paulus geworden zu sein. Jedenfalls brachte „PM" im Juli-Heft den ersten mehr oder weniger objektiven Bericht zum Phänomen, gestand ein, daß mit Doug & Dave noch lange nicht alle Fragen geklärt seien. So fragte sich das Magazin, was Fälscher denn nun wirklich könnten, schrieb eine Prämie von £ 3000,- (DM 9000,-) aus und ließ die Hoaxer-Teams zusammenkommen in jener lauen Sommernacht, um ein für alle Male zu beweisen, daß alles nur ein Schwindel ist - oder auch nicht. Sollten clevere Kornkreis-Mafiosi wirklich in der Lage sein, all jene Details zu imitieren, die von den Experten längst zu „Charakteristiken echter Piktogramme" erklärt wurden? Hier konnten sie es unter Beweis stellen und noch dazu eine schöne Summe Geldes gewinnen.

Doch das Ergebnis enttäuschte die Hoax-Theoretiker. Zwar legte ein halbes Dutzend Fälscher-Teams in stundenlanger Arbeit ebensoviele Piktogramme an, doch keines überzeugte: Die Ränder waren unsauber, die Kreise asymmetrisch, das Korn wirkte plattgewalzt, es fehlte der charakteristische Wirbel. Mehr noch: Die „Gänge"

waren simple Trampelspuren, die „Halbkreise" ungleichmäßig, schief und krumm. Wir waren in West Wycombe, eine Woche nach dem Wettbewerb, und haben uns köstlich amüsiert. Nicht eines der Schwindel-Piktogramme hat uns überzeugt, und keines war jene £ 3000,- wert, die dem kläglichen „Siegerteam" erst ausgehändigt wurden, als es bei Tageslicht seine „Fertigkeiten" noch einmal unter Beweis stellte. Auch die wahren Circlemaker müssen ihren kosmischen Spaß gehabt haben. Nur wenige Kilometer von der Hoaxer-Olympiade entfernt, zauberten sie - in derselben Nacht - ein Langpiktogramm von altbekannter Qualität in das Korn - und verzichteten großzügig auf die (wohlverdiente) Gage.

Daß tatsächlich der Großteil der Kreise kein Schwindel ist, das versuchte das Team der „Operation Argus" zu beweisen. „Argus" ist ein amerikanisch-britisches Gemeinschaftsprojekt, gesponsort von der US-Forschungsgruppe MUFON und dem CCCS, unter Leitung des jungen amerikanischen Physikers Michael Chorost und des britischen Agrarwissenschaftlers Montague Keen, mit dem Ziel, die Kreise mit verschiedenen physischen und chemischen Meßmethoden sofort nach ihrer Entstehung mit Argusaugen unter die Lupe zu nehmen. Dabei galt es, zu überprüfen, ob die 1991 bei Stichproben festgestellten Anomalien - genetische Veränderungen in den Pflanzen, Spuren einer kurzfristigen Hitzeeinwirkung, radioaktive Unregelmäßigkeiten und in der Natur unbekannte, kurzlebige Radionuclide oder Isotope - generelle Merkmale der Kornkreise oder nur Zufallsergebnisse sind. Ließen sie sich häufiger feststellen, so wären sie nicht nur ein Beweis gegen die Schwindel-These, sie könnten uns auch zukünftig zu objektiven Kriterien verhelfen, um echte von falschen Kornkreisen zu unterscheiden. Schließlich entstehen radioaktive Isotope nicht durch das Niedertrampeln des Korns durch Fälscherteams, „ebensowenig wie sich auf diese Weise Kohle in einen Diamanten verwandeln läßt", wie es Keen formulierte. Deshalb nahmen sich Chorost und

Kollegen für 1992 vor, Untersuchungen in so vielen Zirkeln wie möglich durchzuführen. In Zusammenarbeit mit der Universität von Nevada und kanadischen Wissenschaftlern wurden Proben gesammelt, in ein Labor bei High Wycombe nahe London gebracht und dort ausgewertet. Zudem wurden vor Ort Messungen mit hochempfindlichen Geigerzählern und Magnetometern durchgeführt. Das erste Ergebnis: Tatsächlich konnten radioaktive und magnetische Anomalien gemessen, wieder in der Natur unbekannte kurzlebige Isotope festgestellt werden, wie uns Ralph Noyes vom „Argus-Team" erklärte. Ausführlichere Informationen werden erst Anfang 1993 erwartet, wenn sämtliche Laborergebnisse vorliegen und ausgewertet sind.

Nur soviel steht fest: Alles, was wir bisher wissen, deutet weder auf eine menschliche noch eine natürliche Entstehung der Kreise hin, und so favorisieren immer mehr Kornkreisforscher - zumindest insgeheim, in der Öffentlichkeit will man sich nie so festlegen - die „außerirdische Hypothese": Die Kornkreise sind das Werk nicht-irdischer Intelligenzen, die hier mit einem feinen, zentimeterbreiten Scanner-Strahl aus großer Höhe Botschaften ins Korn zeichnen.

Diese Arbeitshypothese rief das dritte große Kornkreisprojekt des Sommers 1992 auf den Plan, genannt „CEV Initiative". CE V steht für „Nahbegegnung der fünften Art". Bei einer „Begegnung der dritten Art" sieht man einen UFO-Insassen, die „vierte Art" ist eine Entführung an Bord eines UFOs, die „fünfte Art" (Close Encounter of the Fifth Kind) eine Kommunikation, ein hergestellter Kontakt. Und genau der ist Ziel einer Gruppe von Top-Wissenschaftlern aus den USA - im Vorstand Ex-Astronaut Dr. Brian O'Leary -, die sich CSETI - Center for the Study of Extraterrestrial Intelligence - nennt und unter Leitung des Mediziners Dr. Steven M. Greer steht.

CSETI ist ein recht neues Projekt, gerade mal zwei Jahre alt. Damals hatte Dr. Greer, der selbst „Opfer" einer UFO-Entführung war, die Eingebung, daß es vielleicht einen ganz anderen Grund haben könnte, daß die UFO-Insassen mit uns noch nicht in offenen Kontakt getreten sind -vielleicht hat sie noch niemand angemessen darum gebeten? Wenn sie sich einmal wieder zeigen, stehen wir andächtig da und starren zum Himmel. Nur in ganz wenigen Fällen hat jemand auf die eine oder andere Weise versucht, mit dem Licht am Himmel zu kommunizieren - und immer eine Antwort erhalten. Genau das versuchte Greer bei verschiedenen Gelegenheiten, so vor 33 Zeugen in Gulf Breeze, Florida, dem Mekka der US-UFOlogen, wo es fast wöchentlich zu UFO-Sichtungen kommt. Das war am 14. März 1992.

In einem UFO-Seminar hatte Greer über seine Vorstellungen eines initiierten CE V-Kontaktes gesprochen, jetzt galt es, sie in der Praxis anzuwenden. Mit UFO-Geräuschen - Originalton einer UFO-Sichtung - und Suchscheinwerfern von 1 Million Kerzenstärken ausgerüstet, versuchte die Gruppe in Meditation den telepathischen Kontakt. Gleichzeitig zeichnete Greer mit den Strahlern Dreiecke in den Nachthimmel. Es dauerte nur 30 Minuten, bis die ersten UFOs erschienen. Vier Stück waren es, majestätisch standen sie am Himmel, pulsierten in kirschrotem Licht. Greer griff zu dem Suchscheinwerfer, blinkte dreimal in den Nachthimmel. Zum Erstaunen der ganzen Gruppe antwortete das vorderste der vier Schiffe, indem es dreimal aufblitzte. Blinkte Greer zweimal, antwortete das UFO mit einem zweifachen Aufblitzen, blinkte er fünfmal, antwortete es fünffach. Dieser „Lichtdialog" dauerte einige Minuten, bis das UFO sich „ausblinkte". Dann zeichnete Dr. Greer ein Dreieck in den Himmel. Sofort gingen die restlichen drei Objekte in Position und formten ein gleichseitiges Dreieck am Nachthimmel, bevor sie schließlich verschwanden. Sein Bemühen hatte also Erfolg gehabt: Vor 33 Zeugen war es zu einer offensichtlichen Kommunikation mit den UFOs gekommen, 5 Teilnehmer hatten das Ereignis auf Video aufgezeichnet.

Und der nächste Versuch sollte in England stattfinden... Vom 16.-28. Juli war Dr. Greer im Zirkelland, zusammen mit vier seiner engsten Mitarbeiter. In dieser Zeit bezog er jede Nacht Stellung in dem Kreis/Ring-Piktogramm von Alton Priors, auf dem Gelände der Carson-Farm, deren Besitzer sich ausnahmsweise einmal kooperativ zeigten. Greers Partner war die Gruppe um Colin Andrews, die in einiger Entfernung - vom Woodborough Hill aus - das Geschehen beobachtete, während er selbst und seine Kerngruppe das praktizierten, was er „CE V-Initiative-Protocoll" nennt: Eine Kombination aus der Anwendung von Licht, Ton und Bewußtseinstechniken. Eine Woche lang wartete man vergeblich, von einzelnen Beobachtungen ungewöhnlicher Lichter abgesehen, dann ging es Schlag auf Schlag:

Am Freitag, dem 24.7., hatte man einen ersten Erfolg. Exakt um 22.30 Uhr, die Sonne war gerade untergegangen, erschien ein Objekt am Himmel, umgeben von einem Ring farbiger Lichter, die sich entgegen dem Uhrzeigersinn drehten. Wenig später, gegen 0.30 Uhr, beobachtete Andrews gemeinsam mit etwa 20 Mitgliedern seiner Gruppe eine goldene Lichtkugel, ausgerechnet in Richtung der UFO-Metropole Warminster. Während ein Mitglied der Gruppe, Reg Presley, Liedsinger der Rockgruppe „The Troggs" („Wild Thing") mit seiner Videokamera das Objekt filmte, beobachtete Andrews durch sein Fernrohr, wie ein Militärhelikopter die Verfolgung aufnahm. Presley blinkte mit seiner Taschenlampe, das UFO blinkte zurück. Als der Hubschrauber näherkam, verschwand das Objekt, um plötzlich im Nordwesten wiederaufzutauchen - von wo aus es auf den Hügel, auf dem die UFO-Watcher standen, zuflog. In dem Moment, in dem vom Feld aus Greer seinen Suchscheinwerfer auf das UFO richtete, verschwand es. Nur einige Zeugen wollen noch erkannt haben, wie es sich in zwei rote Lichter teilte, die in verschiedenen Richtungen davonschossen.

Aber das war nur ein Vorspiel. Tatsächlich war Sonntag, der 26. Juli 1992 ein ganz besonderer Tag. Tausende „New Age"-Anhänger in aller Welt feierten ihn als Beginn eines neuen Zyklus im Maya-Kalender, Abschluß jener fünf Jahre der „Umgestaltung der Erde", die mit der legendären „Harmonischen Konvergenz", den Weltmeditationstagen am 16./17. August 1987, ihren Anfang genommen hatte. Für den New Age-Visionär Jose Argüelles war der 26.7. noch mehr: Der Beginn einer neuen Zeitrechnung, die „entsprechend den kosmischen Rhythmen", in denen die Maya rechneten, auf den Einheiten 13 und 20 statt auf 12 und 60 beruhen würde. Jedenfalls meditierten gut 200 Menschen am 26.7. bei Morgendämmerung auf dem Tor Hill und um 13.20 Uhr auf dem Gelände der Abtei von Glastonbury, um den neuen Zyklus zu begrüßen. Aber der 26.7. war auch der zweite Tag einer jährlichen Kornkreiskonferenz in der britischen New Age-Metropole. Hier begegnete Stephen Greer dem britischen Luft-und Raumfahrtingenieur Thomas Roy Dutton. Dutton hat nicht nur ein wissenschaftliches Modell vorgelegt, wie die Kornkreise entstehen, er hat auch die Rhythmen untersucht, in denen UFO-Beobachtungen stattfinden. Nachdem er die Daten von Hunderten von UFO-Sichtungsfällen in seinen Computer eingegeben hat, mußte Dutton feststellen, daß sie immer mehr zu bestimmten Zeiten auftauchen, die den Zyklen von Satellitenumkreisungen der Erde entsprechen. Seine These: Regelmäßig sind bis zu 6 Mutterschiffe im Erdorbit stationiert und umkreisen die Erde. Sie senden ihre Erkundungsschiffe aus, wenn sie eine bestimmte Region gerade überqueren. So lassen sich UFO-Sichtungen zeitlich vorbestimmen. Eine gewagte These, ließe sie sich nicht in der Praxis überprüfen.

Für den Zeitraum um den 26.7. gab Dutton zwei Zeiten als UFO-begünstigt an: Die Zeit zwischen 22.30 und 23.30 und zwischen 0.30 und 1.30. Um 22.30 und 0.30 hatten sich - was Dutton zu diesem Zeitpunkt noch nicht wußte - die UFO-Sichtungen vom 24.7. ereignet. Wir interviewten Dutton am Nachmittag des 26.7., als noch niemand ahnte, was sich in dieser denkwürdigen Nacht ereignen sollte. Tatsächlich war es eine regnerische Nacht. Zwar wurden gegen 22.30 vier seltsame Lichter über dem Horizont beobachtet, doch als dann Minuten später ein Platzregen über sie niederging, trat die Mehrheit der UFO-Forscher aus Andrews Gruppe den Rückzug an. Nur Greer blieb mit seinem Team, verstaute seine Ausrüstung im Wagen und verharrte dort der Dinge, die noch kommen sollten. Eine Frau und ein Mann aus seiner Gruppe warteten draußen, er selbst mit einer anderen Frau im Auto, wo sie die Visualisationsübungen ihres „CE V-Initiative-Protocolls" praktizierten. Plötzlich rannte Christian, einer der „Wachposten", zum Wagen, schlug aufgeregt gegen die Scheiben: „Ein Raumschiff! Da kommt ein Raumschiff!" Sofort stürmte auch Greer raus, in den Regen. Es war exakt 00.25 Uhr. In nur 400 Metern Entfernung vor einem Waldstück glitt in Richtung Westen in Baumwipfelhöhe, nur zehn Meter über der Erde, etwas, das Greer später als „erleuchteten Christbaum" bezeichnete: Ein 30 Meter breites, konisches Objekt, auf der Unterseite von einem entgegen dem Uhrzeigersinn rotierenden Ring farbiger Lichter umgeben, mit etwa vier Lichtern auf der Spitze. Zwischen den Lichtern, die im Ring weiß, blau, rot und golden, auf der Oberseite bernsteinfarben leuchteten, konnten die vier Zeugen deutlich eine metallische Grundstruktur erkennen.

Geistesgegenwärtig riß Greer eine seiner Lampen aus dem Wagen, begann zu signalisieren, blinkte zweimal. Das UFO, das mittlerweile in Richtung einer Waldöffnung nach Westen geflogen war, reagierte mit einem zweifachen Aufblitzen. Greer wiederholte, das UFO signalisierte zurück. Dann entließ es eine kleine bernsteinfarbene Leuchtkugel, die mit einem deutlich hörbaren Summgeräusch Richtung Nordwesten verschwand. Greer standen vor Aufregung sämtliche Körperhaare zu Berge - sein Traum war wahr geworden, zum Greifen nah. Die ganze Sichtung dauerte zehn Minuten. Dann glitt das Raumschiff langsam über ein Tal im Südwesten und verschwand schließlich am Horizont.

Die ganze Gruppe war mehr als aufgeregt, und erst langsam kam zu Bewußtsein, daß man viele „gute Vorsätze" einfach vergessen hatte. Und da die Kameras wegen des Regens bereits im Wagen verstaut worden waren, gab es - wieder einmal - keine Aufnahmen. Eine Stunde später, um 1.20, erschien Richtung Südsüdosten ein bernsteinfarbenes Licht, in etwa ein Kilometer Entfernung. Wieder blinkte Greer zweimal, wieder antwortete das UFO mit einem zweifachen Aufleuchten. Greer wiederholte, das UFO blitzte zurück, bevor es hinter einer Baumgruppe verschwand. Ein weiteres Phänomen: Zwischen den beiden Sichtungen wanderte der magnetische Norden auf Greers Kompaß um 360 Grad entgegen dem Uhrzeigersinn.

Dr. Greer ist überzeugt, damit das Mysterium der Kornkreise gelöst, mit ihren Urhebern kommuniziert zu haben. „Das Zwischenergebnis, das wir von diesem Projekt mit nach Hause nehmen, ist, daß definitiv strukturierte Raumschiffe in Verbindung mit diesen Kreisen beobachtet werden, daß eine gut motivierte und vorbereitete Gruppe mit ihnen interagieren kann und daß deshalb die Kreismacher nichtirdische Besucher sind, die diese Zirkel durch eine fortgeschrittene Technik herstellen", erklärte er mir in einem Interview, „Wir haben sehr gutes Datenmaterial gesammelt, das diese These stützt und werden demnächst ein Modell anbieten, wie dies geschieht."

Denn der Vorfall vom 26.7. war nicht er einzige, der Greers Gruppe von der Intelligenz der Circlemaker überzeugte. In der Nacht vom 24. auf den 25.7. visualisierte das Quartett ein Symbol, drei Kreise im Dreieck, miteinander durch Linien verbunden. Im Geiste zeichneten

Dr. Steven Greer erläutert Colin Andrews seine Ufo-Nahbegegnung vom 26/27.07.1992.

sie es an den Himmel und mit Linien aus Licht in das Korn. Zwei Tage später erfuhren sie: Eben in dieser Nacht tauchte tatsächlich das fragliche Symbol auf einem Kornfeld auf - nordwestlich von Devizes, zu Füßen der eisenzeitlichen Hügelfestung von Olivers Castle.

Wir wohnten im gleichen Hotel wie Greer, mochten ihn und seine Sache, und da er uns bat, dieses - aus der Luft gesichtete -Piktogramm zu suchen, machten wir uns auf den Weg; zusammen mit unserem Freund Dr. Chet B. Snow, den wir „zufällig" mitten im Circlecountry getroffen hatten. Wir bestiegen Olivers Castle, von wo aus wir einen perfekten Überblick über die Gegend hatten - und entdeckten das Piktogramm. Nach etwa zwei Stunden - den Berg herab, über Hecken und Büsche, Gräben und Bäche zum Feld, dann das Feld umqueren, herausfinden, zu welcher Farm es gehört, eine Genehmigung einholen - standen wir in einer Traktorenspur vor dem Kornmuster. Ich war atemlos vor Freude: Eine solche Perfektion, eine solche Harmonie, Halm lag neben Halm. Dieses Piktogramm hatte niemand, mit Sicherheit niemand vor uns betreten. An seiner Echtheit konnte kein Zweifel bestehen. Wir nahmen die Gelegenheit wahr, setzten uns hin, meditierten. So subjektiv „innere Erfahrungen" sind, ich möchte sagen, daß ich eine sehr starke Energie empfand, die, so war ich sicher, nicht von dieser Erde stammte. Das war nur ein Gefühl, eine Intuition, und braucht nichts zu bedeuten. Und dennoch stand zumindest für mich fest, daß die Kreise im Korn ein reales Phänomen sind, daß es sie auch 1992 gegeben hat

und daß sie das Werk einer überlegenen, nicht-irdischen Intelligenz sind: Zeichen der Götter, die uns damit auf ein neues Zeitalter vorbereiten.

Am nächsten Tag erfuhr ich, daß exakt dort, wo Stephen Greer das UFO das erste Mal gesehen hatte, ein neuer Kornkreis aufgetaucht war. Am 29.7. verabschiedete sich Dr. Greer, und wir verabredeten uns noch einmal mit Colin Andrews im Alton Barnes, als wir von einem erneuten Ereignis erfuhren. Just in der letzten Nacht hatten noch einmal zehn Personen Nachtwache auf dem Woodborough Hill gehalten - und UFOs beobachtet. Wieder gegen 1.20 Uhr in der Früh sahen sie zwei parallele Lichter, die vom Himmel herabstiegen und über einem Feld schwebten. Kleinere Lichter kamen aus den Objekten und schienen sie zu umkreisen. Dann intensivierte sich das rechte Licht, wurde hell wie die Sonne, während aus dem linken UFO ein kleines rotes Objekt hervortrat. Das ganze Manöver dauerte eine Stunde lang, bis ein Bodennebel aufstieg, die Lichter verschwinden ließ. Eine Gruppe von Australiern dokumentierte den Vorfall auf Video. Und, das Erstaunliche: Als wir noch am selben Tag das fragliche Feld überflogen, entdeckten wir zwei neugeformte Zirkel exakt an jener Stelle, über der die zehn Zeugen die UFOs gesehen hatten.

Es gibt also keinen Zweifel mehr über die Natur der „Circlemaker". Und es ist nur noch eine Frage der Zeit, bis wir in der Lage sind, offen mit ihnen in Kontakt zu treten. Das aber wäre tatsächlich der Beginn eines Neuen Zeitalters...

16. Kapitel

1993: Eine neue Phase

Machen wir uns nichts vor: 1993 war der lausigste Kornkreissommer seit langem, und das nicht allein wegen des schlechten Wetters, der fast regelmäßigen Regenschauer und der Oktober-Temperaturen selbst noch im August. Nein, die ganze Stimmung im Zirkelland Wiltshire war schlecht in diesem Jahr, die „Croppie" (so der Spitzname für die Kornkreis-Enthusiasten)-Pubs „Waggon and Horses" in Beckhampton und (neuerdings) „The Barge" in Alton Barnes oft entvölkert, die Stimmung selbst der führenden „Cereologen" mißtrauisch, ja depressiv, und auch die „Circlemaker", die Urheber des Phänomens - „wer immer sie auch sind", wie man in diesem Jahr oft einzuschieben pflegte - hatten offenbar die richtige Lust verloren. Endete das echte Phänomen im August 1991? Hatte das perfekte „Mandelbrot"-Diagramm nicht das Chaos, das daraufhin folgte, angekündigt? Gedanken wie diese surrten diesen Sommer durch die Köpfe der Szene. Das „Hoaxer-Virus", auch „ADDS" (Acquired Doug & Dave-Syndrome) genannt, scheint das geistige Immunsystem von Zirkel-Forschern schneller zerstört zu haben als jedes andere CIA-kreierte Retrovirus, die ersten Opfer jedenfalls waren schon zu beklagen. BBC-Filmer John MacNish, der Produzent des Dokumentarfilms „Crop Circle Communique" glorifizierte das Rentnerpärchen in der nächsten Folge seiner Reihe, ZEIT- und ARD-Korrespondent Jürgen Krönig - einst selbst begeisterter „Cereologe" - versuchte offenbar, seinen guten Ruf zu retten und ließ sich - ausgerechnet von „Kornkreis-Spion" Jim Schnabel -

zum Skeptizismus bekehren, und Ken Brown, ein Geschäftsmann aus Yorkshire, machte sich zum Manager und Sprecher von keinem geringeren als Doug Bower vom „Doug & Dave"-Team, den er in einer unglaublich arroganten „Talkshow" mitsamt Memorabilien aus 15-jähriger Kreisfälscher-Tradition in einer Mini-Tournee für umgerechnet DM 13,- Eintritt der Öffentlichkeit präsentierte.

Und so stellte er sich, der selbsternannte „Vater aller Kornkreise", zynisch und rotzfrech, und konnte nicht die simpelsten Fragen aus dem Publikum beantworten. Die Gelegenheit ließ ich mir natürlich nicht nehmen, und da saß ich nun, jeweils vier Stunden lang in Marlborough und London, Auge in Auge Doug Bower gegenüber und mußte feststellen, daß seine Story - abgesehen davon, daß sie völlig unbewiesen ist - rein gar nichts erklärt. Irgendwann um 1978 - Ken Brown versuchte verzweifelt, ihn auf 1975 festzulegen, aber Doug war zumindest ehrlich genug, das nicht mitzumachen - beschlossen er und sein Pubbruder Dave also, die UFO-Fans zu foppen und Kreise zu fälschen. Warum? Weil Doug sich seit seiner Jugend für UFOs interessiert, in Australien lebte, als dort die „UFO-Nester" im Schilfgras auftauchten und damals gerade wieder UFO-Berichte in den Zeitungen erschienen. Da die Ehefrauen nichts erfahren durften - „Frauen plaudern bekanntlich zuviel" - gingen die beiden Saufkumpane nur freitags in die Felder und drehten ihre Metallstangen im Kreise. Natürlich frustrierte es sie nicht, daß es bis 1981 dauerte, bis der erste ihrer bis dahin gefälschten 24 Zirkel von UFO-Forscher Pat Delgado entdeckt und der Presse gemeldet wurde. Als „Beweis" für diese frühe Fälscher-Aktivität präsentierte Brown dann stolz Doug&Daves Fotos von Kreisen aus dem Jahre 1980. Natürlich zeigt keines dieser Fotos, wie D&D diese Kreise machen - und da beide begeisterte Vogelstimmensammler sind, können sie die Gebilde natürlich auch zufällig entdeckt haben. (Wenn Doug Stonehenge fotografiert hätte - wäre das ein Beweis, daß er sein Erbauer war?) Aber wie dem auch sei... angespornt durch den „riesigen Erfolg" einer Pressemeldung vier Jahre und rund 24 ermüdende Freitag-Abende nach dem „ersten" Kornkreis ging es also weiter. 1984 kam Dougs Frau dem nächtlichen Treiben ihres Mannes endlich auf die Spur, da sie den hohen Kilometerstand seines Wagens bemerkte (6 Jahre schmutzige Gummistiefel und Hosen waren wohl unbemerkt an ihr vorübergegangen), Doug beichtete, durfte fortan auch an Wochentagen mit Dave in die Felder - die Zahl ihrer „Machwerke" erhöhte sich schlagartig auf 20 pro Jahr.

Spätestens 1987 bemerkte das Team, daß noch „jemand anderer" Kreise anzufertigen schien. Plötzlich gab es auch Zirkel, die nicht von Doug und Dave stammten. Das beste Beispiel: Die Charity Downs-Formation von 1988, die das Titelbild des Andrews/Delgado-Buches „Kreisrunde Zeichen" schmückt. Der - unsaubere - Doppelringer vom 25.6.88 stammt - das möchten wir nicht einmal in Frage stellen - von D&D, das perfekte „keltische Kreuz" vom 10.8. aber laut Bower von einem Imitatoren, einem „Copycat". Erstaunlicherweise aber war die „Imitation" besser als das Original. Mehr noch, sie war perfekt, symmetrisch, sauber. Und sie wies Details auf, die Colin Andrews absolut sicher machte, daß sie nicht von Menschenhand stammt. Denn an einigen Stellen im Ring war das Korn nicht in „Flußrichtung" gebürstet - was der Fall wäre, wenn es mit einem Gartenroller oder einer Metallstange flachgelegt worden wäre - sondern nach außen. Interessanterweise aber behaupteten D&D noch 1991, daß sie auch diese Formation angefertigt hätten. Erst als

Colin Andrews Doug Bower auf einer Talkshow fragte, wie er denn das gemacht hätte, gab dieser kleinlaut zu: „Der Kreis stammt nicht von uns." Wie aber hatte sich Doug gefühlt, als er nach - damals - zehnjähriger Erfahrung im Kreisfälschen nur diesen lausigen, billigen Doppelringer zustandebrachte, während ein Kopist, ein verdammter Plagiator, in der Lage war, dieses perfekte keltische Kreuz ins Korn zu zeichnen? War das nicht frustrierend für ihn?, fragte ich Bower in London, hat er nicht danach resignierend mit dem Gedanken gespielt, sich zur Ruhe zu setzen? Nun, meinte der plötzlich wortkarge Meisterfälscher, es hätte eben auch andere gegeben.

Warum waren die denn so viel besser als Sie?, bohrte ich weiter. Finden Sie, daß sie besser waren?, erwiderte Doug.

Nun, Ihre Kreise sind schief und krumm, die der „Copycat" aber perfekt, anmutig und schön. Ist es denn nicht zumindest möglich, daß es doch ein reales Phänomen gibt, das auf Ihre „Kommunikationsversuche" reagierte?

"Alles ist möglich", so Doug Bowers Antwort. Ich hatte ihn da, wo ich ihn haben wollte!

Addieren wir: Rund 200 Kornkreise wollen D&D gefälscht haben, rund 30 (im Jahre 1992) „Kornkreis-Spion" und Desinformationsexperte Jim Schnabel, „höchstens 20" sein Freund Robert Irving. Vielleicht noch weitere 50 gehen auf das Konto der „Wessex-Skeptiker" und anderer mysteriöser Gruppen, die seit 1991 aktiv sind. Macht zusammen 300. Rund 3000 Kornkreise hat es allein in England bis 1993 gegeben. 10 % also sind gefälscht. Höchstens. Und die anderen 90 %?

Und wenn es ein reales Phänomen gibt, hält er es zumindest für möglich, daß er, Doug Bower, der sich schon - nach eigenen Angaben - seit seiner Jugend für UFOs interessiert, von „irgendwoher" inspiriert wurde, die Kreise anzufertigen? „Alles ist möglich", meint Bower, um später einzugestehen: „Ich habe mich auch immer gefragt, woher die Ideen, woher die Energie, das alles 15 Jahre lang durchzuziehen, kam."

„Die Wächter haben mir schon 1988 erklärt, daß sie auch Menschen dazu benutzen werden, die Kreise zu formen", erklärte mir ein paar Tage später die mediale Isabelle Kingston, die sich das Doug Bower-Spektakel ebenfalls zugemutet hatte. Und ohnehin ist die Botschaft wichtiger als das Medium. Tatsache ist: Selbst die Fälscher wissen nicht, was sie da ins Korn zeichneten. Jim Schnabel behauptet, das „Dharma-Rad" von Silbury Hill im August 1993 angefertigt zu haben, glaubt aber, daß die Symbole -von Michael Green präzise als Einweihungsweg indoeuropäisch-keltischer Tradition interpretiert- seiner „Phantasie" entsprungen sind und deutet die Hörner des (Naturgottes) Cerunnos als „Fraktale". Doug und Dave sollen -unbewiesen- das „Din-Gir" von East Meon ins Korn gezeichnet haben. Woher aber dann das präzise Wissen über den „Götter"-Planeten Nibiru, der in East Meon korrekt mit drei Monden und dem Überrest des - einst mit Tiamat kollidierten - vierten Mondes dargestellt wird? Woher dann die Darstellung der Himmelsbarke mit dem -in vereinfachter Form- sumerischen Din-Gir-Symbol, das, wörtlich übersetzt, „die Rechtschaffenen mit den feurigen Himmelsschiffen" bedeutet, ein sumerischer Begriff für die „Götter", die Anunnaki, „Jene, die vom Himmel auf die Erde kamen?". Hat er je eines der Bücher Zecharia Sitchins gelesen?, fragte ich Doug Bower. Antwort: Nein. Hat er sich je mit Orientalistik, Ägyptologie, antiker Symbolik befaßt? Nein. Wie hat er dann diese Zeichen benutzen können. „Zufall", glaubt Bower. Oder Inspiration? „Alles ist möglich." Daraus ergibt sich folgende Schlußfolgerung: Selbst wenn ein gewisser Prozentsatz der Kornkreise - realistisch sind 10 % des Gesamtphänomens, aber vielleicht 30% der Kreise seit 1992 - auf Menschenhand zurückgehen, so läßt doch die verwendete Symbolik darauf schließen, daß auch diese alles andere als „grober Unfug" sind. Vielmehr kamen Menschen, die sich für das reale Phänomen interessierten, unbewußt mit den Circlemakern in Kontakt und „channelten" ihre Symbolik in einer Form „automatischen Schreibens" im Korn.

Warum kein „grober Unfug"? Weil sie eine Symbolik beinhalten, die der Fälscher nicht kennen kann und deren er sich - siehe Schnabel, falls er die Wahrheit sagt - nicht bewußt ist. Er fühlt nur den Zwang, die Inspiration, etwas ins Korn zu zeichnen. Auch sein Piktogramm kann von proportionaler Harmonie sein und weit über sein künstlerisches Verständnis und Können hinausgehen. Wie ein Medium ist er zum Werkzeug einer höheren Intelligenz geworden. Aber sein Zirkel weist eben nicht die bekannten Anomalien auf. So fehlte bisher bei allen Fälschungen der charakteristische „Fluß" des Korns, waren die Halme zerstört, gebrochen statt gebogen.

Vergessen wir also nicht, daß die Fälschungen nur ein kleiner Prozentsatz der Kornkreise sind, die Hoaxer-These bewußt überbetont wird als Teil einer Kampagne der Desinformation, mit dem Ziel, das Phänomen und seine Erforscher gründlich zu diskreditieren. „Ende dieses Sommers werden Colin Andrews, Pat Delgado, George Wingfield und ihresgleichen bitter bereuen, je mit den Kreisen zu tun gehabt haben", prophezeite kein geringerer als Doug Bower-Promoter Ken Brown, „die ganze Sache wird platzen wie eine Seifenblase". „Sie meinen, das alles war nur ein Schwindel", wurde er gefragt, worauf er nicht näher einging, stattdessen nur ergänzte: „Ende dieses Sommers wird jeder davon überzeugt sein, daß es so war."

Ken Brown leistete seinen Beitrag dazu mit seinem Doug Bower-Wanderzirkus, John MacNish wird im November sein Filmchen präsentieren, Jürgen Krönigs „Und wieder Kornkreise" schafft das „richtige" Klima in Deutschland.

Aber kann die Fälscher-Hypothese das Rätsel um die Piktogramme lösen? Mitnichten! Denn sie erklärt eben NICHT jene Phänomene, die in den echten Kornkreisen beobachtet wurden:
- UFO-Erscheinungen vor ihrem Auftauchen
- genetische und molekulare Veränderungen
- radioaktive Anomalien
- Spuren kurzzeitiger Erhitzung von innen her, Risse in der Zellwand im Pflanzeninneren

- den „Fluß" der echten Kreise (bisher von noch keinem Fälscherteam kopiert), die „gebogenen, nicht gebrochenen" Halme, die ich selbst 1992 bei einem neuentdeckten Piktogramm (Oliver´s Castle) feststellen und in diesem Buch dokumentieren konnte (im Bildteil)
- elektromagnetische Geräusche, Störungen bei Aufnahmegeräten, das von diversen Forscherteams (und auch meinem Kameramann) immer wieder beobachtete Phänomen, daß sich Batterien und Akkus in den Kreisen extrem schnell entleeren
- die weißen Kugeln, die in oder im Umfeld echter Piktogramme beobachtet und gefilmt wurden.

Eine neue Entdeckung, die ebenfalls in diese Richtung weist: Getreideproben aus Piktogrammen, die Ende Juni nördlich von Brighton in West Sussex erschienen, wiesen an den Knoten winzige Risse von innen nach außen auf, die nur durch eine kurzfristige Erhitzung der Flüssigkeit im Pflanzeninneren, möglicherweise durch Mikrowellen, erklärt werden können, wie eine Analyse durch den bekannten amerikanischen Biophysiker Prof. W.C. Levengood aus Michigan ergab.

Womit wir wieder beim echten Phänomen wären. Denn auch wenn (mindestens) 30 % der von uns 1993 in Augenschein genommenen Kornkreise eindeutige und uninspirierte Schwindel sind - sie unterscheiden sich durch extreme Plumpheit und Primitivität von den inspirierten und den nicht-menschlichen Kreisen und stammen von Scherzbolden - so weist doch auch eine Reihe von 1993er Piktogrammen jene Anomalien auf, die Charakteristiken des „eigentlichen Phänomens" sind - auch wenn wir 1993 vorsichtig geworden sind. Die klarste Erklärung, die ich öffentlich abgab, betraf das Cherhill-Piktogramm, aufgetaucht in der Nacht vom 31.7. auf den 1.8. zu Füßen des „Weißen Pferdes" von Calne und 120 Meter lang, dem ich „einen hohen Grad von Wahrscheinlichkeit einer Authentizität" zubilligte; und auch das erst, weil mein Geigerzähler im größten Zirkel des Musters eine Radioaktivität von bis zu 00.38 Mikrosievert/h aufwies, wogegen sämtliche Werte im umliegenden Kornfeld zwischen 00.08 und 00.13 mSv/h lagen. Das aber bedeutete eine um rund 300 % über dem Normalwert liegende „radioaktive Anomalie". Zudem sprach ich mit zwei Mitgliedern der „Londoner UFO-Studiengruppe", die in der fraglichen Nacht vom 96 m hohen „Adams Grave"-Hügel aus eine Lichtkugel gefilmt haben, die für einige Sekunden in nordwestlicher Richtung vom Himmel heruntergestieg - eben in Richtung Cherhill. Auch ein Farmarbeiter in Cherhill will im selben Zeitraum - etwa 1.20 Uhr morgens - ein Leuchtobjekt über dem Feld schweben gesehen haben. Weitere radioaktive Anomalien konnten in einer anderen Formation gemessen werden, dem „Spermium" - es scheint tatsächlich das „Genetik-Programm" der Außerirdischen zu symbolisieren - das oberhalb der Avebury-Avenue erschien und immerhin im Kreiszentrum Werte von nur 60% des Durchschnittes, am Kreisrand dagegen von 180% über dem Durchschnittswert aufwies.

Und es gab wieder Beobachtungen, wie echte Kornkreise entstehen. So sahen diverse Zeugen - darunter Colette Dowell, eine Mitarbeiterin von Richard Hoagland, die in diesem Sommer die Geometrie der Kreise und Piktogramme untersuchte - wie sich vor ihren Augen wie durch eine unbekannte Kraft das Korn flachlegte, um das Langpiktogramm von East Kennett zu ergänzen.

Rund 25 Kreise und Piktogramme entdeckte ich während meiner drei Flüge über das Zirkelland, die - wegen des schlechten Wetters - erst am 10.8., 13.8. und 18.8. stattfanden. Und ich mußte feststellen, daß das Gebiet um Avebury mit 16 Piktogrammen wieder einmal „Zentrum des Kreisgeschehens" war. Hier lag auch das - neben Cherhill - schönste Piktogramm des Jahres, ein anmutiges Gegenstück zu East Meon-Formation von 1992, zu Fuße des „Windmill Hill", dem ältesten Heiligtum des Avebury-Komplexes, erstmals gegen 6000 v.Chr. besiedelt. Gleich vier Muster flankierten die „Avenue", die Stein-Prozessionsallee zum Steinkreis, vor dem die „Medusa" lag, ein Ende Juni erschienenes gewaltiges Sonnenrad.

Drei Zirkel - zwei davon gleich wieder vom Farmer abgemäht - fand ich gegenüber vom Silbury Hill, ein ganzes Zirkel-Feld mit vier Piktogrammen bei East Kennett: Das bereits erwähnte Langpiktogramm, ein beeindruckender Ring, der sich über eine Straßenkreuzung erstreckte, und eine - wahrscheinlich gefälschte - Gruppe dreier „geschwänzter" Kreise, die an das „666"-Symbol aus dem Film „Das Omen" erinnert. Eine interessante - und laut Colin Andrews authentische- Siebenerformation fotografierte ich bei Etchilhampton, eine Reihe dümmlicher Fälschungen bei Upton Scudamore nahe Warminster, zwei riesige Piktogramme - eines davon mit Sicherheit gefälscht - oberhalb der berüchtigten „Devils Punchbowl" bei Chilcomb an der A272 zwischen Winchester und Petersfield. Weitere drei Piktogramme fand ich an der Autobahn M4 London-Swindon, darunter ein klägliches Imitat des „Dharma-Rades" von 1992, aber auch ein recht beeindruckendes Großpiktogramm.

Es scheint also so, daß die echten „Zirkelmacher" nach wie vor in Wiltshire verkehren, auch wenn sie sich - kopfschüttelnd über soviel menschliches Unverständnis und brüskiert über die Hoaxer, die einem ursprünglich echten Phänomen die Aufmerksamkeit der Öffentlichkeit rauben und es der Lächerlichkeit preisgeben - ein wenig zurückgezogen haben und jetzt offenbar andere Gebiete bevorzugen; hochinteressante Piktogramme jedenfalls tauchten in Sussex, Kent und Nottinghamshire auf.

Und wieder war es das letzte Piktogramm des Jahres, das über alle Maßen die Gemüter erhitzte. Das „Wunder von Bythorn" erschien in der Nacht vom 3. auf den 4. September nahe des Dörfchens Bythorn westlich von Huntingdon in der Grafschaft Cambridgeshire. Es war ein riesiges Mandala, 57 Meter im Durchmesser, ein 10-blättriger Lotos, darin das Pentagon, das Pentagramm und ein Kreis, von drei Ringen umgeben. In der hinduistischen Symbolik steht der zehnblättrige Lotos für das Chakra (Energienzentrum) am Solarplexus, des Zentrums der Emotionen, der fünfzackige Stern für Shiva, den

Schöpfer und Zerstörer der Trimurti. So war das Bythorn-Piktogramm ein Symbol für das Rad des Dharma, für den Wechsel der Zeitalter, für Harmonie und eine Veränderung unseres Bewußtseins. Doch es war auch das am heftigsten umstrittene Kornmuster des Jahres (und heizte damit tatsächlich die Emotionen an), seit ein dubioser, selbsternannter „Kreismacher" das Piktogramm für sich beanspruchte. Peinlicherweise vertat er sich aber in seinem ersten „Bekennerschreiben" mit den Daten und behauptete, es in den Nächten des 5. und 6. September -in zwei Phasen- angelegt zu haben, obwohl der Farmer es schon komplett am Morgen des 4. Septembers vorfand. Weiter ist fraglich, ob er dabei unerkannt geblieben wäre, da in der fraglichen Zeit ein bewaffneter Wildhüter die Felder patrouillierte, um einem Wilddieb auf die Spur zu kommen. Hinzu kommt, daß das überreife und sehr brüchige Korn gebogen, nicht gebrochen war, was eigentlich eine Unmöglichkeit für den Fälscher gewesen wäre. Daß das Mandala zudem wunderbar harmonisch inmitten eines fünfseitigen Feldes lag, als sei es aus der Luft dort plaziert worden, zudem noch entsprechend einer Neigung des Ackers leicht verzerrt, überzeugte zumindest die Kornkreisenthusiasten. Zudem bezeugte der Schäfer, dessen Herde auf einer benachbarten Weide graste, daß seine Schafe am Morgen des 4. Septembers extrem nervös waren und er Schwierigkeiten hatte, sie wieder in Griff zu bekommen. Spätere Untersuchungen bestätigten die große geometrische Harmonie und Exaktheit des Piktogrammes und ließen den selbsternannten Fälscher immer mehr als Hochstapler erscheinen. Damit aber wurde der „Schlußpunkt" eines Kornkreissommers wieder einmal -wie schon 1991 mit dem „Mandelbrot"- außerhalb des „klassischen" Kornkreisgebietes gesetzt.

In Wiltshire dagegen, im Herzland der Kornkreise, in der Nachbarschaft der heiligen Stätten von Stonehenge und Avebury, wird offenbar die nächste Phase des Phänomens vorbereitet.

Ein ganzes Dutzend Videos unbekannter Flugobjekte entstand diesen Sommer in Wiltshire, das beste davon - aufgenommen am 30.7. von Foeke Kootje und Connie de Bruyn aus Holland bei Alton Priors - zeigt vier Lichter - das mittlere blinkt - und ähnelt auf frappierende Weise dem 1990 über Belgien gefilmten Dreiecks-UFO. „Es flog völlig geräuschlos", erzählte mir das Paar. Fünf grünleuchtende Kugeln schließlich konnte ein deutscher Zirkel-Fan über Alton Barnes filmen. Und auch Warminster, das „Mekka" der Ufologen der 70er Jahre, erlebt sein „revival". Seit Ende 1992 tauchen wieder regelmäßig geheimnisvolle Leuchtobjekte über dem mysteriösen Cley Hill - der in seiner Form einer sumerischen Stufenpyramide gleicht - auf. Grund genug für den lokalen UFO-Enthusiasten Ken Rogers, die Initiative zu ergreifen und das „Warminster Center for UFO Studies" zu gründen, und außerdem finden wieder regelmäßige „Nachtwachen" auf dem Cradle Hill, dem Hausberg von Warminster, statt. Auch Dr. Steven Greer mit seinem CSETI-Team war wieder für zehn Tage (bis zum 2.8.) im Gebiet um Alton Barnes aktiv, diesmal jedoch weniger erfolgreich als 1992. Trotzdem vermeldete auch seine Gruppe eine Reihe spektakulärer UFO-Beobachtungen und einmal, als die Kassette mit ihren Tonsignalen - Colin Andrews Aufnahme eines Sirrens, aufgenommen in einem Kornkreis - endete, setzte sich das Geräusch fort, ausgesandt von einer unsichtbaren Quelle. Das eigentliche Zentrum der UFO-Aktivitäten in diesem Jahr aber war die historische Hafenstadt Bristol, nur eine halbe Autostunde westlich des Zirkellandes gelegen.

Die Welle begann am 30. März 1993, als nach Angaben der „Eastern Daily Press" 40 Personen über Bristol ein „großes, katamaranförmiges Objekt" beobachteten. Den Zeugen zufolge war das UFO rund 170 Meter breit und 70 Meter lang, glitt lautlos am Himmel und sandte von Zeit zu Zeit Lichtstrahlen aus. Zu den Zeugen gehörte ein halbes Dutzend Polizisten, die das Objekt „aus großer Nähe" verfolgten.

Die UFOs kamen wieder in der Nacht vom 27. auf den 28. Juni 1993. Gegen 1.15 Uhr beobachteten Bewohner der Pewey-Road in Bristols Arbeitervorstadt Hartcliffe den Anflug eines zigarrenförmigen Flugobjektes am Osthimmel, das ganze 5 Stunden lang am Nachthimmel stand. „Alles begann mit einer Reihe von Lichtblitzen, die immer näher kamen", erklärte einer der Zeugen, Paul Hudson, „schließlich kam gegen 3.00 Uhr ein großes Objekt angeflogen, zigarrenförmig, mit einem großen, weißleuchtenden Licht in der Mitte und je einem kleinen Licht an beiden Enden. Ganze vier Stunden stand das UFO am Himmel, bevor es mit großer Geschwindigkeit davonflog." Hudson alarmierte erst die Nachbarschaft, dann die Polizei, schließlich die Presse. Rund 20 Zeugen, darunter zwei Streifenpolizisten und drei Journalisten, beobachteten das geheimnisvolle UFO, während Hudson Schwager Andrew MacDonald das Ereignis filmte.

Zwei Tage später kehrten die UFOs zurück, diesmal bereits um 12.30 Uhr. „Ich sah fünf Lichter über Hartcliffe", berichtete „Evening Post"-Reporter Robin Edwards am nächsten Tag, „zwei davon flackerten rot und grün und schienen über den Dächern zu schweben. Drei weitere waren größer und schossen mit unglaublicher Geschwindigkeit quer über den Himmel. Dann stoppten sie - und schienen zu schweben. Sie alle erschienen aus dem Nichts und verschwanden ebenso mysteriös." Ein anderer Journalist, Michael Bimpson von der „Western Daily Press", beschrieb seine Sichtung so: „Durch mein Fernrohr erkannte ich ein längliches Objekt, blau und orange in der Farbe, von schimmernder Erscheinung. Es war eindeutig kein Stern. Gegen 1.55 sah ich - mit bloßem Auge - ein weißes Objekt, das über den Himmel schoß - zu schnell, als daß ich es mit dem Fernrohr erfassen konnte."

In beiden Zeitungen bat der lokale UFO-Forscher Lee Winterson weitere Zeugen um Kontaktaufnahme - und erhielt 160 Anrufe. Aufgeregte Bristoler berichteten ihm dann im Juli immer häufiger von Sichtungen, dunkler, zigarrenförmiger UFOs mit orangen Lichtern an beiden Enden - und schließlich war Lee selber in der Lage, ein solches Objekt zu beobachten. Und auch die Bristoler Polizei ging den UFO-Berichten nach. Polizeisprecher Ian Gibson: „Der Tower des Flughafens Bristol hat in der fraglichen Nacht nichts Ungewöhnliches auf Radar orten können. Es scheint also keine irdische Erklärung dafür zu geben, was die Menschen aus der Südstadt von Bristol beobachtet haben." Als ich Gibson anrief, bestätigte er mir die Richtigkeit dieses Zitates. Auch das britische Verteidigungsministerium interessierte sich für den Vorfall und bat in einem offiziellen Schreiben eine in der Presse zitierte Zeugin um ihren Bericht und eine Kopie des Videos. Wörtlich erklärt darin N.G.Pope vom MoD „Secretariat (Air Staff) 2a, Room 8245": „Details Ihres Berichtes über ein seltsames Objekt, das Sie und andere Bewohner Ihres Hauses in den letzten zwei Nächten beobachteten, wurden an dieses Büro weitergeleitet, das Berichte von UFO-Sichtungen koordiniert... Interessanterweise erfuhr ich, daß Sie eine Videoaufnahme von diesem Objekt anfertigen konnten. Wenn Sie uns dieses zusenden möchten, werden wir es einer Betrachtung unterziehen und Sie wissen lassen, was wir denken. Ich hoffe, das ist hilfreich." (Eine Kopie des Briefes liegt mir vor. Außerdem bestätigte mir N.Pope telefonisch sein Interesse an den Vorfällen in Bristol.)

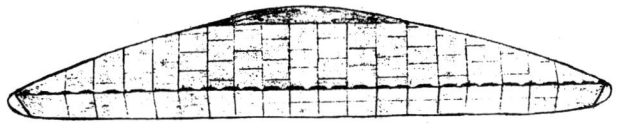

So zeichneten Augenzeugen die UFOs von Bristol (Zeichnung: Lee Winterson)

Tatsächlich tauchten Ende Juni Kornkreise im Gebiet von Dundrey südlich von Bristol und bei Bath östlich von Bristol auf - eben in jenen Richtungen, in denen die UFOs gesehen wurden. Zufall? Eine ähnliche Wechselbeziehung zwischen UFO-Beobachtungen und neuen Kornkreisen wurde im Juli/August 1993 in West Sussex, im Gebiet um Brighton, und in Kent beobachtet, die sich immer mehr zu den „neuen Zentren" des Phänomens mausern, seitdem die Hoaxer von Wessex den Kreisen ihre Unschuld geraubt haben. Auch ein Zufall? „In unserer Datenbank haben wir über 200 Berichte von UFO-Beobachtungen in unmittelbarer Verbindung zu Kornkreisen", erklärte mir Zirkel-Experte Colin Andrews in einem Interview. „70 davon beschreiben die Entstehung eines Kornkreises durch eine leuchtende Kugel, einen Lichtstrahl, einen Zylinder, einen Nebel oder eine Kraft." Was ihn aber am meisten von der „UFO-Connection" überzeugte, war die Reaktion eines Ältesten und Prophezeiungs-Hüters der Hopi-Indianer, als er ihm Fotos einer 1992er-Formation von einem Halbmond in einem Ring zeigte. „Dieses Zeichen kündigt die Rückkehr der Sternenmenschen an", stammelte tief berührt der alte Indianer. „Wir kennen dieses Symbol seit Jahrtausenden, es ist Teil unserer Prophezeiung. Sie sind also zurückgekehrt..."

Und seitdem die Zahl der Kornkreismuster nicht mehr, wie bis 1992, in einer „exponentiellen Kurve" (Andrews) wächst, stattdessen aber die UFO-Beobachtungen zunehmen, ist Andrews - und nicht nur er - überzeugt, daß das Phänomen jetzt in seine „zweite Phase" eintritt: Und die steht für eine unmittelbare Begegnung mit den Kreismachern, hinter denen sich - zumindest ursprünglich - eine überlegene, nichtirdische Intelligenz verbirgt...

17. Kapitel

1994: Die Rückkehr der Kreise

„Kormkreise Out, oder ET hat keinen Bock mehr", kommentierte UFO-Skeptiker Hansjürgen Köhler vom CENAP (Zentrales Erforschungsnetz Außergewöhnlicher Himmelsphänomene) auf gewohnt primitive Weise den Zirkelsommer 1993 in seinem Newsletter „cenap infoline". Wir zitieren weiter unter Übernahme der Original-Orthographie: „Noch nie war es so ruhig wie in diesem Sommer um die Kornkreise, die Macher scheinen keine Ideen mehr zu haben, oder schlichtweg die Kornkreise sind Mega-Out. So wie sie uns jahrelang Glaubens machen wollten das höhere Kräfte hinter den Kornkreisen stecke, genauso rätselhaft bleiben sie nun aus!" Tatsächlich konnte nur jemand, der wie Köhler seine „Forschungen" vom Schreibtisch aus betreibt, zu dieser Schlußfolgerung kommen. Wer sich dagegen die Mühe machte, nach England zu fahren, um sich vor Ort einen Eindruck vom Kreisgeschehen zu verschaffen, mußte sich gleich über zwei Phänomene wundern: Erstens: die Kornkreise von 1994 waren größer , eindrucksvoller und zahlreicher als in den letzten beiden Jahren und knüpften eigentlich direkt an den Zirkel-"Supersommer" von 1991 an, dessen „exponentielle Kurve" (Colin Andrews) sie offenbar fortsetzten. Zweitens: Das alles wurden aus unerklärlichen Gründen von der Presse - gleich, ob lokal, überregional oder international - totgeschwiegen. Die Folge: Sämtliche Top-Forscher von Wingfield bis Andrews, die bis Mitte Juli noch auf Vortragsreisen durch die USA tourten, waren unvorbereitet - und überwältigt. Andere tauchten gar nicht erst im Zirkelland auf

und „hatten offenbar ihren Enthusiasmus verloren", wie es John Michell, Begründer der fachzeitschrift „The Cerealogist", mir gegenüber formulierte. Kaum jemand dachte noch an regelmäßige Überflüge, ob nun aus finanziellen Gründen (wie Busty Taylor) oder simplen Desinteresse (wie viele andere), und da ich so ungefähr der einzige war, der zumindest wöchentlich mit einer guten Kamera aufstieg, um drei Stunden lang das Zirkelland abzufliegen, riß man sich auf der einzigen (von einstmals dreien) Kornkreis-Konferenz in Glastonbury Anfang August förmlich um meine Fotos. Der Vorteil: Die Kreise blieben oft tagelang unentdeckt, weniger besucht und konnten deshalb ungestört untersucht und fast „jungfräulich" fotografiert werden. Und auch sonst wurde jeder, der durchgehalten hatte und den Zirkeln treu geblieben war, belohnt. „Die Kornkreise von 1994 sind größer, schöner und beeindruckender als je zuvor", bestätigte mir John Michell. „Es ist so. als ob sie uns beweisen wollten, daß sie unbeschadet den Wirbel der letzten Jahre überstanden haben."

Wiltshire, Südengland, im Jahre 3 nach Doug und Dave. „Und sie zirkeln doch" scheint das Motto der Stunde, und den organisierten Kornkreis-Fälscherbanden um Adrian Dexter und den sinistren Robert Irving fällt es sichtlich schwer, sich dem täglich erhöhten Standard des „echten Phänomens" auch nur anzunähern. Von den einst vielleicht 20 verschiedenen Zirkel-Ursprungstheorien von sich paarenden Igeln bis zu intelligenten Plasma-Wirbeln, den Kräften von Mutter Erde oder SDI-Experimenten des Militärs bis zu kreativen Erdgeistern, sind eigentlich nur noch zwei Alternativen übriggeblieben: Aliens or Hoaxers, Außerirdische mit UFOs oder menschliche Scherzbolde. Und bei jedem einzelnen Kornkreis galt es, sich für eine der beiden Alternativen zu entscheiden. Denn die Hoaxer haben gut trainiert, konnten zu dritt vor laufenden Kameras bei hellem Tageslicht in immerhin 4 Stunden eine 40 Meter breite Rosette in ein Kornfeld zeichnen. Aber was ist mit dem fast 200 Meter langen Skorpion, der bei Devizes direkt an einer Bundesstraße auf dem Feld eines ziemlich unfreundlichen Bauern entstand, der fortan Besucher mit Hunden und dem Schrotgewehr davonjagte? Oder mit dem Riesenpiktogramm nordöstlich von Swindon, über 600 Meter lang, mit einem fast 200 Meter breiten Ring? „Wir müssen zugeben, daß die Hoaxer zum Bestandteil des Phänomens geworden sind", erklärte Colin Andrews auf der Glastonbury-Konferenz, „und ich habe Insider-Informationen von einem jungen Mann, der sich in eine Hoaxer-Gruppe einschlich, daß sie große Mengen Geldes für ihre Tätigkeit bekommen..." Tatsache ist: Sie kontaminierten das reale Phänomen, entmutigten die Forscher, zerstörten die Ergebnisse wissenschaftlicher Untersuchungen - vergleichbar mit einer archäologischen Grabung, bei der „Scherzbolde" jede Nacht erneut moderne Keramiken vergraben. Doch genauso wie der professionelle Archäologe in der Lage ist, ein Original von einer Kopie zu unterscheiden, die jeder Laie für echt halten würde, gibt es auch unfälschbare Charakteristiken, die wir auch 1994 in Kornkreisen und Piktogrammen entdeckten: Radioaktive Anomalien, so beim „Avenue-Labyrinth", dem „Unendlichkeitssymbol" und dem Wilsford-"Skorpion": Entweder war die Strahlung am Zirkelrand extrem niedrig - bis zu 50 % unter dem Durchschnittswert - und im Zentrum deutlich erhöht - bis zu 150 % über Normal - oder es war umgekehrt, erhöht am Rand, niedrig im Zentrum; Brandspuren - so im Wilsford-"Skorpion" - Spuren einer Erhitzung: Deformierung der Samen, Erweiterung der Zellknoten, Schwellung und Verbiegung der Halme.

Trotzdem ist nicht abzustreiten, daß Fälscherbanden auch 1994 für vielleicht 30 % der gesichteten Kornkreise verantwortlich sind. Auftrieb erhielt die Fälscherhypothese zudem durch das Buch „Cropcircle Apocalypsis" des BBC-Mitarbeiters John MacNish, der noch 1992 den ausgezeichneten Videofilm „Cropcircle-Communique" herausgab, als es noch en vogue war, Doug & Dave für Agenten einer Desinformationskampagne zu halten. Jetzt erwies sich MacNish mit seinem neuen Buch und dem Begleitvideo „Cropcircles: Case Closed" als professioneller Trend-Aufspringer, der so ungefähr alles ignorierte, was er selbst noch vor zwei Jahren in seinem Film dokumentierte, nur weil er sich zwischenzeitlich davon überzeugte, daß Doug & Dave tatsächlich in der Lage sind, einen Kreis ins Korn zu trampeln. Dann traf er den dubiosen Jim Schnabel, der sich selbst in einem Telefonat mit dem Forscher Armen Victorian alias „Dr. Ntumba" als Ausführender von „Maßnahmen... daß die Leute (dieses Phänomen) nicht mehr beachten" zu erkennen gab. Er begleitete Schnabel nicht nur bei seinen Schwindeleien, er startete mit ihm gemeinsam auch Heißluftballons in rotoranger und grüner Farbe (mit Leuchtstoffröhren), um jene irrezuführen, die nach UFOs Ausschau hielten, gewiß nicht ohne Erfolg. Die UFO-Welle 1993 über Bristol allerdings wird ebensowenig dadurch erklärt wie das im selben Jahr gefilmte Dreiecks-UFO über Alton Barnes oder die leuchtenden Kugeln, die zwei deutsche Studenten und der Brite Steven Alexander bei hellem Tageslicht in Wiltshire aufnahmen. Tatsächlich ist selbst Schnabel - so in einem Interview in MacNishs Video - davon überzeugt, daß es „ein reales Phänomen" gibt, „allerding sehr viel seltener als angenommen". Und Doug und Dave mußten eingestehen: „Wir wissen nicht, was uns immer dazu trieb, herauszugehen und neue Kornkreise anzulegen". Könnte es sein, daß ihre Aktionen erst das reale Phänomen „anlockten", eine Kommunikation einleiteten? Sind einige „Hoaxer" vielleicht so etwas wie „Schreibmedien" oder „Channels" einer höheren Intelligenz? Die interessante Symbolik auch wahrscheinlich gefälschter Kreise macht diese Annahme zumindest plausibel. Doch wird nicht die Rolle der Hoaxer bewußt überbetont? Doug & Dave gingen 1992 endgültig in den Ruhestand, Schnabel verbrachte den Sommer 1994 in den USA, Irving ließ sich immer seltener im Zirkelland blicken, und ob Dexter tatsächlich allein für die über 200 Formationen dieses Sommers verantwortlich ist, bleibt einmal dahingestellt. „Es ist doch viel einfacher, zu behaupten, man hätte das eine oder andere Piktogramm gefälscht, als es tatsächlich bei Wind und Wetter anzulegen", meinte dann auch der kanadische Cereologe Chat Deetken auf der Glastonbury-Konferenz. „60% der Piktogramme entstanden in Regennächten, und trotzdem fand man keine Fußabdrücke. Trotz Dutzender Nachtwachen im Zirkelgebiet konnte noch nie ein Hoaxer 'in flagranti' aufgespürt werden." Zudem sei der Begriff der „Scherzbolde" verharmlosend. „Hoaxer sind Vandalen, machen sich des Landfriedensbruchs und der Sachbeschädigung schuldig, zerstören Stunden und Tage harter Arbeit des Farmers und führen Hunderte, ja Ttausende in die Irre. Die britische Toleranz in Ehren, aber man sollte nicht dulden, daß sie stolz und zynisch grinsend in die Pubs gehen, in denen sich die Kornkreisforscher treffen, von allen gehaßt und diese Aufmerksamkeit noch genießend. Es sind Soziopathen, Kriminelle, Betrüger und Zyniker. Und wir sollten uns gegen sie wehren!" Er bekam tosenden Applaus.

„Überall gibt es Spione, die für vielerlei Institutionen arbeiten, und es gibt selbsternannte Spione, die sich unter Verrückte und Störenfriede mischen", schrieb John Michell im Cerealogist. „All diese Typen zog das Kornkreisphänomen an wie das Licht die Motten, und ihre Verwicklung in das Thema hat viele unschuldige und ehrliche Forscher verwirrt und abgeschreckt. Das ist ein vertrautes Muster, das wir in der gesamten Geschichte der PSI-Forschung finden. Was bleibt ist ein andauerndes Phänomen, heute ebenso mysteriös wie in seinen Anfängen. Nichts hat sich seitdem geändert außer uns selbst, und wir verändern uns und reagieren ständig." Widmen wir uns also den Fakten.

Der schöne, lange und selbst in England recht trockene Sommer ließ die Kornkreise schon sehr früh auftauchen. Schon Anfang März sollen zwei Ringe auf den Wintergerste-Feldern an der Steinallee von Avebury und gegenüber dem Silbury Hill aufgetaucht sein. Doch das eigentliche Phänomen setzte in der Nacht vom 23. auf den 24. April ein, als ein „keltisches Kreuz" auf einem Rapsfeld neben dem „Sanctuary" auftauchte. In der übernächsten Nacht wurde das Muster ergänzt durch einen „Halbmond" und, wieder in der übernächsten Nacht, einen Kreis mit Gang, alle auf demselben Feld. Einen Monat und 11 Piktogramme später die erste Sensation: Am 22. Mai wurde der erste „Skorpion" auf dem Gerstenfeld gegenüber dem Silbury Hill entdeckt, ein „keltisches Kreuz" mit einem Halbmond auf der einen und acht Kreisen plus einem kleinen Halbmond auf der anderen Seite. Kurz bevor er dieses Piktogramm am Telefon beschrieben bekam, hatte Colin Andrews in seinem neuen Heim in Connecticut einen Azteken-Schamanen aus Mexiko zu Besuch, der ihm seine Vision schilderte: Er hätte einen Traum gehabt von dem „Ort, an dem der letzte Zeremonialtanz stattfand" und hätte ein Symbol gesehen, das er ihm aufzeichnete: Ein keltisches Kreuz, einen Halbmond auf der einen, acht Kreise auf der anderen Seite. Dann fand Andrews heraus, daß ein ähnliches Symbol, das auf steinzeitlichen Felsdarstellungen gefunden wurde, den Mondzyklus darstellte. Tatsächlich tauchte der „Skorpion" drei Nächte nach dem letzten Halbmond und zehn Nächte nach dem Mai-Vollmond auf. Dem Bauern zufolge bellte sein Hund von 4.00 bis 6.00 früh. Am 28.5. beobachtete ein Besucher kleine, weiße Lichter, die die Längsachse des Piktogrammes entlangglitten. 66 Piktogramme waren es bis zum 1. Juli, als das Phänomen seinen nächsten „Quantensprung" vornahm. Ausgerechnet an der Steinallee von Avebury, exakt wo Anfang März schon ein Ring aufgetaucht war, erschien jetzt ein Muster von der Gestalt einer Galaxie, ein Spiralnebel, in seinem Inneren stehende Korngruppen wie Sterne, Planeten und ein Mond. Nach einem Gespräch mit Adrian

Dexter - der ganz sicher dieses Piktogramm NICHT gefälscht hat - fuhr der Bauer mit dem Mähdrescher in das Piktogramm und zerstörte das Kreisinnere. Das Schandmal des Anti-Zirkel-Vandalismus glänzte fortan bis Mitte August in der Sommersonne und lenkte jede Aufmerksamkeit auf sich. Schon eine Woche und zwölf Piktogramme später das nächste Mysterium, eine 50 Meter lange Biene auf dem Feld von Barbury Castle, auf dem 1991 das berühmte Tetraeder-Muster erschienen war. In der selben Nacht wurde ein dreieckiges UFO beobachtet. In der Nacht vom 9. auf den 10. Juli gleich acht Formationen, darunter ein riesiges Auge auf dem „East Field" bei Alton Barnes, auf dem schon 1990 das spektakuläre Langpiktogramm erschien. Fünf Tage und 14 Piktogramme später, am 15. Juli, die „Nacht der Skorpione": Drei riesige Piktogramme tauchten bei Wilsford (160 m lang, ein Ring, 12 Kreise, ein kleiner Halbmond), Devizes (200 m lang, Halbmond, zwei Kreise, Kreis mit Ring, Halbmond, 11 Kreise, Halbmond, drei kleine Kreise) und Cholsey/Oxfordshire (160 m lang, Ring, Halbmond, acht Kreise) auf. Mammutwerk eines Fälscherteams, das allein zwei Stunden bräuchte, um von einem Standort zum anderen zu gelangen? Oder doch „das echte Phänomen"? Eine weitere Woche (und neun Piktogramme) später die nächste „Galaxie", quasi eine Wiederholung des „geschändeten" Symbols von der Avebury-Steinallee, ausgerechnet am Fuße des „Golden Ball-Hills", wo häufig UFOs beobachtet wurden. In der nächsten Nacht - vom 23. auf den 24. Juli - sechs Piktogramme überall in Wiltshire - und, nach der Sichtung von „leuchtenden Kugeln" durch einen Besucher aus Amerika an der Steinallee von Avebury, eben dort ein riesiges Labyrinth, 140 Meter lang und 30 Meter breit, u.a. mit einem Sonnensymbol und anderen Zeichen der Hopi-Indianer. Am 27. Juli, einer Nacht, in der fünf Piktogramme erschienen, tauchte am Fuß von „Olivers Castle" bei Devizes, dort, wo sich 1992 ein Dreiecksmuster als Antwort auf Steven Greers CE-5-Initiative formte, ein 50 Meter breiter „dreifacher Halbmond" auf - für John Michell „Symbol für die Restauration des Königtums", für Julia Zimmermann aus Deutschland ein „Zeichen für die große Signifikanz des Islam in unserer Zeit". Einen Tag später entstand ein „Unendlichkeitssymbol" - eine liegende 8 - in einem Kreis bei West Overton an der A 4 zwischen Marlborough und dem Silbury Hill. Am 1. August entdeckten wir vom Flieger aus eine Aufreihung von sieben Zirkeln und drei Satelliten - unberührt inmitten der „Tramlines" - und einen achten Kreis inmitten eines dreifachen Halbmonds südwestlich von Barbury Castle. Am 5.8. tauchte eine 80 Meter breite Rosette bei Froxfield auf, gefolgt, am 8.8., von einem von einem Ring umgebenen Kreis mit sieben Ringen stehenden Korns in seinem Inneren. Da zu diesem Zeitpunkt aufgrund des warmen Sommers das Korn längst überreif war und bereits 70% der Felder abgeerntet waren, verließ ich am 11.8. England, um mich an die Auswertung meiner Recherchen zu machen.

Auch im Sommer 1994 kam es wieder zu spektakulären UFO-Vorfällen im Kornkreisland Wiltshire rund um die prähistorische Anlage von Avebury und den mysteriösen Silbury Hill, die prähistorische Stufenpyramide. So setzte das amerikanische „Center for the Study of Extraterrestrial Intelligence" - CSETI - auch 1994 sein „CE-5"-Projekt im Kornkreisland fort, wenngleich diesmal ohne Dr. Steven Greer, dafür unter offener Beteiligung von Interessierten, darunter auch unserer 2000-Kornkreis-Reisegruppe. Tatsächlich wurden bei zwei nächtlichen UFO-Wachen auf dem Woodborough Hill bei Alton Barnes und auf dem Langgrab von West Kennet gegenüber des Silbury Hill seltsame rote Lichter beobachtet, die ca. 5-10 Grad über dem Horizont hin- und herschwebten, mal stärker, mal schwächer leuchteten und auf Blinksignale zu reagieren schienen - also keine Heißluftballons waren. Nach mehreren Gruppenmeditationen rund um und auf dem Silbury Hill - aber auch im Steinkreis von Avebury und auf dem Windmill Hill - am 27. Juli blieben noch drei junge Engländer auf dem Hügel, zusammen mit Mitgliedern einer keltischen Kultgruppe. Als gegen 1.30 ein Nebel aufkam, verließen alle UFO-Sichter ihre Lager, nur die drei blieben. Gegen 2.00 lag der Nebel rund um den Silbury Hill, als sich die Kelten-Mystiker auf dem Hügel schlafen legten. Plötzlich beobachteten die drei jungen Engländer, wie ein großes, farbig leuchtendes, dreieckiges Objekt am Himmel erschien. Es schwebte über dem Hügel, und fasziniert aber wie gelähmt erkannten sie, wie in Strahlen drei kleine Wesen aus dem UFO glitten, auf eine Weide neben dem Silbury Hill, auf der der Nebel sich lichtete. Deutlich sahen sie, wie die Besucher mit leuchtenden Stäben Gittermuster auf der Erde anlegten. Als sich kurz darauf auf der benachbarten Straße, der A 4, ein Wagen näherte, duckten sich die Wesen, versteckten sich hinter einer Hecke. Der Wagen, dessen Fahrer offenbar nichts bemerkt hatte, fuhr weiter. Minuten später glitten die ETs in ihrem Strahl wieder in das Raumschiff zurück. Als das UFO davonschoß, löste sich auch das dichte Nebelfeld um den Hügel langsam auf. Kontakt? Tatsache ist, daß diese Erlebnis das Leben der Drei veränderte, sie erschütterte.

Ähnlich erging es zwei jungen Deutschen, die in der Nacht vom 3. auf den 4. August auf UFO-Wache in das „Galaxie"-Piktogramm zu Fuße des Golden Ball Hill gegangen waren. Dreimal zeigte sich dicht über ihnen am Himmel ein bläuliches Lichtobjekt, das schließlich auch von einem später eintreffenden Pärchen, Sebastian und Alke F., beobachtet wurde, die ihre Freunde zitternd und mit den Nerven fertig vorfanden.

Einen der spektakulärsten Vorfälle aber schilderte mir Colin Andrews. Er hatte mit einigen Freunden am 27. Juli eine Beobachtungsstation in einem Caravan auf dem „Adam's Grave"-Hügel eingerichtet, hoch über den Feldern von Alton Barnes, auf denen schon fünf Kreismuster aufgetaucht waren. Es war gegen 17.00 Uhr, als sie auf das Knattern zweier Hubschrauber aufmerksam wurden - zwei Armeehelikopter, die direkt auf den Hügel zuzufliegen schienen. Doch erst als sie im Tiefflug die Station ansteuerten, wurde Andrews Gruppe die Situation unheimlich. „Einer von uns griff zur Videokamera. Er filmte, wie einer der Hubschrauber im Tiefflug über uns hinwegknatterte und fast mit dem Tumulus von Adam's Grave kollidierte. Offensichtlich wollte man uns vertreiben. Der zweite Hubschrauber, vollgepackt mit Meßinstrumenten, schwebte einige Meter vor uns, und wir sahen, wie einer der Insassen uns filmte. Erst Minuten später drehten sie ab, flogen jetzt im Tiefflug über die Piktogramme, wo ein Kornkreisforscher gerade mit einer Stabkamera Aufnahmen anfertigte und sich jetzt auch ducken mußte. Dann schoß der zweite Hubschrauber auf das Nachbarfeld zu, schien etwas zu verfolgen, das wir dann auch erkannten und filmten: Eine leuchtende Kugel, vielleicht 30-40 cm im Durchmesser, die durch das Kornfeld glitt. Der Helikopter ging in Kippstellung, schien das Objekt jetzt zu filmen, und erst, als es davonschoß, machten sich auch die Armeehubschrauber auf den Rückweg, und wir konnten aufatmen."

Besteht also doch eine Verbindung der Kornkreise zum UFO-Phänomen? Sind sie „ihre" Methode - oder eine ihrer Methoden - mit uns zu kommunizieren oder uns auf ihre Rückkehr vorzubereiten, „Botschaften aus dem Kosmos" ebenso wie das Menetekel, das einst mit feuriger Hand an die Palastwand des babylonischen Königs Belsazar geschrieben wurde? Gehören sie zu den in der Bibel vorhergesagten „Zeichen am Himmel und auf der Erde", die die Rückkehr der Götter und den Beginn des Neuen Zeitalters ankündigen? In der Sommerausgabe 1994 des Magazins „Cerealogist" berichteten die beiden Berliner Mediziner Joachim Koch und Hans-Jürgen Kyborg von ihren Versuchen einer Kommunikation mit den „Zirkelmachern" im Sommer 1991. Tatsächlich interpretieren die beiden Deutschen die wichtigsten Piktogramme als codierte Sternkarten einer außerirdischen Zivilisation und „Zeichen einer starken Verbindung dieser planetarischen Zivilisation mit uns. Ja, Kontakt fand statt."

Was auch immer von ihrer Interpretation zu halten ist, ihrer Schlußfolgerung können wir uneingeschränkt zustimmen: „Wenn wir über eine Kommunikation mit dem Phänomen sprechen, so glauben wir nicht, daß das Phänomen der Kreise bedarf, um mit uns Menschen zu kommunizieren. 'Sie' könnten sich gewiß auch anderer Werkzeuge bedienen als dieser Kreise in Kornfeldern, wenn es ihre einzige Absicht wäre, mit uns zu sprechen.

Die Kreise sind hier, um uns auf eine sanfte Weise zu einer Neuorientierung unserer Beziehung zur Natur und Umwelt dieses Planeten und des Universums zu verhelfen und unsere Augen zu öffnen, so daß wir erkennen, wer wir sind und wo wir uns befinden. Sie sind eine Herausforderung für unseren Geist, sie erinnern uns, daß es eine andere, größere Wirklichkeit gibt als jene, in der wir gewohnt sind zu leben. Wenn wir das akzeptieren, helfen wir dem Phänomen, uns zu erreichen. Auf diese Weise können wir alle Dinge wieder ins Gleichgewicht bringen und dazu beitragen, der Erde zu einer besseren Zukunft zu verhelfen."

18. Kapitel

1995: Die Kornkreis-Apokalypse

Das griechische Wort „Apokalypsis" heißt, wörtlich, „geheime Offenbarung". Es steht aber in erster Linie für eine ganz bestimmte „geheime Offenbarung", die des Hl. Johannes von Patmos, der am Ende des 1. Jahrhunderts Visionen vom Ende der Welt und der Erschaffung „eines neuen Himmels und einer neuen Erde" hatte. Dieses Endzeitgeschehen, so lesen wir in den Evangelien, soll durch „Zeichen am Himmel und auf der Erde" angekundigt werden. Gehören die mysteriösen Piktogramme, die seit Jahrzehnten regelmäßig, Sommer für Sommer, in englischen Kornfeldern erscheinen, zu diesen Zeichen?

Der Eindruck konnte in der Tat entstehen. Denn von den ersten Piktogrammen an, die Ende Mai/Anfang Juni erschienen, beherrschte ein Thema das Kornkreisjahr 1995: Riesige Darstellungen von Sonnensystemen mit einem extrem hervorgehobenen Asteroidengürtel. Das begann in der Nacht vom 28. auf den 29. Mai 1995 mit einem konzentrischen Muster, das zwischen Beckhampton und Cherhill in junger Gerste auftauchte: Eine zwölffache Spirale, 64 Meter im Durchmesser, die äußeren drei Kreise in eine breite Fläche integriert - ein Sonnensytem, deuteten es einige Forscher, dessen äußere Zone bewußt hervorgehoben wurde. Standen die neun Kreisbahnen für die Umlaufbahnen der neun bekannten und dreier unentdeckter Planeten? In der ersten Juniwoche folgte ein sehr viel eindeutigeres Sonnensystem, ca. 80 Meter im Durchmesser, mit neun Planeten -wenngleich nicht

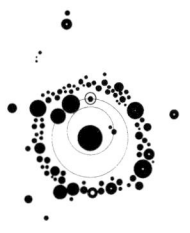

im richtigen Orbit-, dem Mond und einem von einem unregelmäßigen Ring oder Halo umgebenen Eindringling, nahe dem Bratton Castle, einer eisenzeitlichen Hügelfestung bei Warminster, an deren Hang sich das berühmte „Weiße Pferd" von Westbury befindet. Da die äußeren Planeten (Saturn als Ring, Neptun und Uranus sowie der kleine Pluto) in den äußeren Ringen und die inneren Planeten in den inneren Ringen des Piktogrammes dargestellt wurden, konnte dieser hervorgehobene Himmelskörper nur auf „etwas" zwischen Jupiter und Saturn hindeuten. Eine dritte astronomische Darstellung, am 12. Juni auf dem Telegraph Hill bei Winchester entdeckt, zeigte gleich viermal Jupiter mit seinen vier charakteristischen Haupt-Monden. Jenseits der Jupiterbahn eine breite, flachgelegte Fläche. Der Gesamtdurchmesser: ca. 80 Meter. Wieder eine Woche später stießen Forscher zwischen New Alresford und Bishop-Sutton in einem Weizenfeld auf das komplexeste Piktogramm des Jahres, 97 Kreise und drei Ringe, eine Formation von 140 Metern Durchmesser - ein schematisches Sonnensystem mit einem extrem verstärkten Asteroidengürtel.

 Hinweis auf eine Bedrohung durch einen Asteroiden? Ende Juni, bei Longwood Warren oberhalb der „Punchbowl" östlich von Winchester, das schönste - wenngleich mit 88 Metern Durchmesser nicht größte- der Sonnensyteme, vier Planetenbahnen, drei Planeten und ein Asteroidengürtel aus 65 Kreisen. Das Auffallende aber ist das Fehlen des dritten Planeten, dessen Umlaufbahn leer blieb, ohne einen der Kreise, die sonst Planeten zu repräsentieren schienen - ein Hinweis auf eine drohende Zerstörung dieses dritten Planeten - der Erde?- durch einen Asteroiden?

All das schien einen Sinn zu ergeben, als der „Sunday Telegraph", eine angesehene britische Zeitung, am 30. Juli die Entdeckung eines Riesen-Kometen von 1600 Kilometern Durchmesser (mittlerweile weiß man, daß der Kometenkern einen Durchmesser von „nur" 160 km hat) vermeldete, der sich zu diesem Zeitpunkt zwischen Jupiter und Saturn (!) befand und sich der Erde näherte, die er aller Voraussicht nach im März 1997 erreichen wird. Und eben all das war durch die Piktogramme angezeigt: „Etwas" zwischen Jupiter und Saturn, sogar die Zahl 3/97 (New Alresford!), die Bedrohung der Erde. Nur: Die Kornkreis- Apokalypse wurde vier Wochen VOR der Entdeckung des Kometen durch Alan Hale und Thomas Bobb am 22./23. Juli 1995 und der ersten Vermeldung dieser astronomischen Sensation durch die Presse eine Woche später offenbart: Der „warnende Zeigefinger Gottes" (oder „der Götter"?) im Kornfeld statt an der Wand des Palastes von König Belsazar? Oder waren Doug & Dave, die „jolly hoaxers" oder ihre ebenso zynischen Nachahmer plötzlich zu Trägern einer „prophetischen Vision" geworden?

Obwohl ich, zugegeben, der erste war, der diesen Zusammenhang öffentlich herstellte (auf meinem Vortrag auf der diesjährigen Kornkreis-Konferenz in Glastonbury),

bestimmten Endzeitängste spätestens seit der „Sunday Telegraph"-Veröffentlichung die Stimmung im Zirkelland in diesem Sommer, vielleicht zusätzlich angeheizt durch den für Südengland ungewöhnlich langen, heißen und trockenen Sommer, der die Unkenrufe über eine Klimaveränderung und den Treibhauseffekt nur überdeutlich zu bestätigen schien. Die ersten, die mir, nur wenige Tage nach der Pressemeldung, von der Entdeckung des Kometen erzählten, waren der Berliner Arzt Joachim Koch und sein Forscherkollege Jürgen Kyborg, die auch in diesem Jahr wieder -mit Genehmigung eines Bauern- durch ein von ihnen angefertigtes Piktogramm versuchten, mit den wahren „Zirkelmachern" in Kontakt zu treten. Beide hatten sofort einen befreundeten Astronomen in London kontaktiert, der ihnen fortan mehr oder weniger regelmäßig den Stand der Ermittlungen in der Fachwelt anvertraute.

Vielleicht aber war es auch der sonst eher magere Kornkreissommer 1995, der diesen einen Aspekt des Phänomens so sehr in den Mittelpunkt stellte. Denn die Zirkelmacher schienen zu resignieren, frustriert durch die Kontamination des echten Phänomens durch ganze Banden von Fälschern, zynischen Jugendlichen, die nichts Besseres zu tun hatten, als die Nächte über „Botschaften von Außerirdischen" nachzuahmen. Die Resignation der echten Zirkelmacher ging so weit, daß sie das eigentliche Stammland der Kornkreise, das Gebiet um den Silbury Hill und das südlich davon gelegene Tal von Alton Barnes, bis auf zwei simple Kreise -back to basics!- diesmal von den ersten Junitagen an geradezu sträflich vernachlässigten. Stattdessen tauchte ein Dutzend echter Piktogramme -und das war's dann auch- rund um Andover und Winchester auf, bisher eher ein „Nebenschauplatz" des Phänomens, zumindest in den letzten Jahren. Doch erinnern wir uns -back to basics-!: Schon einmal, in den frühen Achtziger Jahren, war eben diese Region das eigentliche Land der Kreise, bis sie ihren „Marsch auf Silbury Hill", hin zu der prähistorischen

Kultanlage von Avebury mit seiner 4600-Jahre-alten Stufenpyramide, den beiden Steinalleen, dem Steinkreis und dem Langgrab von West Kennet, antraten. Nur bei Devizes, nördlich des Dorfes Roundway, entdeckten wir noch Ende Juli eine Reminiszenz an die früheren Wiltshire-Piktogramme, eine elegante, fast 90 Meter breite Formation zweier Kreise in einem Ring und, auf demselben Feld 400 Meter weiter südlich, zwei große Kreise. Ansonsten wurde die benachbarte Grafschaft Hampshire zum eigentlichen (neuen und alten) „Kornkreisland" befördert...

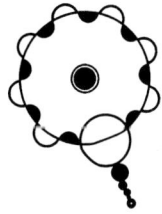

Da gab es erst einmal die drei Großpiktogramme rund um Chilcomb und den Telegraph Hill - die beiden Sonnensysteme und eine weitere Ringformation, die wir ebenfalls kosmologisch interpretieren konnten. Dieses Muster bestand aus einem Ring mit sieben Halbringen nach außen, die vielleicht für den „7. Planeten", (wie die Sumerer die Erde nannten) stehen, nach innen acht Halbkreise, vielleicht den Mond andeutend (den „8. Planeten" nach sumerischer Rechnung von außen nach innen). Vorausgesetzt, daß dieser Ring die Umlaufbahn der Erde und des Mondes darstellen soll, wurde diese von einem interessanterweise verzerrten Ring durchkreuzt. Sollte dieser die vielleicht durch die Jupiter-Gravitation gestörte Umlaufbahn des Kometen andeuten, der schon fünf Planeten passierte (nach sumerischer Rechnung Nibiru-Saturn)? Leider wurde dieses interessante Piktogramm, das am 4. Juli erschien und einen Durchmesser von 100 Metern hatte, drei Wochen später durch einen kickenden Fußballspieler und die Worte „PR for England" ergänzt - und der Lächerlichkeit preisgegeben. Dabei war seine Symbolik interessant und hatte ihr Gegenstück in einem ganz ähnlichen Piktogramm, das Mit-

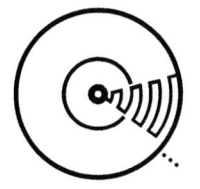

te Juni zu Fuße der Ringwallfestung Danebury Ring bei Andover in einem Gerstenfeld erschien, ebenfalls 100 Meter breit: Hier deuteten die zwölf Halbkreise rund um einen Zentralkreis das Sonnensystem (nach sumerischer Zählung) an, und sieben Kugeln, die dorthin führen, den Weg zur Erde, den ein Halbring -der Komet?- eingeschlagen hat. Auch der „Mäanderring" von Andover zeigt das Eindringen von „etwas" in ein Sonnensystem, die siebenfach „gezackte" (oder besser: „gemäanderte") Bahn zeigt auch hier wieder das Ziel -die Erde- an. Drei „Grapeshot"-Kleinkreise außerhalb der Piktogramme stehen vielleicht für den „dritten Planeten" nach unserer (im Gegensatz zur sumerischen Zählung von der Sonne ausgehenden) Zählung.

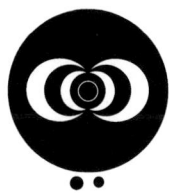

Eine interessante Anordnung von Piktogrammen -in Form eines Dreiecks mit Abständen von je drei Kilometern (!)- tauchte rund um die Ortschaft East Meon, südöstlich von Winchester Mitte Juli auf: Drei Kreise, je ca. 35 Meter im Durchmesser, das eine „das irdische Magnetfeld", das zweite „dreifacher Halbmond", das dritte „Feuerrad" getauft.Alle drei machten einen recht guten Eindruck. Ein weiteres Feuerrad -auch „Shiriken" nach der Ninja- Wurfwaffe genannt- erschien bei Kingsclere, südöstlich von Newbury, unterhalb des Hügels von

Watership Down, bekannt durch das gleichnamige Kinderbuch, das von den dort lebenden Hasen handelt - auf dem Land von Andrew Lloyd Wepper, dem größten

 lebenden Musical-Komponisten ("Cats", „Phantom of the Opera", „Sunset Boulevard"). Wir hoffen, daß ihn das Piktogramm zu einer neuen Komposition unter dem Titel „Phantom in the Cornfield" inspiriert...

Zwischen Newbury und Wiltshire fanden wir dann auch das vielleicht schönste Piktogramm des Jahres, eine Spirale -fast wie ein keltisches Labyrinth- umgeben von Halbkreisen von ca. 100 Metern Durchmesser. Das interessanteste Kornmuster des Jahres sind wahrscheinlich die 16 Ringe um einen Ring, der wiederum einen umringten Zentralkreis umgab, die bei Goodworth Clatford südlich von Andover Ende Juli entdeckt wurden - 123 Meter im Durchmesser. Die Bedeutung (und Echtheit) dieses Piktogrammes wird unterstrichen durch die Präsenz von 44 kleineren „Grapeshot" („Splittergranate")-Kreisen im selben Feld, von denen einige regelrechte Verflechtungen des Weizens aufwiesen. Manche von ihnen lagen isoliert mitten zwischen den Traktorenspuren, ohne daß Fußspuren gefunden wurden.

Schon hier bestach die Geometrie, wirkte das Piktogramm, als sei es mit einem riesigen Zirkel gezogen. Heilige Geometrie im Kornfeld: Schon eines der ersten Piktogramme, das Mitte Mai bei Hazel Down auftauchte, bestand aus drei ineinander verwobenen Kreisen und bildet eine Abweichung des alten heiligen Symbols für die Dreifaltigkeit. Ein Kreis, drei Quadrate, vier Dreiecke und drei Kreise in sich vereinigte, 50 Meter breit, erschien Anfang Juli bei Winterbourn Bassett, in Sichtweite des Weißen Pferdes von Hackpen Hill. Buckminster Fuller, der große amerikanische Wissenschaftsphilosoph, nannte die geometrische Form, die Dreieck, Kreis und Quadrat beinhaltet, „Vector Equilibrum", da sie das mystische Paradoxon von Unterschied und Gleichheit löst. Das Piktogramm im Kornfeld löste an sich das

Problem, eine dreidimensionale Form adäquat darzustellen, ohne daß dafür eine perspektivische Zeichnung notwendig war - an sich also schon eine geometrische Meisterleistung!

Womit sich spätestens hier wieder einmal die Frage nach den wahren Zirkelmachern stellt. Bei fast 70 % Fälschungen in diesem Sommer findet die „Fälscher-Hypothese" natürlich gewisse Bestätigungen. Andererseits wurden in den echten Piktogrammen wieder radioaktive Anomalien gemessen, so in den beiden „Sonnensystemen" von Telegraph Hill und Longwood Warren sowie der Spirale auf dem Weg nach Newbury, ein Faktor, der ebensowenig gefälscht werden kann, wie die Verflechtungen in den kleinen „Grapeshot"-Kreisen des Goodworth Clatford-Pitogramms.

Über die Jahre hinweg gemessene und beobachtete Folgeeffekte der bei der Entstehung der echten Muster eingesetzten Energie, das Aussetzen von Videokameras und Mobiltelephonen in den Kreisen, die seltsame Reaktion von Tieren -Hunde wie Vögel scheinen die Kreise eher zu meiden- und die immer wieder aufgetretenen Symptome bei Menschen -Übelkeit, Schwindelgefühl beim Betreten neuer Piktogramme und Kreise- veranlaßten Lucy Pringle vom britischen „Center for Cropcircle Studies" (CCCS) sogar dazu, allen regelmäßigeren Zirkel-Besuchern einen jährlichen Arztbesuch mit Blutuntersuchung zu empfehlen. Bestärkt wird Pringles Besorgnis durch die Untersuchungen der beiden Physiologen Peter Staples und Isobel Maxwell-Cade, die mit EEG (Elektro-Enzophalograph zur Messung der Gehirnwellen) und ESR (Elektrical Skin Resistance, die Messung peripherer Haut-Resistivität) Freiwillige vor und nach dem Besuch eines Kornkreises untersuchten. Das Ergebnis war die Feststellung einer verstärkten rechtshemisphärischen Gehirnaktivität nach Betreten eines Kornkreises. Eine weitere wisenschaftliche Untersuchung veröffentlichte der amerikanische Biochemiker und Agrarwissenschaftler Prof. W.C.Levengood von der Universität von Michigan in der renommierten Fachzeitschrift

„Physiologia Plantarum" (92. Jg., S.356). Aufgrund der von ihm bei Kornkreis-Korn beobachteten genetischen und molekularen sowie biochemischen Veränderungen -darunter das Anschwellen der Knoten in den Halmen („Tüpfel") um bis zu 100%- führt er das Entstehen der Piktogramme auf „instabile Ionenwirbel" zurück, die Energie im Mikrowellen-Bereich des elektromagnetischen Spektrums erzeugen und die Halme bei kurzfristiger, starker Erhitzung deformieren und umlegen. Möglich! Aber natürlichen Ursprungs können diese „instabilen Ionenwirbel" ganz gewiß nicht sein, dafür sind die Piktogramme zu komplex, zu künstlerisch. Wir sind noch nicht in der Lage, diese Energie künstlich zu erzeugen... bleiben also doch nur außerirdische Zirkelmacher als Ursache des Phänomens?

Und wieder wurden UFOs im Umfeld der Kornkreise gesichtet: So fotografierte Jilaen Sherwood aus Kidderminster am 27. Juni 1995 über dem „Sonnensystem" vom Telegraph Hill „zufällig" eine Scheibe, die sich gerade über dem Piktogramm befunden haben mußte. Eine gründliche Untersuchung des Fotos ergab, daß die schwarze Ellipse kein Filmfehler gewesen sein kann, zumal die Licht-Schatten-Verhältnisse genau dem Sonnenstand entspricht, der aus dem Schattenwurf des Piktogrammes zu errechnen ist. Lee Winterson aus Bristol filmte mehrmals unbekannte Leuchtobjekte über dem „Zirkelland", darunter auch zwei kleine, leuchtende Kugeln, wie sie 1990 von Steven Alexander und 1991 von den Dürckheim-Brüdern gefilmt wurden. Auch eine der frühen UFO-Sichtungen im Zirkelland wurde uns wieder in Erinnerung gerufen. Pat und Jack Collins, ein älteres Ehepaar, meldete damals der Polizei von Hampshire, in der Nacht des 6. Juli 1985 ein UFO gesehen zu haben, als sie auf der A272 durch Stockbridge Down fuhren. Es war ein riesiges, kreisrundes Objekt, das aufrecht auf der Kante stand wie ein Riesenrad, unbewegt direkt über dem Boden schwebte. „Wir waren nur knapp 200 Meter von

ihm entfernt", erinnerte sich Mrs. Collins, als sie von Kornkreis-Forscher Colin Andrews interviewt wurde, „es hatte acht gelblich-weiße Lichter um den ganzen Außenrand herum und rotierte ständig." Zwei Polizeiwagen wurden ausgesandt, um nach dem Objekt zu suchen, doch sie fanden nichts. Erst am nächsten Morgen wurde auf dem Feld eines der ersten „keltischen Kreuze" entdeckt, ein großer Zentralkreis mit vier Satellitenkreisen. Zehn Jahre später, am 6. Juli 1995, tauchte auf eben diesem Feld ein Ring auf, der von acht Kreisen umgeben war, an eben den Stellen, an denen das Objekt die Lichter hatte. Das Innenmuster deutete eine Rotationsbewegung an - und das Profil eines menschlichen Gesichtes. Eine Botschaft der echten Zirkelmacher?

Auch das CSETI-Team war wieder unterwegs,um -eine Woche lang unter Leitung von Dr. Steven Greer, zwei weitere Wochen unter Leitung von Shari Adamiak und Ron Russel- Kontakt mit den echten Zirkelmakern aufzunehmen, jedoch mit mäßigem Erfolg - auch hier schienen sich die außerirdischen Intelligenzen eher bedeckt zu halten. Einzelne Leuchtobjekte wurden zwar am Himmel beobachtet, aber das war es dann auch. Nur Shari Adamiak beobachtete im Steinkreis von Avebury nach einer versuchten Kontaktaufnahme durch Lichtsignale und Gedankenfrequenzen am 28. Juli gegen 23.00 Uhr eine kleine, intelligent gesteuerte, leuchtende Kugel.

Ansonsten traf sich der übliche „Stamm der Croppies" wieder einmal jeden Abend im „Bardge Inn", der Stammkneipe der Szene in Alton Barnes, und tauschte Erfahrungen und Theorien aus, wenngleich die meisten Gespräche in diesem Jahr eher um den kontroversen Roswell-Film des Briten Ray Santilli und -von seiner Entdeckung Ende Juli an- um den bedrohlichen Kometen kreisten. Doch vielleicht ist dieses jährliche Zusammentreffen zu einem der wichtigsten Aspekte des Phänomens geworden - Menschen werden in ein

„Vektorgebiet" gelockt, um sich auszutauschen und ihr Bewußtsein zu erweitern - und schließlich die echten, ankommenden Botschaften zu dechiffrieren. Und da das Kornkreisphänomen immer schon interaktiv war, war die „magere Ernte" von 1995 vielleicht auch die Antwort auf die Konfusion der Szene durch die unbewiesenen Behauptungen der angeblichen Fälscher (und die tatsächlich gefälschten Kreise) und das durch sie wachsende Mißtrauen in das Phänomen selbst.

Die Jahre der Unschuld und Offenheit sind leider auch im Zirkelland vorüber, zerstört durch ein tiefes Mißtrauen, das skrupellose und zynische Individuen säten, die zwar nicht das Phänomen selbst erklären konnten, ihm aber seine Reinheit raubten, es durch ihre primitiven Schwindel befleckten. Sie dämpften den Enthusiasmus der wahrhaft Suchenden und zerstörten einen Großteil der Schönheit des Phänomens an sich.

Anhang:
Eine kleine Anleitung zur Kornkreis-Forschung

Wie wir gesehen haben, macht das Phänomen der Kornkreise mit jedem Sommer eine erneute qualitative und quantitative Evolution durch. Daß Sie dieses Buch erworben haben, zeugt zumindest von Ihrem Interesse an den mysteriösen Zeichen im Getreide.

Darum möchte ich Sie an dieser Stelle um Ihre Mitarbeit an unserem „Projekt Hermes" bitten, das 1991 in Zusammenarbeit mit den führenden Kornkreis-Experten wie Colin Andrews, John Michell und George Wingfield ins Leben gerufen wurde. Sein Ziel ist die Erforschung und Dokumentation der Zirkel und Piktogramme in Deutschland. Das Projekt ist benannt nach dem Götterboten der griechischen Mythologie, dessen Zeichen der Caduceus war, der „Schlangenstab", Symbol für den Fluß der universalen Energien und die Vereinigung von Himmel und Erde. Publiziert werden die Ergebnisse des „Hermes-Projektes" regelmäßig im MAGAZIN 2000 und im britischen Zentralorgan der Kornkreisforscher, dem „Cereologist". Ich bitte Sie daher, uns künftig alles Ihnen verfügbare Material über deutsche Kornkreise zu schicken, insbesondere Zeitungsartikel und Fotos. Die fast vollständige Dokumentation der deutschen Zirkel des Jahres 1991 war auch nur möglich durch die Hilfe der Leser von MAGAZIN 2000, denen ich an dieser Stelle ganz herzlich danken möchte.

Darüber hinaus könnten Sie selber neuentdeckte Kornkreise untersuchen und dokumentieren, wenn sie von solchen durch die Presse erfahren. Das ist insofern wichtig, da wir oft erst Tage oder Wochen später von neuen Zirkeln erfahren, und diese bis dahin von Schaulustigen soweit zertrampelt wurden, daß es so gut wie unmöglich ist, ihre Echtheit zu bestimmen. Sie sind also auf jeden Fall in der besseren Position, und daher nachfolgender „Crash-Kurs" in Kornkreisforschung:

• Wenn Sie von einem neuen Getreidemuster erfahren, versuchen Sie auf jeden Fall, es zuerst aus der Vogelperspektive zu fotografieren. Oft haben auch kleine Städte Sportflughäfen, und dort läßt sich leicht ein Hobby-Flieger finden, der gerne die Gelegenheit wahrnimmt, mit Ihnen gemeinsam (notfalls gegen ein kleines Entgelt als Spritkostenbeteiligung) den Kreis zu überfliegen. Sollte das nicht möglich sein, suchen Sie eine Anhöhe oder nehmen Sie eine Leiter mit, besteigen diese und heben Ihre Kamera so hoch wie möglich.

• Betreten Sie nie ein Feld ohne Genehmigung des Bauern, sonst begehen Sie Landfriedensbruch. Wenn Sie diese Erlaubnis nicht bekommen, bieten Sie ein kleines Entgelt zur Deckung des von Ihnen möglicherweise angerichteten Schadens an. Hilft das auch nichts, bleiben Sie draußen!

• Betreten Sie die Felder nur über die Traktorenspuren. Schließen Sie eventuelle Feldtore. Rauchen Sie nicht, nehmen Sie keine Hunde mit und versuchen Sie, so wenig Schaden wie möglich anzurichten. Hinterlassen Sie keinen Müll, nicht einmal die Verpackung Ihres Filmes.

• Wichtige Instrumente sind:

- Kamera (Foto- und Video)
- Kompaß (zur Überprüfung magnetischer Anomalien und Richtungsbestimmung)
- Block und Schreibgerät
- Zollstock (zur Ausmessung)
- Kassettenrecorder mit Aufnahmemikrofon
- Geigerzähler
- Metalldetektor
- Wünschelrute oder Pendel
- Plastikbeutel für Getreideproben und Aufkleber zur Markierung
- Dosen für Bodenproben

• Bevor Sie den Kreis betreten, fotografieren Sie jedes Detail. Lassen Sie Ihre Kamera „vorgehen" und Einzelheiten dokumentieren, bevor Ihre Füße sie zerstören. Wichtige Details: Die Ränder, das Kreiszentrum, die Lage des Getreides. Gibt es Hinweise auf eine Fälschung, zum Beispiel ein Loch in der Kreismitte? Beobachten und notieren Sie alles.

Tatsächlich ist ein Schwindel recht einfach zu erkennen, vorausgesetzt, man betritt den Kreis als erster am Tag nach seiner Entstehung. Die britische UFO-Forschungsgesellschaft BUFORA hat eine Liste der Hauptunterschiede zwischen echten Kreisen und Fälschungen angelegt, die wir hier in etwas modifizierter Form wiedergeben.

Beachten Sie: Je mehr der links genannten Details zutreffen, desto größer ist die Wahrscheinlichkeit, daß es sich um einen echten Kornkreis handelt. Es ist aber sehr unwahrscheinlich, daß alle Echtheitsmerkmale auf einmal vorhanden sind.
Protokollieren Sie Ihre Ergebnisse vorurteilsfrei ohne verfrühte Wertung.

	Echte Kreise	Fälschungen
Wirbel	deutlich erkennbare Spiralform	nicht oder nur unsauber vorhanden
Verschiedene Kornlagen	Vorhanden	Nicht vorhanden
Strangbildung, Verflechtungen	Vorhanden	Nicht vorhanden
Halme	gebogen, gekrümmt, flachgedrückt; wachsen horizontal weiter	gebrochen, Ähren, gebrochene Ähren beschädigt
Form	leicht elliptisch	entweder exakt kreisrund oder deutlich mißlungen (meist Ausbuchtungen am Außenrand)
Ränder	sauber geschnitten	"ausgefranst"
Lage des Spiralzentrums	normalerweise nicht im Kreiszentrum	exakt im Kreiszentrum
Formationstyp	alle Typen	begrenzt
Bodenschäden	keine	manchmal Loch oder kleine Vertiefungen im Kreiszentrum
Ackerkrume	unbeschädigt	zertreten
Zustand des Korns	unbeschädigt	Spuren, Fußabdrücke
Wünschelruteneffekt	Ja	Nein
Radioaktivität	Anomal	keine Erhöhung
Veränderungen in den Ähren: Keine oder deformierte Samen	Ja	Nein
Veränderungen an den Halmen: Vergrößerte Knoten	Ja	Nein
Elektromagnetische Geräusche (Rekorder auf Boden legen)	Ja	Nein
Bekanntsheitsgrad	nur 10 % gemeldet	große Publicity

• Zeichnen Sie die innere Struktur, die Lage(n) des Korns, die Lagerichtung; vermessen Sie den Kreis so genau wie möglich. Entnehmen Sie Boden- und Kornproben und markieren Sie diese sorgfältig. Achtung: Bitte nie zwei Proben in dasselbe Gefäß stecken. Untersuchen Sie Kornähren auf eventuelle Deformierungen des Samens und nehmen Sie ein paar dieser Exemplare mit. Führen Sie jetzt eventuelle Messungen durch: Mit dem Geigerzähler, der Wünschelrute, dem Metalldetektor. Legen Sie das Mikrofon Ihres Kassettenrecorders für einige Zeit auf den Boden, um eventuelle elektromagnetische Geräusche aufzunehmen. Spielen Sie sofort das Band ab: Wenn etwas zu hören ist, verlängern Sie die Aufnahme.

• Verlassen Sie den Kreis auf demselben Weg, auf dem Sie ihn betreten haben.

• Fragen Sie bei der Redaktion Ihrer Lokalzeitung oder der Polizei, ob jemand in der fraglichen Nacht UFOs oder seltsame Lichter beobachtet hat.

• Verfassen Sie einen Bericht und schicken diesen an Magazin 2000, „Projekt Hermes", Verlag Michael Hesemann, Worringer Str. 1, D-40211 Düsseldorf, Fax: (0211) 354893. Erwähnen Sie bitte: Art des Getreides, exakte Lage des Piktogrammes (am besten markierte Landkarte beilegen), Besitzer der Farm (mit Adresse), Datum der Entdeckung, Lage und Ausrichtung, das Wetter in der Nacht der Entstehung, Bodenzustand (feucht oder trocken?), Höhe des Getreides. Waren die Halme im Zirkel geknickt, gebogen, lagen sie flach am Boden? Waren die Halme beschädigt? Wurden Anomalien beobachtet? Was fühlten Sie in dem Kreis? (Kopfschmerzen? Kreislaufbeschwerden?), was erlebten andere? Bitte legen Sie Fotos und Zeichnungen bei!
Ich danke Ihnen im voraus für Ihre Mühe und Kooperation!

Michael Hesemann

Literaturnachweis

Argüelles, Jose: Das große Mandala-Buch, Freiburg 1974

Andrews, Colin/Delgado, Pat: Kreisrunde Zeichen, Frankfurt 1990
dies.: Die Zeichen mehren sich, Frankfurt 1991

Ashe, Geoffrey: The Quest for Arthurs Britain, London 1968

Butler, B., J.: Randles, Sky Crash, Sudbury 1984

Bartholomew, Alick: Crop Circles - Harbingers of World Change, Bath 1991

Bauer, W./Dümotz, I./Golowin, S.: Lexikon der Symbole, Wiesbaden 1980

Bord, Janet & Colin: Mysterious Britain, London 1974

Buttlar, Johannes von: Supernova, München 1988 ders.: Zeitriß, München 1989
ders.: Drachenwege, München 1990
ders.: Adams Planet, München 1991
ders.: Gottes Würfel, München 1992

Canada, Steve: Crop Circle Language, Morro Bay/CA 1991

Chapman, Robert: UFO - Flying Saucers over Britain? London 1969

Chorost, Michael: The Summer 1991 Crop Circles: The Data Emerges, Fund for UFO Research Publication, Washington D.C. 1991

Dames, Michael: The Silbury Treasure, London 1976

Däniken, Erich von: Der Götterschock, München 1992

Delgado, Pat: Crop Circles - Conclusive Evidence? London 1992

Devereux, Paul: Earth Light Revelation, London 1989

Durrant, Henry: Les dossiers des O.V.N.I., Paris 1973

Edwards, Frank: Fliegende Untertassen - eine Realität, Wiesbaden 1967

Fowler, Raymond E.: The Watchers, New York 1990
dt.: Die Wächter, Bergisch Gladbach 1991

Good, Timothy (Hrsg.): The UFO Report 1990, London 1989
ders. (Hrsg.): The UFO Report 1991, London 1990
ders. (Hrsg.): The UFO Report 1992, London 1991
ders. (Hrsg.): Jenseits von Top Secret, Frankfurt 1991

Hamkens, Frerk-Haya: Das nordische Jahr und seine Sinnbilder, Berlin 1937

Hawkins, Gerald S.: Stonehenge Decoded, London 1966

Hesemann, Michael: UFOs: Die Beweise, München 1989/1991
ders.: UFOs: Die Kontakte, München 1990

Howe, Linda Moulton: Alien Harvest, Littleton/Co. 1989

Jacobs, David M.: Secret Life, New York 1992

Jung, Carl Gustav: Ein moderner Mythos, Zürich 1958
ders.: Psychologie und Alchemie, Olten 1972

Krönig, Jürgen (Hrsg.): Das Rätsel geht weiter, Frankfurt 1991
ders. (Hrsg.): Spuren im Korn, Frankfurt 1992

Malone, Caroline: Avebury, London 1989

Martineau, LaVan: The Rocks Begin to Speak, Las Vegas 1973

Meaden, Terence (Hrsg.): Circles from the Sky, London 1991
ders.: The Goddes of the Stones, London 1991

Michell, John: Die Geomantie von Atlantis, München 1984
ders.: New Light on the Ancient Mysteries of Glastonbury, Glastonbury 1990
ders.: Dowsing the Crop Circles, Glastonbury 1991

Miller, Hamish/Broadhurst, Paul: The Sun and the Serpent, Launceston/Cornwall 1989

Moosbrugger, Guido: Und sie fliegen doch! München 1991

Noyes, Ralph (Hrsg.): The Crop Circle Enigma, Bath 1990
dt.: Die Kreise im Korn, München 1991

North American Institute for Crop Circle Research (Hrsg.): North American Crop Circles and Related Physical Traces in 1990, Winnipeg, Manitoba 1991

Page, Christian/O.C.I.P.E.: Manitoba (Canada) Crop Circles 1990, St. -Jean-Sur-Richelieu, QC, 1991

Peiniger, Hans-Werner: Kornkreise in Deutschland 1991, Lüdenscheid 1992

Pieper, Werner: Starke Plätze, Lörbach o.J. (ca. 1986)

Purce, Jull: The Mystic Spiral, London 1974
dt.: Die Spirale, München 1988

Randles, Jenny und Fuller, Paul: Crop Circles - A Mystery Solved, London 1990
dt.: Kreise im Kornfeld, München 1991

Ross, Allan C. Mitakuye Oyasin, Kyle/South Dakota 1989
dt. Wakan Tanka - Im Herzen sind wir alle eins, Neuwied 1992

Shuttlewood, Arthur: UFOs - Key to the New Age, London 1971

Sitchin, Zecharia: Der zwölfte Planet, Unterägeri 1979
ders.: Götter, Mythen, Kulturen, Pyramiden, München 1990
ders.: Am Anfang war der Fortschritt, München 1992
ders.: The Lost Realms, New York 1990

Spencer, John: The UFO Encyclopedia, London 1991
Tobisch, Oswald: Kult, Symbol, Schrift, Baden-Baden 1963

Waters, Frank: Das Buch der Hopi, Köln 1980

Williams, Margo und Morgan, Carolyn: The Answer, Shanklin/Isle of Wight 1991

Wirth, Herman: Die heilige Urschrift der Menschheit, Fulda 1979

Zaborsky, Oskar von: Urvätererbe in Deutscher Volkskunst, Leipzig 1936

Zeitschriften:
„The Cereologist"/"The Cerealogist", Nr. 1-4, 1990-96, 11 Powis Gardens, London W11 1JG:

„Magazin 2000" Nr.83-107, München/Düsseldorf 1990-1996, Lupinenstr. 106, 41466 Neuss

Anthony Dodd: UFO Update, in: „UFO - The Journal of UFO Investigation" Nr. 1, Leeds, Yorkshire 1991

John Haddington: The Year of the Vajra, in: „Global Link", Blockerley/Glos, Nr. 44, Autumn 1990

Nikolai Nowgorodow: Magischeskije Krusi we Jigulja; in: „Mir Neiswedannogo", Nr. 2-3, Tomsk 1991

Dr. Vladimir V. Rubtsov: Soviet Ice Ring, in: „MUFON UFO Journal" Nr. 282, Seguin/Texas 1991

Michael Strainic: Once Upon a Time in the Wheat, in: „MUFON UFO Journal" Nr. 284, Seguin/Texas 1991

Armen Victorian: Crop Circle Phenomena: The Truth; in: „UFO Magazine" Nr. 1, Leeds, Yorkshire 1992

Kornkreise und Ufos
Wie Sie sich weiter informieren können

BÜCHER: Offizielle UFO-Dokumente

Was die Regierungen über UFOs wissen müßten, wenn sie ihre eigenen Dokumente lesen würden...
Sämtliche in diesem Buch zitierten Originaldokumente aus den Archiven des CIA und des KGB, des NSA, des FBI, der US-Luftwaffe und der Streitkräfte Spaniens und anderer Staaten finden Sie reproduziert und mit deutscher Übersetzung in den beiden großen UFO-Dokumentationen des Autors:

Michael Hesemann:UFOs: DIE BEWEISE
Eine Dokumentation
7. Aufl., 124 S., Pb., Großformat, DM 29,80

Michael Hesemann: UFOs: NEUE BEWEISE
ca. 124 S., Pb., Großformat, DM 38,-

außerdem: Vorbereitung auf den offenen Kontakt? Was die Außerirdischen ihren Kontaktpersonen mitteilten - 50 Fälle aus aller Welt! Michael Hesemann:
UFOs: DIE KONTAKTE
Eine Dokumentation
192 S., Pb., Großformat, DM 34,-

Lieferbar: Verlag Michael Hesemann, Worringerstr.1
D-40211 Düsseldorf

VIDEO: UFO-Originalfilme und Interviews

44 UFO-Originalfilme, darunter sensationelles Material aus den Archiven der NASA, der US-Luftwaffe und aus der Sowjetunion sowie die wichtigsten der in diesem Buch erwähnten UFO-Filme (Belgien, Tremonton, Great Falls, Howard Menger, Rodeffer, Concorde, Astronaut McDivitt, Apollo 11 und 12, Neuseeland 1978) sowie Interviews mit Johannes von Buttlar, Zecharia Sitchin, Wendelle C. Stevens, Com. Graham Bethunesgt, Hans Petersen, Com. Sgt. Major Robert O. Dean, Major Anthony Dodd, Marina Popovich, Jorge Martin, Bob Lazar u.v.a. finden Sie in der großen, preisgekrönten Filmdokumentation des Autors:

UFOs: Die Beweise
Was die Regierungen wirklich über UFOs wissen
Video, VHS, 110 Min., in deutscher Sprache, DM 98,-

Lieferbar: 2000 Film Productions, Verlag M. Hesemann, Worringerstr.1, D-40211 Düsseldorf

REISEN INS ZIRKELLAND
(Marlborough, Avebury, Silbury Hill, Stonehenge)

unter Leitung von Michael Hesemann und unter Mitwirkung führender britischer Kornkreisforscher veranstaltet jedes Jahr in der Zirkel-Hauptsaison (Ende Juli/Anfang August):
Zauberreisen, A.Gilch, Steinstr. 62, 81667 München,
Tel.: (089) 4891440

KORNKREISE ENTDECKT?

Wenn in Ihrer Region ein Kornkreis aufgetaucht ist oder Sie von Kreisen in Deutschland wissen, die nicht in diesem Buch erwähnt wurden, wäre der Autor Ihnen für nähere Informationen dankbar. Bitte legen Sie lokale Presseberichte und, falls vorhanden, Fotos des Kornmusters oder eine Skizze der Formation bei. Seine Anschrift: Michael Hesemann, c/o 2000 Film Prod., Worringerstr. 1, D-40211 Düsseldorf

Das Video zum Buch:

Das Mysterium der Kornkreise

Spricht eine andere Welt zu uns?

Wir beweisen: Sie sind kein Schwindel, wie uns die Medien glauben machen wollten - sondern die eindrucksvolle Manifestation einer höheren Intelligenz

Sehen Sie live, wovon Sie in diesem Buch lasen: Stonehenge, Avebury, der mysteriöse Silbury Hill, Glastonbury, das Avalon der Artus-Sage.
Eindrucksvolle Luft- und Bodenaufnahmen der Piktogramme des Jahres 1991. Die sensationellsten Filmaufnahmen eines metallisch leuchtenden Objektes, das in geringer Höhe neben einer Kreisformation ein Feld und Farmgebäude überfliegt und einen Traktor passiert - und hören Sie die Zeugenaussage des Traktorführers...

Außerdem: Umfangreiche Interviews mit den führenden Kornkreisexperten: Colin Andrews, Pat Delgado, Sgt. Anthony Dodd, Thomas Roy Dutton, John Michell, Isabelle Kingston, Busty Taylor, George Wingfield

124 min., VHS, DM 98,—
Kurzfassung: 55 min., VHS, DM 69,—

Magazin 2000

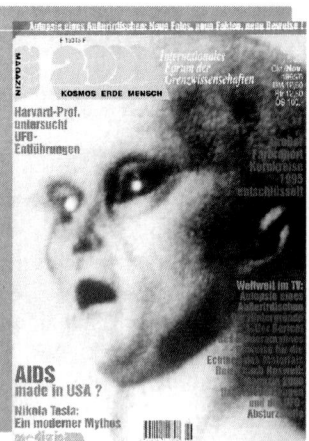

Die farbige Zwei-Monatszeitschrift, die Sie aus erster Hand zu allen grenzwissenschaftlichen Themen und ungewöhnlichen Phänomenen umfassend informiert. Sie finden gut recherchierte Berichte mit fundierten Beweismaterial besonders zu Ufo und Kornkreis-Sichtungen und viele Interviews mit Forschern und Augenzeugen, die von den Medien bewußt ignoriert werden. Sie erhalten auch Informationen über aktuelle Kongresse, Vorträge und Seminare.

Bei Probeheftanforderung - bitte 2,- DM Porto in Briefmarken beifügen.

Verlag „Michael Hesemann"
Worringerstr. 1, D-40211 Düsseldorf

Michael Hesemann

Geheimsache U.F.O

Die wahre Geschichte der unbekannten Fligobjekte

Mit über 500 s/w-Abbildungen und Farbfotos

Dieses Buch ist ein Kompendium aus 40 Jahren UFO-Forschung, fundiert durch gründliche Recherchen des Autors und freigegebene Geheimakten des CIA und des KGB. Das Buch berichtet u. a. von UFO-Abstürzen und Bergungen, bei denen man auf die Körper einer unbekannten menschenähnlichen Rasse stieß, die nicht von diesem Planeten stammt, von erfolgreichen Versuchen der Kontaktaufnahme mit unbekannten Intelligenzen und anderen ungewöhnlichen Begegnungen mit Außerirdischen. Hesemann behandelt auch ausführlich historische Quellen, die eindeutig die Existenz von UFOs bestätigen. Es ist das spannendste und vollständigste Buch zum Thema, nach dessen Lektüre selbst für den Skeptiker kein Zweifel mehr bestehen kann, daß wir nicht allein im Weltall sind.

ISBN 3-931 781-83-0

gebunden 520 Seiten, DM 49,90

Dr. Anagarika Mahanamo

Geheimnis der Vitalität

Gesundheit,

Lebenskraft

und Verjüngung

durch einfache taoistische Übungen

Dieses Buch zeigt, wie der westliche - häufig gestreßte - Mensch durch einfache taoistische Körper- und Atemübungen den Körper entscheidend vitalisieren, harmonisieren und verjüngen kann.
Es ist ein Juwel für alle, die mit wenig Zeitaufwand durch Übungen, die Freude machen, Vitalität, Gesundheit und Lebensfreude bis ins hohe Alter erfahren möchten.

ISBN 3-923 781-95-4
gebunden, 126 Seiten,
DM 19,80

Otto Höpfner

Einhandrute und Pyramidenenergie

-Hilfsmittel für Ihre Gesundheit-

3. erweiterte NEUAUFLAGE

Der Autor zeigt an Hand von praktischen Beispielen, wie auch der Laie mit Hilfe der Einhandrute die Körperverträglichkeit von Nahrungsmitteln, Medikamenten oder Schlafplätzen prüfen kann. Weiterhin erläutert er, wie mit speziellen Meßkreisen Radioaktivität, Giftstrahlung oder krankmachende Störzonen gemessen und durch die Pyramidenenergie gemindert bzw. verbessert werden kann.

ISBN 3-931 652-05-X

broschiert, illustriert, 145 Seiten, DM 24,80

Marianne Dubois

Erwachen zur Freude

Die Autorin, die einen erstaunlichen Zugang zu einer Ebene hat, die jenseits unserer Dualität existiert, gibt Antworten auf Fragen, die jeden von uns ansprechen. Diese zeigen uns ungewöhnliche, wirkungsvolle und einfache Lösungen für unsere persönlichen existentiellen Probleme in allen Lebensbereichen auf.
Wir finden uns an einem inneren Ort wieder, wo uns Harmonie, Freude und Gelassenheit berühren und wir in der Lage sind, Liebe in den Mittelpunkt unseres Lebens zu stellen.

ISBN 3-931 652-02-5

gebunden,176 Seiten, DM 29,80

Elisabeth Kübler-Ross

Der Liebe Flügel entfalten

Ihr Sohn Ken Ross, Profi-Fotograf, unterstreicht mit seinen meditativen Fotos die Intensität und Tiefe des Buches.

In »Der Liebe Flügel entfalten« versteht es die berühmte Ärztin und Sterbeforscherin Elisabeth Kübler-Ross, uns anhand von vielen selbsterlebten Geschichten nahezubringen, welche Bedeutung die Liebe für jeden von uns hat.
Sie konfrontiert uns liebevoll aber direkt auch mit unseren Schattenseiten und zeigt uns einen Weg auf, wie wir ehrlich ohne unsere negativen Gefühle zu ignorieren oder zu unterdrücken, den Weg der wahren Liebe einschlagen können.

ISBN 3-923 781-99-7
60 Seiten, 12 ganzs. Farbfotos, 21x21 cm,
gebunden, DM 26,80

Elisabeth Kübler-Ross

Sterben lernen - Leben lernen
Fragen und Antworten

Was Sigmund Freud für die Psychologie war, ist sicherlich E. Kübler-Ross für die Sterbeforschung. Ihr ist zu verdanken, daß weltweit die neuen Erkenntnisse über Sterbende und deren richtige Betreuung an allen medizinischen Ausbildungsstätten gelehrt werden.
Dieses Buch gibt wichtige Antworten auf Fragen wie: Auf was muß ich achten, wenn ich mit Sterbenden zusammen komme? Wie kann ich Angehörigen eines Sterbenden oder eines soeben Verstorbenen beistehen? Wie gehe ich selbst mit dem Verlust eines mir Nahestehenden um?
Unmißverständlich macht die Autorin klar, daß wir die Angst vor dem Sterben und dem Tod erst verlieren müssen, bevor wir wirklich frei sein können zum Leben.

ISBN 3-923 781-80-6
21x21 cm, gebunden, 64 Seiten mit 16 Farbfotografien, DM 26,80

Elisabeth Kübler-Ross

Jedes Ende ist ein strahlender Beginn

Bildband mit Texten von E. Kübler-Ross und Fotos von Dr. G. Siebel.

Dr. Gottfried Siebel ist katholischer Theologe und hat sich jahrelang der aktiven Sterbebegleitung gewidmet, wobei ihm die Bücher der Ärztin E. Kübler-Ross eine wichtige Stütze waren. Es war seine Idee, Schmetterlinge zu fotografieren und diese den aussagekräftigsten Sätzen von der bekannten Sterbeforscherin gegenüberzustellen, ist doch das Verwandlungsmotiv von der Raupe zum Schmetterling eine Parallele zu unserer eigenen Verwandlung. Ein wunderbares Geschenkbuch, welches zu begeistern weiß.

ISBN 3-923 781-66-0
64 Seiten, 28 ganzs. Farbfotos, 21x21 cm,
gebunden, DM 26,80

Elisabeth Kübler-Ross

Über den Tod und das Leben danach
22. Auflage

Dieses Buch ist nach neun Jahren immer noch einer der esoterischen Bestseller in Deutschland und wurde bereits über 400.000 mal verkauft. Die berühmte Wissenschaftlerin (18 Ehrendoktor-Titel) hat als erste das Tabu-Thema »Tod« öffentlich aufgegriffen und sich in ihren Forschungen eingehend damit beschäftigt. Das Ergebnis präsentiert sie in diesem Buch und belegt in einer für jeden verständlichen Sprache, daß es ein Leben nach dem Tode gibt.

Eines der wichtigsten Bücher unserer Zeit.

ISBN 3-923 781-02-4
broschiert, 89 Seiten, DM 19,80

Elsa Barker

NEU

Licht hinter dem Schleier

Wegweiser in die vierte Dimension

»Licht hinter dem Schleier« nimmt uns die Angst vor dem Tod und läßt uns die Verbindungen zwischen der irdischen und jenseitigen Welt erkennen.

Dieses Buch macht uns durch authentische Geschichten mit einer Welt vertraut, die wir mit unserer Innenwelt ständig berühren, jedoch meistens nicht bewußt wahrnehmen. Lebendig und spannend wird diese in ihrer Vielschichtigkeit und mit ihren unterschiedlichsten Wesen beschrieben.

ISBN 3-931 652-03-0
gebunden, 270 Seiten,
DM 29,80

Phyllis Virtue-Carmel

Planet der Wandlung

Offenbarung des Rates der Neun

In diesem Buch geht es um die besondere Rolle, die der Planet Erde in unserem Universum spielt. Aus höchster Quelle erfahren wir, was wir tun können, um unser eigenes Leben und das anderer Menschen zu bereichern. Im medialem Zustand trat Phyllis Virtue-Carmel in Kontakt mit dem Rat der Neun, einer Gruppe von Wesen aus dem Kosmos, die uns im Bewußtsein unendlich überlegen sind.

ISBN 3-923 781-92-X
gebunden, 370 Seiten
DM 39,00

Uri Geller

Mein Wunder-volles Leben

Haben Sie schon über die Existenz dieser Phänomene nachgedacht?

Dematerialisation, Telekinese, Hellsichtigkeit, parapsychologische Beeinflußbarkeit gesellschaftlicher Ereignisse!

Von anerkannten wissenschaftlichen Instituten wurden diese Phänomäne bereits bewiesen. Im Buch werden Sie aufgefordert, selbst Erfahrungen in diesem Bereich zu machen.
Sie erhalten von Geller sämtliche Hintergrundinformationen und warum die Medien sowohl an Geller als auch an einigen wissenschaftlichen Instituten Rufmord verübten.

ISBN 3-923781-90-3,
gebunden, 350 Seiten
DM 39,00,

Russell Grant

Astrologie-Set für Jedermann

Astrologie spielend begreifen

Dieses Astrologie-Set macht es möglich, ohne Vorwissen in das interessante Gebiet der Astrologie spielend einzusteigen. Durch ein gut durchdachtes System und wenigen astrologischen Hilfsmitteln (Astro-Drehscheibe, farbig illustrierte Planetenkarten und Horoskopformulare) können Sie jedes beliebige Geburtshoroskop erstellen.

ISBN 3-923 781-97-0
10 Formulare, 1 Drehscheibe,
Handbuch mit Ephemeriden,
10 Planetenkarten, Softcover,
Großformat, DM 49,00